KB274773

역사론

ON HISTORY

ON HISTORY
by Eric Hobsbawm

Copyright ©1997 by Eric Hobsbawm

All rights reserved.

Korean Translation Copyright ©2002 by Minumsa

Korean translation edition is published by arrangement with
Eric Hobsbawm c/o David Higham Associates through Eric Yang Agency.

이 책의 한국어 판 저작권은
Eric Yang Agency를 통해
Eric Hobsbawm c/o David Higham Associates와 독점 계약한 **(주) 민음사**에 있습니다.

저작권법에 의해 한국 내에서 보호를 받는 저작물이므로
무단 전재와 무단 복제를 금합니다.

역사론

에릭 홉스봄

강성호 옮김

민음사

철학적인 문제에 대해선 거의 생각하지 않는 역사가도 역사학에 대해서는 일반적인 성찰을 하지 않을 수 없다. 설사 그러한 성찰을 피할 수 있을 때에도 그러는 것은 바람직하지 않다. 왜냐하면 나이가 들어 강연과 심포지엄을 많이 요청받게 되면, 실제적인 연구보다는 일반적인 주제를 다루는 경우가 많기 때문이다. 어떤 경우든 현대 역사학의 관심은 역사에 대한 개념적이고 방법론적인 질문들에 있다. 풍부한 일차 사료를 한가로이 뜯고 있는 역사가들의 주위를 각양각색의 이론가들이 맴돌거나, 서로의 저작물을 되새김질한다. 때로는 논쟁적이지 않은 사람들도 공격자들에게 맞설 필요를 느끼곤 한다. 꼭 역사가만 그런 건 아니겠지만, 그들 중 논쟁에 참가한 역사가들은 적어도 서로의 저술을 다룰 때에는 호전적이다. 이렇게 전장에서 싸우는 와중에 몇몇 볼 만한 학문적 논쟁들이 태어났다. 따라서 50년 동안 역사학에 몸담아 온 사람이 시간이 지남에 따라 자신이 다루어온 분야에 대해 성찰할 수밖에 없었다는 사실은 놀라운 것이 아니다. 그 성찰은 현재 이 책에 담겨 있다.

이 책에 실린 대부분의 글들이 50분 강의용으로 작성되었기 때문에 몇몇은 짧고 체계적이지 않다. 그럼에도 불구하고 이 글들은 일관된 일련의 문제들을 해결하려는 목적에서 쓴 것이다. 이 문제들은 서로 겹치는 세 가지 주제로 이루어져 있다. 첫째, 나는 역사의 사회적, 정치적 사용과 악용, 그리고 세계에 대한 이해와 (가능하다면) 세계의 재구성에 관심을 가지고 있다. 특히 나는 역사학이 다른 학문들에 대해, 특히 사회과학 내에서 갖는 가치를 논의하려 한다. 독자들만 허락한다면, 이 글들을 통해 이 주제에 대해 널리 알리고 싶다. 둘째, 이 글들은 과거에 대해 다른 방식으로 연구하는 학자들과 역사가들 사이에서 일어나는 일을 다룬다. 이 글들은 논쟁의 다양한 역사적 경향, 유행, 참가에 대한, 예를 들어 포스트모더니즘과 계량사와 관련된 논쟁 등에 대한 연구와 비판적 평가를 모두 포함한다. 셋째, 이 글들은 내 자신만의 역사에 대한 것이다. 다시 말해 진지한 역사가라면 누구나 직면할 수밖에 없는 중심적인 문제들, 이러한 문제들을 해결하는 데 가장 유용했던 역사적 해석, 그리고 또한 내가 나와 같은 시대를 살았던 사람들의 특징, 배경, 신념, 삶의 체험들에 대해 역사적으로 기술했던 방식들에 관한 것이다. 아마 독자들은 모든 글들이 다양한 방식으로 다른 글들과 관련되어 있음을 알게 될 것이다.

이 모든 문제들에 대한 나의 견해는 본문을 통해 명확해질 것이다. 그래도 나는 이 책의 두 주제에 대해 한두 마디 더 해명하고 싶다.

우선 내 친구들과 동료들의 책[1] 제목을 사용해서 역사에 대한 진실을 말하자면, 나는 역사가가 실재를 탐구한다는 견해를 강하게 옹호한다. 역사가는 확정된 사실과 꾸민 이야기 사이를, 증거를 필요로 하고 증거에 근거한 역사적 진술과 그렇지 않은 진술 사이를 근본적으로, 아주 중점적으로 구분하면서 시작해야 한다. 비록 시작했을 때와 전혀 다른 결과가 나온다고 하더라도 말이다.

스스로 좌파라고 주장하는 사람들 사이에서는 전혀 그렇지 않지만,

---

1) Joyce Appleby, Lynn Hunt and Margaret Jacob, *Telling the Truth about History*(New York, 1994).

객관적 실재에 쉽게 접근할 수 없다는 견해가 최근 몇 십 년 동안 유행하고 있다. 왜냐하면 '사실'로 불리는 것은 선험적 개념과 선험적 개념의 관점에서 체계화된 문제들 속에서만 존재하기 때문이라는 것이다. 우리가 연구하는 과거는 단지 마음속의 구성물에 불과하다는 것이다. 이러한 입장에 따르면, 그러한 하나의 구성물은 논리와 증거에 의해 뒷받침되는가 그렇지 않은가와 관계없이 원칙적으로 다른 구성물과 똑같이 타당하다. 한 구성물이 감정적 성향이 강한 신념 체계를 형성하는 한, 천지 창조에 대한 『성서』의 이야기는 자연과학이 제공하는 설명보다 못하다고 결정할 원칙은 실제로 아무데에도 존재하지 않는다. 양자는 단지 서로 다를 뿐이다. 그리고 이러한 입장을 의심하는 경향은 어느 것이나 '실증주의'에 불과하다는 것이다. 경험주의를 제외하면, 실증주의만큼 널리 거부되는 말도 없을 것이다.

한마디로 말해서 나는 존재하는 것과 존재하지 않는 것 사이를 구별하지 않으면 역사가 존립할 수 없다고 확신한다. 로마는 포에니 전쟁에서 카르타고를 이겨 파괴하였다. 그 반대는 아니었다. 우리가 어떻게 (실제로 발생한 것뿐 아니라 사람들이 그것에 대해 생각한 것도 포함하는) 검증할 수 있는 자료의 샘플을 선택하여 모으고 해석할 것인가는 다른 문제이다.

적어도 히틀러가 유대인을 학살했는지 아닌지 같은 문제를 결정하게 될 때에는, 실제로 자신의 신념을 충분히 주장할 수 있는 상대주의자들은 별로 없다. 상대주의는 법정에서 쓸모가 없는 것처럼 역사에서도 쓸모가 없다. 만약 증거를 이용할 수 있다면, 살인 혐의를 받고 재판정에 앉아 있는 피의자가 유죄인지 아닌지는 그러한 증거에 대한 구식 실증주의식 평가에 달려 있다. 만약 독자들이 피고석에 앉게 된다면 실증적인 증거에 호소하는 편이 좋을 것이다. 포스트모던적 변호 방침에 의존하는 사람들은 죄인을 변호하려는 변호사이다.

두 번째로, 나는 나와 관련된 마르크스주의적 역사 접근 방식을 다루려고 한다. 내가 마르크스주의자라는 주장은 정확한 것은 아니지만, 그렇다고 마르크스주의자라는 레테르를 떼버리고 싶지는 않다. 마르크스가 없었다면 나는 역사에 대한 어떠한 특별한 관심도 발전시키지 못했을 것이다. 나는 1930년대 전반기에 보수적인 독일의 김나지움에서 역사를 배웠고, 런던의 문법학교에서는 자유주의 성향의 훌륭한 교사에게서 역사를 배웠다. 그러나 당시 역사학은 가슴을 설레게 하는 과목은 아니었다. 나는 결코 직업 역사가로서 생계를 꾸려나가기를 원하지 않았다. 마르크스와 청년 마르크스주의 급진파의 활동 영역은 내게 연구 주제를 제공했고, 이것들에 대해 쓸 수 있는 방법을 시사해 주었다. 나는 마르크스의 역사 접근 방식 중에서 버려야 할 부분이 많다고 생각했음에도 불구하고, 일본 사람들이 "선생"이라고 부르는, 즉 지적으로 갚을 수 없는 큰 빚을 지운 스승에 대해 무비판적이지는 않지만 깊은 존경심을 계속 표하고 싶다. 공교롭게도 나는 마르크스의 '유물론적 역사관'이 역사에 대한 단연 최상의 (하지만 조건부의) 안내자라는 것을 계속 깨닫게 된다. 14세기의 위대한 학자인 이븐 할둔[2]이 역사를 다음과 같이 묘사했던 것처럼.

역사는 인간 사회나 세계 문명에 대한 기록이다. 역사는 인간 사회의 본질적인 변화에 대한 기록이며 …… 한 집단이 다른 집단에 대항하여 일으킴으로써 다양한 층으로 구성된 왕국과 국가를 낳는 혁명과 반란에 대한 기록이다. 역사는 상이한 인간 활동과 직업에 대한, 즉 일상 생활인이나 다양한 과학과 기술 분야에 종사하는 사람들에 대한 기록

---

2) (옮긴이) Ibn Khaldūn(1332~1406) : 최초로 비(非)종교적인 역사 철학을 발전시킨 아라비아의 위대한 역사가. 『역사 서설(*Muqaddimah*)』(한국어 번역본 : 『이슬람 사상』, 김용선 옮김, 삼성출판사)로 유명하다.

이다. 따라서 일반적으로 말해 역사는 사회가 본질적으로 겪는 모든 변화에 대한 기록이다.[3]

중세 이후 유럽의 근대 자본주의의 발생과 세계 변화를 연구 분야로 삼는 나 같은 사람들에게 마르크스의 유물론적 역사관은 가장 좋은 안내자였다.

그러나 '마르크스주의 역사가'와 비마르크스주의 역사가를 명확히 구분하는 것은 무엇인가? 20세기의 대부분 기간 동안 진행된 세속적 종교 전쟁의 양 진영에 속한 이데올로기 신봉자들은 논리 정연하게 두 입장을 나누어 양립할 수 없게 만들려 하였다. 한편 내가 공산당 원이고 마르크스·엥겔스 전집의 영어판 편집자라는 사실이 실제로 알려져 있었음에도 불구하고, 구소련 당국은 내 책이 러시아어로 번역되지 못하게 했다. 소련 당국의 정통적 기준에 따르면 내 책들은 '마르크스주의적'이지 않았던 것이다. 다른 한편으로 최근 어떠한 '존경받을 만한' 프랑스 출판사도 나의 『극단의 시대』[4]를 번역하려 들지 않았다. 아마도 이 책이 파리 독자들에게나 서평자들에게 이데올로기적으로 충격을 줄 것이라는 생각에서 그랬던 것 같다. 그러나 여기 실린 글들이 보여주는 것처럼, 19세기 말 이후의 과거를 탐구하는 학문의 역사는, 1970년대에 지적인 모호함이 역사 서술에 자리 잡기 시작할 때까지는 적어도 수렴의 역사이지 분리의 역사는 아니다. 프랑스의 '아날' 학파와 영국의 마르크스주의 역사가 사이의 유사성은 자

---

3) Charles Issawi ed. and trans., *An Arab Philosophy of History : Selections from the Prolegomena of Ibn Khaldun of Tunis(1332~1406)*(London, 1950), 26~27쪽에서 인용.

4) (옮긴이) Eric Hobsbawm, *Age of Extremes : the Short Twentieth Century 1914~1991* (London and New York, 1994)(한국어 번역본 : 『극단의 시대 —— 20세기 역사』, 이용우 옮김, 까치).

주 언급되곤 했다. 양쪽은 서로 다른 지적 계보를 지녔고 최고 대변자들의 정치적 이해도 결코 같지 않을 텐데도 불구하고 서로 비슷한 역사 연구에 종사한다고 보았다. 한때는 오직 마르크스주의만이, 심지어 내가 "속류 마르크스주의"라 불렀던 (이 책 235~237쪽을 보시오) 해석이 이상할 정도로 전통적 역사학에 스며들었다. 안전하게 말해서 반세기 전에, 적어도 영국에서 다음과 같이 설명할 수 있는 것은 오직 마르크스주의 역사가들뿐이었을 것이다. 교회의 경제적 기반이 소수의 부유하고 강력한 귀족들의 증여에서 더 광범위한 재정 기반으로 이동한 점이 중세 유럽에서 연옥(煉獄)이라는 신학적 개념이 출현한 것을 가장 잘 설명해 준다고. 그러나 옥스퍼드 대학의 탁월한 중세사 학자인 리처드 서던[5] 경이나 자크 르 고프(Jacques Le Goff)가 1980년대에 이 입장에 서서 논평했다고 해서, 누가 이들을 이데올로기 면에서나 정치적인 면에서 마르크스의 추종자나 동조자라고 할 수 있겠는가?

나는 이러한 수렴이 이 책의 중심 주제를 위해 이용할 수 있는 좋은 증거라고 생각한다. 즉, 일관성 있는 지적 연구인 역사학은 세계가 어떤 과정을 거쳐 오늘날에 이르렀는지 보다 잘 이해하게 만들었다. 당연히 마르크스주의 역사학과 비마르크스주의 역사학이 담고 있는 내용이 다양하고 불명확하다고 해서, 두 입장을 구분할 수 없다거나 구분해서는 안 된다고 말하고 싶지는 않다. 마르크스주의 전통 속에 있는 역사가는 이러한 집단적인 노력에 주목할 만한 기여를 했다. (스스로 마르크스주의 역사가라고 부르는 사람들이 모두 마르크스주의 역사가에 포함되진 않지만.) 그러나 이들만 기여한 것은 아니다. 이들이나 다른 누구의 저작도 자신이나 다른 사람들이 붙인 정치적 레테르로

---

5) (옮긴이) Richard Southern : 저명한 중세사가. 『중세의 형성』(이길상 옮김, 현대지성사), 『중세 교회사』(이길상 옮김, 크리스챤다이제스트) 등의 저서가 있다.

판단되어서는 안 된다.

　여기에 모은 글들은 지난 30년 동안 다양한 시점에서 쓴 것이다. 이 글들 대부분은 회의나 심포지엄을 위한 강연문과 기고문으로 작성되었고, 일부는 책에 대한 논평이나 기묘한 학문적 공동묘지인 학술 기념 논문집의 기고문으로 쓰거나 학계 동료들을 기념하고 존경하기 위해 제출된 연구 논문을 모은 것이다. 내가 글을 쓸 때 독자로 염두에 둔 사람들은 대학의 일반 청중에서 전문적인 역사가나 경제학자 같은 특수 집단까지 다양하다. 3장, 5장, 7장, 8장, 17장, 19장은 처음 출판되는 글이다. 17장은 매년 개최되는 독일 '역사학 대회'에서 행한 강연을 위해 독일어로 작성한 글을 영어로 번역한 것인데, 이 독일어 원문이 ≪디 차이트(*Die Zeit*)≫에 실린 적이 있다. 1장과 15장은 ≪뉴욕 리뷰 오브 북스(*New York Review of Books*)≫에, 2장과 14장은 역사 평론지인 ≪패스트 앤드 프레즌트(*Past and Present*)≫에 최초로 실린 글이고, 4장, 11장, 20장은 ≪뉴 레프트 리뷰(*New Left Review*)≫에 발표되었다. 6장은 미국예술과학학술원에서 발행하는 ≪다이달로스(*Daedalus*)≫에, 그리고 10장과 21장은 유네스코(UNESCO)의 후원으로 ≪디오게네스(*Diogenes*)≫에 실렸다. 13장은 빙엄턴에 있는 뉴욕 주립대학 페르낭 브로델 센터의 후원을 받아 ≪리뷰(*Review*)≫에 실렸고, 18장은 런던 대학이 팸플릿으로 출판해 주었다. 9장과 16장이 실린 학술 기념 논문집에 대한 상세한 사항은 각 장의 첫머리에 적혀 있다. 전체적으로 각 장의 첫 머리에 원문이 실린 시기와, 필요한 경우에는 그 원문이 실린 출처가 적혀 있다. 재출판할 수 있게 허락해 준 모든 사람들에게 고마움을 표한다.

1997년 런던에서
에릭 홉스봄

차 례

역사론

역사의 밖과 안에서

중앙유럽 대학의 한 학기를 시작하는 첫 강연을 요청받아 영광이다. 비록 나는 영국인으로 태어난 영국 국민 2세이기는 하지만 또한 중앙 유럽인이기 때문에, 이 강연에 임하면서 묘한 느낌이 든다. 확실히 나는 유대인으로서 중앙유럽에 분산된 유대인들이 지니는 특색을 지니고 있다. 할아버지는 바르샤바에서 런던으로 오셨다. 어머니는 빈 사람이 셨고, 독일어보다는 이탈리아어를 더 유창하게 말하는 아내도 역시 빈 사람이다. 장모님은 지금도 어린아이 수준의 헝가리어를 말할 줄 아신 다. 장모님의 부모님들은 옛날 군주제 시절에 헤르체고비나에서 가게 를 운영하셨던 적이 있다. 지금은 처참하지만, 발칸 지역이 평화로웠

---

* 이 글은 부다페스트에 있는 중앙유럽 대학의 1993~1994년도 개시 강연의 원고로 쓴 것이다. 다시 말해 이 글은 본래 유럽의 과거 공산주의 국가와 구소련에서 온 학생 집단을 대상으로 하여 강연되었다. 이 글은 후에 "역사에 대한 새로운 위협(The New Threat to History)"이라는 제목으로 ≪뉴욕 리뷰 오브 북스(*New York Review of Books*)≫(1992년 12월 16일자), 62~65쪽에 실렸고, 여러 나라들에서 번역되었다.

을 때 아내와 함께 그 가게의 흔적을 찾아 모스타르에 가본 적도 있고 오래전에 헝가리 역사가들과 약간 관계를 가진 적도 있다. 그래서 나는 외부인이면서 동시에 어느 정도 내부인인 입장에서 여러분에게 다가서려 한다. 나는 여러분에게 무엇을 말할 수 있을까?

나는 여러분에게 세 가지를 이야기하려 한다.

첫 번째는 중앙유럽과 동유럽에 관련된 것이다. 여러분이 이 지역에서 왔다면, 여러분의 대다수는 매우 불확실한 상태에 놓인 나라들에 속한 시민이고 그렇게 살아갈 것이다. 불확실성이 중앙유럽인과 동유럽인들만 겪는 문제라고 주장하고 싶지는 않다. 오늘날 불확실성은 그 어느 때보다 전 세계 곳곳에 퍼져 있는 것 같다. 그럼에도 불구하고 여러분의 전망은 특히 흐리다. 나의 전 생애 동안 이 지역에 있는 모든 나라들은 전쟁을 거치면서 침략당했고, 정복당했고, 점령당했고, 해방되었고, 다시 점령당했다. 이탈리아 북동부의 트리에스테와 우랄 산맥 사이의 유럽 지도에 현재 기재된 23개 나라 중 단지 6개 나라만이 내가 태어날 때 존재했다. 러시아, 루마니아, 불가리아, 알바니아, 그리스, 터키가 그 나라들이다. 다른 군대가 점령하지 않았더라면 더 많은 나라들이 계속 존재했을 것이다. 1918년 이후의 오스트리아나 1918년 이후의 헝가리는 결코 합스부르크 제국 당시의 헝가리와 치슬라이타니아[1]와 실질적으로 비교될 수 없는 존재였다. 몇몇 나라들은 제1차 세계 대전 이후에, 심지어 1989년 이후에 출현했다. 이 중에는 근대적 의미의 국가라는 지위를 역사상 가져본 적이 없거나, 또는 1~2년이나 10~20년 정도의 짧은 기간만 국가의 지위를 지녔다가 상실한 나라들이 포함된다. 물론 이 중 몇몇 나라들은 그 후 국가의 지위를 되찾았

---

1) (옮긴이) Cisleithania : 오스트리아-헝가리 제국의 영토 중 라이타 강의 서쪽 영토를 말한다. 현재의 오스트리아, 보헤미아, 모라비아, 슬로베니아와, 폴란드와 슐레지엔의 일부가 포함된다.

다. 더 동쪽으로 나아가지 않더라도 이 같은 나라들로 발트 3국, 벨로루시, 우크라이나, 슬로바키아, 몰도바, 슬로베니아, 크로아티아, 마케도니아 등을 들 수 있다. 유고슬라비아나 체코슬로바키아 같은 나라는 내가 사는 동안 건국되었다가 사라져버렸다. 몇몇 중앙유럽의 도시에 사는 나이가 지긋한 주민들이 연속적으로 세 나라의 신분증을 지녔던 일은 아주 흔했다. 우크라이나의 리보프(렘베르크)나 체르노프치 출신 중 내 연배의 사람들은 전쟁 시의 점령을 계산에 넣지 않더라도 네 나라를 거쳤다. 우크라이나의 무카초보(뭉카치) 출신 사람은 1938년 포트카르파트스카 루시의 일시적인 자치까지 계산한다면 다섯 나라는 족히 겪었을 것이다. 1919년같이 더 문명화된 시절에는 새로운 시민권을 선택할 수도 있었다. 그러나 제2차 세계 대전 이후에는 모두 강제로 국외로 추방당하거나 강제로 새 국가로 통합되곤 했다. 중앙유럽인과 동유럽인은 어디에 속하는가? 그들은 누구인가? 이 문제는 대다수의 중앙·동유럽인들에게 현실적인 문제였고 지금도 여전히 그렇다. 어떤 나라에서 그 문제는 죽느냐 사느냐의 문제이고, 그 밖의 거의 대부분의 나라에서도 법적 지위와 삶의 기회에 영향을 미치고 때로는 결정짓기도 하는 문제이다.

더 집단적인 성격의 또 다른 불확실성이 존재한다. 대부분의 중앙유럽과 동유럽 국가들은 '저개발국'이나 '개발도상국' 진영에 속한다. (이러한 말들은 외교관들과 국제연합의 전문가들이 1945년 이후에 상대적, 절대적 빈곤과 후진성을 완곡하게 표현하고자 만들어낸 것이다.) 어떤 측면에서 보면 두 유럽 사이에 뚜렷한 경계선은 없다. 그러나 이른바 유럽의 경제적, 문화적 동력의 주산맥이나 산맥 정상에서 동쪽이나 서쪽으로 흘러내리는 경사는 있다. 이 주축은 이탈리아 북부에서 알프스 산맥을 거쳐 북프랑스와 북해 연안의 낮은 지대로, 그리고 영국 해협을 통해 영국까지 이어진다. 이러한 지형은 유럽공동체 내에서 국내

총생산량이 비슷한 지역의 분포뿐만 아니라 중세의 상업 경로와 고딕 건축물의 분포와도 일치할 수 있다. 대체로 합스부르크 제국의 중앙을 지나는, '선진 유럽'과 '후진 유럽'을 가르는 역사적 경계선이 존재하는 한, 사실상 이 지역은 오늘날도 여전히 유럽 공동체의 주축이다. 이 문제는 이 지역의 사람들에게는 민감한 문제이다. 예를 들어 류블랴나는 스코플레보다, 그리고 부다페스트는 베오그라드보다 문명 중심부에 훨씬 더 근접해 있다고 스스로 생각한다. 프라하의 현 정부는 동유럽과 얽혀 하나로 취급당할지도 모른다는 두려움 때문에 "중앙유럽"으로 불리는 것조차 원하지 않는다. 그들은 자신들이 완전히 서유럽에 속한다고 주장한다. 그러나 내가 강조하고자 하는 요점은, 중앙·동유럽의 어느 나라나 어느 지역도 스스로를 유럽의 중심이라고 생각하지 않는다는 점이다. 모든 사람들은 다른 어떤 곳에서 선진화와 현대화 모델을 추구한다. 심지어 빈, 부다페스트, 프라하의 교육받은 중산층마저 그렇다. 그들은 베오그라드와 루세의 지식인들이 빈을 동경하는 것처럼 파리와 런던을 동경한다. 지금 대다수 사람들이 인정하는 기준에 비추어 보았을 때 체크 공화국과 오스트리아 지역은 유럽 선진 공업 지역의 일부를 이루고 있고, 문화적으로도 빈, 부다페스트, 프라하가 다른 어떤 지역보다 열등하다고 느낄 이유가 전혀 없음에도 불구하고 말이다.

19세기와 20세기 후진국의 역사는 선진 세계를 모방하여 따라잡으려는 역사이다. 19세기 일본은 유럽을 모델로 삼았고, 제2차 세계 대전 이후에 서유럽인들은 미국 경제를 모방했다. 20세기 중앙유럽과 동유럽의 이야기는 대체로 몇몇 모델을 차례로 모방하여 따라잡으려다 실패했던 이야기이다. 1918년 이후 새롭게 등장했던 대부분의 후계 국가들이 모델로 삼은 것은 서유럽의 민주주의와 경제적 자유주의였다. 월슨(Woodrow Wilson) 대통령은 이 지역의 수호성인이었다. 지금의 프라하 중앙역은 과거에 "윌슨 역"이라 불렀다. 예외적으로 볼셰비키들만이 자신들의 길을 걸었다. (사실은 그들에게도 라테나우(Walther Rathenau)와 헨리 포드(Henry Ford)라는 모델이 있었지만.) 하지만 이러한 지역 모델은 제대로 작동되지 못했다. 그 모델은 1920년대와 1930년대에 정치적으로 경제적으로 부서졌다. 대공황은 체코슬로바키아에서조차 다민족적 민주주의를 결국 파괴해 버렸다. 이 지역의 많은 나라들이 파시즘 모델을 시도하거나 이 모델과 깊은 관계를 맺었다. 1930년대에 파시즘 모델은 경제적, 정치적 성공 사례로 보였기 때문이다. (우리들은 나치 독일이 대공황을 매우 성공적으로 극복했다는 사실을 잊는 경향이 있다.) 그러나 대독일 경제 체제로의 통합은 작동되지 못했다. 독일은 패배했다.

1945년 이후에 이 지역의 대부분 국가들은 볼셰비키 모델을 선택했거나, 선택할 수밖에 없음을 알게 되었다. 근본적으로 볼셰비키 모델은 후진적 농업 경제를 계획적 산업 혁명을 통해 현대화하려는 모델이었다. 그러므로 이 모델은 지금의 체크 공화국이나 1989년까지의 독일민주공화국(구동독)에게는 결코 적절하지 못했지만, 소련을 포함한 대다수 지역들에게는 적절하였다. 여러분에게 이 체제를 결국 붕괴로 이끌어간 경제적 결함과 약점을 이야기할 필요는 없을 것이다. 더군다나 중앙·동유럽 국가들에게 가해진 점점 더 견디기 힘들게 된 정치 체제에 대해서는 말이다. 하물며 이 체제가 구소련 시기, 특히 스탈린의 냉혹한 통치 시기에 소련 국민들에게 가한 엄청난 고통을 상기시킬 필요는 없을 것이다. 그럼에도 나는, 여러분 대부분은 환영하지 않겠지만, 이 체제가 1918년의 군주제 붕괴 이후로 다른 어떤 것보다도 어느 정도는 잘 작동되어 왔다고 이야기할 수밖에 없다. 이 지역의 더 후진적인 나라들의 일반 국민들, 예를 들어 슬로바키아인이나 대부분의 발칸 반도인에게 이 체제는 아마도 역사상 가장 좋았던 시기였을 것이다. 그러나 이 체제는 경제적으로 점점 더 경직되었고 제대로 작동되지 않았기 때문에, 특히 지적 독창성을 억누르는 것은 그렇다 치더라도 기술을 혁신하지 못하거나 경제적으로 활용하지 못했기 때문에 실패했다. 더욱이 지역 주민들에게 다른 나라들이 사회주의 국가들보다 훨씬 더 큰 물질적 진보를 이룩했다는 사실을 도저히 숨길 수 없게 되어버렸다. 여러분이 이것을 다른 방식으로 표현하기를 원한다면, 일반 시민들이 무관심하거나 적대적이었기 때문에, 그리고 정부가 자신들이 하는 척했던 일에 대한 신념을 상실했기 때문에 이 체제는 실패했다고도 말할 수 있을 것이다. 어떤 식으로 본다 하더라도, 이 체제는 1989년에서 1991년 사이에 아주 극적으로 무너지고 말았다.

그리고 지금은 어떤가? 모든 사람들이 달려들어 뒤쫓으려는 또 다른 모델이, 즉 의회 민주주의 정치와 극단적인 자유 시장 자본주의 경제가 존재하고 있다. 이것은 현재 형태로는 진정한 모델이라기보다는 전에 겪었던 것에 대한 반작용의 성격을 주로 띠고 있다. 물론 이것이 정착되어 더 잘 작동될지도 모른다. 정착되는 것이 허용된다면 말이다. 그러나 그렇게 된다 할지라도 1918년 이후에 진행된 역사에 비추어 보면, 일부 예외를 제외하고는 이 지역이 '진정으로' 선진적인 현대 국가들의 클럽에 성공적으로 합류할 가능성은 많지 않다. 레이건 대통령과 대처 수상을 모방했던 결과는 내전, 혼란, 무정부 상태로 황폐화되지 않았던 나라들에서조차 실망스러운 것이었다. 내가 영국식으로 줄잡아 말해도 된다면, 레이건-대처 모델을 추구했던 결과는 이 모델의 근원지인 영국과 미국에서조차 크게 성공적이지 못했다는 사실을 덧붙여야만 하겠다.

그래서 전체적으로 중앙·동유럽 국민들은 실망스러운 과거를 지닌, 아마 더 실망스러운 현재를 지닌, 그리고 불확실한 미래를 지닌 나라에서 살아갈 것이다. 이것은 매우 위험한 상황이다. 사람들은 자신들의 실패와 불안정을 탓할 누군가를 찾게 된다. 적어도 현세대에서는, 개혁을 통해 1989년 이전 시기로 되돌아가자는 운동이나 이데올로기는 이러한 분위기 덕을 보지 못한다. 아마도 이러한 분위기 덕을 가장 많이 보는 것은 외국인을 혐오하는 민족주의나 관용을 베풀지 않는 움직임일 것 같다. 낯선 이방인을 비난하는 일은 언제나 가장 손쉬운 일이다.

이것이 내가 말하고자 하는 두 번째 요점이다. 이것은 대학의 기능과 직접적으로 관련되어 있고, 최소한 역사가이자 대학 선생인 내 작업에 관계된 것이다. 왜냐하면 양귀비가 마약의 원료인 것처럼, 역사는 민족주의적 이데올로기나 인종주의적 이데올로기, 또는 근본주의적 이데올로기의 재료가 되기 때문이다. 과거는 이러한 이데올로기에 있어 본질적인 구성 요소, 아마 가장 본질적인 구성 요소이다. 만약 적당한 과거가 없으면 그러한 과거는 언제든 발명될 수 있다. 이런 이데올로기들이 정당화하려는 현상은 과거에 존재했던 것이나 영원한 것이 아니라 역사적으로 새로운 것들이기 때문에, 당연히 딱 들어맞는 과거는 대개 존재하지 않는다. 이것은 이 이데올로기들의 현대판인 종교적 근본주의와 현대 민족주의 모두에 해당된다. 이 중에서 호메이니(Ayatollah Khomeini)가 이슬람 국가를 새롭게 재편하는 과정에서 만들어진 현대판 종교적 근본주의는 겨우 1970년대 초에야 출현했다. 과거는 현재를 정당화시킨다. 과거는 별로 기념할 가치가 없는 현재를 영광스럽게 만드는 배경을 제공한다. 인더스 계곡의 고대 도시 문명을 "파키스탄 5000년"이라는 제목으로 연구했던 글을 어디선가 본 일이 있다. 하지만 어떤 학생 투사가 파키스탄이란 이름을 생각해 낸 1932~1933년 이전에는 파키스탄이라는 이름은 생각조차 할 수 없었다. 더구나 1940년까지는 파키스탄 독립은 심각한 정치적 요구가 아니었다. 파키스탄은 1947년 이후에야 국가로서 존재할 수 있었다. 슐리만이 발견한 트로이 프리아모스 왕의 보물을 최초로 공공 전시하기 위해 현재 반환을 요구하는 터키의 앙카라 정부와 고대 트로이 전쟁 사이의 연관보다 모헨조다로 문명과 현재의 이슬라마바드 통치자 사이에 더 밀접한 연관이 있다는 증거는 어디에도 없다. 그러나 파키스탄 5000년이라는 표현은 파키스탄 46년이라는 표현보다 어쨌든 더 좋게 들린다.

역사가는 이러한 상황에서 예기치 않게 정치가 역할을 하고 있음을 깨닫게 된다. 나는 역사학이라는 전문 영역이 핵물리학과는 달리 최소한 해악을 끼치지는 않는다고 생각하곤 했다. 그러나 이제는 역사학이 해악을 끼칠 수 있음을 알게 되었다. 아일랜드공화국군이 작업장에서 화학 비료를 폭약으로 바꾸는 법을 배웠던 것처럼, 우리의 연구도 폭탄 공장으로 변할 수 있다. 이러한 상황은 두 가지 방식으로 우리들에게 영향을 미친다. 일반적으로 우리들은 역사적 사실에 책임을 져야 하며, 특히 역사를 정치적, 이데올로기적으로 악용하는 일을 비판해야 한다.

첫 번째 책임에 대해서는 거의 말할 필요도 없다. 나는 다만 현재 진행되고 있는 두 가지 점에 대해서만 말하고자 한다. 하나는 소설가들이 소설의 줄거리를 허구보다는 기록된 실제에 기초해서 구성하는 최근의 경향이다. 그럼으로써 역사적 사실과 역사적 허구 사이의 경계가 애매해지고 있다. 다른 하나는 '포스트모던적' 지적 경향이 서구의 대학에서, 특히 문학과 인류학 분야에서 강해진 점이다. 그들의 주장은 객관적 존재의 지위를 요구하는 '사실'은 단지 지적 구성물에 불과하다는 것, 간단히 말해서 사실과 허구 사이에 명확한 차이는 존재하지 않는다는 것이다. 그러나 사실과 허구를 구별하는 능력은 역사가에게 있어서, 심지어 가장 전투적인 반(反)실증주의적 역사가들조차 절대적으로 갖추어야 할 기본이다. 사실을 창조할 수는 없다. 엘비스 프레슬리는 죽었거나 죽지 않았거나 중 하나이다. 믿을 만한 증거를 이용할 수 있다면, 문제는 증거에 기초하여 종종 이의 없이 해결될 수 있다. 1915년의 계획적인 아르메니아인 대량 학살 사건을 부인하는 현재의 터키 정부는 옳거나 틀리거나 중 하나이다. 현상을 해석하거나 더 넓은 역사적 맥락과 부합시키는 과정에서 만장일치로 하나를 선택할 수는 없지만, 우리들 대부분은 진지한 역사학적 논의를 거쳐 대학살에 대한 터키 정부의 부인을 무시한다. 최근에 힌두교 광신자들이 아요디아의 이슬람 사원을 파괴했다. 이슬람교를 믿는 무굴 정복자 바부르가 힌두교인들에게 특별히 신성한 라마 신의 탄생지에 이슬람 사원을 강제로 세웠다는 근거를 표면상으로 내세워서 말이다. 그래서 인도 대학들에 있는 나의 동료들과 친구들은 다음과 같은 연구 성과를 출판했다. 첫째, 누구도 19세기까지는 아요디아가 라마 신의 탄생지라는 사실을 제시한 적이 없다. 둘째, 이슬람 사원은 바부르 시절에 세워지지 않은 것이 거의 확실하다. 나는 이것이 이슬람 사원 파괴 사건을 도발했던 힌두교 당의 대두에 많은 영향을 미쳤음을 이야기하고 싶다. 최소한 그들은 글을 읽을 수 있고 이교도를 배척하자는 선동을 접한 사람들을 위해 역사가로서의 임무를 다했다. 우리 역사가들은 사명을 다해야 할 것이다.

종교적 불관용을 주장하는 소수의 이데올로기들은 단순한 거짓말이나 어떠한 증거도 존재하지 않는 허구에 근거해 있다. 투르크가 세르비아 전사들과 동맹국들을 무찔렀던 1389년의 코소보 전투는 세르비아인들의 집단적 기억에 깊은 상처를 남겼다. 하지만 이러한 사실에 근거해서 현재 이 지역 인구의 90퍼센트를 차지하는 알바니아인에 대한 억압을 정당화하거나 이 지역은 세르비아인들의 것이라고 주장할 수는 없다. 덴마크는 11세기 이전에는 데인족이 정착해서 통치했던 대부분의 영국 동부에 대한 소유권을 주장하지 않는다. 영국 동부는 데인로[2]로 알려져 있고, 이 지역 마을들의 이름은 언어학상으로 볼 때 여전히 덴마크어인데도 말이다.

하지만 역사를 이데올로기적으로 악용하는 일은 대개 날조보다는 시대착오에 근거한다. 그리스 민족주의는 마케도니아인들에게 마케도니아라는 이름을 사용하지 못하게 한다. 마케도니아 왕인 알렉산드로스 대왕의 아버지가 발칸 반도에 있는 그리스를 통치한 후로 모든 마케도니아는 본질적으로 그리스이고 그리스 민족 국가의 한 부분으로 되었다는 근거에서 그렇게 주장한다. 이것은 마케도니아에 대한 다른 모든 이야기들과 마찬가지로 결코 순수한 학문적 주장이 아니다. 그러나 어떤 그리스 지식인이 그것은 역사적 견지에서 볼 때 무의미하다고 말하려면 많은 용기가 필요하다. 기원전 4세기에는 그리스 민족 국가나 그리스인 전체를 포괄하는 어떠한 단일한 정치적 실체도 존재하지 않았다. 마케도니아 제국은 오늘날의 그리스나 다른 어떤 근대 민족 국가 같은 존재가 결코 아니었다. 그리스인들은 마케도니아 통치자를, 그 후에 등장한 로마 통치자를 대했던 것처럼, 그리스인이 아닌 야만인으로 대했을 가능성이 많다. 더욱이 마케도니아는 역사적으로 보아 어떠한 단일한 민족체(nationality)와도 동일시하기 어려울 정도로 다양한 민족이 뒤엉킨 혼합체이다. 여러 가지 과일을 혼합한 프랑스 샐러드 요리의 이름이 마케도니아에서 비롯될 정도이다. 따라서 이식된 극단적인 마케도니아 민족주의도 같은 근거에서 무시되어야 공정하다. 즈보니미르(Zvonimir) 대왕을 투지만(Franjo Tudjman) 대통령의 선조로 만들려는 크로아티아의 모든 간행물을 무시해야만 하는 것처럼 말이다. 그러나 민족주의적인 교과서 역사를 발명하는 사람에게 저항하는 일은 어렵다. 비록 이에 용감하게 저항하는 자그레브 대학의 역사가들이 있지만 말이다. 그들은 나의 자랑스러운 친구들이다.

---

2) (옮긴이) the Danelaw : 데인족의 법률이 시행된 지역이라는 뜻에서 유래한 명칭.

역사를 신화와 날조로 바꾸려는 이러저러한 시도들은 단지 나쁜 지적 농담으로 그치지 않는다. 결국 이것들은 교과서에 들어갈 내용을 결정한다. 학교 교육에 이용하기 위해 중일 전쟁을 미화하는 일본 당국이 잘 알고 있는 것처럼 말이다. 신화와 날조는 정체성을 강조하는 정치에 반드시 필요한 것이다. 오늘날 자신들을 민족성, 종교, 또는 과거나 현재의 국토 경계선 등으로 규정하는 집단들은 "우리들은 다른 사람들과 다르고 더 뛰어나다"라고 이야기함으로써 불확실하고 흔들리는 세상에서 확실성을 찾으려 한다. 신화와 날조를 만들어내는 사람들이 교육받은 계층, 즉 교사, 성직자, (많지 않길 바라지만) 교수, 저널리스트, 그리고 텔레비전과 라디오 프로그램의 제작자들이기 때문에, 신화와 날조는 대학에 몸담고 있는 우리들의 관심 대상이다. 오늘날 그들 대부분은 어떤 대학에 다닌 적이 있을 것이다. 그것을 잘못 파악해선 안 된다. 역사는 조상 대대로 물려 내려온 기억이나 집단적 전통이 아니다. 역사는 사람들이 성직자, 교사, 역사 집필자, 잡지 편집자와 텔레비전 프로그램에서 배운 것이다. 역사가가 자신의 책임을 기억하는 것은 매우 중요하다. 무엇보다도 역사가는 정체성을 강조하는 정치적 격정에서 비켜서 있어야 한다. 역사가들도 인간이기 때문에 이러한 격정을 느낀다 할지라도 말이다.

이것이 얼마나 심각한 일인가는 이스라엘인 역사가 아모스 엘론(Amos Elon)이 쓴 최근의 논문에 잘 나타나 있다. 엘론은 이 논문에서 히틀러가 행한 유대인 대량 학살이 이스라엘이 국가로 존립해야 함을 정당화하는 신화로 변질되어 가는 과정을 다루었다. 이 대량 학살 사건은 정당화 차원을 넘어 이용되기도 했다. 우익이 집권한 시기에 대량 학살 사건은 이스라엘의 국가 정체성과 우월성에 대한 민족적, 의식적(儀式的) 주장으로 변질되었고, 신과 더불어 공식적 민족 신념 체계의 중심 항목으로 되어버렸다. '대학살' 개념의 변질 과정을 추적한 엘론은 새로운 노동당 정부가 집권한 이스라엘의 교육부 장관이 최근에 밝힌 견해에 따라, 역사는 이제 민족적 신화, 민족적 의식(儀式), 민족 정치와 분리되어야 한다고 주장한다. 유대인이지만 이스라엘 국민은 아닌 나로선 이것에 대해 어떠한 견해도 밝히고 싶지 않다. 그러나 슬프지만 역사가로서는 엘론의 의견을 인정한다. 유대인 대학살을 학문적으로 다룬 뛰어난 저작들은, 유대인이 쓴 것이든지 비유대인이 쓴 것이든지 간에 관계없이 히브리어로 번역되지 못했다. 힐베르크의 훌륭한 책이 번역되지 못한 것을 그 예로 들 수 있다.[3] 또는 번역되더라도 굉장히 늦게 번역되었거나 때때로 편집자의 부정적 견해를 실은 채 번역되었다. 대학살 역사 서술들에 대한 진지한 연구도, 입에 담기도 무서운 대학살이라는 이미지를 줄이진 못했다. 다만 이스라엘의 존립을 정당화하는 신화와 떨어져 있었을 뿐이다.

그래도 이 이야기는 우리에게 희망을 가지게 해준다. 왜냐하면 여기서는 신화적 역사나 민족주의적 역사가 내부로부터 비판받았기 때문이다. 나는 40년 동안 민족적 선전 또는 시온주의자의 논쟁으로 쓰이던 이스라엘 건국의 역사가 더 이상 이스라엘 내에서 쓰이지 않는 점을 지적하고자 한다. 아일랜드의 역사에도 똑같은 경우가 있음을 지적한 바 있다. 아일랜드 대부분이 독립을 쟁취한 지 반세기 후 아일랜드 역사가들은 더 이상 민족 해방 운동의 신화적 관점에서 역사를 쓰지 않았다. 아일랜드공화국과 북아일랜드 양 지역에서 아일랜드 역사는 스스로의 해방에 성공했기 때문에 아주 찬란하게 빛나는 시기를 누리고 있다. 이것은 여전히 정치적 의미와 위험을 지닌 문제이다. 오늘날에 쓰인 역사는, 총과 폭탄을 가지고 낡은 신화의 이름을 빌려 여전히 투쟁하고 있는 페니언단[4] 회원들에서부터 아일랜드공화국군에

---

3) (옮긴이) Raul Hilberg, *The Destruction of the European Jews*, 3 vols(New York, 1961).

이르기까지 광범위하게 퍼져 있는 낡은 전통을 버리고 있다. 조국의 위대한 고난과 발전의 역사에서 한발 물러설 수 있는 새로운 세대들이 성장한다는 사실은 역사가에게는 희망의 표시이다.

그러나 세대가 교체되기를 기다릴 수만은 없다. 우리들은 만들어지는 것이 분명한 민족 신화, 인종 신화, 그리고 다른 신화들의 형성에 저항해야만 한다. 물론 이러한 일은 우리를 인기 없게 만들 것이다. 체코슬로바키아 공화국의 창건자인 토마스 마사리크(Thomáš Masaryk)는 대부분의 체크 민족 신화들이 근거하고 있는 중세 필사본들이 위조되었다는 사실을 유감을 표명하면서도 주저 없이 입증했고, 따라서 정치에 입문했을 때 인기가 없었다. 그러나 그러한 일은 행해져야만 하고, 나는 여러분 중에서 역사가가 될 사람들이 그렇게 행동하기를 바란다.

이것이 바로 내가 여러분에게 역사가의 임무에 대해 말하고 싶은 전부이다. 그러나 끝내기 전에 한 가지 더 당부하고 싶다. 이 대학 학생들인 여러분은 특혜를 받은 사람들이다. 여러분은 훌륭하고 유명한 기관의 졸업생으로서, 원한다면 사회에서 훌륭한 지위를 누리고 더 좋은 경력을 갖추어, 성공한 사업가만큼은 아니더라도 다른 사람들보다 더 많은 수입을 올릴 것이다. 내가 여러분에게 당부하고 싶은 것은 내가 대학에서 학생들을 가르치기 시작했을 때 들었던 말이다. 나의 은사께서는 이렇게 말씀하셨다. "네가 가르치게 될 학생들은 너만큼 우수한 학생이 아니다. 그들은 수업에 흥미가 없고 싫증 내기 쉬운, 그리고 모두 비슷비슷한 시험 답안을 작성하는 이류 정도의 평균적인 학생들이다. 너는 일류 학생들을 가르치는 일을 즐길 수도 있겠지만, 일류 학생들은 스스로를 돌본다. 일류가 아닌 나머지 학생들이 너를

---

4) (옮긴이) Fenian : 아일랜드의 독립을 목적으로 결성된 민족주의 비밀 결사. 신페인당을 만든 아서 그리피스도 페니언단의 단원이었다.

필요로 하는 학생들이다."

이 말은 대학뿐만 아니라 세상에도 적용된다. 정부, 경제, 학교 등 사회의 모든 것은 소수 특권층의 이익을 위해 존재하는 것이 아니다. 우리들은 스스로 돌볼 수 있다. 사회 내의 모든 것은 특별히 영리하거나 흥미롭지 않은(물론 우리들이 그들 중의 하나와 사랑에 빠지지 않는다면), 교육을 많이 받지 않은, 성공하지 못하거나 성공하도록 운명지어지지 않은, 즉 실제로 결코 특별하지 않은 보통 사람들의 이익을 위해 존재한다. 사회의 모든 것들은, 출생, 결혼, 사망의 기록 속에서만 개인으로서 존재하며 언제나 이웃들의 바깥에서 역사에 등장하는 사람들을 위해 존재한다. 살 만한 가치가 있는 사회는 모두 부자, 영리한 사람, 예외적인 사람들에게 공간과 전망을 제공해야 하지만, 그 사회는 그러한 사람들을 위한 사회가 아니라 보통 사람들을 위해 계획된 사회이다. 세계는 우리의 개인적 이익을 위해 만들어져 있지 않고, 우리는 우리의 개인적 이익을 위한 세계 속에 있지도 않다. 개인적 이익의 추구가 자신의 목표라고 주장하는 세계는, 좋은 세계가 아니고 계속 유지되어서도 안 될 세계이다.

2
과거의 의미

모든 인간은 자신보다 나이가 많은 사람들과 사는 덕택에 과거를 알게 된다. (여기서 과거란 사건이 어떤 개인의 기억 속에 직접 기록되기 이전의 시기를 말한다.) 역사가에게 의미 있는 모든 사회는 과거를 지닌다. 가장 혁신적인 식민지라 할지라도 그곳의 주민은 이미 오랜 역사를 지닌 사회에서 온 사람들이기 때문이다. 인간 공동체의 구성원이 된다는 의미는 그 공동체의 과거 속에 놓인다는 것이다. 그러므로 과거는 인간의 의식이라는 영원한 차원 속에 존재하며, 인간 사회의 제도, 가치, 그리고 그 밖의 패턴의 불가피한 구성 요소이다. 역사가의 과제는 '과거의 의미'의 본질을 사회 속에서 분석하고, 그 변화와 이행 과정을 추적하는 것이다.

---

* 이 장은 과거, 현재, 미래 사이의 관계를 대략적으로 그려보려 한다. 과거, 현재, 그리고 미래는 모두 역사가의 관심사이다. 이 글은 ≪패스트 앤드 프레즌트(*Past and Present*)≫에서 '역사와 과거의 의미'라는 주제로 개최한 1970년 대회에 제출한 기조 발표 논문에 기초한 것이다. 그 논문

1

우리가 다루는 사회와 공동체의 역사 대부분은 본질적으로 현재의 모범(pattern)이 된다. 각 세대는 선조들을 가능한 한 완벽하게 재현하려 하고, 이 노력이 실패하면 선조들에 못 미친다고 생각한다. 물론 과거가 현재를 완전히 지배하게 되면 모든 정당한 변화와 혁신을 부정할 수도 있다. 그러나 어떠한 혁신도 인정하지 못하는 인간 사회가 존재할 것 같지는 않다. 혁신은 두 가지 방식으로 일어날 수 있다. 첫째, 공식적으로 '과거'라고 규정된 것은 기억되었거나 기억될 수 있는 무한히 많은 것들 중에서 분명하게 특별히 선택된 것들이다. 사회에서 공식화된 이러한 과거의 영역이 어떤 사회에서 어느 정도 큰가 하는 것은 본질적으로 환경에 달려 있다. 그러나 그것은 늘 틈새를 갖게 될 것이다. 다시 말해 그 사회에서 중요하다고 생각되는 것을 의식된 역사 체계 속으로 늘 통합시킬 수 있는 것은 아니다. 혁신은 이러한 틈새 속에서 일어날 수 있다. 혁신은 자동적으로 체제에 영향을 미치지 않고, 그러므로 '이건 항상 일이 행해지던 방식이 아니다'라는 장벽에 자동적으로 직면하지는 않기 때문이다. 따라서 어떤 종류의 행위가 비교적 변하기 쉬운가 탐구하는 것은 흥미로운 일이다. 이전에는 무시해도 좋은 하찮은 것으로 나타났다가 나중에는 그렇지 않은 것으로 될 수 있는 행위들은 제쳐두고서라도 말이다. 다른 조건들이 같다면, 가장 넓은 의미에서의 기술이 변하기 쉬운 분야에 속하고, 사회 조직과 이데올로기나 가치 체계는 변하지 않는 분야에 속한다고 이야기할 수도 있다. 그러나 이 문제는 비교사적 연구가 진행되지 않은 상황에서는 열려 있어야 한다. 우리가 수많은 예에서 분명히 알 수 있듯이, 극

은 "과거의 사회적 기능 —— 몇몇 문제점(The Social Function of the Past : Some Questions)" 이라는 제목으로 ≪패스트 앤드 프레즌트≫ 55호(1972년 5월)에 실렸다.

32

히 전통적이고 관습적인 수많은 사회들이 과거에 비교적 갑작스럽게 새로운 작물, (북아메리카 인디언 사이에서의 말[馬]과 같은) 새로운 교통수단, 새로운 무기를 과거의 양식과 전혀 마찰 없이 받아들인 적이 있었다. 다른 한편으로 그러한 혁신에 대해서 계속 반발했던, 아직 충분하게 조사되지 못한 다른 사회들도 아마 존재할 것이다.

‘공식화된 사회적 과거’는 현재에 대한 모범이기 때문에 훨씬 더 엄격하다. ‘공식화된 사회적 과거’는 현재의 논쟁과 불확실성을 심판하는 법정이 되는 경향이 있다. 문자를 사용하지 않는 사회에서 법은 관습, 즉 나이 든 사람의 지혜와 동일시된다. 문자를 사용하는 사회나 부분적으로만 문자를 사용하는 사회에서는 이러한 과거를 소중하게 간직한, 그럼으로써 어떤 정신적 권위를 획득한 문서가 동일한 역할을 한다. 아메리카 인디언 공동체는 자신들이 아득한 옛날부터 토지를 소유했다는 사실, 혹은 (여러 세대를 거쳐 아주 체계적으로 전해 내려온) 기억, 또는 매우 조심스럽게 잘 보관되어 온 식민지 시절에서 유래한 헌장이나 법적 판결에 근거하여 공동체의 토지에 대한 권리를 주장할지도 모른다. 이것들 모두는 현재에 대한 규범으로 간주되는 과거의 기록으로서 가치를 지닌다.

형식적으로나마 새 술을 새 부대에 담을 수 있는 한, 이것이 상당한 변화 가능성이나 사실상의 혁신을 부정하지는 않는다. 적어도 이론상으로는 방랑 생활이 자신들에게 맞는 유일한 생활양식이라고 계속 주장하는 집시라 할지라도, 중고 자동차 파는 일을 말을 파는 일의 연장이라고 생각하여 직업으로 삼을 수도 있는 것이다. ‘근대화’ 과정을 겪는 20세기 인도의 학생들은 강력하고 엄격한 전통 체제에 대해 공식적으로 반발하지 않으면서도 의식이나 현실을 변형하거나 수정할 수 있는 길을 모색한다. 즉 혁신을 혁신이 아닌 것으로 재규정할 수 있는 길을 모색한다.

그런 사회에서는 의식적이고 급격한 혁신도 가능하다. 하지만 그런 일이 정당화될 수 있는 길이 적은 것도 사실이다. 혁신을 가장하여 잘못 잊히거나 버려진 어떤 과거의 시기로 되돌아가거나 재발견할 수도 있다. 현재/과거를 파괴하는 초도덕적 힘이라는 반(反)역사적 원리, 이를테면 종교적 계시나 예언을 만들어내면서 혁신인 척할 수도 있다. 반역사적 원리가 그러한 조건 속에서 과거에 전혀 호소하지 않을 수 있을지는 명확하지 않다. 다시 말해 '새로운' 원리가 통상적으로 (또는 항상?) 오래된 예언의 재주장인지 혹은 예언이라는 오래된 장르의 재주장인지 명확하지 않다. 주요한 사회적 혁신에 대한 원초적 정당화를 기록하거나 관찰한 모든 사례들은, 전통 사회가 얼마간 급진적인 변화에 휘말려 들어가서 과거의 엄격한 규범 틀이 무너지기 시작하여 '제대로' 작동할 수 없을 때 발생되거나 규정된다는 데에 역사가와 인류학자의 어려움이 있다. 외부로부터 부과되거나 수입된, 내부 사회의 세력과 전혀 관계가 없는 변화와 혁신은 공동체 내에 있는 새로움에 대한 이념 체계에 본질적으로 영향을 미쳐야 할 필요가 없다. 정당화 문제는 강압에 의해 해결되기 때문이다. 그럼에도 불구하고 그러한 시기에는 극단적으로 전통적인 사회조차 주위에서 다가오는 혁신과 어느 정도 타협해야만 한다. 물론 혁신을 완전히 배척할 수도 있고 혁신으로부터 물러설 수도 있지만, 이러한 해결책은 오랫동안 지속되기 어렵다.

현재가 과거를 재생산해야만 한다는 신념 속에는 대개 역사적 변화가 상당히 느렸으면 하는 생각이 담겨 있다. 그렇지 않다면, (암만파[1]나 현대 미국의 유사한 종파들에서 나타나는) 고립이나 어마어마한 사회

---

1) (옮긴이) 암만파는 야코프 암만(Jacob Ammann)의 추종자들에게서 유래한 보수적인 기독교 단체이다. 현재 미국과 캐나다에 흩어져 사는데, 현대 문명을 거부하고 17세기식 생활양식을 고수하고 있다.

적 비용은 제쳐두고서라도, 그러한 신념은 비현실적이거나 비현실적인 것처럼 보이기 때문이다. 인구, 기술, 또는 다른 변화 등을 점진적으로 충분히 흡수할 수 있는 한, 그 틀을 '잡아당기거나' 다른 방식으로 신념 체계를 암묵적으로 변화시킴으로써, 신화적인 역사의 형태로 그리고 아마도 의식화(儀式化)된 역사의 형태로 공식화된 사회적 과거 속으로 변화를 흡수할 수 있다. 심지어 아주 철저하면서도 단일한 변화라 해도 많은 심리적, 사회적 비용을 감수하면서 흡수할 수 있다. 스페인 침입자들이 정복 이후에 아메리카 원주민 인디언들을 가톨릭으로 개종시킨 것처럼 말이다. 기록된 모든 사회가 겪어온 많은 축적된 역사적 변화들이 이러한 종류의 규범적 전통주의의 영향력을 파괴하면서 발생한다. 그러나 1850년의 불가리아 농민들이 1150년의 농민들과 다른 것처럼 '우리가 늘 해왔던 것'이 분명히 매우 달랐음에도 불구하고, 많은 농촌 사회들에선 19세기와 20세기에도 전통의 영향은 여전히 지배적이다. 물론 '전통 사회'는 정적이고 변화하지 않는다는 신념은 속류 사회과학의 신화이다. 그럼에도 불구하고 특정한 변화 시점까지 전통 사회는 '전통적'으로 남아 있을 수 있다. 과거라는 거푸집은 계속 현재를 형성하거나 또는 형성하는 것으로 믿어진다.

그러나 농민의 수적 중요성이 아무리 크다 할지라도, 전통적인 농민층에 시야를 고정하는 것은 논의를 얼마간 왜곡하는 것이다. 많은 점에서 그러한 농민은 종종 보다 포괄적인 사회 경제 체제나 정치 체제의 일부분에 불과하다. 그러한 체제 내에서는 농민적 전통에 제약받지 않으면서 변화하거나, 도시처럼 보다 많은 유연성을 허용하는 전통의 틀 내에서 변화가 발생한다. 체제 내 어딘가에서 진행되는 급속한 변화가, 과거가 어떠한 지침을 제공하지 않는 방식으로 내적 제도나 관계를 변화시키지 않는 한, 국지적인 변화들이 급속하게 일어날 수 있고 심지어 안정적인 신념 체계에 흡수될 수도 있다. 농민들은 '늘 새로운 것을 추구하는' 것으로 악명 높은 도시 사람들에 대해 머리를 가로젓고, 점잖은 도시 사람들은 끊임없이 변하는 부도덕한 유행을 현기증 나게 좇는 궁정 귀족들에 대해 머리를 가로저을 것이다. 과거의 지배는 사회적 불변성의 이미지를 함축하지 않는다. 과거의 지배는 순환론적 역사관, 그리고 확실히 역사를 (과거를 재생산하는 데 실패하는) 쇠퇴와 파국으로 보는 관점과도 모순되지 않는다. 과거의 지배와 양립할 수 없는 것은 끊임없는 진보라는 이념이다.

2

사회적 변화가 사회를 특정 지점을 넘어서까지 촉진시키거나 변화시킬 때, 과거는 당연히 현재의 모범이 되지 않으며 기껏해야 현재를 위한 모델이 될 수 있을 뿐이다. 사회적 변화를 더 이상 자동적으로 억누를 수 없을 때 '조상의 방식으로 되돌아가야만 한다.' 이것은 과거 그 자체의 본질적인 변화를 의미한다. 과거는 이제 혁신을 위한 구실이 되었거나 되어야 한다. 왜냐하면 과거는 이전에 진행되었던 것을 더 이상 되풀이해서 나타내 주는 것이 아니라 이전의 것과 명백하게 다른 행위를 보여주기 때문이다. 시간을 되돌리려 할지라도, 지난날들을 실제로 복원할 수는 없고 단지 의식된 과거의 형식적 체계의 특정 부분만 복원할 수 있을 뿐이다. 포르피리오 디아스의 시대를 없애고 이전 상태로 되돌아가려는, 다시 말해 사파타가 멕시코 모레롤스 주의 농촌 사회를 40년 전 상태로 복원하려던 아주 야심만만한 시도는 이 것을 보여준다.[2] 첫째, 이러한 시도는 과거를 있는 그대로 복원할 수

---

2) (옮긴이) 포르피리오 디아스(Porfirio Diaz)는 1877년에서 1911년까지 대통령으로서 멕시코를 통치했다. 디아스는 석유, 철도, 토지 개발에 외국의 투자를 장려

없었다. 왜냐하면 정확하게 또는 객관적으로 기억될 수 없는 것(예를 들어 서로 다른 공동체들 사이에서 분쟁 중인 공유지의 정확한 경계)을 상당 부분 재구성해야 했기 때문이다. '존재해야만 했던 것(what ought to have been)', 그러므로 존재했다고 믿어지는 것, 또는 최소한 존재했다고 상상된 것, 실제로 존재했던 것 등을 재구성하는 것은 말할 것도 없다. 둘째로, 증오의 대상이었던 혁신은 살에 박힌 총알처럼 사회적 유기체에 침투한, 그래서 유기체를 이전 상태로 실질적으로 복원하기 위해 수술로 제거할 수 있는 단순한 이질체가 아니었다. 이러한 혁신은 다른 것들과 고립될 수 없는, 그래서 결국 수술에 들어가면서 생각했던 것보다 훨씬 더 많은 것을 변화시키고서야 제거할 수 있는 사회적 변화의 한 측면을 보여주었다. 셋째로, 시간을 되돌리려는 순수한 사회적 노력은 거의 불가피하게 더 광범위한 영향력을 지닌 세력을 동원하였다. 좁은 지방이나 잘해야 좀 넓은 지역에 불과한 활동 범위를 지니기는 했지만, 모렐로스 주의 무장 농민들은 국가 바깥에 존재하는 혁명군이 되었다. 그러한 상황에서 복고는 사회 혁명으로 전화된다. 모렐로스의 무장 농민들은 이미 당시에 존재했던 광범위한 시장 경제와의 관련을 끊으면서, 국가 경계선 안의 (적어도 농민의 힘이 지속되는 한) 시계 바늘을 1870년대의 실제 상태보다도 더 과거로 되돌려버렸던 것 같다. 멕시코 혁명을 민족적 관점에서 살펴보았을 때, 그 의도는 역사적으로 선례가 없는 새로운 멕시코를 만드는 것이었다.[3]

했고, 그 결과 다수의 농민과 수공업자들이 농업 및 산업 노동자로 변모했다. 또한 멕시코 농경지의 98퍼센트가 기업적인 아시엔다 농장으로 재편되었다. 그러자 마데로, 판초 비야, 사파타가 혁명을 일으켜 1911년 디아스를 몰아냈다. 이후 사파타(Emiliano Zapata)는 1914년부터 멕시코 남부 모렐로스 주에서 디아스 이전으로 돌아가려는 정책을 폈다. 그는 토지를 농민들에게 재분배했고 중앙 정부의 간섭 없는 자치를 실시했다. 사파타는 1919년 4월 암살당했다.

잃어버린 과거를 복원하려는 시도는 (부서진 건물을 복원하는 일과
같은) 사소한 형태를 제외하고는 사실상 성공할 수 없음에도 불구하
고, 그러한 시도들은 여전히 계속될 것이고 통상적으로 선택적이다.
(기억 속에 여전히 생생하게 존재하는 모든 것을 복원하려는 어떤 후진
농촌 지역의 사례는 분석적 비교의 측면에서 흥미를 끌지 못한다.) 복원
하기 위해 선택되는 것은 과거의 어떤 측면들일까? 역사가들은 과거
의 법, 과거의 도덕, 과거의 종교 같은 것들을 선호하는 복고 요청들
이 빈번했다고 지적하려는 경향이 있다. 역사가들은 당연히 이것들을
일반화하려 한다. 그러나 역사가들은 그러한 일을 하기 전에 자신의
관찰을 체계화하고, 사회인류학자와 자신의 연구와 관련 있는 이론을
지닌 다른 사람들로부터 지도를 받도록 노력해야만 한다. 특히 사물을
상부 구조적인 관점에서 파악하기 전에, 역사가들은 실제로 없어져 가
거나 없어져 버린 경제 구조를 복원하려는 시도가 알려져 있다는 사
실을 상기해야 한다. 비록 소농 소유제로 되돌아간다는 희망은 19세기
영국 대도시에서 부르던 목가나 다름없음에도 불구하고 —— 실제로 토
지를 지니지 못한 지방 노동자들은 적어도 처음에는 그러한 희망을
지니지 않았다 —— 그것은 급진적 선전에서 중요한 요소였고, 그래서
자주 적극적으로 추구되었다.

하지만 그러한 선택적 복원에 유용한 일반적 모델이 없음에도 불구
하고, 이러한 종류의 상징적 시도와 실제적 시도는 구별해야 한다. 물
론 과거의 도덕이나 종교를 복원하려는 요청들은 실제적이고자 한다.
이러한 요청이 성공한다면, 어떠한 소녀도 결혼 전에는 성 관계를 가
지려 하지 않을 것이고 모든 사람이 교회에 다닐 것이다. 다른 한편으
로 폭격 맞은 바르샤바의 건물을 제2차 세계 대전 이후에 있는 그대

---

3) 모렐로스 운동을 상세하게 참조하는 데, 존 워맥(John Womack)의 훌륭한 전기
인 『사파타(*Zapata*)』(New York, 1969) 덕을 보았다.

로 복원하려는 열망, 또는 반대로 프라하의 스탈린 기념관 같은 특별한 혁신의 기록을 무너뜨리려는 열망은, 어떤 심미적 요소가 들어 있기는 하지만 상징적이다. 사람들이 실제로 복원하기를 원하는 것은 과거의 '위대함'이나 과거의 '자유' 같은 매우 방대하고 모호한 어떤 것이기 때문에, 이러한 일은 상징적일 수밖에 없다고 느낄 수 있다. 실제적 복원과 상징적 복원 사이의 관계는 확실히 복잡할 수 있고, 이 두 요소는 늘 존재할 것이다. 윈스턴 처칠이 주장했던 것처럼 의회 건물을 있는 그대로 복원하는 것은 실제적 근거에서 정당화될 수도 있다. 영국 정치 제도의 기능에 필수적인 특정한 형태의 의회 정치, 논쟁, 분위기에 유리한 건축 구조의 유지 말이다. 그럼에도 불구하고 원래의 건물이 신고딕 양식을 선택했던 것처럼, 그러한 복원은 또한 강한 상징적 요소, 즉 정서가 담긴 잃어버린 과거의 작은 부분을 복원함으로써 어쨌든 전체를 복원하는 마술과 같은 효과까지도 보여준다.

그러나 과거를 더 이상 있는 그대로 재현하거나 또는 복원할 수조차 없는 경우가 생기게 된다. 그럴 때 과거는 실제 과거나 기억될 수 있는 실제와 너무 동떨어지게 되어, 결국 오늘날의 보수적 열망을 역사적 용어로 규정한 말에 불과하게 된다. 노르만 정복 이전의 자유로운 앵글로색슨족이나 종교 개혁 이전 메리 여왕 시대의 영국이 잘 알려진 예이다. 현대적 예로는 '샤를마뉴(Charlemagne)'의 비유를 들 수 있다. 이 비유는 나폴레옹 1세 이후로 프랑스나 독일 측의 정복이나 연방에 의한 다양한 형태의 유럽 통일을 선전하는 데 쓰였지, 먼 옛날 8~9세기의 유럽에 있었던 것을 다시 만들려 하는 데 쓰이지는 않았다. 여기서 (제안한 사람들이 실제로 믿든 믿지 않든지 간에) 너무 오래되어 현재와 거의 관련이 없는 과거를 복원하거나 재창조하려는 요구는 총체적 혁신과 동일하며, 그러므로 과거는 인위적 가공물이 되거나 노골적으로 말하면 날조가 된다. '가나'라는 이름은 아프리카 한 부분의 역사를 지리적으로 멀리 떨어져 있고 역사적으로 완전히 다른 곳에 전한다.[4] 유대인 이산 이전의 이스라엘로 되돌아가자는 유대 민족주의자의 시도는 2000년이 넘는 실질적인 유대 민족의 역사를 사실상 부인하는 것이다.[5]

날조된 역사는 충분할 정도로 잘 알려져 있지만, 그럼에도 수사적이거나 분석적인 역사 날조와 순수하고 구체적인 '복원'을 의미하는 역사 날조를 구별해야 한다. 17세기에서 19세기 사이의 영국 급진주의자들은 노르만 정복 이전의 사회로 되돌아가려는 의도는 거의 갖고 있지 않았다. 왜냐하면 그들에게 '노르만 정복'은 주로 설명 도구에 불과했고, '자유로운 앵글로색슨족'은 기껏해야 유추나 계보 찾기에 불과했기 때문이다. 르낭(Ernest Renan)의 표현을 빌리면, 근대 민족주의 운동은 역사를 잊게 하거나 또는 역사를 다소 오해하게 하는 운동으로 규정된다.[6] 즉 근대 민족주의 운동의 대상들은 역사적으로 살펴보면 선례가 없음에도 불구하고 운동의 대상을 크든 작든 역사적 용어의 범주로 끈질기게 규정하려 하며, 그래서 실제로 이러한 허구적 역사의 부분들을 실현하려고 시도한다. 이것은 대부분 명백하게 민족 영토를

---

4) (옮긴이) 현재의 가나 공화국 이외에 7~13세기에도 서아프리카에 '가나' 왕국이 있었다.

5) 그러한 사이비 역사적 열망은 전통 사회 속에 존재했던 역사적으로 오래된 체제를 거의 똑같이 복원하려는 시도와 혼동되어서는 안 된다. 예를 들어 잉카 제국을 복원하기 위해 1920년대까지 때때로 지속되었던 페루 농민의 반란과 20세기 중엽에 마지막으로 시도되었던 명(明) 왕조를 복원하려는 중국인의 운동 등과 혼동되어서는 안 된다. 페루 농민들에게 잉카는 사실상 역사적으로 오래된 것이 아니다. 잉카는 단지 오늘과 분리된 '어제'일 뿐이다. 왜냐하면 페루 농민들은 신과 스페인 사람들이 허락해 주는 한 조상들이 해왔던 것을 대대로 되풀이해서 쉽게 계승했을 것이기 때문이다. 페루 농민들에게 연대기를 적용하는 것은 시대착오를 범하는 것이다.

6) (옮긴이) E. Renan, 『민족이란 무엇인가』(신행선 옮김, 책세상).

주장하거나 규정하는 데 적용된다. 그러나 웨일스 지방의 신(新)드로 이드주의자에서부터 히브리어를 상용어로 채택하는 경우와 나치 독일 시기에 중세풍을 흉내 냈던 오르덴스부르겐 학교에 이르기까지 다양한 형태의 의도적인 복고 운동이 많이 알려져 있다. 이러한 모든 것들은 어떠한 의미에서도 '복원'이나 '부흥'이 결코 아니다. 이러한 것들은 실제적이거나 상상적인 역사적 과거 요소를 사용하려 하거나 사용하고 있는 혁신이다.

어떠한 종류의 혁신이 이러한 방식으로 진행되는가? 그리고 어떠한 조건하에서 진행되는가? 민족주의자들이 역사적으로 새로운 '민족'을 만들어내는 과정에서 가장 쉽게 이용하는 것이 역사이기 때문에, 민족주의 운동은 이러한 것을 보여주는 가장 분명한 사례가 된다. 그러면 그 밖에 다른 어떤 운동이 이러한 방식으로 작동되는가? 우리들은 특정한 형태의 열망이 그 밖의 다른 것보다 더 이러한 규정 양식을 따르는 경향이 있다고 말할 수 있을까? 예를 들면 '공동체의 느낌'을 구현하는 인간 집단의 사회적 응집력에 관한 것 말이다. 이 질문도 열려 있어야만 한다.

3

과거를 체계적으로 거부하는 문제는 혁신이 불가피하고 사회적으로도 바람직하다고 인식될 때에만, 즉 '진보'를 의미할 때에만 발생한다. 이것은 구별되는 두 가지 문제를 제기한다. 하나는 그러한 혁신을 어떻게 인식하고 정당화하는가의 문제이고, 다른 하나는 그러한 혁신으로부터 발생하는 상황을 어떻게 상세히 서술해야 하는가의 문제이다. (즉 과거가 더 이상 사회의 모델을 제공할 수 없을 때, 사회의 모델을 어떻게 공식화해야 하는가의 문제이다.) 전자에 대해선 보다 쉽게 대답할 수 있다.

우리는 '새로운'과 (광고 용어로 사용되는) '혁명적'이라는 단어를 '더 좋은'과 '더 바람직한'이라는 말로 바꾸는 과정에 대해 거의 모르며, 그래서 이와 관련된 연구가 절실히 요구된다. 그러나 새로운 것이 비인간적인 자연에 대한 통제, 예를 들어 과학과 기술에 관련되는 한, 대부분의 새로운 것들은 가장 전통적인 층에게도 분명히 유리하기 때문에 새로움이나 끊임없는 혁신마저도 더 쉽게 받아들여진다. 자전거나 트랜지스터라디오를 파괴하자고 주장하는 심각한 기계 파괴 운동이 있었던가? 다른 한편으로 특정한 사회적, 정치적 혁신이 일부 집단에게만 매력적으로 보인다고 해도 (기술 혁신을 포함하는) 그 혁신의 사회적, 인간적 함의는 같은 이유로 적어도 앞으로는 더 큰 저항에 부딪힐 것이다. 인간적 관계, 예를 들어 성적 관계와 가족 관계에서 급진적 변화를 경험함으로써 커다란 혼란을 겪은 사람들, 그리고 끊임없는 인간관계의 변화를 사실상 받아들이기 어렵다고 생각하는 사람들은 물질 기술에서의 급속하고 지속적인 변화를 환영할지도 모른다. 심지어 분명히 '유용한' 물질적 혁신을 거부하는 것은 일반적으로 물질적 진보가 수반하는 사회적 변화, 즉 혼란에 대한 두려움 때문이다.

어쨌든 기술적 변화에 익숙한 사람들이 상당히 유용하고 사회적으로도 중립적이라는 이유로 혁신을 자동적으로 받아들일 경우, 정당화 문제는 실제로 제기되지 않는다. 대중적 제도권 종교처럼 본질적으로 전통적인 행위도 어려움 없이 혁신을 받아들일 수 있다고 추측할 수도 있다. (그러나 그러한 주제를 실제로 조사해 본 적이 있는가?) 우리는 고대의 신성한 종교 경전의 내용을 조금이라도 변화시키려 할 때엔 폭력적인 저항을 받았다는 것을 알고 있다. 그러나 오늘날 현대적인 인쇄 기술로 신성한 이미지나 성화상(聖畵像)을 값싸게 하는 행위에 대해 그 정도로 저항하는 것 같지는 않다. 하지만 한편으로 어떤 혁신은 정당화를 요구하는데, 만약 과거가 혁신에 어떠한 선례도 제공하지 못한다면 매우 심각한 문제가 발생한다. 한차례로 끝나는 혁신은 그것이 아무리 크다 할지라도 그렇게 다루기 어렵지는 않다. 한차례로 끝나는 혁신은 부정적 원리에 대한 긍정적 원리의 영원한 승리로, 또는 비이성을 극복하는 이성, 무지를 극복하는 지식, '비자연적인 것'을 극복하는 '자연', 악을 극복하는 선 같은 '교정'이나 '수정'의 과정으로 보일 수 있다. 그러나 과거 2세기 동안의 기본적인 경험으로 볼 때 변화는 끊임없이 계속되었다. 이런 계속되는 변화는 한차례의 혁신과 같은 식으로 다룰 수 없다. 그래서 알 수 없는 방식으로 변하는 환경에 대해 영원한 원리를 끊임없이 적용하거나, 살아남은 악의 힘을 과장하는 방법이 종종 사용되기도 했다.[7]

역설적이게도 과거는 지속적인 변화에 대처하는 가장 유용한 분석 도구이면서도 새로운 형태이다. 일정한 방향으로 변해 가는 과정, 즉 발전이나 진화로서의 역사는 과거를 발견한다. 변화는 그렇게 정당화되며, 전화된 '과거의 의미'에 닻을 내린다. 배젓(W. Bagehot)의 『물리학과 정치학(*Physics and Politics*)』(1872)은 19세기의 좋은 사례이다. '근대화'라는 최근의 개념은 동일한 접근 방식을 더 단순하게 해석해 준다. 간단히 말해서 현재를 정당화하고 설명하는 것은 일련의 준거점으로서의 과거(예를 들어 마그나 카르타)나 지속으로서의 과거(예를 들어 의회제)가 아니라, 현재가 되어가는 과정으로서의 과거이다. 보수적 사상가조차도 엄청나게 변하는 실제에 직면하면 역사주의자가 된다. 아마도 통찰력(hindsight)은 역사가가 지닌 가장 설득력 있는 지혜 형태

---

7) 혁명 성공 이후의 혁명 정권의 논의 방식은 이러한 방식으로 분석해 볼 만한 가치가 있다. 이러한 논의 방식은 혁명 이후의 장기간에 걸친 계급투쟁의 심화나 '부르주아적 생존자'가 결코 사라지지 않는 이유를 해명해 줄지도 모른다.

이기 때문에, 과거를 파악하는 최선의 길은 통찰력을 갖추는 것이다.

그러나 과거에 어떠한 비슷한 선례도 지닌 적이 없는 미래를 자세하게 묘사하기 위해서는 어떠한 통찰력(foresight)이 요구되는가? 아무런 선례 없이 미래를 자세하게 묘사한다는 일은 대단히 어렵기 때문에, 혁신에 몸 바친 사람들은 종종 과거 자체를 포함하지만 그럴듯하지 않은, 또는 현재에 존재하는 과거 형태인 '원시 사회' 같은 것을 찾으려는 유혹에 빠지게 된다. 분명히 19세기와 20세기 사회주의자들이 이용한 '원시 공산주의'는 단지 분석의 버팀목일 뿐이었지만, 어쨌든 그들은 선례가 없는 곳에서 구체적 선례를 가질 수 있었고, 과거의 유사한 문제를 실제로 해결하는 데 적용할 수는 없었다 할지라도 적어도 새로운 문제를 해결하는 데 사례로 활용할 수 있었던 것은 사실이다. 물론 그러한 선례를 찾은 경우에 미래를 구체적으로 묘사해야 하는 이론적 필연성은 없지만, 실제로는 미래의 모델을 만들거나 예언해야 한다는 요구가 너무 강해 무시될 수 없다.

다소간 복잡하고 정교한 과정을 거쳐 과거의 경향으로부터 미래를 추측하는 일종의 역사주의는 미래를 예언하는 가장 편리하고 대중적인 방법이다. 어쨌든 미래의 모습은 실마리를 찾기 위해 과거의 발전 과정을 탐구하는 과정에서 떠오른다. 역설적이게도, 혁신을 더 많이 기대하면 할수록 역사는 앞으로 일어날 것을 발견하는 데 필수적인 것이 된다. 이러한 과정은 가장 단순한 견해에서부터 지적으로 매우 복잡하고 우수한 견해 모두에 해당된다. 가장 단순한 견해는 미래를 현재보다 더 크고 더 좋은 시기로 보거나 또는 더 크지만 나쁜 시기로 본다. 미래를 부정적으로 보는 견해는 기술에 근거한 비관적 미래 추론이나 반(反)유토피아적이고 비관적인 사회적 입장들에 나타나는 특징이다. 역사는 본질적으로 미래를 긍정적으로 보는 견해와 부정적으로 보는 견해 모두의 기초로 남는다. 그러나 이 지점에서 다음과 같은 성격의 모순이 발생한다. 카를 마르크스는 사회주의에 의한 자본주의의 폐지를 확신하면서도 동시에 사회주의 사회나 공산주의 사회가 실제로 어떠한 모습이 될지에 대해서는 몇몇 일반적 언급 이외에는 거의 말하려 하지 않았다. 나는 단순히 상식을 말하려는 것이 아니다. 일반적 경향을 파악하는 능력은, 복잡하고 많은 경우에 알려지지 않은 미래 환경 속의 결과를 정확하게 예측하는 능력을 의미하지 않는다. 그것은 또한 미래가 어떻게 될 것인가를 분석하는 본질적으로 역사주의적인 방법, 즉 연속적인 역사 변화 과정을 추정하는 것과, 지금까지 보편적으로 요구해 온 강령에 기초한 사회 모델, 즉 어느 정도 안정된 것 사이의 갈등을 보여준다. 유토피아는 본질적으로 안정적이거나 자기 재생적인 국가이고, 유토피아를 그리는 것을 거부하는 사람들만이 유토피아에 내재된 비역사주의(a-historicism)를 피할 수 있다. '좋은 사회'나 바람직한 정치 체제라는 덜 유토피아적인 모델은 변화하는 환경에 대처하도록 고안되지만, 그것 역시 그러한 변화에 의해 붕괴되지 않을 상대적으로 안정적이고 예측할 수 있는 제도 틀과 가치 틀을 매개로 하여 변화하는 환경에 대처하도록 구상된다. 사회 체제를 연속적인 변화의 관점에서 규정하는 데 이론적 어려움은 없지만, 아마도 사회적 관계에서의 과도한 불안정성과 예견할 수 없는 상태가 특히 혼란스럽기 때문에, 실제로 이렇게 규정하려는 요구는 거의 없는 것 같다. 콩트의 관점에서 '질서'는 '진보'를 수반하지만, 우리가 질서를 분석해 보아도 바람직한 진보의 설계에 대해 거의 알려주는 바는 없다. 역사는 가장 역사를 필요로 하는 바로 그 순간에 쓸모가 없어진다.[8]

　따라서 지금은 우리가 과거와 아무런 관련을 지니고 있지 않은 분

---

8) 물론 '생성되는 모든 것이 옳다'거나 또는 최소한 불가피하다고 받아들인다면, 미래에 대한 추정의 결과를 찬성을 통해 또는 찬성 없이 받아들일 수도 있다. 그러나 이것은 문제를 제거하지 못한다.

석적 모델이나 강령의 관점에서 선택하고는 있지만, 과거를 선례 저장
고로 간주하는 전통적인 사용 방식을 통해 여전히 과거로 강제로 되
돌아가야 할지도 모른다. 이것은 '좋은 사회'를 구상할 때 특히 그럴
수 있다. 왜냐하면 성공적으로 기능한 사회에 대해 우리가 아는 대부
분의 것들은 수천 년 동안 인간 집단 속에서 다양한 방식으로 같이
살아오는 과정에서 경험적으로 배운 것이기 때문이다. 이것은 동물의
사회적 행동에 대해 최근에 유행하는 연구를 통해서도 보충될 수 있
을 것이다. 현재와 미래의 이러저러한 특정 문제를 해결하기 위해 '실
제로 발생한 것'을 역사적으로 연구하는 가치는 의심할 나위 없이 확
실하고, 오래된 역사 행위들이 최근 문제들과 연관되었을 경우엔 이러
한 역사 행위들의 수명을 연장시켜 준다. 대규모 철도 건설 때문에 쫓
겨난 가난한 사람들에게 일어났던 일과 19세기 대도시 중심부에서 일
어났던 일은 20세기 후반에 대규모 도시 고속도로 건설로 인해 생길
가능성이 있는 결과들을 설명해 줄 수 있고 설명해 주어야만 한다. 중
세 대학에서의 다양한 '학생 파워'에 대한 경험[9]은 현대 대학 제도의
구조를 바꾸려는 프로젝트와 관계없는 것이 아니다. 그래도 미래 예측
을 지원하기 위해 과거를 탐구하는 이러한 임의적 성격을 지닌 과정
에는 지금까지보다 더 많은 분석이 필요하다. 역사적 연구를 통해서나
아니면 역사적 연구 없이 과거를 생각하는 것 그 자체만으로 적절한
사회 모델을 세우려는 노력을 대신할 수는 없다. 그것은 단순히 현재
의 불충분함을 반영하거나 어떤 경우에는 감추기도 한다.

---

9) Alan B. Cobban, "Medieval Student Power", *Past and Present* 53(November
　　1971), 22~66쪽을 참조할 것.

4

이러한 간단한 고찰만으로는 과거를 사회적으로 이용하는 것을 결코 자세하게 규명할 수 없다. 모든 다른 측면들을 여기서 논의할 수는 없지만, 계보학으로서의 과거와 연대기로서의 과거라는 두 개의 특별한 문제는 간략하게 언급하겠다.

집단적 경험의 연속이라는 과거의 의미는, 새로운 것은 보다 나은 것이라는 신념과 혁신에 가장 헌신적인 사람들에게조차 의외로 중요하다. 이를테면 '역사' 과목을 모든 현대 교육 체제의 시간표에 포함시키는 일이나 또는 현대 혁명가들이 자신의 선구자들(스파르타쿠스, 모어, 윈스턴리)을 찾는 일 등을 들 수 있다. 만약 그들의 이론이 마르크스주의라면 그것은 분명 부적절한 일인데도 말이다. 현대 마르크스주의자들이 고대 로마에 노예 반란이 있었다는 지식에서 과거나 현재에 얻을 수 있는 것은 정확하게 무엇인가? 설사 고대 로마의 노예 반란은 주동자들이 공산주의자가 되려고 했다 할지라도 분석해 보면 실패하거나 현대 공산주의의 열망과는 거의 관련이 없는 결과를 낳도록 운명지어졌다는 것을 알 수 있다. 분명히 그 옛날부터 오랜 세월을 거쳐 내려온 반란 전통에 속했다고 느끼는 것은 정서상으로 만족감을 준다. 그러나 어떻게? 그리고 왜? 학생들이 부디카[10]나 베르킨게토릭스[11]를, 앨프레드 왕이나 잔다르크의 존재를 영국인이나 프랑스인으로서 '알도록 되어 있는' (확실한 것으로는 보이지만 여러 이유로 거의 조사되지 않은) 정보를 배우는 일은 역사 시간표에 주입된 연속성의 느낌과 비슷하고, 그리고 그러한 일은 분명 바람직하지 않은가? '우리의 조상들' 같은 연속적 전통인 과거가 지니는 매력은 강하다. 관광 여행

---

10) (옮긴이) Boudicca(?~60) : 고대 브리튼의 여왕.
11) (옮긴이) Vercingetorix(?~46 B.C.) : 갈리아 부족인 아르베르니족의 추장.

의 일정조차 이를 증명해 준다. 그러나 우리가 본능적인 정서적 동감에 휩쓸려, 왜 이렇게 되어야만 했는지를 밝히는 작업의 어려움을 간과해서는 안 된다.

명확치 못한 자부심을 뒷받침하는 계보라는 친숙한 형태에서는 이러한 어려움이 당연히 훨씬 적다. 부르주아 벼락부자들은 명문 족보를 찾으며, 새로운 민족이나 운동은 실제 과거에서 부족하다고 느꼈던 정도만큼 과거의 위대함과 성취 사례들을 자신들의 역사에 추가한다. 이러한 느낌은 정당화될 수도 있고 그렇지 못할 수도 있다.[12] 이러한 계보학적 실천들과 관련하여 가장 흥미로운 문제는 계보가 없어질 것인지 없어지지 않을 것인지 하는 문제, 없어진다면 언제 없어질 것인지의 문제이다. 현대 자본주의 사회의 경험은 계보가 영원하기도 하고 일시적이기도 하다는 사실을 보여준다. 한편으로 20세기 후반의 신흥 부자층은 여전히 귀족 생활의 특징을 열망한다. 귀족 생활은 정치적으로나 경제적으로 적절치 못함에도 불구하고 계속하여 최상의 사회적 지위를 의미한다. (믿기 어렵겠지만 사회주의 공화국이라는 환경 속에서도 시골의 대저택에서 큰사슴과 멧돼지를 사냥하는 라인 지방의 감독관이 있다는 사실 등.) 다른 한편으로, 신중세풍, 신르네상스풍, 루이 15세풍의 건물과 19세기 부르주아 사회의 실내 장식은 특정한 단계에 이르러 정교한 '현대' 스타일에 자리를 내주었다. '현대' 스타일은 과거에 호소하는 일을 거부할 뿐만 아니라, 예술적 혁신과 기술적 혁신 사이에 의심스러운 미적 유사성을 발전시켰다. 불행하게도 지금까지 우리들에게 선조들의 것과 새로운 것의 매력을 비교 연구하는 데 적합한 자료를 제공한 유일한 역사적 사회는 19세기와 20세기의 서구 자본주

---

12) 후기 스탈린 시기에 발명의 보급에 있어서 러시아 발명가들의 선구적 업적이 너무 과장되어서 외국의 비웃음을 사기도 했는데, 이러한 강조는 실제로는 19세기 러시아의 과학 사상과 기술 사상이 이룩한 주목할 만한 성과를 가렸다.

의 사회이다. 단 하나의 사례에 근거하여 일반화하는 것은 현명하지 못한 일일 것이다.

끝으로, 우리가 알고 있는 대부분의 사회는 시간의 지속과 사건의 연속을 연대기로 기록하는 것이 편리하다는 사실을 알고 있기 때문에, 일반화의 정반대 방향에 연대기의 문제가 있다. 물론 모제스 핀리[13]가 지적한 것처럼 연대기적 과거와 비연대기적 과거 사이에는 근본적 차이가 있다. 즉 호메로스의 오디세우스와 새뮤얼 버틀러[14]의 오디세우스 사이에는 근본적인 차이가 있는 것이다. 20년 만에 늙은 아내에게로 돌아오는 중년 남자로 묘사되는, 버틀러의 오디세우스는 호메로스의 오디세우스와 다를 수밖에 없다. 역사는 일정한 방향을 가진 변화이기 때문에, 당연히 연대기는 과거의 현대적, 역사적 의미에 필수적이다. 시대착오는 역사가에 대한 즉각적인 경종이고, 모든 것이 연대기로 기록되는 사회에서 시대착오의 감정적 충격-가치는 예술의 소재가 된다. 현대판 『맥베스』는 제임스 1세 시대(1603~1625)의 『맥베스』가 누리지 못했을 이점을 누린다.

우선 과거의 전통적 의미(현재에 대한 모델이나 본보기, 경험, 지혜, 도덕적 교훈의 저장고)는 결코 중요하지 않다. 전통적 의미의 과거에서, 스페인 부활절 행진 때 서로 싸운 로마인과 무어인들처럼 사건들이 동시에 존재하거나 혹은 서로 다른 시기에 존재한다고 믿을 필요는 없다. 서로 간의 연대기적 관계들이 맞지 않기 때문이다. 호라티우스 코클레스[15]가 무키우스 스카이볼라[16] 이전의 로마인에게 모범이 되

---

13) (옮긴이) Moses Finley(1912~1986) : 저명한 고대사가. 『고대 노예제』(김진경 옮김, 탐구당), 『고대 노예 제도와 모던 이데올로기』(송문현 옮김, 민음사) 등의 저서가 있다.

14) (옮긴이) Samuel Butler(1612~1680) : 잉글랜드의 시인, 풍자 작가. 영어 풍자시의 백미로 꼽히는 『휴디브라스(*Hudibras*)』로 유명하다.

15) (옮긴이) Horatius Cocles : 기원전 6세기 로마의 전설적인 영웅. 에트루리아의

었는지 그 이후의 로마인에게 모범이 되었는지는 오로지 현학자들에게만 흥미로운 일이다. 비슷하게 (현대적 예를 들어보면) 현대 이스라엘 사람들에게 마카베오 가,[17] 마사다 요새[18]의 방어자, 바르 코크바[19]가 지니는 가치는 현대 이스라엘 사람들로부터 그리고 서로로부터 연대기적으로 어느 정도 떨어져 있는가와는 아무런 관련이 없다. 실제 시간이 그러한 과거에 도입되는 순간 (예를 들어 현대 역사학의 방법으로 호메로스의 작품이나 『성서』를 분석할 때) 과거는 다른 어떤 것이 된다. 이것은 사회적 혼란의 과정이고 사회적 변화의 징조이다.

예를 들어 족보나 「역대기」처럼 특정한 목적을 위해 만들어진 역사적 연대기는 많은 (아마도 모든) 문명사회에서 또는 심지어 문맹 사회에서도 매우 중요하다. 비록 기록된 문서를 영구적으로 보존하는 문자 사용의 능력은 구술 전승에만 의지하는 사람들에게는 불가능하게 여겨졌던 수단들을 스스로 만들어낼 수 있도록 해주었음에도 불구하고 말이다. (그러나 학자들이 현재의 관점에서, 구술된 역사 기억의 한계를 조사했을 때, 역사가들은 그런 한계가 당시의 사회적 요구에 얼마나 부적합했는지에 대해서는 거의 관심을 기울이지 않았다.)

가장 광범위한 의미에서, 모든 사회는 시간적 연속을 의미하는 창조

공격을 혼자 막아서면서 처음에는 두 전우와 함께, 나중에는 혼자서 테베레 강의 수블리키우스 다리를 지켜 로마인들이 이 다리를 끊을 시간을 벌었다.

16) (옮긴이) Gaius Mucius Scaevola : 로마의 전설적인 영웅. 기원전 509년경 에트루리아 왕 라르스 포르세나에게 정복당할 위기에서 로마를 구했다고 전해진다. 그는 이글거리는 제단의 불길 속에 오른손을 집어넣고 손이 다 탈 때까지 그대로 있음으로써 포르세나에게 용기를 입증해 보였다.

17) (옮긴이) Maccabees : 시리아 왕의 학정으로부터 유대를 구한 기원전 2세기의 유대 애국자 가문.

18) (옮긴이) 마사다 요새는 유대인 열심당이 로마 군에 반란을 일으켜 최후까지 싸웠던 성이다.

19) (옮긴이) Bar Kokhba(?~135) : 유대인 지도자. 팔레스타인에서 로마의 지배에 대항해 반란을 일으켰으나 실패했다.

와 발전의 신화를 지니고 있다. 우선 무엇인가 존재하고, 그 후에 변화한다. 반대로 (목적론의 목적이 이미 성취되었다 할지라도) 목적론도 일종의 역사이기 때문에, 섭리적 우주 개념 또한 어떤 종류의 사건 연속을 함축한다. 더욱이 목적론은 다음과 같은 상황, 즉 연대 체계의 존재에 의해 결정되는 서기 1000년의 시점에 대한 논쟁이나, 세기말에 대한 다양한 태도를 목격할 수 있는 상황에서는 연대학에 이용되기 쉽다.[20] 보다 정확한 의미에서, 영속적 타당성을 지닌 고대 문서에 주(註)를 다는 과정이나 영원한 진리의 구체적 적용을 발견하는 과정은 연대기적 요소(예를 들어 선례에 대한 추구)를 담고 있다. 정치적 목적을 위해 유리한 선례를 만들어내는 것은 물론이고, 과거의 기록을 보관할 능력을 지닌 문명사회에서는 더 정확한 연대 산정이 다양한 경제적, 법적, 행정적, 정치적, 의식적(儀式的) 목적을 위해 요구된다는 사실은 말할 필요도 없다.

어떤 경우엔 그러한 연대기와 현대 역사의 연대기의 차이점은 매우 뚜렷하다. 법률가들과 관료들이 선례를 찾는 것은 완전히 현재 지향적이다. 그들의 목적은 오늘날의 법적 권리와 현대의 행정 문제에 대한 해답을 발견하려는 것이고, 이에 비해 이러한 문제들이 현재와 지니는 관련이 아무리 흥미롭다 할지라도 역사가들이 탐구하는 것은 환경 간의 의미 있는 차이점들이다. 그러나 한편으로 이것이 전통적 연대기의 성격을 완전히 규명해 주는 것 같지는 않다. 과거, 현재, 미래의 통일체인 역사는 회상하고 기록하는 인간의 능력이 아무리 부족하다 할지라도 보편적으로 이해되는 어떤 것일 수 있고, 어떤 종류의 연대기는 우리의 기준에서 볼 때 아무리 부정확하거나 인정될 수 없다 할지라

---

20) 기록된 연대기의 자연적인 부산물로 보이는 숫자가, 매우 세련된 사회에서조차 발휘하는 마력은 사회에서 조사할 만한 가치가 있다. 심지어 오늘날도 역사가는 '세기'나 다른 임의적인 연대 단위에서 벗어나기 어렵다.

도 역사의 필수 수단일 수도 있다. 그러나 그렇다 할지라도, 공존하는 역사적/비역사적 연대기 사이에 있는, 공존하는 비연대기적/연대기적 과거를 가르는 구분선은 어디에 있는가? 답은 결코 명확하지 않다. 아마 그러한 대답은 앞선 사회들이 지니는 과거의 의미뿐만 아니라 우리 자신의 사회가 지니는 과거의 의미도 규명해 줄지 모른다. 그리고 사회에서 한 형태의 헤게모니(역사적 변화)는 다른 환경 속에서 과거의 의미가 다른 형태로 지속되는 것을 배제하지 않는다.

대답보다 문제를 명확하게 하는 일이 보다 쉽기 때문에, 이 글은 쉬운 길을 택했다. 특히 우리가 당연시하기 쉬운 경험에 대해 문제를 제기하는 것은 가치 있는 일이다. 우리는 물고기가 물속에서 헤엄치는 것처럼 과거 속에서 헤엄치며, 따라서 과거로부터 벗어날 수 없다. 그러나 이 물속에서 살아 움직이는 우리의 방식은 분석과 토론을 요구한다. 나의 목적은 이 모두를 자극하는 것이다.

역사는 현대 사회에 대해 무엇을 이야기해 줄 수 있나

역사는 우리에게 현대 사회에 대해 무엇을 이야기해 줄 수 있나? 이러한 질문을 받으면, 고대 라틴어와 그리스어, 문학 비평이나 철학 등과 같이 흥미는 있지만 확실히 무익한 주제들에 전념하는 학자들은 대개 자신을 변호하기 마련이다. 특히 원자 무기의 개량이나 수백만 달러를 버는 것 같은 실제적 이익 획득에 돈을 쓰려는 사람들로부터 기금을 모으려 할 때 더 그렇다. 나는 변호하고 싶지 않다. 대신 모든 사람들이 묻고 있는, 그리고 유사 이래 늘 물어왔던 문제들을 명확히 하려고 한다.

현재 우리의 위치를 과거와 관련하여 볼 때, 과거, 현재, 미래 사이 의 관계들은 모든 사람들에게 죽느냐 사느냐 하는 문제일 뿐만 아니

---

* 이 글은 원래 1984년에 캘리포니아 대학 데이비스 분교 설립 75주년을 기념하는 강연을 위해 쓴 것이다. 이 글은 이전에 출판된 적이 없다. 나는 필요한 곳에서 시제를 현재에서 과거로 바꾸었고 다른 장과 중복되는 부분을 삭제했다.

라 피할 수 없는 문제이다. 우리는 자신들이 속한 생활, 즉 가족과 집단의 연속선상에 위치할 수밖에 없다. 우리는 과거와 현재를 비교할 수밖에 없다. 그것이 가족사진 앨범이나 가족 영화가 존재하는 이유이다. 과거는 경험을 의미하기 때문에 과거로부터 배우지 않을 수 없다. 우리는 나쁜 것을 배울 수도 있으며, 자주 그러기도 한다. 그러나 우리가 배우지 않거나 배울 기회를 가지지 않는다면, 또는 우리 목적에 알맞은 모든 과거로부터 배우는 것을 거부한다면, 극단적인 경우에는 정신이 이상해질 수 있다. "손가락을 덴 아이는 불을 멀리한다"는 오래된 속담이 있다. 우리는 경험에 의존하여 배운다. 역사가들은 경험의 기억 은행이다. 이론적으로 과거, 즉 연대를 추정할 수 있는 모든 과거는 역사를 구성한다. 그중 많은 시기는 역사가의 영역이 아니지만, 또 상당히 많은 시기가 역사가의 영역이기도 하다. 역사가들이 집단적인 과거의 기억을 수집하고 만들어내는 한, 현대 사회를 살아가는 사람들은 역사가에게 의존해야 한다.

문제는 역사가들이 그런 일을 하느냐 하지 않느냐가 아니다. 역사가들이 과거에서 정확히 무엇을 얻으려 하는지, 얻을 수 있다면 역사가들이 무엇을 제공해야 할 것인지가 문제이다. 예를 들어 과거를 이용하는 방법은 규정하기 어렵지만 분명 중요하게 느껴진다. 이를테면 대학 같은 기관은 설립 75주년을 기념한다. 왜 꼭 기념하려 하는가? 자부심, 즐거운 시간을 가질 기회, 또한 다른 어떤 부수적인 이익은 제쳐두고라도, 어떤 시점을 임의로 선택해서 기관의 역사를 기념함으로써 무엇을 얻을 수 있는가? 우리는 이유를 알지 못하면서도 역사를 필요로 하고 이용한다.

역사가 우리에게 현대 사회에 대해 이야기해 줄 수 있는 것은 무엇인가? 과거 대부분의 시기에서, 확실히 18세기까지는 유럽에서조차, 역사는 사회, 즉 모든 사회가 어떻게 움직여야 하는지를 우리에게 말해 줄 수 있다고 생각되었다. 과거는 현재와 미래를 위한 모델이다. 역사는 각 세대가 후손을 재생산하는 유전 암호에 대한 열쇠를 보여주고 세대 간의 관계를 조정한다는 정상적인 목적을 지닌다. 이러한 사실에서 노인의 중요성이 나온다. 노인은 풍부한 경험을 갖고 있을 뿐만 아니라 과거의 일이 어떠했고, 어떠한 식으로 이루어졌으며, 그러므로 어떠한 식으로 진행되어야 한다는 것을 기억한다는 점에서 지혜를 의미했다. 미국 의회와 다른 국회의 고참 의원 집단을 의미하는 '상원'이라는 단어는 이러한 가정을 담고 있다. 어떤 측면에서는 (관습적이고 전통적인 성격을 지닌) 관습법에 기초한 법체계에 남아 있는 판례라는 개념 역시 마찬가지이다. 그러나 오늘날 '선례'를 주로 과거와 명백히 다른 환경에 짜 맞추기 위해 재해석하거나 교묘하게 우회해야 한다면, 과거에나 지금도 종종 그렇듯이, 그것은 말 그대로 구속인 것이다. 나는 16세기 말 이래로 계속 특정 지역의 토지를 두고 이웃 목장이나 (1969년 이후로는) 협동조합과의 소유권 분쟁에 휘말려 있는 페루의 중앙안데스에 위치한 인디언 공동체를 알고 있다. 대대로 문맹인 나이 든 사람들은 문맹인 소년들을 분쟁 중인 푸나라는 고산 목축지대로 데려가서, 자신들이 상실한 공동체 토지의 경계선을 보여준다. 여기서 역사는 사실상 현재에 대한 권위이다.

이러한 사례는 우리를 역사가 지닌 다른 기능으로 이끌어간다. 현재가 어떤 의미에서 불만족스럽다면, 과거는 만족스러운 형태로 현재를 재건하는 데 필요한 모델을 제공하기 때문이다. 지나간 시대는 좋았던 시대로 규정되었고 사회가 되돌아가야 할 곳으로 규정되었다. 이러한 관점은 여전히 살아 있다. 세계 곳곳에서 사람들과 정치 운동들은 유토피아를 과거에 대한 동경으로, 즉 과거의 높은 도덕성, 과거의 종교, 1900년대 미국 소도시의 가치, 고대 문서인 『성서』와 『코란』에 대한 충실한 믿음 등으로 규정한다. 그러나 물론 과거로의 복귀가 실제로 가능하거나 심지어 가능한 것처럼 보이는 상황은 오늘날 거의 존재하지 않는다. 과거로의 복귀는, 너무 오래되어 재건되어야 할 것으로의 복귀, 즉 15~16세기의 지식인들이 생각했던 것처럼 오랜 망각 후에 진행된 고전 고대의 '재탄생' 혹은 '부흥'이거나, 전혀 존재하지 않아서 목적을 위해 새로 만들어낸 것으로의 복귀이다. 스스로 구상한 국가 기구를 소유한 일종의 영토 민족 국가는 19세기 이전에는 전혀 존재하지 않았기 때문에, 시온주의를 비롯한 어떤 근대 민족주의도 잃어버린 과거로의 복귀는 아니었다. 그것은 복고인 체하는 혁명적 혁신이어야 했다. 실제로 그것은 성과를 이룩했다고 주장하는 역사를 꾸며내야만 했다. 르낭이 백 년 전에 이야기했던 것처럼 "역사를 왜곡하는 것은 민족 국가 형성에 필수적인 부분이다." 역사가들이 이데올로기 주창자의 종이 되려는 것이 아니라면 —— 민족주의 역사가들이 종종 그렇게 되는 것이 걱정스러운데 —— 그러한 신화를 제거하는 것이 역사가의 몫이다. 만약 그것이 이데올로기 주창자들에게 부정적인 것이라면, 이것은 우리에게 현대 사회에 대해 이야기해 주는 데 있어 역사가 담당하는 중요한 기여이다. 정치가들은 역사가들이 그러한 일을 했다는 데에 대해 대개 고마워하지 않지만.

대부분의 경우, 축적되어 굳어버린 경험의 역사에서 얻은 이러한 종류의 교훈은 이제 더 이상 중요하지 않다. 현재는 분명히 과거의 복사본도 아니고 복사본일 수도 없다. 어떠한 실제적 의미에서도 과거는 현재의 모델이 될 수 없다. 산업화가 시작된 이래로, 새로운 것들은 더욱 새롭다. 그럼에도 세계와 인간사의 많은 부분에서 과거는 권위를 계속 유지하고 있고, 그러므로 역사나 경험은 선대에서처럼 낡은 의미 그대로 계속 작용하고 있다. 이제까지는 더 복잡한 문제로 들어가기 전에 여러분에게 앞서 말한 점을 상기시키고자 했다.

이제 레바논이라는 구체적인 현대의 사례를 들어보겠다. 험준한 몇몇 산악 지대 주위에 무장한 소수 종교 집단들이 모여 있다는 기본적 상황뿐만 아니라 구체적인 정치 상황도 150년 동안 변하지 않았다. 줌블라트(Jumblatt)라는 사람은 1860년대에 마론파 교도[1]를 학살했던 드루즈파[2]의 대장이었는데, 여러분이 그 후의 지도적인 레바논 정치가들의 사진을 본다면 그들의 정치적 입장이나 복장이 각각 다름에도 불구하고 그들은 모두 똑같은 이름을 지녔다는 사실을 발견하게 될 것이다. 19세기 중엽에 러시아아인이 레바논에 관해 썼던 책이 몇 년 전에 히브리어로 번역되었는데, 한 이스라엘 군인은 "우리가 그 책을 읽을 수 있었더라면, 레바논에서 범한 그 모든 실수들을 저지르지 않았을 텐데"라고 이야기했다. 그 군인이 의미하고자 했던 바는 '레바논이 과거에 어떠했는지를 알아야만 했다'는 것이었다. 약간의 기초적 역사도 사실을 파악하도록 도와줄 수 있었을 것이다. 그러나 나는 역사는 사실을 밝혀내는 쉬운 방법 중 하나일 뿐 유일한 방법은 아니었다는 것을 꼭 덧붙이고자 한다. 우리 교수들은 너무 많은 것을 무지 탓으로 돌린다. 레바논에 대해 유익한 정보를 줄 수 있었고 실제로 정보를 주었던 사람들이 예루살렘과 백악관 주위에 많이 있었을 거라고 추측된다. 하지만 그 사람들이 말했던 것은 이스라엘의 베긴 수상, 샤론 국방상, 레이건 대통령, 슐츠 국무장관(또는 결정을 내렸던 사람은 누구라도)이 듣기 원했던 것과 일치하지 않았다. 역사의 교훈이나 어떤 것을 배우는 데에는 두 가지가 필요하다. 하나는 정보를 주는 것이고, 다른

---

1) (옮긴이) the Maronites : 로마 가톨릭 교회에 속하는 최대의 동방 전례 교회 가운데 하나. 오스만 투르크의 지배하에서는 드루즈파 등 다른 종파와의 반목이 심하여 박해가 끊이지 않았으며, 1860년에는 많은 신자가 학살되고 수많은 망명자가 생겨났다.
2) (옮긴이) the Druzes : 중동 지역의 군소 종파. 시아파 중 극단파인 이스마일파와 관계가 깊다. 19세기 중엽 마론파 교도를 학살하여 1860년 프랑스의 무력 간섭을 초래하기도 했다.

하나는 듣는 것이다.

백 년 전에 쓰인 책이 현재의 정치와 심지어 정치 지도자를 계속 안내할 수 있는 나라는 별로 없기 때문에, 레바논은 예외적인 경우이다. 한편, 이론을 많이 요구하지 않는 투박한 역사적 경험은 늘 우리에게 현대사에 대해 많은 것을 이야기해 줄 수 있다. 부분적으로 이것은 인간이 종종 발생하는 동일한 인간 상황에 많이 의존하기 때문이다. 나이 든 사람들이 종종 "이건 전에 본 적이 있어"라고 말할 수 있는 것처럼, 역사가들도 많은 세대 동안 축적된 기록의 토대 위에서 똑같이 말할 수 있다. 그리고 이것은 꽤 적절하다.

이것은 현대 사회과학, 정책 수립과 계획이 인간 경험을, 무엇보다도 역사적 경험을 의도적으로 무시하면서 과학주의 모델과 기술 조작 모델을 체계적으로 추구하기 때문이다. 근래 유행하는 분석 모델과 예측 모델은 현재 이용 가능한 모든 자료를 이론상의 슈퍼컴퓨터나 실재하는 슈퍼컴퓨터에 입력하여 대답을 찾는 것이다. 평범한 인간 경험과 인간 이해는 이에 적합하지 않거나, 아직 적합하지 않거나, 단지 아주 특수한 목적에만 적합하다. 그러한 비(非)역사적이거나 심지어 반(反)역사적인 계산은 이러한 상황을 장님처럼 인지하지 못하고, 심지어는 앞을 볼 수 있는 사람들의 비체계적인 생각을 따라가지 못한다는 사실을 종종 인식하지 못하고 있다. 실제적으로 중요한 두 가지 예를 들어보기로 하자.

첫 번째는 경제적인 것이다. 1920년대 이후로, 실제적으로는 1900년경 이후로 몇몇 관찰자들은 20~30년에 걸친 경제적 팽창과 번영의 시기와 20~30년에 걸친 경제적 어려움의 시기가 서로 엇갈리면서 진행되는 장기적인 세계 경제 패턴에 깊은 인상을 받았다. 그 패턴들은 '콘드라테프 파동(콘드라티예프 장기 주기)'3)이라는 이름으로 잘 알려져 있다. 어느 누구도 콘드라테프 파동의 주기를 만족스럽게 설명하거나 분석하지 못했다. 통계학자들과 다른 사람들은 콘드라테프 주기의 존재를 부인했다. 그럼에도 콘드라테프 주기는 예언을 할 수 있도록 해 주는 몇 안 되는 주기에 속한다. 1970년대의 위기는 예언되었고, 나도 1968년에 위험을 무릅쓰고 그러한 예언을 했다. 그리고 위기가 닥쳤을 때 역사가들은 다시 한번 콘드라테프 경험에 근거하여, 1973년 이후 매년 급속한 경제 상승을 예언했던 정치가들과 경제학자들의 분석을 무시하였다. 그리고 우리는 완전히 옳았다. 더욱이 1984년 이 글을 강연했을 때 나는 비판받을 것을 무릅쓰고 같은 근거에서, 장기간에 걸친 세계 경제의 다음 호황은 1980년대 말이나 1990년대 초 이전에는 전혀 가능하지 않다고 예견했다. 나는 이것을 이론적으로 정당화하지는 못한다. 단지 이러한 종류의 패턴은 최소한 1780년대 이후로 작동해 왔던 것으로 보이고, 큰 전쟁으로 인해 왜곡되거나 왜곡을 준다는 것이 역사적으로 조금 관찰될 뿐이다. 한 가지 더 있다. 지나간 각각의 '콘드라테프' 시기는 순전히 경제적 관점에서 형성되었을 뿐만 아니라, 당연히 다양한 나라와 지역들의 국제 정치와 국내 정치 측면에서 앞뒤 주기와 아주 확실하게 구별되는 정치적 특징을 지닌다. 또한 그러한 콘드라테프식 시기 구분이 앞으로도 계속 유효할 것 같다.

두 번째 사례는 더 구체적이다. 냉전 시기 동안 미국 정부의 탐지 장치가 러시아 핵미사일로 여겨지는 것이 미국을 향해 날아오는 것을 탐지했던 순간이 있었다. 다른 탐지 장치로 작동상의 오류가 있는지 또는 해롭지 않은 신호를 잘못 판독했는지 번개 같은 속도로 자동 검사하면서, 몇몇 장군들은 즉각적인 행동을 준비했다. 실제로 제3차 세계 대전이 시작될 수도 있고 시작되지 않을 수도 있었다. 불가피하게

---

3) (옮긴이) Kondratev cycles : 소련의 경제학자 N. D. 콘드라테프가 1920년대에 영국, 미국, 독일, 이탈리아의 도매물가지수, 이자율, 생산량 등의 승수(乘數)에서 검출한 50년 주기를 가진 경제의 장기 순환.

전체 진행 과정을 파악할 수 없었기 때문에, 장군들은 이 상황이 안전하다고 결론지었다. 최악의 사태가 벌어지면 실제로 반격할 시간이 전혀 없을 것이기 때문에, 프로그램 자체는 발생 가능한 모든 최악의 사태에 대처한다는 가정에 근거해야 했다. 그러나 탐지 장치에 어떤 것이 포착되었든지 간에 이러한 사건이 발생했던 1980년 6월에 어느 누구도 의도적으로 원자 폭탄 발사 단추를 누르지 않았다는 것은 확실하다. 그 상황이 그럴 것 같지 않았기 때문이다. 갑작스러운 기습을 이론적으로 상정할 수 없어서가 아니라, 다른 장치들과는 달리 우리 머릿속의 컴퓨터는 자신을 만든 역사적 경험을 지녔고 또 지닐 수 있기 때문이다. 나는 나를 비롯한 우리 모두가 이러한 판단을 내리기를 희망한다.

역사를 옛날식으로 경험적으로 사용하는 것, 즉 투키디데스와 마키아벨리가 인식했고 실천했던 종류의 역사는 이 정도로 마치자. 현대 사회가 과거와 아주 다를 경우에, 즉 어떠한 선례도 지니지 않을 경우에 역사가 우리에게 현대 사회에 대해 무엇을 이야기해 줄 수 있는가라는 매우 복잡한 문제에 대해 이제부터 이야기하겠다. 나는 단순한 차이를 의미하는 것이 아니다. 나는 역사를 일반화할 수 없다면 가치가 없다고 생각하지만, 설령 역사가 매우 효과적으로 일반화될 수 있을 때조차도 역사학은 늘 차이점을 인식하고 있다. 전문적인 역사가들이 배우는 첫 번째 교훈은 시대착오나 혹은 1797년과 1997년의 영국 군주제같이 언뜻 보면 똑같아 보이지만 서로 다른 것에 주의해야만 한다는 것이다. 어쨌든 역사 서술은 전통적으로 구체적이고 되풀이되지 않는 생활과 사건들의 기록에서 발전했다. 과거가 현재를 근본적으로 적절하게 안내하지 못하게 만드는 역사적 변화를 말하고자 한 것은 아니다. 도쿠가와(德川) 시대 일본의 역사가 오늘날의 일본과 관련되어 있고, 당(唐) 왕조가 1997년의 중국과 관련이 있기는 하지만, 이것들 중 어느 하나가 단지 수정된 과거의 연장으로 이해될 수 있는 척해 보았자 소용없다. 즉 급진적이고 심원하며 극적이면서 지속적인 변화는 18세기 이래, 특히 20세기 중반 이후 세계의 특징이다.

위와 같이 혁신은 이제 일반적이고 명백해서 기본적인 규칙으로 가정된다. 늘 혁명적인 변화의 시대를 겪어온 미국 같은 사회 속에서, 그리고 다양한 발전의 순간에 사실상 모든 것을 새로운 발견으로 여기는 그러한 사회 속의 젊은이들 곁에서는 특히 그렇다. 이러한 의미에서 우리 모두는 콜럼버스로 자랐다. 혁신은 절대로 보편적이지 않고 보편적일 수도 없다는 사실을 지적하는 일은 역사가들이 수행하는 기능 중 하나이다. 오늘날 누군가가 완전히 새롭게 섹스를 즐기는 방법을, 즉 이전의 인류가 알지 못한 이른바 'G-지점'[4]을 발견했다는 주장을 역사가는 한순간도 믿지 않는다. 섹스를 하면서 행할 수 있는 가능한 섹스 방법의 수는 한정되어 있고, 섹스에 참여하는 사람의 수나 섹스의 시간은 지구 어느 곳에서나 일정하다. 인간들은 성과 관련된 주제를 흥미를 갖고 지속적으로 탐구해 왔기 때문에, 새로운 섹스 방식은 절대 존재할 수 없다고 안전하게 가정할 수 있다. 사회적, 개인적 상징의 극장이라고 할 수 있는 의상과 침실의 장식이 변하는 것처럼, 성 풍습과 성에 대한 태도는 확실히 변했다. 체인을 몸에 감은 가학-피학성 이상 성욕이 빅토리아 시대의 일부가 될 수 없다는 것은 분명하다. 성적 유행의 주기는 다른 모든 유행 주기처럼 과거보다 오늘날 더 빠르게 변한다. 그러나 역사는 유행과 진보를 혼동하지 말라는 유용한 경고를 한다.

그럼에도 역사는 선례가 없는 사건에 대해 다른 무엇을 이야기해

---

4) (옮긴이) G-지점(G-spot)은 1950년 독일의 산부인과 의사이며 성과학자인 그라펜베르크(Ernst Grafenberg)가 발견했다고 주장한 질 내 구조로서, 자극되면 강력한 성감대의 역할을 하여 여성의 오르가슴을 일으킨다고 알려졌다.

줄 수 있을까? 본질적으로 이것은 인간 진화의 방향과 메커니즘에 관한 문제이다. 인간 진화를 좋아하든지 싫어하든지 간에 —— 싫어하는 역사가들이 많기는 하지만 —— 우리 모두가 대답을 원한다면 피할 수 없는 역사 속의 중심적인 문제가 있다. 즉 인간은 동굴 거주에서 우주 여행으로 어떻게 나아갔는가, 칼같이 날카로운 이빨을 지닌 호랑이에게 위협받던 시기에서 핵폭발로 위협받는 시기로 어떻게 나아갔는가, 다시 말해 자연의 위험이 아니라 우리 자신이 만든 위험으로 위협받게 되었다는 것 등이 역사 속의 중심적인 문제이다. 인간이 최근에 전보다 더 커지고 무거워지기는 했지만, 생물학적으로는 실제로 아주 오래되지는 않은 역사 기록 초기의 인간과, 아마도 최초의 도시가 생긴 12,000년 전이나 농사를 창안한 약간 더 이전 시기의 인간과 거의 똑같다는 사실이 이러한 것을 본질적인 역사 문제로 만든다. 우리는 고대 메소포타미아인이나 중국인보다 결코 더 머리가 좋지 않다. 그러나 인간 사회가 생존하고 작동하는 방식은 크게 변했다. 그래서 사회생태학은 이러한 특수 목적에 적절치 않다. 또한 약간 더 주저되기는 하지만, 다양한 형태의 인류 사회가 지니는 공통성에 주목하는, 예를 들어 에스키모족과 일본인은 서로 공통점을 지닌다고 주장하는 사회인류학도 적절하지 않다고 덧붙이고 싶다. 왜냐하면 우리들이 영원한 것에 주의를 고정시킨다면, 오로지 결합과 변형 같은 역사적 변화만 존재한다고 믿는다면, 역사적으로 명백하게 변화한 것을 설명할 수 없기 때문이다.

명확하게 정리해 보자. 비록 역사적 지식과 이해가 투시력, 점성술 또는 평범한 주의주의 등에 의지하지 않으면서 더 낫게 행동하고 계획하려는 사람들 모두에게 필수적이기는 하지만, 인류의 역사적 진화를 추적하는 목적은 미래에 어떤 일이 일어날 것인지를 예견하는 것은 아니다. 역사가가 우리에게 절대적 확신을 갖고 말할 수 있는 유일한 경마 결과는 이미 경주가 끝난 결과뿐이다. 더군다나 인간 운명에 대한 희망이나 두려움을 정당화하려는 방법을 발견하거나 만들어내려 해서는 안 된다. 역사의 목적을 무한한 보편적 진보나 공산주의 사회, 혹은 다른 어떤 것으로 보든지 간에, 역사학은 세속적 말세론이 아니다. 이러한 것들은 역사를 해석하는 것들이지 역사에서 유래될 수 있는 것은 아니다. 역사학이 할 수 있는 일은 역사 변화 전반에 걸친 메커니즘 형태를, 특히 변화가 극적으로 가속화되고 확대되어 온 과거 몇 백 년 동안의 인간 사회의 메커니즘 형태를 발견하는 것이다. 이것은 예측이나 희망보다는 차라리 직접적으로 현대 사회와 현대 사회에 대한 전망에 적합하다.

이제 그러한 프로젝트는 과거 분석에 대한 분석적 틀을 요구한다. 그러한 분석적 틀은, 관찰될 수 있고 객관적인 인간 사건 속에 들어 있는 일정한 방향을 지닌 요소에 근거해야만 한다. 그것은 우리의 주관적이거나 현대적인 희망과 가치 판단과 무관하게, 즉 육체노동과 정신노동, 기술과 생산 조직을 써서 자연력을 통제하려는 지속적으로 증대하는 인간의 능력에 근거해야 한다. 지구상의 인류는 역사를 통해 심각한 후퇴 없이 죽 증가해 왔고, 생산과 생산력도 특히 과거 몇 세기 동안 성장했다는 사실이 이러한 점을 실제로 입증해 준다. 하지만 방향성을 지닌 과정이라는 말 그대로의 의미에서도 인정할 수 없고, 동시에 이러한 발전을 잠재적인 혹은 실제적인 개선으로 받아들이지도 않기 때문에, 나는 개인적으로 이것을 진보로 생각하고 싶지는 않다. 그러나 우리가 그것을 뭐라 부르든지 간에, 인간 역사의 뜻을 이해하려는 모든 진지한 시도들은 이것을 출발점으로 삼아야 한다.

여기에 역사가로서의 마르크스의 결정적인 중요성이 있는데, 왜냐하면 마르크스는 이러한 근거 위에서 자신의 개념을 만들었고 역사를 분석했기 때문이다. 이제까지 어느 누구도 그렇게 하지 못했다. 나는 마르크스가 옳다거나 또는 적임자라고 말하려는 것이 아니라, 에르네스트 겔너(Ernest Gellner) —— 이 저명한 학자는 어느 누구 못지않은 반(反)마르크스주의자이다 —— 가 표현했던 것처럼 마르크스의 접근 방식이 절대적으로 필요하다는 점을 말하고자 한다.

사람들이 마르크스주의 도식을 적극적으로 믿든지 믿지 않든지 간에, 서양이나 동양에서 다른 어떤 일관되고 명확한 라이벌 형태도 출현하지 않았다. 그리고 특정한 종류의 격자에 반대해서 생각해야만 하는 사람들처럼 마르크스주의 역사 이론을 받아들이지 않는 사람들까지도 (혹은 아마 더욱더) 자신들이 적극적으로 믿는 것을 말하고자 할 때 마르크스주의 이론에 기대려 한다.[5]

다른 말로 하면 마르크스를 참조하지 않으면, 혹은 보다 정확하게 말하면 마르크스가 시작한 곳에서 시작하지 않으면 진지한 역사 토론은 가능하지 않다. 그리고 그것은 겔너가 받아들인 것처럼 근본적으로 유물 사관을 의미한다.

이제 역사 과정에 대한 분석은 우리와 직접적으로 관련된 수많은 문제들을 제기한다. 명백한 예를 하나 들어보자. 대부분의 기록된 역사를 보면 대부분의 인간이, 예를 들면 인구의 80~90퍼센트가 기본적인 식량 생산에 참여했다. 오늘날은 북아메리카가 보여주는 것처럼, 한 나라 거주 인구의 3퍼센트를 차지하는 농업 인구가 나머지 97퍼센트뿐만 아니라 다른 많은 세계 인구도 먹여 살릴 수 있는 식량을 충분히 생산한다. 또 대부분의 산업 시기에 제조품과 서비스 생산은 노동 집약적이지 않다 할지라도 대규모 노동력의 증대를 요구했으나, 지금은

---

5) E. Gellner, *Times Literary Supplement* 16(March 1984).

급속하게 사라져가고 있다. 『성서』의 구절로 표현하면 대부분의 인간이 "얼굴의 땀으로 빵을 먹는 것"이 역사상 처음으로 더 이상 필요하지 않게 되었다. 이것은 매우 최근의 역사 발전으로 생겨난 일이다. 서구 세계에서 농민의 몰락은 오래전부터 예견되기는 했지만 1950~1960년대까지 극적으로 진행되지 않았고, 마르크스가 예견한 농업 외 사회적 필수 생산 노동력의 쇠퇴는 매우 흥미롭기는 하지만 더욱 최근의 일이며, 제3차 산업의 고용 증대가 이러한 쇠퇴를 여전히 가려주거나 상쇄한다. 그리고 물론 두 현상 모두 여전히 지구적 현상이라기보다는 지역적 현상이다. 마셜 살린스가 말한 "석기 시대의 풍요"[6] 이후로 적어도 대부분의 사람들이 지니는 가치 체계 전체는 인간 생존의 기초를 이루는 불가피한 노동에 맞춰지게 되었기 때문이다. 지금 인류의 직업 구조 속의 그러한 근본적 변화는 널리 영향을 미칠 수밖에 없다.

역사는 이러한 변화가 낳은 결과를 정확하게 밝히는 어떠한 단순한 공식도 지니지 않으며, 이러한 변화가 야기할 것 같은 혹은 이미 일으켜버린 문제에 대한 해답도 갖고 있지 않다. 그러나 역사는 한 가지 긴급하게 해결해야 할 문제, 즉 사회적 재분배의 필요성을 정확하게 지적할 수는 있다. 대부분의 역사에서 기본적인 경제 성장 메커니즘은 다양한 소수가, 미래를 개선하기 위해 생산 능력에서 생기는 잉여를 전유하는 것이다. 잉여가 항상 미래를 개선하기 위해 쓰이는 것은 아니지만 말이다. 성장은 불평등을 통해 이루어졌다. 부의 성장은 지금까지 이러한 불평등을 어느 정도 상쇄했다. 애덤 스미스가 지적했던 것처럼, 총체적 부의 거대한 성장은 발전된 경제에 속한 경우 노동자들이라 할지라도 북아메리카 원주민의 추장보다 더 좋은 물질적 생활을 누리게 하였고, 모든 세대를 이전 세대보다 전반적으로 더 잘살게

---

6) (옮긴이) Marshall Sahlins, *Stone Age Economics*(Chicago, 1972).

만들었다. 노동자들은 생산 과정에 참여함으로써 매우 점진적이기는 했지만 이러한 이익을 공유했다. 즉 농민과 수공업자들이 생산물을 시장에 내다 팔아 수입을 얻을 수 있는 것처럼 노동자들은 직업을 통해 이러한 이익을 공유하였다. 농민들의 자급자족은 발전된 세계에서는 극적으로 쇠퇴했다.

대다수 인구가 더 이상 생산에 필요치 않게 된다는 것을 이제 가정해 보자. 그들은 어떻게 살아가야 하는가? 이러한 문제는 기업 경제에서도 똑같이 중요하다. 기업 경제가 처음에는 미국에서, 나중에는 다른 나라에서 점차 의존하게 된 대중 구매력에 기초한 대중 시장에서 무슨 일이 일어날 것인가? 대다수 사람들은 연금과, 다른 형태의 사회 보장과 사회 복지 같은 공공 이전 지급[7]을 통해, 즉 정치적, 행정적 사회 재분배 메커니즘을 통해 다양한 방식으로 살아가야만 한다. 과거 30년 동안 이러한 복지 메커니즘은 거대하게 팽창했고, 역사상 최대의 경제 호황에 힘입어 많은 나라들에서 아주 후하게 시행되었다. 국가 부문의 거대한 성장, 다른 말로 하면 대부분 기부 형태이기도 한 공공 고용은 서양과 동양 모두에서 비슷한 효과를 가져왔다. 다른 한편으로 현재 혹은 1977년 무렵에 저소득자를 위한 생활 보조금, 건강과 사회 보건, 교육을 위한 복지 지출은 선도적인 경제협력개발기구(OECD) 국가들의 총 공공 지출의 절반에서 3분의 2 사이를 차지했고, 다른 한편으로 이러한 나라들에서 가계 소득 전체의 25~40퍼센트 정도가 공공 고용이나 사회 보장 제도에서 나온다.

재분배 메커니즘이 이 정도로 이미 존재하고 있고, 그것이 존재하는 곳에서는 거의 사라지지 않을 것이라고 마음 놓고 말할 수 있다. 그러니 맥킨리 대통령[8] 시절의 경제로 돌아가려는 레이건주의자의 꿈은

---

7) (옮긴이) 생활 보조비처럼 정부를 통해 지급하는 소득의 재배분.

8) (옮긴이) William McKinley(1843~1901) : 미국의 제25대 대통령. 보호 관세주

무시해도 된다. 그러나 세 가지를 주의해야 한다. 첫 번째, 우리가 볼 수 있는 것처럼 이러한 메커니즘이 만들어내는 세금 부담은 아직까지 서양 경제 성장의 주 엔진인 기업가의 이윤에 (특히 경제적으로 어려운 시기엔 더욱) 압력을 가한다. 따라서 최근엔 조세 부담을 줄이자는 압력이 늘고 있다. 그러나 두 번째로, 이러한 메커니즘은 인구 대부분이 생산 활동에 종사하지 않는 경제에 맞게 만들어진 것이 아니다. 반대로 이 메커니즘은 유례없는 완전 고용 시기를 위해 만들어졌고 이에 의해 지지되었다. 그리고 세 번째로, 이 메커니즘은 1930년대에 생각되었던 것보다 오늘날 훨씬 관대하기는 하지만, 다른 모든 구빈법처럼 최저 수입을 보장을 위해 만들어진 것이다.

따라서 이 메커니즘이 잘 작동되어 확대될 거라고 가정한다고 해도, 내가 예견하고 있는 조건에서는 불필요한 다수와 나머지 소수 사이의 경제적이거나 다른 모든 형태의 불평등을 증대시키고 심화시킬 것 같다. 그러면 어떤 일이 일어나는가? 경제 성장은 일부 고용을 없애지만 다른 곳에서 더 많은 고용을 창출한다는 전통적 가정에 더 이상 의존할 수 없게 된다.

이러한 국내 불평등은 부유한 선진 국가나 다수의 개발도상국과 가난한 후진 세계 사이의 널리 알려진 불평등의 증가와 비슷하다. 두 경우 모두 시장 경제를 통해 성장한 것은 인상적이지만 시장 경제가 국내의 불평등이나 국제적 불평등을 없애는 데 효과적인 기구가 아닌 것은 확실하다. 비록 시장 경제가 지구의 산업화된 지역을 늘려서 그 안에서의 부와 권력을 재분배한다고 할지라도 말이다. 그 예로 미국에서 일본으로의 재분배를 들 수 있다.

의를 주장하고 은화 자유 주조에 반대해 전국적인 명성을 얻은 고집 센 공화당원으로, 미국-스페인 전쟁(1898) 이후 미국의 식민지 획득과 관련된 세계 제국주의의 대명사로 꼽힌다.

이제 도덕, 윤리, 사회 정의는 논외로 하더라도, 이러한 상황은 경제적, 정치적 문제 같은 심각한 문제들을 야기하거나 심화시킨다. 이러한 역사적 발전 과정 속에서 복지뿐만 아니라 권력도 불평등해져 왔기 때문에, 단기적으로는 이러한 불평등을 무시하는 것이 가능하다. 사실상 대부분의 강력한 국가와 계급들은 오늘날 이렇게 하고 싶어 한다. 가난한 사람과 가난한 나라들은 상대적으로 과거보다 오늘날 더 약하고, 더 조직되어 있지 않고, 기술적으로 더 무능하다. 우리들의 나라에서 우리들은 가난한 사람들을 분리된 게토에서 불행한 하층 계급으로 마음 졸이며 살게 할 수 있다. 우리는 사설 경호원과 공공 치안 병력으로 경비되는 전자 보안 장치가 설치된 요새로 부자들의 생활과 환경을 보호할 수 있다. 영국 장관이 북아일랜드에 대해 한 말을 빌리면, 우리는 "견딜 수 있는 폭력 수준"을 정착시키려 시도할 수 있다. 국제적으로 우리들은 가난한 국가들을 폭격할 수도 두들겨 팰 수도 있다. 한 시인이 20세기 초 제국주의에 대해 다음과 같이 썼던 것처럼 말이다.

우리는 가졌다.
맥심 총[9]을.
그러나 그들은 못 가졌지.

서구가 겁낸 유일한 비서구 열강은 내부에서 그들을 공격할 수 있는 소련뿐이었으나, 소련은 더 이상 존재하지 않는다.

간단히 말해서 현재의 위기가 다른 세계적 경제 호황 국면으로 넘어간다면 경제는 어쨌든 진정될 것이다. 과거에 늘 그러했기 때문이

---

9) (옮긴이) 수냉식 기관총의 일종.

다. 그리고 국내와 해외의 가난한 사람들과 만족하지 못한 사람들은 영원히 억제될 수 있다. 아마도 경제가 진정될 것이라는 첫 번째 주장은 타당한 가정일 수 있다. 그러나 현재의 '콘드라테프' 국면에서 출현할 세계 경제, 국가 구조와 정치, 선진 세계의 국제적 패턴이 양차 세계 대전 사이의 대공황 이후에 출현한 1950~1970년대의 콘드라테프 국면과 극적으로 다를 것이 확실하다는 사실을 인식할 수 있을 때에만 그럴 수 있다. 그것은 역사가 이론적 근거와 경험적 근거 위에서 우리에게 이야기해 줄 수 있는 한 가지이다. 가난한 사람들과 만족하지 못한 사람들이 영원히 억제될 수 있다는 두 번째 주장은 단기간을 제외하고는 전혀 타당한 가정이 아니다. 이제는 1880년대와 1950년대 사이에 그랬던 것처럼 가난한 사람들을 저항, 압력, 민족적 차원이나 국제적 차원의 사회 변화와 혁명을 위해 더 이상 동원할 수 없다는 가정은 타당할 수 있다. 그러나 가난한 사람들이 영원히 정치적으로 혹은 심지어 군사적으로 무능력하게 남아 있게 된다는 가정은 틀렸다. 특히 번영이 가난한 사람들을 매수할 수 없을 때 더욱 그렇다. 그것은 역사가 우리에게 이야기해 줄 수 있는 또 다른 것이다. 역사는 앞으로 어떠한 일이 일어날 것인지 말해 줄 수 없다. 역사는 우리가 해결해야 할 문제만 말해 줄 수 있다.

결론을 내리겠다. 실제로 역사가 우리에게 현대사에 대해 이야기해 줄 수 있는 대부분이 역사적 경험과 역사적 관점의 결합에 기초해 있다는 점을 나는 인정하려 한다. 다른 사람보다 과거에 대해 많이 알아야 하는 일이 역사가의 직업이고, 이론이 있든 없든 비슷한 점과 다른 점들을 인식할 수 없다면 좋은 역사가일 수 없다. 예를 들어 대부분의 정치가들이 지난 40년 동안 1930년대의 관점에서, 즉 히틀러의 재출현, 뮌헨 등과 관련지어 국제 전쟁의 위험을 판단하고 있는 동안, 국제 정치와 관련된 역사가 대부분은 1930년대가 전 시대와 달리 독특하다는 점을 인정하면서도 1914년 이전 시대와 비슷하다는 강한 인상에 사로잡혀 있었다. 1965년 무렵에 이 역사가들 중의 한 명이 "어제의 전쟁 억지력(抑止力)"이라는 제목으로 1914년 이전의 군비 경쟁을 연구했다. 불행하게도 역사 경험이 역사가에게 가르쳐주는 또 한 가지 사실은 어느 누구도 역사에서 배우려 하지 않는다는 점이다. 그럼에도 불구하고 우리들은 계속 시도해야만 한다.

그러나 더 전반적으로 보면 세계가 전망을 어둡게 하는 두 가지에 직면해 있다는 사실이 역사에 대한 교훈을 거의 배우지 않거나 혹은 무시하는 이유이다. 한 가지는 이미 언급했다. 그것은 비역사적인 것, 기계 공학, 기계적 모델과 기계적 방안으로 문제를 푸는 방식 등이다. 이것은 수많은 분야에서 놀라운 결과를 낳았으나, 어떠한 관점도 가지지 못해서 처음부터 모델이나 방안에 주어지지 않은 것은 전혀 고려할 수 없게 된다. 역사가가 아는 한 가지 사실은 변화무쌍한 다양한 것들을 한 모델에 입력하지 않았다는 것, 그리고 모델 바깥의 다른 것들은 결코 동일하지 않다는 것이다. (이것은 소련 역사와 소련의 몰락이 우리 모두에게 가르쳐주어야 할 것이다.) 다른 하나도 이미 언급했다. 그것은 비합리적인 목적을 위해 역사를 체계적으로 왜곡하는 것이다. 내가 처음에 주장했던 곳으로 되돌아가 보면, 왜 모든 체제는 학교를 통해 아이들에게 특정한 역사를 가르치는가? 자신의 사회와 사회가 어떻게 변화하는지를 이해시키기 위해서가 아니라, 자신의 사회를 받아들여 자부심을 가지게 함으로써 미국이나 스페인이나 온두라스나 이라크의 좋은 시민이 되게 하기 위해 역사를 가르친다. 주의 주장과 운동에 대해서도 마찬가지이다. 선동적 역사와 이데올로기적 역사는 자기를 정당화하는 신화가 되는 경향을 지닌다. 근대 민족과 민족주의의 역사가 입증해 주는 것처럼, 이것보다 더 위험한 눈가리개는 없다.

이러한 눈가리개를 없애려고 시도하는 것, 혹은 적어도 눈가리개를
조금 들어올리거나 이따금 들어올리는 것이 역사가의 직무이고, 역사
가가 그러한 일을 하는 한 사람들이 배우려 하지 않을지라도 현대 사
회에 도움이 되는 어떤 것을 말해 줄 수 있다. 다행히 대학은 역사가
들이 이런 일을 하도록 허락하고 격려해 주는 교육 기관의 일부이다.
하지만 이것도 항상 그렇지는 않은데, 왜냐하면 직업 역사가들이 주로
자신들이 속한 체제에 봉사하고 그것을 정당화하는 집단으로 성장했
기 때문이다. 그러나 아직은 직업 역사가들이 모두 다 그렇지는 않다.
대학이 비판적으로 역사를 연구할 수 있는 장소, 현대 사회에서 우리
를 지지해 줄 수 있는 장소로 있는 한, 자신의 기념일을 축하하는 대
학은 이러한 견해를 표현하기에 좋은 곳이다.

4
앞을 내다본다 —— 역사와 미래

이것은 데이비드 글래스(David Glass)를 기리기 위한 첫 번째 강연이다. 데이비드 글래스는 런던 정경대학(LSE)에서 가르친 가장 저명한 학자 중 한 명이었다. 그는 런던 정경대학에서 오랫동안 가르쳤고, 그가 근무했다는 사실은 학교의 명성을 높이는 데 기여했다. 아무도 런던 정경대학의 최고 전통을 대표하지 않던 시기에 그가 그 전통을 대표했다는 사실을 덧붙여야겠다. 그는 더 좋은 사회를 만들기 위해 사회를 이해하는 전통을, 천성적인 급진주의 전통을, 그리고 그 자신처럼 부유한 집안 출신이 아닌 학생들로 이루어진 학교의 전통을 대표했다. 그가 "노동 계급이 경제적, 사회적 어려움으로 고통받지 않고 아이들을 키울 수 있는 상황을 마련해 주기 위한" 사명 의식을 갖고

---

* 이 글은 런던 정경대학에서 한 '제1회 데이비드 글래스 기념 강연'의 원고로 쓴 것이다. 나중에 런던 정경대학이 별도로 출판하였고, ≪뉴 레프트 리뷰(*New Left Review*)≫ 125호(1981년 2월), 3~19쪽에 실렸다. 이 글은 원본을 약간 줄인 것이다.

인구학에 관한 첫 번째 저서를 완성했던 일이 대표적인 것이다. 그는 1855년에 선출된 위대한 윌리엄 파(William Farr) 박사 이래로 왕립학회에 선출된 첫 번째 사회과학자라는 사실에 자부심을 가졌다. 왜냐하면 그는 파 박사처럼 스스로를 단지 사회에 대해 서술하는 것이 아니라, 사회 안에서 사회를 위해 일하는 사회과학자로 보았기 때문이다.

그래서 글래스를 기리는 이 강연이 '사회 경향'을 다루는 일은 자연스러운 일이다. 나는 사회 경향을 넓은 의미에서 사회 발전 방향에 대한 탐구와 우리가 사회 발전 방향과 관련하여 할 수 있는 일을 의미한다고 이해한다. 이러한 일이 가능하다면, 그것은 미래를 내다보는 것을 의미한다. 이러한 일은 위험하고 자주 실망스러운 결과를 낳기도 하지만 또한 필요한 행동이기도 하다. 현실 세계에 대한 모든 예견은 과거에 일어났던 일, 즉 역사에 근거해서 미래를 추측하는 일에 상당한 정도로 의존한다. 그러므로 역사가들은 자신의 분야인 역사에 관해 적절한 무언가를 이야기해야 한다. 반대로, 과거와 미래를 나누는 경계선이 없다는 이유만으로도 역사는 미래에서 벗어날 수 없다. 내가 지금 막 이야기한 것은 벌써 과거에 속한다. 내가 말하려는 것은 미래에 속한다. 과거와 미래 사이의 어딘가에 여러분이 원한다면 "현재"라고 부를 수 있는, 개념상으로는 존재하지만 끊임없이 움직이는 지점이 존재한다. 어떤 서적 제조업자가 아는 것처럼 과거와 미래를 다르게 생각하려는 기술적인 이유들이 있을 수 있다. 또한 현재와 과거를 구별하는 기술적인 이유도 존재할 수 있다. 우리들은 역사가의 지혜를 이용하여 현재 남아 있는 과거의 흔적 속에서 간접적인 대답을 찾으려 하지만, 과거에서 모든 질문에 대한 직접적인 답을 찾을 수는 없다. 반대로 모든 여론 조사원들이 알고 있듯이, 현재에게는 대답 가능한 모든 질문을 물어볼 수 있다. 그 질문이 대답되고 기록될 때까지는 엄격하게 말하면 최근의 과거에 속하지만 말이다. 어쨌든 과거, 현재, 미래는 연속적으로 이어진다.

게다가 몇몇 역사가와 철학자들이 과거와 미래를 엄격하게 구분하려 하더라도 따르려는 사람은 아무도 없을 것이다. 모든 인간과 사회는 가족, 공동체, 민족 또는 다른 준거 집단의 과거에, 심지어 개인적 기억이라는 과거에 뿌리를 두고 있고, 긍정적이든 부정적이든 자신들의 위치를 과거와 관련하여 규정한다. 옛날이나 오늘날이나 사람들은 대부분 "이전보다 더 좋아졌다"고 말하려 한다. 더욱이 학습, 기억, 경험에 기초한 대다수의 의식적 인간 행위가 과거, 현재, 미래와 끊임없이 직면하는 방대한 메커니즘을 구성한다. 사람들은 몇 가지 형태로 과거를 해석함으로써 미래를 예측하려 하지 않을 수 없다. 그렇게 해야만 한다. 공공 정책은 말할 것도 없고 의식적인 인간 생활의 일상 과정도 이것을 요구한다. 그리고 물론 이러한 일상 과정은 대체로 미래가 과거와 체계적으로 연결되었다는 정당화된 가정하에 예측을 요구한다. 또한 과거도 환경과 사건을 멋대로 연결한 것은 아니다. 인간 사회의 구조, 그 진행 과정과 재생산, 변화, 변형의 메커니즘 등은 일어날 수 있는 수많은 일들을 제약하고, 일어날 몇몇 일들을 결정하고, 나머지 대부분에 얼마간의 가능성을 부여하는 것을 가능하게 한다. 이것은 특정한 (명백하게 제한된) 범주의 예측을 의미한다. 그러나 우리 모두가 알고 있는 것처럼 이러한 예측은 성공적인 예보와 결코 똑같지 않다. 더구나 예측할 수 없는 경우가 대부분이라는 사실을 염두에 두어야 한다. 왜냐하면 예측에 대한 논의들은 불확실성이 가장 큰 미래 부분에 집중되고, 불확실성이 거의 없는 미래 부분에는 집중되지 않는 경향을 띠고 있기 때문이다. 기상학자들은 겨울 뒤에 봄이 온다고 말할 필요가 없다.

나는 미래를 상당한 정도까지 예견하는 일이 바람직하고, 가능하고, 심지어 필요한 일이라고 본다. 이 말은 미래가 결정되었다는 것을 의미하지 않으며, 심지어 결정되었다 할지라도 알기 쉽다는 사실을 의미하지는 않는다. 그것은 다른 대안적 선택이나 결과가 존재하지 않는다는 사실을 의미하지도 않고, 예측자가 옳다는 사실을 의미하는 것은 더욱 아니다. 내가 생각하고 있는 질문은 차라리 다음과 같은 것들이다. 예측은 어느 정도나 가능한가? 어떤 종류의 예측이 가능한가? 예측은 어떻게 개선될 수 있나? 그리고 역사가들이 이 예측과 일치하는 것은 어디인가? 누군가 이런 질문에 대답할 수 있다 할지라도, 이론적이고 현실적인 이유 때문에 아무것도 알 수 없는 많은 미래가 계속 존재할 것이다. 그럼에도 어쨌든 우리는 더 효과적으로 노력해 나가야 한다.

그러나 이러한 질문들을 고려하기 전에 잠시 다음 두 가지 이유에 대해 생각해 보자. 왜 예측 기능은 많은 역사가들 사이에서 그렇게 인기가 없는가? 또한 왜 예측하는 것이 바람직하고 실천적이라고 확신하는 마르크스주의 역사가들마저도 예측 기능을 개선하려는 노력을 거의 하지 않거나 그와 관련된 문제들을 고려하려 하지 않는가? 답은 명확하다. 역사 예측의 성적은, 좋게 말해도 누더기이기 때문이다. 예언했던 모든 사람들이 꼴사납게 실패해 왔다. 전문 역사가들은 자신들의 전문 활동은 과거에서 멈추는 것이라고 주장하거나, 또는 고대 예언자들의 장기였고 지금도 여전히 신문에 「오늘의 운세」를 연재하는 사람들의 상투적 장사 밑천인 모호한 표현들에 자신들을 한정시켜야 한다고 주장하면서 예언을 회피하는 것이 가장 안전한 일이다. 그러나 빈약한 예언 성과에도 불구하고 다른 사람들, 다른 분야, 다른 유사 분야들은 예언하는 일을 멈추지 않는다. 오늘날에는 예측의 실패와 불확실성에도 좌절하지 않고 미래 예측에 전념하는 큰 산업이 있다. 랜드 사는 절망적인 상황 속에서도 선택된 전문가 집단들에게 구체적인 자문을 얻어 '델포이의 신탁(The Oracle of Delphi)' 최신판을 내놓았다. (나는 농담하는 것이 아니다. 이 특이한 게임의 이름은 "델포이 테크닉"이다.) 더욱이 역사가, 사회과학자, 학자라고 분류할 수 없는 관찰자들 사이에 좋은 예측 사례들이 많이 존재한다. 여러분이 내가 마르크스를 인용하는 것을 원치 않는다면, 토크빌과 부르크하르트를 들 수 있다. 가망 없다고 생각하지 않는다면, 다시 말해 순전히 닥치는 대로 때려 맞힌 것은 아니라고 생각한다면, 이 예측들은 연구할 만한 가치가 있는 방법에 근거하고 있음을 인정해야만 한다. 우리가 과녁에 화력을 집중한다면 과녁에 적중하길 바랄 수 있고 과녁에서 빗나간 정도를 개선할 수도 있을 것이다. 그리고 실패하게 되는 이유도 동일한 목적에서 탐구할 만한 가치가 있다.

그런데 빗나가게 하는 이유 중의 하나는 불행하게도 인간적 욕망이라는 힘이다. 인간적 예측과 기상학적 예측은 모두 신뢰할 수 없고 불확실한 기획에 기댈 수밖에 없다. 한편 기상학을 이용하는 사람들은 기후를 바꿀 수 없음을, 또는 원한다고 해도 아직은 기후를 바꿀 수 없음을 알고 있다. 기상학자들은 바꿀 수 없는 기후를 최대한 이용하는 것을 행동 목표로 삼는다. 개개 인간들은 아마도 비교적 매우 드물기는 하지만 기상학자들이 효과적으로 예보하는 것과 똑같은 방식으로 예보를 이용한다. 돌아가신 나의 장인께서는 오스트리아가 히틀러를 피할 수 없을 것이라고 정확하게 결론을 내리시고 1937년에 사업을 빈에서 맨체스터로 옮기셨다. 그러나 빈에 거주하고 있는 다른 많은 유대인들은 장인어른만큼 논리적이지 못했다. 그러나 집단적인 인간들은 미래를 바꿀 수 있는 지식을 알기 위해 역사적 예견에 의존하려 한다. 실제로 선탠로션을 들여놓을 때뿐만 아니라 햇빛을 만들려 할 때에도 역사적 예견에 의존하려 한다. 인간이 내리는 어떤 결정들은 크든 작든 명확하게 미래에 영향을 미치기 때문에, 이러한 기대가 전적으로 무시되어서는 안 된다. 그러나 그것은 대개 거꾸로 예견 과정에 영향을 미친다. 그러므로 주로 역사적 예견이 전하는 내용이 마음에 들지 않기 때문에 역사적 예견이 불가능하거나 바람직하지 않다고 생각하는 사람들의 비평이 수반된다는 점에서, 역사적 예견은 기상예측과 다르다. 또한 역사가들은 이데올로기에 상관없이 일기 예보를 정기적으로 그리고 긴급하게 필요로 하는 뱃사람이나 농민 같은 확실한 고객층이 없다는 점에서도 불리하다.

과거의 교훈을 발견해서가 아니라 실질적으로 자신들이 하고자 했던 것을 정당화하기 위해 역사를 이용하는 데 주로 관심을 갖고 있기 때문에 과거의 교훈을 배울 필요가 있다고 주장하는 사람들, 특히 정치판에 있는 사람들이 우리를 둘러싸고 있다. 불행하게도 이러한 상황은 역사가들의 예측 능력을 개선하는 데 거의 아무런 자극도 주지 못한다.

그러나 우리들은 고객들만 욕할 수는 없다. 예언가들도 욕을 먹어야 한다. 마르크스는 공산주의의 불가피성을 논증하는 역사적 분석을 발전시키기 전에, 다시 말해 확실히 프롤레타리아 계급에 대해 아주 많이 알기 전에, 인간 역사의 특정한 목표인 공산주의와 프롤레타리아 계급의 특수한 역할에 대해 언급했다. 마르크스의 예측이 역사적 분석을 앞지르는 한 마르크스의 예측은 역사적 분석에 근거하고 있다고 말할 수 없다. 비록 이것이 마르크스의 역사적 예측을 필연적으로 잘못된 것으로 만드는 것은 아니지만 말이다. 우리는 적어도 분석에 기초한 예측과 열망에 근거한 예측을 신중하게 구분해야 한다. 그러므로 자본 축적의 역사적 경향에 대한 유명한 구절에서, "자본주의적 생산 자체에 내재된 법칙"을 통한 (자본의 집중, 사회적 노동 과정 증대의 필연성, 기술의 의식적 사용, 지구 자원의 계획적 개발을 통한) 개개 자본가들의 착취에 대한 마르크스의 예측은, 프롤레타리아 계급이 "착취자를 착취하는" 계급이 될 것이라는 예측과는 다르면서 더 중요한 역사적-이론적 분석에 근거한다. 이 두 개의 예측은 서로 연결되어 있기는 하지만 동일하지 않기 때문에, 확실히 후자를 받아들이지 않고서도 전자는 받아들일 수 있다.

한 명도 빠짐없이 예측이란 걸 해왔던 우리 모두는 이러한 심리적 유혹, 또는 이데올로기적 유혹을 알고 있다. 우리들은 이러한 유혹을 피할 수 없다. 역사 예측자들이 사회적 저기압과 고기압에 대해 중립적이었다면 그들은 기상학자로서 예보하는 것이고, 역사 예측은 현재보다 더 나아졌을 것이다. 나는 이것이 순전한 무지와 함께, 역사 예측자들의 길을 막는 주요한 장애물이라고 믿는다. 그것은 예측을 의식한 사람들의 의도적인 행위가 예측을 왜곡할 것이라는 사실보다 더 중대한 것이다. 그러한 행위가 이제까지 자주 또는 효과적으로 취해졌다는 경험적 증거는 거의 없다. 역사에 대해 가장 확실하게 말할 수 있는 것은 여전히 어느 누구도 역사의 명백한 교훈조차 염두에 두려 하지 않는다는 점이다. 이것은 사회주의 체제하의 농업 정책이나 대처 수상 시기의 경제 정책이 확증해 줄 것이다. 오이디푸스는 불행하게도 미래에 맞선 인간의 우화로 남아 있다. 그러나 참으로 중요한 차이가 있다. 오이디푸스는 (신탁이 정확하게 예언했던 것처럼) 아버지를 죽이고 어머니와 결혼하지 않게 되길 진심으로 원했으나 피할 수 없었다. 대부분의 예언자들과 고객들은 기분 나쁜 예언은 그것이 이야기한 것과는 다른 의미가 있다고, 또는 기분 나쁜 예언을 무효화시킬 어떤 것이 발견될 것이므로 어떤 식으로 피할 수 있다고 주장하는 경향이 있다.

앞에서 이야기했던 것처럼, 이미 거대한 예언 산업이 존재한다. 대부분의 예언 산업은 주로 경제, 민간 기술, 군사 기술 영역 같은 아주 특수한 활동 분야에서 미래 발전의 영향력과 관계되어 있다. 그러므로 미래 예언 산업은 어느 정도 서로 분리되어 있는 꽤 구체적이고 제한적인 일련의 질문을 요구한다. 물론 이 질문들은 아주 넓은 범주의 변수에 의해서 영향받을 수 있지만 말이다. 공적, 사적 실천과 무관하게 실제 미래를 예언하려는 것이 아니라 확증하거나 반증하려는 어마어마한 양의 예측들도 존재한다. 그러므로 예측은 통상적으로 조건문 형태로 표현된다. 실제 미래에서 입증되는지 아니면 다루고 있는 주제에 본질적이지 않은 요소들을 모두 제거한 실험실 상황 같은 특수하게 구성된 미래에서 입증되는지는 원칙적으로 중요하지 않다. 대부분이 결론을 입증하는 논리적이고 수학적인 형태로 구성된 명제들도 존재한다. 실제 상황이 이러한 명제들과 일치하게 된다면 이 명제들은 그러한 결과를 예측했다고 말할 수도 있다.

역사적 예측은 두 가지 방식에서 다른 모든 예측 형태와 다르다. 첫째, 역사가들은 다른 것들과 절대 똑같을 수 없거나 무시될 수 없는 실제 세계와 관련되어 있다. 시장 가격이 통화 공급과 어떠한 관계를 갖는지 예측할 수 있는 조건을 제공하는 지구적 규모의 이상적 연구실은 이론적으로는 상정될 수 있지만 실제로는 존재하지 않는다는 사실을 역사가들은 잘 알고 있다. 역사가들은 명백하게 복잡하고 변화하는 종합적 총체(ensembles)와 관련되어 있고, 역사가들의 아주 구체적이고 좁게 규정된 질문들조차 이러한 맥락 안에서만 이해될 수 있다. 예를 들어 대규모 여행사의 예보관들과는 달리, 역사가들은 휴일의 놀이 문화 경향이 우리들의 주요 관심사이기 때문이 아니라 (이 분야에 대해 전문적으로 연구할 수도 있지만) 변화하는 세계 속에서 변화하는 영국 사회와 문화에 관계가 있기 때문에 관심을 가진다. 이런 측면에서 생태학이 범위가 더 넓고 더 복잡하기는 하지만 역사학은 생태학 같은 분야와 비슷하다. 빈틈없는 상호 작용의 망에서 특정한 한 오라기의 실을 뽑아낼 수 있고 뽑아내야만 한다면서 상호 작용 망 자체에 관심을 집중할 수 없다면, 생태학이나 역사학을 연구해서는 안 된다. 그러므로 역사적 예견은 특별한 관심을 지닌 사람들이 묻고자 하는 특정한 예견과 관련된 질문 모두에 대답할 수 있는 수단을 최소한 잠재적으로는 포함하고 있는 전반적 구조와 짜임새를 원칙적으로 제공하도록 짜여 있다. 물론 그 질문들이 대답될 수 있는 한에서 말이다.

두 번째로, 이론가로서 역사가들은 예견을 확증하는 일에는 관심이 없다. 역사적 성격을 띠는 자연과학의 예언, 예를 들어 미래의 빙하기에 대한 기후학자의 예언이 현세대나 다음 세대에 결코 검증될 수 없는 것처럼 역사가들의 예언 대부분도 검증될 수 없다. 우리는 역사가보다 기후학자를 더 신뢰할 수도 있으나 기후학자도 검증할 수 없긴 마찬가지이다. 사회 변화의 경향에 대한 분석은 "검증될 수 있는 예측 명제로 반드시 정식화되어야 한다"고 이야기하는 것은 아이들과 손자들에게는 친절을 베푸는 것이지만, 가난하고 늙은 비코(Giambattista Vico), 마르크스, 베버, 그리고 어느 정도는 다윈에게도 불친절한 것이다. 왜냐하면 그러한 말은 사회 분석의 범주를 위축시키고 본질적으로 시간 경과 속의 복잡한 변화를 연구해야 하는 역사학을 왜곡하기 때문이다. 역사학이 아직 이용할 수 없는 자료가 아니라 현재 이용할 수 있는 자료에 집중하는 것은 편의상의 문제라고 말할 수도 있다. 예측을 검증하는 것은 바람직할 수도 있고 바람직하지 않을 수도 있으나, 예측은 과거, 현재, 미래 사이를 연결시켜 서술하는 과정에서 자동적으로 출현한다. 왜냐하면 예측은 미래의 참조를 함축하기 때문이다. 많은 역사가들이 실제로 미래에 대한 서술을 회피하려 하더라도 어쩔 수 없다. "아는 것은 예측하기 위한 것이 아니라, 예측하는 것이 아는 것의 일부이다"라는 콩트의 말을 생각하면, 예견은 아는 것의 일부이다.

역사가는 회고적으로는 늘 예견을 한다. 역사가들이 예견한 미래는 현재가 되거나 더 먼 과거에 비해 더 가까운 과거가 된다. 가장 보수적이고 '반(反)과학적인' 역사가들도 상황과 사건의 결과들이나 역사 속에서 실제로 발생하진 않았지만 일어날 가능성이 있었던 대안을, 즉 앞 시대에서 어떤 다른 시대가 출현했을 가능성을 끊임없이 분석한다. 다크르 경(휴 트레버로퍼)[1]이 옥스퍼드 대학 고별사에서 이야기한 것처럼, 가장 주도면밀하게 분석하는 일부 역사가들은 예측할 수 없다고 비판하기도 하고, 반면에 예측 기술을 이용하여 예측하려고도 한다. 미래학자가 궁극적으로 원하지만 얻기 힘든 무기, 즉 통찰력의 도움을 받아 역사적 원인, 결과, 대안 등을 분석하려고 공들여 만든 방법은 이제 미래 예측자에게 적합하다. 방법이 원칙적으로 비슷하기 때문이다. 이 방법의 가치는 현재를 안내하는 데 도움을 주는 모든 종류의 실제적 역사 경험의 거대한 축적에 근거할 뿐만 아니라, 또한 과거 예측을 실제 결과에 비추어 얼마나 맞고 틀렸는지 검토할 수 있는 기록에 달려 있다. 그뿐만 아니라 역사가가 여러 세대에 걸쳐 활동하면서 획득한 아주 많은 실제 경험과 판단에도 근거한다. 이 방법의 가치는 주로 두 가지에 근거한다. 첫째, 역사가의 예견은 회고적이기는 해도, 복잡하고 포괄적인 인간 생활의 실제, 결코 똑같지 않은 다른 것들, 그리고 실제로는 '다른 것들'이 아니라 사회 속의 인간 생활에 대한 서술로 완전히 추상화될 수 없는 관계들의 체계에 관한 것이다. 둘째, 모든 역사 분야는 이름에 걸맞게 사회 속의 상호 작용 패턴, 변화와 전환의 경향과 메커니즘, 사회 내의 변화 방향 등을 정확하게 발견하려고 시도한다. 그리고 이러한 노력은 미래 예측에 적절한 틀을 제공한다. 다시 말해 '거의 중요하지 않은 이론 범주로 경험적 자료들을 편집하여 과거를 통계적으로 그려보려는 것'보다 더 많은 것을 보여준다. 그것은 상상적 육감이나 부르크하르트의 예감보다 나은 것이고, 역사가가 육감으로 아는 것과 동등하다. 나는 그것을 과소평가하지 않는다. 그러나 그것만으로는 충분하지 않다. 여러분이 잠시 짧은 선전

---

1) (옮긴이) Hugh Trevor-Roper, Baron Dacre of Glanton(1914~) : 영국의 역사학자. 제2차 세계 대전의 여러 측면과 엘리자베스 시대에 관한 저서로 유명하다.

을 양해해 준다면, 마르크스주의자이든지 아니든지 간에 역사 발전에 대해 마르크스와 비슷한 접근법을 채택하는 사람들과 마르크스의 독특한 가치가 바로 여기에 있다고 말하고 싶다.

역사를 이용한 이러한 예측은 두 가지 방법을 일반적으로 조합해서 사용한다. 하나는 일반화나 모델화를 이용해서 경향을 예측하는 것이고, 다른 하나는 일종의 경로 분석에 의해 실제 사건이나 결과를 예측하는 것이다. 영국 경제의 지속적 하락에 대한 예측은 첫 번째 방법의 예이고, 대처 정부의 미래를 예측하는 것은 두 번째 방법의 예이다. 러시아 혁명이나 이란 혁명 같은 (러시아 혁명에 대해서는 알게 되었지만 이란 혁명에 대해서는 아직 알지 못하고 있는) 어떤 것을 예언하는 것은 이 두 가지 방법을 결합하는 것이다. 실제 사건이 최소한 어떤 경향에 차이를 만든다는 사실만으로도 두 가지 방법이 필요하다. 1945년의 독일 분단이 현재 서로 매우 다른 두 나라 내부의 사회 경향을 반드시 분석하게 만든 것처럼 말이다. 〔1990년 동독과 서독이 재통일된 이후에 두 나라가 매우 다르다는 것이 명백해졌다.〕 미래 사건에 대한 예측이 불확실할 여지가 현재는 아주 크다. 몇몇 시나리오를 미리 상정할 수 있는 '짜고 하는' 권투 시합처럼 미래 사건들이 결과적으로 확실하게 예측했던 대로 드러난다 해도 말이다. 또한 우리들은 몇몇 예측할 수 없는 것들을 사소한 것으로 무시할 수 있지만, 그것들은 항상 우리의 질문에 비추어 볼 때 중요성에 대한 판단을 담고 있다. 그러나 그러한 예측할 수 없는 것들은 오늘날 중요하지 않은 것으로 받아들여지고 있다. 우리들은 미국 대통령이 암살당할지에 대해 알지 못할 수 있지만, 대통령 암살 사건을 경험하고 분석해 보면 대통령 암살이 미치는 영향이 그리 크지 않다는 것을 알게 된다. 어떤 사건들은 일반적으로 사소한 것으로 간주되고, 작은 정치 문제를 다루는 정치가와 사소한 역사적 사실을 정확하게 규명하려는 역사가들의 몫으로 되어

버린다. 이런 종류의 역사가는 이를테면 스태퍼드 노스콧[2] 경이 1875년 10월 8일에 크로스(R. A. Cross)에게 쓴 편지 내용이 무엇인가를 정확하게 알려는 역사가이다. 물론 어떤 다른 사건들은 명백히 사소한 것으로 간주될 수 없다. 그럼에도 불구하고 모든 상황에는 두 가지 가능성이 있다는 유대인 농담처럼, 우리들은 고객에게 두 가지 중 하나를 선택하게 하는, 똑같은 가능성의 시나리오들을 제공하는 것 이상을 해 줄 수 있다. 바로 여기서 역사가의 회고적 예측이 안내자 역할을 한다.

이 지점에서 러시아 혁명 같은 특별한 사건을 이러한 관점에 비추어 회고적으로 예견해 보면 도움이 될 것 같다. 러시아 혁명은 통찰력과 당시의 예견이 실제로 서로 다르게 검증될 수 있는 사례이기 때문이다. 여기에는 일어났을지도 모르는 일에 대한 여러 고려할 사항들이 반드시 포함되어 있기 때문에, 그러한 회고적 예측은 반(反)사실적 역사 형태로 간주될 수 있다. (반사실적 역사는 일어날 수도 있었지만 일어나지 않았던 역사이다.) 회고적 역사는 반사실적 역사이기도 하지만, 그럼에도 불구하고 이 분야에서 가장 일반적이고 공식화된 반사실적 사고, 즉 '계량사학자'들의 반사실적 사고와는 구별되어야만 한다. 과거에 대한 그러한 비용 수익 분석이 지니는 중요성을 부인하거나 또는 그 타당성을 토론하는 것은 나의 목적이 아니다. 나는 계량사에서 유행하고 있는 비용 수익 분석은 일반적으로 역사적 가능성을 평가하는 것과 관련이 없다는 사실에 주목할 뿐이다. 노예 경제는 경제적으로 효율적일 수도 있고 발전할 수도 있고 좋은 사업 계획이 될 수도 있다. 나는 이 논쟁에 말려들고 싶지 않다. 그러나 노예 경제가 존속될 수 있는지 여부에 관한 문제는 이러한 것들에 영향받지 않는다. 단지 지속될 수 있는 노예 경제의 능력에 대한 논의만이 노예 경제의

2) (옮긴이) Henry Stafford Northcote(1846~1911) : 영국의 외교관, 행정 관료.

존속 여부에 영향을 준다. 실제로 노예 경제는 19세기에 모든 곳에서 사라졌으며, 노예 경제의 쇠퇴와 몰락은 자신 있게 그리고 정확하게 예측되었다. 미래에 대한 예측은 회고적이든지 그렇지 않든지 간에 일어날 가능성이나 전혀 일어나지 않을 가능성을 평가하는 것이다.

러시아 혁명은 1905년과 1917년의 실제 발발 상황이 특수해서 예측되지 못한 것과는 상관없이 널리 기대되었다. 왜 그랬을까? 러시아 사회와 제도에 대한 구조적 분석이 차르 체제는 국내의 취약점과 모순을 극복하지 못할 것이라는 확신으로 이끌어갔기 때문이다. 그러한 분석이 정확하다면 사소한 다른 가능성을 원칙적으로 무시할 수 있을 것이다. 사실 그러했다. 뛰어난 정치적 머리를 지닌 능력 있는 통치자가 책략을 쓸 수 있다는 사실을 이론상 인정한다 하더라도, 그러한 통치자들은 실제로 시시포스의 돌을 올바른 방향으로 굴리기 위해 언덕위로 계속 밀어올림으로써만 그렇게 할 수 있다. 사실상 차르 체제는 때때로 효과적인 정책을 취했고, 좋은 정치가를 등용했으며, 놀라운 경제 성장을 기록함으로써, 제1차 세계 대전이나 레닌이 없었다면 모든 것이 잘 되었을 것이라는 환상을 자유주의자들에게 불러일으켰다. 그것만으로 충분하지 않았다. 레닌이 정치가로서 스톨리핀의 농업 정책[3]이 성공할 가능성이 있다고 평가할 정도로 훌륭했다 하더라도, 형세는 차르 체제에게 불리했다.

왜 대부분의 서유럽 사람들의 기대와 열망과 다르게 수많은 사람들

---

3) (옮긴이) 1906년 10월 5일 및 11월 9일의 칙령으로 발표되어, 제3국회에서 1910년 6월 14일 법률로서 확정되었다. 처음의 칙령은 농민이 미르에 속하며 특별법하에 있던 것을 폐지하여 일반 법률하에 둔 것이며, 뒤의 칙령은 농민이 자유의사로 미르를 벗어나 토지를 사유로 하는 권리를 부여받은 뒤, 산재한 지조(地條)를 한곳에 집중시켜 집약적 생산 제도를 펴서 농업 생산의 향상을 도모하려 했던 것이다. 이 토지 개혁의 목적은 궁극적으로 부유하고 보수적인 농민 계층을 육성함으로써 농촌을 안정시키는 한편 독재 정치 지지 세력을 확보하는 데 있었다.

84

(레닌을 포함한 러시아 마르크스주의자들)은 러시아 혁명이 서유럽 형태의 부르주아 민주주의 혁명이 될 것이라는 사실을 의심했는가? 자유주의자나 중간 계급 집단이 너무 약해서 부르주아 민주주의 혁명을 수행할 수 없다는 사실이 곧 명백해졌기 때문이다. 확실히 러시아 중간 계급의 취약성은 러시아 부르주아 계급이 1900년 이전보다 더 강해지고 더 자신만만했던 1905년과 1917년 사이에 드러났다. 지나치게 자신만만한 부르주아 계급이, 더 이상 통제할 수 없는 공장을 다시 통제하려 했던 시도가 1917년 도시 노동자들의 급진화를 촉진했다고 어떤 역사가는 주장해 왔다. 우리들은 1914년 이후로 안정적인 자유민주주의 체제에 어떠한 특수한 역사적 조건이 필요한지, 부르주아 계급과 중간 계급이 어떠한 조건하에서 그러한 체제에 헌신하는지, 그리고 부르주아 계급과 중간 계급이 얼마나 불안정한지 등을 배웠다는 사실만으로도 오늘날 앞을 내다보는 그러한 예측을 비교적 쉽게 할 수 있을 것이다. 부르크하르트와 다른 보수적 예측자들을 기억한다면 예측이 불가능한 것은 결코 아니지만, 이러한 역사적 교훈의 관점에서 비추어 보면 볼셰비즘 대신 민주적이지는 않지만 자본주의적 성격을 지닌 대안, 즉 군국주의적 관료 체제라는 가능성을 고려해 볼 수도 있었을 것이다. 그러나 1917년에 무장력이 붕괴된 것을 고려해 보면 이러한 대안도 전혀 가능하지 않았음을 알 수 있다. 다른 한편으로 1917년 10월의 실제 결과는 확실히 1905년에는 거의 불가능한 것으로 여겨졌고, 1917년 2월에도 거의 가능성이 없는 것으로 여겨졌다. 그러나 러시아인들은 볼셰비키 지도하에 사회주의를 세웠다. 마르크스주의자들조차도 러시아에는 프롤레타리아 혁명의 조건이 존재하지 않는다며 만장일치로 주장했다. 카우츠키와 멘셰비키들은 프롤레타리아 혁명을 위한 시도는 실패할 수밖에 없을 것이라고 충분히 논리적으로 주장했다. 어떠한 경우에도 볼셰비키[4]들은 소수였다. 1917년 10월 혁명은 거의 발

생하지 않을 것으로 생각되어서, 아직도 레닌이 결정적 순간에 재빠르게 봉기를 일으켰기 때문에 10월 혁명이 가능했다고 생각하는 것이 일반적이다. 물론 당시에는 전적으로 받아들일 수 없었겠지만 그러한 결과를 받아들일 수 없는 구조적 이유가 존재했다. 마르크스주의자들이 기대하지 않았던 나라들에서 마르크스주의 정부가 혁명을 통해 권력을 장악한 사실을 우리는 안다. (우리는 또한 그러한 혁명들이 아주 다른 결과들을 낳을 수 있다는 사실도 안다.) 레닌 자신이 이미 1908년에 이러한 종류의 "세계 정치의 가연성 물질"에 관심을 가졌고, 훗날 "가장 약한 고리"라고 불리게 되는 혁명 전망 이론을 고려하고 있었다. 그러나 볼셰비키 혁명과 지속적인 성공을 희망할 수는 있었지만 예언할 수 있는 길은 없었다. 그럼에도 불구하고 예측적 분석이 전혀 불가능하지는 않았다. 예측적 분석은 레닌 정책의 기조였다. 레닌을 주의주의자로 보는 것은 아주 어리석은 일이다. 행동은 가능한 것을 하는 것이었다. 레닌은 불가능한 일에는 냉혹한 판단을 내리면서 어느 누구보다 세심하게 출병 중인 지역에 대한 실지 조사를 수행하였다. 확실히 소비에트 체제는 살아남았으며, 생존 과정에서 레닌이 원래 기대했던 것과 전혀 다른 어떤 체제로 변모되었다. 왜냐하면 레닌 자신이 좋아하든 좋아하지 않든지에 상관없이 해야 할 일을 몇 번이고 인식했기 때문이다. 설령 레닌이 마오쩌둥(毛澤東) 같은 주의주의자가 되기를 원했다고 할지라도 1917년에는 주의주의자가 될 수 없는 위치에 놓여 있었다. 왜냐하면 그는 결정 내린 어떤 것도 실행할 수 없었기 때문이다. 레닌은 자신의 당마저도 자동적으로 통제할 수 없었으며, 그래서 당도 통제력을 많이 행사하지 못했다. 혁명가들은 정부를 장악한 이후에야 사람들에게 일을 시킬 수 있는 법이다. 강한 정부조

---

4) (옮긴이) Bolsheviki는 러시아어로 '다수파'라는 뜻이다.

차 일정한 한계 내에서만 일을 시킬 수 있다. 이러한 사실을 늘 인식하고 있는 것은 아니지만.

레닌은 오직 하나의 결과에만 관심을 가졌기 때문에 레닌의 분석을 따를 필요는 없지만, 비교 분석은 할 수 있다. 간단하게 말하면 1917년의 기본 문제는 누가 러시아의 권력을 장악하느냐가 아니라, 누가 효율적인 체제를 건설할 수 있는가 하는 문제였다. 평화를 바로 정착시키지도 못하면서 모든 사건에 대해 문제만 제기했던 임시 정부가 성공할 수 없었던 것은 당연하다. 볼셰비키는 다음과 같은 이유들 때문에 승리하였다. (1) 볼셰비키들은 좌익 진영에 있는 대부분의 사람들과 달리 권력을 장악할 준비가 되어 있었다. (2) 그들은 일반 대중들에게 일어나는 일들에 지속적으로 주의를 기울이고 있었다. (3) 가장 결정적인 이유로, 그들은 페트로그라드와 모스크바의 상황을 통제할 수 있었다. (4) 그들은 결정적 순간에 권력을 장악할 준비가 되어 있었다. 1917년 10월 혁명기에 볼셰비즘에 대한 유일한 대안은 사실상의 무정부 상태였다. 가능한 다양한 시나리오가 당시 상황에 맞추어 구성될 수도 있겠지만, 실제로 발생할 가능성이 높았던 가장 극단적인 대안은 러시아 제국 변두리 지역의 실질적인 이탈, 내전, 다양한 지역에 위치해 있으면서 서로 협력하지 않는 반(反)혁명적 군벌 체제의 성립이었을 것이다. 그러한 군벌 체제 중 하나가 결국 수도를 장악하여 중앙 정부로 등장하는 기나긴 과업에 도전했을 것이다. 간단히 말해 볼셰비키 정부와 무정부 상태 사이의 선택 문제였다.

미래에 대한 전망을 가리는 안개가 더 이상 걷히지 않는 지점이 바로 이곳이다. 레닌 자신이 명확하게 알고 있었던 것처럼, 체제의 생존은 그것을 처음 세울 때보다 훨씬 더 불확실했다. 체제의 생존은 더 이상 부딪친 큰 파도를 헤쳐 나가는 정치적 '파도타기'에 달려 있지 않고, 국내적으로나 국제적으로 앞을 예측할 수 없는 국면에 달려 있

있다. 미래가 정책에, 즉 의식적이며 실수할 가능성이 있는 상당히 가변적인 결정에 의존했던 한, 미래의 경로 자체가 그러한 개입에 의해 비뚤어졌다. 그러므로 새로운 인터내셔널을 설립하고 볼셰비키의 기준을 따를 때에만 참가를 허용하는 볼셰비키의 결정은, 다른 유럽 혁명들이 임박한 것으로 또는 가능한 것으로 보였던 1919~1920년에는 분별 있는 것으로 생각될 수 있었다. 그러나 사회민주주의자와 공산주의자 사이에 지속된 분열과 적대는 그 후로 상당히 다른 다양한 상황 속에서 양측 모두에게 예기치 않은 문제들을 불러일으켰다. 여기서 예측(foresight)과 통찰력(hindsight)의 차이가 결정적인 것이 된다. 어쨌든 예측은 방해를 받고 있고 이러한 방해는 회고적으로만, 즉 실제로 그 외의 다른 어떠한 일도 일어나지 않아서 '일어나야만 했던' 일이 무엇인지를 알게 될 때에 제거될 수 있다. 볼셰비키 혁명의 생존이 국제적 상황에 의존했기 때문에 1918년 후반부터 사람들은 러시아 혁명에 돈을 걸었을지도 모른다. 비록 볼셰비키 혁명의 미래가 1917년 10월 이후 몇 달 동안은 효과적으로 예측하기 어려웠음에도 불구하고 말이다. 한편 볼셰비키 혁명이 살아남아 영속성을 획득하게 되었기 때문에 예측은 현실로 되었다. 불행하게도 나는 장기간에 걸친 소련의 미래를 실제 진행되었던 것과 다르게 현실감 있게 예견했던 견해를 떠올릴 수 없다. 잔인하지 않고 지적으로 결코 비참하지 않은 다른 시나리오를 상상해 보는 것은 가능하지만, 1917년 당시의 수많은 높은 기대를 실망시키지 않을 시나리오는 하나도 없다.

이렇게 간단하게나마 검토해 보는 것은 (19장에서 다시 이 문제를 다룰 예정인데) 역사의 진행 과정이 불가피하다는 것을 보여주려는 것이 아니라 예측의 범위와 그 한계를 생각하자는 것이다. 그러한 검토를 통해 우리는 차르 체제의 생존은 거의 가망 없는 것으로, 그리고 러시아 혁명, 비자유주의적인 혁명 이후 체제, 그리고 더 넓게는 뒤이은 소련의 발달 등이 승산 있는 결과였다는 것을 확인할 수 있다. 이러한 검토를 통해 레닌이 얼마나 기여했는가에 대한 논쟁을 둘러싼 혼돈을 정리할 수 있다. 또한 볼셰비즘과 무정부 상태 사이의 선택 같은 양자택일의 상황과 여러 가지를 취사선택할 수 있는 상황을 판단할 수 있게 된다. 왜 레닌은 10월의 권력 장악을 자신했는가, 그리고 왜 권력 유지를 불확실하다고 생각했는가 설명할 수 있게 된다. 그것은 생존 조건과 생존에 대한 예측 여부를 구체화할 수 있게 해준다. 그러한 검토를 통해 우리는 러시아 역사상 1917년과 같이 어느 누구도 통제할 수 없는 진행 과정에 대한 상대적 분석을 통하여 예측력을 지니고 있었던 지점과 명령이나 계획을 행사함으로써 문제가 야기되는 지점 사이를 구별할 수 있다. 나는 "사회 변화가 점점 더 조직화되고 제도화되기 때문에…… 사회 변화는 현재 의도하는 것을 일부 닮게 될 것이기 때문에 미래는 부분적으로 예측 가능하다"는 한 미국 사회학자의 순진한 신념에 동의하지 않는다. 사실상 소련의 발전 경향은 (목적이 설정된) 소련 정치가 해야 할 일을 알고 있던 정도만큼만 예측할 수 있었고 지금도 그렇다. 예언가와 정치가들이 만든 인간 계획을 좌절시키는 것은, 인간이 계획한 것과 그 계획이 초래한 '좋은' 결과나 엄청나게 잘못된 결과 사이에 존재하는 불일치이다. 나폴레옹이 잘 알고 있었던 것처럼, 때때로 한 번의 전쟁 패배는 열 번의 승리보다 상황을 더 많이 바꿀 수 있다. 마지막으로, 그러한 연습을 통해 이렇게 많이 예측된 분야의 수많은 예견자들을 평가할 수 있다. 내가 알고 있는 한 방대한 문헌들이 과거의 예언과 현재의 예언으로 가득차 있었고 현재도 가득 차 있음에도 불구하고, 역사적 예측 가능성을 판단하기 위해 체계적으로 조사된 적이 없다는 사실은 이상한 일이다.

어떤 면에선 사회적 경향을 예측하는 것이 사건을 예측하는 것보다 쉽다. 사회적 경향을 예측하는 것은 모든 사회과학의 토대를 이루는 발견 자체에 근거하기 때문이다. 그 발견이란 결정, 사건, 사고, 가능성 등의 혼란을 제거할 걱정 없이 인구와 시대를 일반화할 수 있다는 것이다. 다시 말해 사회적 경향을 예측하는 것은 나무 하나하나를 모르고도 숲에 대해 무언가를 이야기할 수 있는 능력에 근거한다. 이것은 어떤 최소한의 시간대를 요구한다. 경향은 단기 예측과 구별되는 장기 예측으로 불릴 수 있다. 어떤 특정한 '장기' 예측은 1세기도 안 되는 비교적 짧은 기간을 다루지만 말이다. 적어도 나는 천 년 정도의 예측을 생각할 수 있다. 그러나 그러한 장기 예측의 잘 알려진 결점은 그 예측이 언제 실현될지를 정확하게 파악할 수 없다는 점이다. 우리는 무엇이 일어날지는 알 수 있어도 언제 일어날지는 알지 못한다. 미국과 소련은 세계열강들 중에서 최고의 강대국이 될 것이라고 이 두 나라의 규모와 자원에 근거해서 이미 1840년대에 정확하게 예언되었으나, 단지 바보만이 정확히 1900년에 최고 강대국이 되리라고 단언할 것이다.

그러한 몇몇 예측들은 대부분의 관찰자들이 기대했던 것보다 천천히 일어난다. 예를 들어 선진국에서 농민층이 사라지지 않았던 사례는 농민층이 사라질 것이라고 예측했던 19세기 중엽의 예언과 대치되는 사례로 사용될 수 있다. 한편 다른 몇몇 예측들은 기대했던 것보다 빨리 일어난다. 한 줌밖에 안 되는 나라들이 방대한 세계 지역을 식민지로 분할하여 통치하는 것은 오래가지 못할 거라고 예측할 수 있었고 실제로 그렇게 예측되었다. 그러나 조지프 체임벌린[5] 시기의 많은 사람들이 이러한 다양한 형태의 제국주의가 겨우 한 사람의 일생 동안 —— 나는 1874년부터 1965년까지 생존했던 윈스턴 처칠을 생각하고 있다 —— 발생했다가 사라질 것이라고 예상했던 것 같지는 않다. 어떤 것은 예측

---

5) (옮긴이) Joseph Chamberlain(1836~1914) : 영국의 사업가, 사회 개혁가, 정치가, 제국주의자.

된 것보다 빠른 동시에 늦게 일어나기도 한다. 농민층이 오랫동안 성공적으로 생존한 이후에 사라지기 시작하는 속도는 놀라울 정도다. 콜롬비아에서는 1960년에 농업 인구가 전체 인구의 약 67퍼센트로 추산되었는데 1970년대 후반에는 절반 이상 줄어들었다. 그러한 예측은 언제 사실로 입증될지 모른다 할지라도 중요하다. 유대인들이 스스로 중동이라는 고립된 장소에서 정복을 통해 영원한 나라를 건설할 기회가 과거에 십자군이 나라를 세웠을 기회보다 크지 않다고 우리가 믿는다면, 정확하게 설립 시기를 정할 수는 없겠지만, 이러한 예측은 자신의 생존에 관심을 갖는 사람들에게 분명히 정치적 의미를 지닌다. 그러나 내가 강조하고자 하는 점은 '무엇이 일어날 것인가'라는 문제와 '언제 일어날 것인가'라는 문제는 방법론적으로 전혀 다르다는 사실이다.

내가 알고 있는 신뢰할 만한 유일한 연대기적 예측은 어떤 규칙적 주기에 근거한 예측이다. 우리는 이러한 규칙적 주기를 설명할 수 있는 메커니즘으로 생각한다. 인구학도 어떤 주기를 함축함에도 불구하고(인구학이 세대와 동시 출생 집단의 성장과 계승을 통해서 주기를 드러내준다 할지라도), 그러한 주기를 가장 잘 연구하는 학자들은 경제학자들이다. 다른 사회과학도 주기를 발견했다고 주장했지만 사회과학은 매우 전문화된 예측에서만 많은 도움을 준다. 예를 들어 인류학자 크로버(A. L. Kroeber)가 옳다면, 치마의 길이는 "대개 평균하면 50년을 주기로 최대한 길어지고 최고로 짧아진다." (이 주장이 의류 산업에서 얼마나 중요한 비중을 차지하고 있든지 간에 관계없이, 나는 이 주장에 대한 의견을 밝히고 싶지 않다.) 그러나 이미 앞에서 언급한 것처럼 대체로 최소한 한 가지 주기는 이해하기는 어렵지만 광범위하게 적용될 수 있었다. 널리 받아들여진 이른바 '콘드라테프 장기 파동'에 대해 설명할 수 없고, 그 이론에 회의적인 사람들이 그 존재를 의심하고 있음에도 불구하고 말이다. 그러나 콘드라테프 장기 파동은 경제에 대해서

뿐만 아니라 더 일반적인 주기에 수반되는 사회적, 정치적, 문화적 상황에 대해서도 예측할 수 있도록 해준다. 유럽 역사가들이 가장 쓸모 있다고 생각하는 19세기와 20세기에 대한 시대 구분은 사실상 대부분 콘드라테프 파동과 일치한다. 불행하게도 미래 예측자들에게는 이러한 예측적 도움은 드물다.

연대기를 제쳐두면, 역사가는 사실상 사회과학에서 가장 강력하고 일반적인 예측에 필수적인 존재로 인정된다. 이러한 예측은 그 어떤 종류의 실재에도 적용될 수 있는 (근본적으로 수학적 형태로 이루어진) 이론 명제나 이론 모델에 근거한다. 이러한 예측은 값을 따질 수 없을 정도로 중요한 것인 동시에 불충분한 것이다. 그것이 중요한 이유는, 우리가 변수들 사이의 논리적 관계를 확립할 수만 있다면 논증은 중단될 것이기 때문이다. 인류가 한정된 자원을 다른 자원으로 바꾸거나 대체할 수 있는 속도보다 더 빠르게 소비해 버린다면 자원은 조만간에 바닥이 날 것이고, 석유 매장량과 관련해서 이야기되는 것처럼 유일한 의문은 언제 바닥이 나는가이다. 순수한 경험을 뛰어넘는 예측은 그러한 명제에 근거한 추정 없이는 가능하지 않다. 하지만 그러한 예측은 그 자체가 너무 일반적이어서 구체적 상황을 많이 설명해 줄 수 없기 때문에 불충분하고, 그러므로 그러한 예측을 이용하여 미래를 직접 미리 보려는 시도는 불행한 것이 된다. 이것이 바로 데이비드 글래스가 물리학과 가장 비슷한 기준을 지니고 있는 가장 발전된 사회과학인 인구학 —— 경제학과 언어학도 포함될 것이다 —— 이 비참한 예측 성적을 기록했음을 지적한 이유이다. 인구가 생존 수단의 한계를 뛰어넘어 영속적으로 성장할 수 없다는 맬서스의 기본 명제는 부인할 수 없는 가치를 지닌다. 그러나 그 명제만으로는 인구 성장과 생존 수단 사이의 과거, 현재, 미래 관계에 대해서 아무것도 이야기해 줄 수 없다. 그 명제는 맬서스적 용어로 묘사할 수 있는 아일랜드 기근 같은 위기를 예측할 수 없거나, 지나고 나서도 설명할 수 없다. 아일랜드는 1840년대에 그러한 위기를 겪었는데 왜 랭커셔는 겪지 않았는가를 알려면, 맬서스 모델이 아니라 그 모델에 근거하지 않고 분석할 수 있는 요인들의 관점에서 작업해야만 한다. 거꾸로 소말리아에서의 기근을 예측하려 한다면, 충분한 식량이 없다면 사람들이 굶어 죽는다는 동어반복적인 근거에 기초해서는 안 된다. 간단히 말해서 인구학 이론은 예견이 아닌 조건적 예측과, 인구학 모델에 근거하지 않은 예견을 할 수 있다. 그러면 이것들은 무엇에 근거하고 있는가?

맬서스 자신은 경향을 예견하는 한—잘못 예견했지만—특정한 역사적 자료, 인구 성장 등 이른바 경험적 수량에 의존했지만 그것들은 자의적이었고, 식량 생산성 증대 예측은 비현실적인 것으로 입증되었다. 인구학적 예견자나 경제학적 예견자들은 변수를 실제 수량으로 다시 표현해야 할 뿐만 아니라, 지속적으로 자신의 이론적 분석과 전문 영역을 벗어나 과거나 현재의 광범위한 총체사 영역으로 나아가야 한다. 왜 서양의 출생률이 1930년대 이후로 떨어지게 되어 미래 인구에 대한 모든 설계를 수정하게 만들었는가? 그러한 의문에 대답하여 미래의 가능한 변화를 밝혀주는 것이 역사가의 임무이다. 왜 어떤 사람들은 제3세계 국가들의 인구 성장률은 산업화, 도시화가 진전될수록 낮아질 것이라고 믿는가? 그랬던 적이 있는 일부 증거(역사적 자료)가 존재할 뿐만 아니라 또한 선진 국가의 인구사를 가상적으로 유추해서 비교하기(즉 역사적 일반화) 때문이다. 다행히도 인구학자들은 이러한 모든 것을 알고 있다. 번창하는 역사인구학 분야를 회고적인 계량경제학과 비교해 보면 경제학자들보다는 인구학자들에게서 이것이 더 잘 드러난다. 주지하다시피 데이비드 글래스는 삶의 대부분을 인구학자가 아니라 사회학자로 지냈고, 다른 영역에 폭넓은 관심을 지녔지만 놀라울 정도로 박식하고 예리한 역사가였다. 그는 인구학자의 능력은 단지 인구학 분야의 일부에만 관련된다는 사실을 알았기 때문에 훌륭한 인구학자였다. 작업의 주 부담은 역사가들과 사회학자들이 짊어져야만 한다.

그러나 나는 다른 사회과학자들과 마찬가지로 역사가들도 미래와 맞닥뜨렸을 때엔 아주 무기력하다는 것을 이야기하지 않을 수 없다. 왜냐하면 역사가들은 자신이 탐구하고 있는 체계나 총체가 정확히 무엇인지, 그리고 마르크스의 탁월한 선도에도 불구하고 총체의 다양한 요소들이 서로 어떻게 상호 작용하는지를 정확하게 파악하지 못하기 때문이다. 우리 관심사인 '사회'(단수이건 복수이건)는 정확히 무엇인가? 생태학자들은 생태계의 범위를 정하자고 주장할 수도 있다. 그러나 규모가 작고 고립된 '원시' 공동체를 다루는 일부 인류학자들을 제외하고는, 인간 사회를 연구하는 학자들은 생태학자들처럼 할 수 없다. 특히 근대 세계에서는 더 어렵다. 우리 역사가들은 더듬어 나간다. 우리 역사가들은 대부분의 사회과학과 달리 우리가 무지하다는 문제를 회피할 수 없다는 것은, 대부분의 역사가들이 주장하는 바이다. 사회과학자들과는 달리 우리 역사가들은 더 훌륭한 자연과학을 정밀하게 모방하려는 유혹에 빠지지 않는다. 결국 우리 역사가들과 인류학자들은 다양한 인간 사회의 경험에 대해 비할 데 없이 많은 지식을 지니고 있다. 그리고 아마도 인간학 분야에서 역사적 변화, 상호 작용, 변형의 관점에서 생각해야만 하는 것은 우리 역사가들뿐이다. 역사만이 유일하게 방향을 제공하며, 특히 첨단 기술의 시기에 역사 없이 미래를 대하는 사람은 맹목적일 뿐 아니라 위험하다.

극단적인 예를 들어보자. 앞서 말했듯이 1980년 6월에 미국 관측 시스템이 러시아 미사일이 날아오고 있다고 보고했고, 미국 핵 병기고는 그 보고가 컴퓨터 오류임이 밝혀질 때까지 몇 분 동안 자동적으로 발사 준비를 했다. 만약 문지기가 이 현장에 들어와서 지금 핵전쟁이 터졌다고 우리들에게 이야기한다면, 아무리 비관적인 사람일지라도 문지기의 보고가 잘못된 것이라고 역사적 이유에 비추어 결론 내리는 데는 3분도 걸리지 않을 것이다. 아무래도 세계 전쟁은 어떤 사전 위기나 짧게나마 다른 어떤 예고 신호 없이 일어날 것 같지는 않다. 그리고 과거 몇 달, 몇 주 또는 짧게는 며칠 동안의 우리의 경험은 이러한 예고는 없었음을 보여준다. 물론 우리가 1962년의 쿠바 미사일 위기 같은 어떤 사건의 와중에 놓여 있었다면 우리는 자신만만할 수 없었을 것이다. 간단히 말해서, 우리는 과거에 대한 정보와 분석의 결합에 근거하여 세계 전쟁이 일어나는 방식과 일어날 방식에 대한 합리적인 모델을 생각한다. 우리는 이러한 근거 위에서 고려할 만한 가치가 있는 가능성만을 평가한다. 오늘날 캐나다가 미국과의 전쟁을 계획하기 위해 또는 영국이 프랑스의 침입에 대비하기 위해 많은 시간을 소모하고 있을 것 같지는 않다. 그러나 그러한 평가에 실패하게 되면 우리는 언제든지 어떠한 일이라도 발생할 수 있다고 가정하게 된다. 이것은 또한 공포 영화와 UFO 신봉자들의 기대를 뒷받침하는 가정이다. 또는 특히 일이 잘못되어 우리가 공무원이라고 비난받게 될 때, 실제적인 예방책을 찾으면서 우리는 '최악의 경우'를 상정하여 대처하려는 비합리적인 절차를 뒤따라가게 된다. 하지만 최악의 경우가 최상의 경우보다 더 많이 발생할 것 같지는 않기 때문에 비합리적이긴 마찬가지이다. 그리고 최악의 경우에 대한 예방책을 강구하는 것과 최악의 경우를 맞아 실제 조처를 취하는 것 사이에는 커다란 차이가 존재한다. 예를 들어 영국 정부가 모든 독일과 오스트리아 피란민을 철조망 안으로 밀어 넣으려고 했던 1940년의 경우처럼 말이다.

'최악의 경우'에 집착하는 사고와 심리적으로 동일한 것이 편집증이나 히스테리이다. 확실히 히스테리와 비역사성이 결합하는 시기는 냉전 시기 같은 공포와 긴장의 시기이다. 군인, 정보기관, 스릴러 작가들처럼 전문적으로 최악의 사태를 상상하는 사람들뿐만 아니라, 아프리카 특정 지역에 주둔한 아프가니스탄 군대나 (프랑스 군대와 구별되는) 쿠바 군대 등을 생각하면서 지정학적 적합성을 발전시키는 매우 분별 있는 사람들도 최악의 사태를 상상한다. 더욱 심각한 것은 세계가 기계화되어 간다는 사실을 인식하지 못함으로써, 잘못 파악된 '공격' 신호에도 자동적으로 작동되는 체계를 최악의 경우에 대비해 구축해 놓았다는 사실이다. 경험이 풍부한 역사가들의 참여가 부족한 상황에서는, 기계가 신호를 잘못 판독했음을 입증해 주는 자동 상호 확인(cross-checks) 기술만이 파괴 과정을 멈출 수 있다. 이러한 경보 오류는 어떤 점에서는 역사에 무관심한 미래가 마주치게 될 소름 끼치는 극단적인 예이다. 나는 불안전한 기술적 오작동으로 인해 전쟁이 일어날 것이라고 실제로 생각하진 않는다. 그러나 전쟁이 일어날 수 있었고 일어날 가능성이 있다는 사실은 미래와 미래를 준비하기 위해 요청되는 인간의 행위를 판단하는 데 역사적 합리성이 필수적인 역할을 한다는 사실을 보여준다.

어떻게 결론을 내려야 할까? 역사가는 내년이나 다음 세기 BBC 국제 뉴스 속보의 머리기사를 쓸 수 있거나 쓰도록 노력해야 하는 예언자가 아니다. 우리는 결코 종말론적 예언 사업에 종사하지도 않고 종사해서도 안 된다. 나는 역사가들을 포함한 몇몇 사상가들이 역사 과정을 인간 운명이 미래의 행복한 대단원이나 불행한 종말로 전개되어 가는 과정으로 보고 있음을 안다. 이러한 종류의 신념은 인간 운명이 이미 현재 사회에서 오마하를 새로운 예루살렘으로 삼는 안식처를 발견했다는 견해보다 도덕적으로 더 낮다. 이러한 견해는 1950년대의 자신만만한 미국 사회학계에 일반적이었다. 확실히 그러한 신념은 쉽게 논파되는 것은 아니지만, 도움도 되지 않는다. 철학자 에른스트 블로흐(Ernst Bloch)에 따르면, 인간은 정말 희망을 갖는 동물이다. 우리는 미래를 꿈꾼다. 미래를 꿈꾸어야 할 이유는 많다. 다른 인간들처럼 역사가도 인류의 바람직한 미래를 생각할 수 있는 자격, 바람직한 미래를 위해 싸울 수 있는 자격, 역사가 이전에도 가끔 그랬던 것처럼 잘 진행되는 것을 발견한다면 격려받을 만한 자격이 있다. 어떤 경우든 사람들이 미래에 대한 자신감을 상실하고 옛 신들과 세계가 멸망한다는 시나리오가 유토피아를 대신하는 것은 결코 세계 진행 과정에 대한 청신호가 아니다. 그러나 우리가 어디서 왔으며 어디로 가는가를 발견하는 직업상 역사가의 임무는 우리가 미래의 결과를 좋아하는지 여부에 영향을 받아서는 안 된다.

역설적인 방식으로 이야기해 보자. 마르크스가 자본주의와 부르주아 사회는 일시적인 역사 현상에 지나지 않는다고 주장했기 때문에 마르크스를 무시하는 것은 도움이 되지 않으며, 마르크스가 자본주의와 부르주아 사회의 뒤를 이어 나타날 것이라고 생각했던 사회주의를 지지하기 때문에 마르크스를 옹호하는 것도 마찬가지로 도움이 되지 않는다. 나는 마르크스가 뛰어난 통찰력으로 몇몇 기본 경향을 파악했다고 믿는다. 그러나 우리는 그 경향이 실제로 어떤 결과를 낳을지는 모른다. 과거에 예측되었던 많은 미래처럼, 예측된 미래 시점에 도달했을 때 우리가 그것을 인식하지 못할 수도 있다. 예측이 틀려서가 아니라 우리가 편견을 갖고 예측된 미래를 맞이하기 때문이다. 나는 우리가 슘페터(J. A. Schumpeter)만큼 멀리 나아가야 한다고는 말하지 않겠다. 슘페터는 보수주의자이면서도 동시에 마르크스의 비상한 분석적 통찰력을 크게 옹호했으며, "마르크스가…… 보수적인 관점에서 해석될 여지가 있다고 말하는 것은 그를 진지하게 받아들일 수 있다고 말하는 것일 뿐이다"라고 주장했다. 그러나 희망과 예측은 분리될 수 없지만 똑같지도 않다는 것을 기억해야 한다.

역사가들이 미래 탐험에 기여할 수 있는 부분은 여전히 많다. 인간이 미래와 관련해 할 수 있는 일과 할 수 없는 일을 발견하는 일, 인간 행위의 배경과 결과적으로 인간 행위의 한계, 잠재력, 결과 등을 확증하는 일, 그리고 예측할 수 있는 일과 예측할 수 없는 일을 구분하고 서로 다른 종류의 예측들의 차이를 구분하는 일 등을 역사가들이 기여할 수 있는 부분으로 들 수 있다. 역사가들은 과학적 지위를 추구하는 사람들 사이에서 인기 있는, 미래를 자동으로 예측하는 기계를 구축하려는 어리석고 위험한 시도를 비판할 수 있다. 실제로 어떤 사회학자는 "초기 근대화가 사회 혁명을 일으키기 위해서는 얼마나 광범위하고 급속하게 진행되어야만 하는가"라는 의문에 "시간적, 공간적 비교 자료를 수집"함으로써 수량화한다면, 혁명을 예측할 수 있다고 대답했다. 이런 일을 하는 사람은 마르크스주의자가 아니다. 역사가는 생각할 수 없는 것을 생각할 수 있는 대안으로 만들어내려는 매우 위험한 시도를 비판할 수 있고 비판해야만 한다. 역사가는 이미 알려진 사실로부터 알려지지 않은 사실을 통계학적으로 추정하는 방식을 저지할 수 있다. 역사가는 일어날 가능성이 있는 일에 대해 실제로 어느 정도 이야기할 수 있고, 일어날 가능성이 없는 일에 대해서는 더 많이 이야기할 수 있다. 역사가의 말은 그리 많이 경청되지 않는다. 그것이 역사의 본질적 속성이기도 하다. 그러나 역사가가 실제로 더 많은 시간을 투자하여 미래에 대해 이야기할 수 있는 능력을 키우는 데 힘을 쏟고 개선한다면, 그리고 조금 더 많이 능력을 알린다면, 사람들은 역사가의 말을 조금 더 들으려고 할 것이다. 역사가는 전부는 아니지만 일부는 보여줄 수 있다.

역사학은 진보했는가? 정년이 멀지 않은 내가 대학생, 연구원, 그리고 1947년 이후로는 버크벡 칼리지의 선생으로서 역사를 연구했던 지난 40년을 뒤돌아보면서 이렇게 질문하는 것은 충분히 자연스러운 것이다. 이 질문은 거의 다음 질문과 같은 것 같다. 나는 교수로 있는 동안 무엇을 해왔는가? 할 수 있는 일은 거의 다 했지만 조금 부족한 것 같다. 왜냐하면 이 질문은 '진보'라는 용어를 역사학 같은 분야에 적용할 수 있다고 가정하기 때문이다. 적용할 수 있을까?

'진보'를 명백히 적용할 수 있는 학문 분야들이 존재하고, 적용할 수 없다고 이야기할 수 있는 (또는 적어도 나는 그렇게 말하려는) 다른 분야들이 존재한다. 오늘날 우리 도서관에는 어느 정도 명확한 구분이

---

* 최소한 내 관심 분야에서 역사 서술은 어떻게 발전해 왔는가? 역사 서술과 사회과학과의 관계는 어떠한가? 이것은 다음 몇 개의 장들에서 논의해야 할 문제들이다. (이전에는 출판된 적이 없는) 이 글은 1979년 버크벡 칼리지의 약간 뒤늦은 취임 강연 원고로 쓴 것이다.

존재한다. 합리적인 관찰자들은 자연과학의 진보를 거의 의심하지 않는다. 자연과학은 비교적 기초적인 교육을 하기 위해서나 자신들의 분야를 가끔 일시적으로 종합하려는 경우 이외에는 더 이상 책을 거의 사용하지 않는다. 책이 쓸모없어지는 속도가 자연과학이 진보하는 속도에 비례하기 때문이다. 나와 우리의 생애 동안 자연과학이 진보하는 속도는 엄청난 것이었다. 위대한 선조들에게 경외감을 느끼거나 과학사에 흥미를 지닌 사람들만 자연과학의 고전을 읽을 뿐 다른 사람들은 고전을 읽지 않는다. 뉴턴이나 클러크 맥스웰(Clerk Maxwell) 또는 멘델에게서 살아남은 것은 물리적 우주에 대한 보다 넓고 명백하게 타당한 이해로 흡수되었다. 거꾸로 말하자면 오늘날의 평범한 물리학과 졸업생이 뉴턴보다 우주를 더 잘 이해한다. 자연과학의 진행 과정과 발전에 대한 연구자들과 과학사가들은 자연과학의 진보가 결코 직선적이지는 않지만, 진보한다는 사실은 의심할 수 없다는 것을 알고 있다.

한편 대학에서 끊임없이 진행된, 창조적 예술에 대한 유일한 연구 형태인 문학비평을 생각해 보면, 진보는 박학이나 기술적 정교화 같은 상대적으로 사소한 형태를 제외하면 결코 입증될 수 있는 것도 아니고 명백한 것도 아니다. 20세기 문학이 17세기 문학보다 더 좋지는 않으며, 18세기 존슨(Samuel Johnson) 박사의 비평이 20세기 리비스(F. R. Leavis) 박사의 비평보다 나쁘지 않다. 또는 롤랑 바르트(Roland Barthes)와 관련해서는 단지 다를 뿐이다. 의심할 여지 없이 수많은 학문적 저술과 비평은 박사 과정 학생들을 제외한 다른 사람들의 시야에서 사라졌다. 이 저술들이 살아남는다면 그 이유는 그 저술이 보다 최근 성과이어서 이전의 저술을 대체하기 때문이 아니라, 정의하기는 어렵지만 특별한 통찰력이나 이해를 보여주었다고 생각되는 저자가 저술했기 때문이다. 물론 문학사나 문학비평사 같은 역사의 특별한 형태인 문학 연구 분야가 존재하며, 이 분야뿐 아니라 다른 비슷한 분야, 즉 비평이 아니라 역사로 가르치는 다른 비슷한 분야, 예를 들어 예술사에는 나의 관찰을 적용할 수 없지만 말이다. 영문학 분야에서는 책을 읽으며, 그리고 아마도 책을 읽기 때문에 책을 만든다.

적어도 '진보'라는 개념을 전체적으로 적용하기 어려운 분야, 철학이나 법학 같은 다른 분야들이 존재한다. 데카르트가 플라톤을, 칸트가 데카르트를, 헤겔이 칸트를 폐물로 만들지는 않는다. 처음에 영원한 진리로 입증된 것이 나중에 작품들 속에 동화되고 흡수되는 지혜의 축적 과정을 탐지하기는 어렵다. 과거의 논쟁, 종종 고대의 논쟁도 현대적 용어로 계속되거나 재생되는 것을 자주 보게 된다. 셰익스피어의 희곡을 1920년대식으로 또는 1970년대식으로 제작하여 제작자들이 명성을 얻었던 것을 그 예로 들 수 있다. 이것은 그러한 분야를 비판하는 것이 아니다. 그것은 오늘날 운동선수들이 50년 전보다 더 빨리 달리고 더 멀리 뛰며, 앞으로도 계속 기록을 갱신해 나갈 수 있는 근대의 경쟁적 육상 경기에서는 진보가 나타나지만, 표면적인 변화만 있을 뿐 본질적인 변화는 없는 체스 경기에서는 진보를 볼 수 없는 것과 같다.

확실히 역사가는 책을 쓸 뿐만 아니라 무엇보다도 고서를 비롯한 책들을 읽는다는 점만으로도 이러한 두 번째 종류의 분야와 어떤 공통점을 지니고 있다. 다른 한편으로 역사가도 과학자보다는 속도가 느리기는 하지만 쓸모없어진다. 우리가 안고 있는 문제와 관련하여, 칸트나 루소의 책을 읽는 것만큼 18세기의 역사가인 에드워드 기번(Edward Gibbon)의 책을 읽지는 않는다. 본명 기번의 학문에 대해서는 크게 찬탄하지만, 로마 제국에 대해서가 아니라 뛰어난 문장력을 배우기 위해 기번의 책을 읽는다. 다시 말해 가장 활동적인 역사가도 쉬는 시간을 제외하고는 기번의 책을 전혀 읽지 않는다. 우리가 옛날 역사가의 저작을 읽는다면 그 이유는 그 저작들이 중세 연대기처럼 다른 것으로 바꿀 수 없는 영구적인 원사료를 제공하기 때문이거나, 또는 그 저작들이 다른 후속 작품을 유발하지는 못했지만 여러 가지 이유로 우리들이 다시 관심을 갖게 된 주제에 관심을 가졌기 때문이다. 다시 말해 이 주제와 관련해서는 그들은 낡은 역사가가 아니기 때문이다. 이것이 역사물 재간행 산업의 경제적 기초이다. 그런데 한 권의 책이 최초로 출판되고 나서 백 년 이상 지난 후에 다시 주목받을 수도 있다는 사실 자체가 적어도 다음과 같은 질문을 떠오르게 한다. 우리는 역사학에서 '진보'를 이야기할 수 있을까? 그럴 수 있다면 진보의 성격은 무엇일까?

　분명 역사가가 더 박식해지거나 더 지성을 갖추는 것이 진보는 아니다. 역사가는 더 박식해지지 않았다. 더 많은 지식에 접근할 수 있게 되었을 뿐이다. 나는 역사가가 더 지성을 갖추게 된 경우를 하나 알고 있지만 일반적으로 그렇게 되었는지는 확신할 수 없다. 역사학은 지난 1~2세기 동안 상당한 지적 능력을 요구하는 학문이 되었다. 나는 한때 영국과 미국의 케임브리지에서[1] 상당한 지력이나 적어도 영리함을 요구하는 학문인 경제학과 밀접한 관련을 맺은 적이 있었다. 나는 매우 똑똑한 이 경제학자들에게 뒤떨어지지 않으려고 노력했던, 유익했지만 스트레스를 받았던 체험을 결코 잊은 적이 없다. 50년 전의 역사가들 중엔 경제학자들과 동등한 지적 능력을 지닌 사람들이 없었다고 말하지는 않겠다. 비록 한 사람이 매우 어려운 작업과 상당한 추리 재능이 필요한 역사학 분야에서 훌륭한 업적을 이룩하고, 그들만큼은 아니지만 커다란 명성을 얻는 것이 가능했고 지금도 어느 정도 가능하지만 말이다. 거대한 랑케적 전통이 지배했던 오랜 기간

---

1) (옮긴이) 영국의 케임브리지에는 케임브리지 대학이 있고, 미국의 케임브리지에는 하버드 대학과 매사추세츠 주 공과대학(MIT)이 있다.

동안 정통적인 학문적 역사학을 특징지었던, 이론과 일반화에 대한 적대감이 지적 모험심이 없는 사람들을 격려했다고 이야기할 수도 있다. 지적 모험심이 없는 사람들은 종종 지적으로 안이한 사람들이기도 했다. 한편 역사학이 정반대의 사고방식을 지닌 사람들을 매혹했던 시절도 있었다. 1930년대 이후의 프랑스를 예로 들 수 있다. 프랑스에서는 이른바 아날 학파(Annales School)와 대체로 동일시되는 특수한 역사 접근 방식이 지난 수십 년 동안 실제로 프랑스 사회과학의 중심 분야가 되었다. 어떠한 경우든 매우 유능한 역사가들이 부족했던 적은 없었다. 오늘날 다른 사회과학 분야나 철학의 개념과 모델을 사용할 필요가 있는 특수한 역사학의 경우에는 이러한 분야에서 필요한 것과 동일한 수준의 지적 능력이 요구된다. 몇몇 역사학 분야는 적어도 더 이상 지적으로 쉬운 길이 아니다. 따라서 지적이냐 아니냐는 비교적 사소한 문제에 지나지 않는다.

역사학은 어떠한 방식으로 진보했다고 말할 수 있는가? 역사가가 무엇을 시도해야 하는지에 대한 또는 어떠한 주제를 다루어야 하는지에 대한 합의가 역사가들 사이에서 이루어지지 않는 한, 이 질문에 대한 확실한 대답은 존재하지 않는다. 예를 들어보자. 과거에 발생했던 모든 것은 역사이다. 지금 일어나고 있는 모든 것도 역사이다. 내가 역사가의 직무를 수행했던 40년 동안 우리 모두는 역사의 연구자이거나 관찰자인 동시에 역사의 내용이 되었다. 그러므로 모든 역사 연구는 과거의 수많은 인간 행위 중에서, 그리고 그러한 행동에 영향을 미친 것들 중에서 선택하는 것, 즉 작은 선택을 의미한다. 그러나 그러한 선택을 하는 것과 관련된 일반적으로 인정된 기준이 존재하지 않고, 특정한 시점에 하나의 선택 기준이 존재했다 할지라도 시대가 변하면 바뀌기 쉽다. 역사가가 위대한 인물들이 주로 역사를 결정한다고 생각했을 때, 위대한 인물들의 선택은 그들이 선택하지 않았을 때와는 분명히 다르다. 이것은 역사적 보수주의자들이 (심지어 역사를 거부하는 사람들이) 자신들의 입장을 지지하는 강력하고 효과적인 요새와 자신들의 최후의 입장을 결코 철회하지 않을 담보를 제공하는 것이다.

인정된 학문 기준에 따라 과거를 연구하는 사람이 역사학자이고, 그것이 역사학에 종사하는 사람들이 동의할 수 있는 모든 것이기도 하다. 골동품 애호가처럼 사소한 것들을 연대기 순으로 정리하는 사람들이 매우 어리석다 할지라도 그들을 부정할 수는 없다. 지금은 사소해 보일 수 있어도 내일은 그렇지 않을 수 있기 때문이다. 지난 20년 동안 변모해 왔던 수많은 역사인구학은 원래 계보학자들이 귀족들의 속물근성을 위해서 수집했거나, 솔트레이크시티의 모르몬교도들이 (모르몬교도가 아니면 공유할 수 없는) 신학적 목적을 위해 수집했던 자료들에 근거한다. 그러므로 역사가들은 끊임없는 자기반성에 골머리를 앓거나 다양한 종류의 철학적, 방법론적 도전에 괴로워하고 있다.

그러한 논쟁을 피하는 한 가지 방법은 지난 몇 세대 동안 역사 연구 분야에서 실제로 일어났던 일을 살펴보고 이것이 이 분야의 체계적인 발전 경향을 보여주는 것인지 물어보는 것이다. 이것은 '진보'를 입증하지는 못하지만, 개인적 취향, 현재의 정치와 이데올로기, 또는 심지어 단순히 유행에 따라 흔들리는 학문적 기준 이상의 것이 역사학에 존재한다는 사실을 잘 보여줄 수 있다.

현대 자연과학의 역사에서 중요한 전환점을 이루는 1890년대 중반으로 되돌아가 보자. 당시에 역사학은 존경받는 학문으로 확고하게 자리를 잡았다. 문서고가 정리되었고, 지금도 간행되고 있는 대표적인 학술 잡지가 그 무렵 창간되었다. 영국의 《영국 역사 평론(*English Historical Review*)》, 프랑스의 《역사 평론(*Revue Historique*)》, 독일의 《역사학보(*Historische Zeitschrift*)》, 미국의 《미국 역사 평론(*American Historical Review*)》 등이 그것인데, 이 모두는 포괄적으로 말하면

19세기 말의 소산물이다. 역사학의 본질은 명확해 보였다. 위대한 역사가들은 공적 영역에서 대단한 인물들이었다. 영국 역사가들 중에는 주교와 상원의원도 있었다. 프랑스인들은 역사학의 원칙과 방법을 해설하였다. 액턴 경조차 역사학의 진보를 확신하면서, 『케임브리지 근대사』의 결정판을 낼 때가 되었으며, 그 책이 역사학을 더 이상 진보시킬 필요가 없도록 만들 것이라고 생각했다. 하지만 50년도 채 지나지 않아 케임브리지 대학은 『케임브리지 근대사』가 너무 문제가 많아 완전히 다시 써야 한다고 느꼈다.[2] 그러나 이러한 승리의 순간에도 회의론자들은 존재했다.

본질적으로 도전은 역사학이 다루는 내용의 본성과 관련된 것이었다. 당시에 역사학은 압도적으로 서술적이고 묘사적이었고, 정치적이고 제도적인 것을 주로 다루었고, 또는 후에 풍자적인 영국사인 『1066년과 모든 것』[3]에서 풍자되었던 그런 것이었다. 또한 도전은 역사적 일반화의 가능성과 관련된 것이었다. 본질적으로 그것은 역사학은 사회과학의 특별한 형태여야 한다고 믿는 외부인과 사회과학에서 온 것이었다. 기존 역사가들은 대부분 이러한 도전을 완전히 거부하였다. 1890년대 중반 독일에서는, 지금은 결코 이단적으로 간주되지 않는 카를 람프레히트[4]라는 역사학계의 이단자와 관련하여 이 문제가 놀랄

---

2) (옮긴이) 1957년 『신판 케임브리지 근대사(*New Cambridge Modern History*)』의 제1권을 펴내면서 편집자인 조지 클라크(George Clark) 경은 과거의 『케임브리지 근대사(*Cambridge Modern History*)』(1902~1912)를 편집했던 액턴 경의 "최종적인 역사"에 대한 믿음을 환상으로 치부했다. 그는 다음과 같이 말하고 있다. "후대의 역사가들은 결코 그러한 기대를 하지 않는다. 그들은 자신의 업적이 계속 극복될 것을 기대한다. …… 탐구는 끝이 없는 것으로 생각된다."

3) (옮긴이) W. C. Sellar and R. J. Yeatman, *1066 and All That*(New York, 1931).

4) (옮긴이) Karl Gottfried Lamprecht(1856~1915) : 독일의 역사가. 심리학자 빌헬름 분트의 영향을 받아 인간 생활의 기본 요인을 심리 속에서 발견하였고, 역사

정도로 가차 없이 논의되었다. 정통주의자들은 역사가 본질적으로 묘사적이라고 말했다. 사람, 사건, 상황은 매우 달라서 사회에 대한 어떠한 일반화도 불가능하다는 것이었다. 그러므로 어떠한 '역사적 법칙'도 존재할 수 없다는 것이다.

이제 사실상 두 개의 상호 연관된 문제가 여기에서 문제가 된다. 첫 번째는 정통적 역사학의 본질적 주제를 이루는 것으로, 과거에서 실제로 무엇을 선택하는가의 문제였다. 정통적 역사학은 근대의 정치, 특히 민족 국가의 외교 정책을 주로 다루었고 위대한 인물에 집중하였다. 정통적 역사학은 과거의 다른 측면이 조사될 수도 있다는 것을 인식하기는 했지만, 정책 결정이라는 주제를 형성하는 경우를 제외하고는 이러한 작업을 역사학 자체와의 관계가 모호한 문화사나 경제사 같은 하위 분야에 떠넘기려 하였다. 간단히 말해 정통적 역사학의 선택은 편협하고 정치적 편견을 지닌 것이었다. 두 번째로, 정통적 역사학은 과거의 다양한 측면을 체계적으로 구조적이거나 인과적인 상호관계로 전환시키려는 모든 시도를, 특히 경제적, 사회적 요인에서 정치적인 것을 끌어내려는 시도를, (비록 정통적 역사학 자신도 그러한 모델을 포함하고 있기는 했지만) 무엇보다도 인간 사회에 대한 모든 진화론적 발전 모델 모두를, 그리고 역사 발전 단계에 대한 모든 모델을 거부했다. 그러한 것들은 게오르크 폰 벨로브(Georg von Below)가 말했던 것처럼 자연과학자, 철학자, 경제학자, 법학자, 그리고 심지어 일부 신학자들 사이에서도 인기가 있을 수 있었지만 역사학 내에서는 어떠한 자리도 차지할 수 없었다.

이러한 견해는 사실상 초기의, 그중에서도 특히 18세기 역사 발전에 대한 19세기 중·후반의 반동이었다. 그러나 그것은 나의 관심사가 아

의 대상을 정치, 경제, 사회, 문화의 광범위한 분야로 확대하여 그것을 통일적, 법칙적으로 파악하려고 했다.

니다. 그리고 어쨌든 18세기 역사가들과 역사적 경제학자와 사회학자들은 (스코틀랜드에 있거나 괴팅겐에 있거나 상관없이) 역사학의 광범위한 문제들을 기술적(技術的)으로 아직 해결할 수 없었다. 그 문제들이란 사회 조직과 사회 변화의 일반적 규칙성을 입증하는 것, 일반적 규칙성을 제도와 정치적 사건과 관련시키는 것, 사건의 독특성과 의식적 인간 결정의 특수성을 고려하는 것이다. 내가 말하고 싶은 요점은 서구의 대학에서 지배적인 랑케 정통파로 대표되는 극단적 입장들은 이데올로기적 근거에서뿐만 아니라 편협함과 부적절성 때문에 도전받았다는 것이다. 그리고 랑케 정통파는 확고한 입장을 지니기는 했지만 후방에서 싸웠다.

나는 첫 번째 점을 강조하고자 한다. 왜냐하면 랑케 정통파 자체가 도전을 이데올로기적인 것으로, 특히 사회주의적이거나 마르크스주의적인 것으로 간주하려 했기 때문이다. 1890년대 중반 독일 《역사학보》의 랑케식 정통파 논객들은 '개별적' 역사 개념을 거부하는 '집단적' 역사 개념과 '역사에 대한 유물론적 개념'을 반대한다고 주장했다. 당시의 모든 사람들은 이러한 말이 무엇을 의미하는지 알았다. 그러나 그것은 이데올로기적인 것이 아니었다. 역사가들과 달리, 역사를 왕과 위대한 인물들이 벌이는 잇따른 사건들로 보는 것을 최소한 자신들의 관점에서 거부하는 과학이나 분과 학문 모두를 제쳐둔다 할지라도, 정통파에 대한 반란은 어떤 단일한 이데올로기에만 한정된 것은 아니었다. 이것은 정치적, 이데올로기적으로 전혀 반란과 관련이 없는 람프레히트 같은 사람뿐만 아니라 마르크스와 콩트 추종자들, 그리고 막스 베버와 뒤르켐 추종자들에게도 해당된다. 예를 들어 이른바 '사건사'를 주장하는 정통파 역사학에 대한 프랑스의 반란은 지금은 우리의 관심을 끌지 못하는 역사적 이유들 때문에 확실히 마르크스주의와 거의 관련이 없다. 그리고 정통파는 제도적 거점을 이용해 효과적으로 방어했음에도 불구하고 1914년 전에 이미 퇴조 중이었다. 1910년에 출간된 『브리태니커 백과사전』 11판을 보면, 이미 19세기 중엽부터 관념적 역사 분석 틀을 유물론적 역사 분석 틀로 체계적으로 대체하려는 시도가 늘어났고, 이러한 시도가 '경제학적 역사나 사회학적 역사'의 발흥을 야기했음을 알 수 있다.

내가 굽히지 않고 지속적으로 진보하는 이러한 경향을 일반적인 것이라고 이야기한다고 해서, 마르크스와 마르크스주의가 이러한 경향에 대해서 그리고 이러한 경향 안에서 미친 특별한 영향력을 최소화하기 위해서 그러는 것은 아니다. 나는 마르크스와 마르크스주의의 영향력을 최소화하기를 결코 원하는 사람이 아니고, 어쨌든 19세기 말에도 최소화하기를 원했던 진지한 관찰자는 거의 없었다. 오히려 나는 지난 몇 세대 동안 역사 서술이 역사가들의 이데올로기에 관계없이 그리고 전문적인 역사가 집단의 엄청나게 강하고 제도적으로 정착된 저항을 무릅쓰고 특정한 방향으로 나아가고 있음을 보여주고 싶다. 1914년 이전에 압력은 주로 외부(강한 역사적 편향을 지니고 있는 몇몇 나라)의 경제학자나 사회학자로부터, 프랑스에서는 지리학자로부터, 심지어 법학자로부터도 왔다. 예를 들어 우리가 이미 많이 논의된 중대한 문제인 사회와 종교의 관계, 특히 프로테스탄티즘과 자본주의의 발전과의 관계에 대해 생각한다면, (이러한 논쟁의 출발점을 이룬 마르크스의 관찰을 제쳐둔다면) 고전적 텍스트는 사회학자인 막스 베버와 신학자인 에른스트 트뢸치의 글이다.[5] 후에 정통파는 내부로부터 서서히 쇠퇴하기 시작했다. 원래 ≪경제 사회사 연보(*Annales d'Histoire Economique et Sociale*)≫라는 이름인 유명한 ≪아날(*Annales*)≫은 지방에 위치한 스트

---

5) (옮긴이) Max Weber, 『프로테스탄티즘의 윤리와 자본주의 정신』(양회수 옮김, 을유문화사 / 박성수 옮김, 문예출판사), Ernst Troeltsch, *Die Soziallehren der christlichen Kirchen und Gruppen*(Tübingen, 1911/1923).

라스부르를 근거로 파리의 정통파 요새를 공격하였다. 영국에서는 금세 자신들의 근거를 넓힌 소수의 마르크스주의 이단아들이, 1950년대에 놀라울 정도로 빠른 속도로 국제적 위치를 확립한 ≪패스트 앤드 프레즌트(Past and Present)≫를 발간하기 시작하였다. 전통의 처음이자 마지막 보루인 서독에서는 독일 민족주의에 대한 급진적 반대자들, 그리고 바이마르 시기의 민주주의자이자 공화주의자로 간주될 수 있는 한두 명의 역사가들 안에서 신중하게 영감을 얻으려고 했던 사람들이 1960년대에 도전하였다. 이 집단의 주된 강조는 다시 한번 사회 경제적 발전의 관점에서 정치를 설명하는 것이었다.

그러므로 이러한 경향은 의심할 여지가 없다. 내가 학생이었던 시절 이래로 이런 유형의 문헌에 나타난 특별한 변화를 보려면, 그랜트(A. J. Grant)와 템펄리(H. Temperley)의 『19세기와 20세기의 유럽(Europe in the Nineteenth and Twentieth Centuries)』 같은 양차 세계 대전 사이에 영국에서 사용된 대표적인 유럽사 교재를 존 로버츠(John Roberts)의 『1880∼1945년의 유럽(Europe 1880∼1945)』 같은 현재의 대표적 저작과 비교해 보기만 하면 된다. 여기서 나는, 스스로를 건전한 중도파라고 자부하거나 심지어 보수적 성향을 지닌 현대의 저자를 일부러 선택했다. 오래전에 나온 첫 번째 책은 프랑스 계몽 철학자인 볼테르, 루소 등과 자유, 평등, 박애 등에 대한 언급을 덧붙이면서 국가 체제, 세력 균형, 주요 대륙 국가들을 대략 묘사하는 16쪽 분량의 짧은 장으로 시작된다. 첫 번째 책 이후 40년 만에 출판된 뒤의 책은 유럽의 경제 구조에 대해 길게 서술한 장으로 시작되고, 이어 "사회 —— 제도와 전제들", 정치적 패턴과 종교에 대해 1장보다 약간 짧게 서술한 장이 뒤따른다. 1, 2장 모두 국제 관계에 대한 내용에 도달하기 전에 벌써 각각 60쪽 이상의 분량을 차지한다.

20세기를 지나면서 내가 보아왔던 것은 근본적으로 1890년대의 정통파 역사가들이 전적으로 배격했던 바로 그것, 즉 역사학과 사회과학의 화해이다. 물론 역사학은 사회과학이나 다른 어떤 과학의 표제 아래 일정 부분 이상으로 포섭될 수 없다. 그러나 이것은 예를 들어 역사가가 역사적 성향을 지닌 인구학자나 경제학자들이 매달릴 수 있고 또한 매달리는 문제들에 집중하는 것을 막아서는 안 된다. 어쨌든 그건 아니다. 물론 화해는 한쪽에서만 이루어지지는 않는다. 역사가가 방법과 설명 모델을 찾기 위해 다양한 사회과학에 점차 많이 의지해 왔고, 사회과학도 자신들을 역사화시키려 하는 과정에서 역사가들에게 점점 많이 의존하게 되었다. 그리고 19세기 후반 교수들은 현대 사회과학의 진화론적 도식과 설명 모델을 단순하고 비현실적인 것이라는 이유로 거부했고, 그러한 대부분의 제안은 오늘날도 여전히 그러한 이유들을 근거로 정당하게 거부될 수 있다.

그럼에도 불구하고 역사가 묘사와 서술로부터 분석과 설명으로 이동했으며, 또한 독특하고 개별적인 것에 대한 집중에서 규칙성과 일반화를 확립하는 쪽으로 이동했다는 사실은 변하지 않는다. 어떤 의미에선 전통적인 접근 방식이 거꾸로 뒤집혔다.

이러한 모든 것은 진보를 만들어왔는가? 그렇다. 그것은 점진적으로 이루어졌다. 역사학이 지구상의 생물의 변천을, 또는 인류가 기록을 남기기 시작할 때까지의 인류의 진화를, 또는 그와 관련하여 인간이라는 특별한 종이 포함되어 있는 사회적 동물의 집단과 생태계의 구조와 기능 등을 조사하는 다른 분야들과의 관계를 여러 가지 핑계를 대면서 끊는다면, 나는 역사학이 어느 곳에서도 진지한 분야가 될 수 없다고 믿는다. 우리 모두는 이것이 역사학의 활동 범위를 사그라뜨리지 않고, 사그라뜨릴 수도 없고, 사그라뜨려서도 안 된다는 것에 동의한다. 그러나 지난 세대 동안 이러한 다른 분야들과 역사학과의 관계가 보다 밀접해지면서, 랑케와 액턴 경이 이해했던 것보다 오늘날의 인간을 만들어왔던 것들을 더 잘 이해할 수 있게 되었다. 왜냐하면 결국 역사학은 가장 넓은 의미에서 인간이 구석기 시대에서 원자력 시대까지 나아간 방법과 이유를 밝히고자 하기 때문이다.

우리가 인류의 변천이라는 기본 문제에 달려들지 않는다면, 또는 적어도 특별한 관심 대상인 인류의 활동을 여전히 진보 중인 이러한 변천의 맥락 속에서 보지 않는다면, 우리는 역사가로서 사소한 일에 또는 현학적인 말장난에 종사하는 것이 된다. 물론 역사학이, 인간을 조사하거나 그러한 조사 방식을 직접적으로 지닌 다른 분야와 관계를 단절하는 이유를 발견하기는 쉽지만, 그중 어느 하나도 타당한 이유는 아니다. 그 이유들 모두는 역사가의 중심 업무를 (어떤 사람이 그러한 일에 달려들어야 하는지 잘 알고 있는) 비역사가들에게 넘겨주는 근거가 되며, 그들은 그 업무를 제대로 수행할 수 없기 때문에 그 나쁜 동료들로부터 역사가를 지켜야 한다는 구실로 사용된다.

나는 이미 이것은 역사가의 활동을 소진시킬 수 없다고 말했다. 또한 역사학이 역사사회학이나 사회생태학처럼 과거를 투영해 보려는 몇몇 다른 분과 학문 밑으로 포섭되어서는 안 된다는 사실을 명확히 해야 한다. 역사학은 독자적인 것이고 독자적이어야 한다. 이러한 측면에서는 보수적 역사가가 옳다. 이것은 부분적으로는 사소한 이유 때문이다. 많은 역사가들과 역사책을 읽는 많은 독자들이, 예를 들어 동물생태학자들은 학술 논문을 쓸 가치가 거의 없다고 생각하는 인류 개개인의 운명에 비상한 관심을 보이거나, 규칙성을 탐구하는 과정에서 제거되는 미시적 사건이나 미시적 환경 자체에 흥미를 갖고 있다. 원한다면 생물학자들도 역사가들이 인간을 다루는 방식으로 동물들의 일들을 다룰 수 있다. 『워터십 다운의 열한 마리 토끼』[6]라는 소설은

---

6) (옮긴이) Richard Adams, 『워터십 다운의 열한 마리 토끼(*Watership Down*)』(햇살과나무꾼 옮김, 사계절).

구식 역사가, 특히 크세노폰(Xenophon) 같은 고대 역사가가 자신의 책 『페르시아 침입기(*Anabasis*)』에서 토끼에 대해 서술했던 방식과 똑같이 쓰였다. (나는 이 저자가 동물학적으로 건전하다고 생각한다.) 그러나 더 사소한 이유도 존재한다. 글래드스턴과 디즈레일리 사이의 차이점[7]에 대한 선입견이 사소하다고 생각할 수도 있고 그렇지 않을 수도 있지만, 동물에 대해 꾸며내지 않는다면, 즉 동물을 어떤 방식으로든 인간처럼 생각하고 말하고 행동하게 만들 수 없다면 이러한 방식으로 묘사할 수 없기 때문이다. 그리고 인간은 동물과 비슷한 만큼이나 다르다. 사회생물학자들은 이 점을 깨달을 필요가 있다.

인간은 자신만의 세계와 자신만의 역사를 만든다. 이러한 사실은 인간이 ('의식적 선택'이 무엇을 의미하든지 간에) 의식적으로 선택한 대로 역사를 자유롭게 만들 수 있다거나 또는 인간의 의도를 조사함으로써 역사를 이해할 수 있다는 것을 의미하지 않는다. 그럴 수 없다는 것은 분명하다. 그러나 인간 사회의 변화는 특히 인간적인 수많은 현상——이러한 현상들을 가장 포괄적인 의미에서 '문화'라고 부르기로 하자——에 의해 매개되고 정부나 정책 같은 적어도 부분적으로는 의식적인 구성물인 수많은 제도와 실천을 통해 작용한다. 우리가 겪고 있는 이러한 인간 생활의 내용은 구성될 수도 있고 움직일 수도 있으며, 보다 큰 역사적 문제의 하나이기도 하다. 그리고 우리는 언어를 지니고 있기 때문에 늘 우리 자신에 대한 생각과 행위를 표현한다.

---

7) (옮긴이) 글래드스턴(W. E. Gladstone, 1809~1898)과 디즈레일리(B. Disraeli, 1804~1881)는 19세기 중후반 영국 정치에서 라이벌이었다. 글래드스턴은 보수당에서 출발했다가 후에 자유당으로 전환했다. 디즈레일리는 무소속 급진파에서 출발했다가 보수당으로 전환했다. 글래드스턴은 자유주의 정책을 추구하며 아일랜드 자치와 선거법 개정 문제를 해결하려 했고, 대외적으로는 평화주의 외교를 주장했다. 이에 비해 디즈레일리는 지주의 입장을 지지하여 곡물의 자유 무역을 반대하고, 제국주의적 대외 정책을 추진했다.

이러한 것들이 단순히 간과될 수는 없다. 서독과 동독은 1945년에 서로 다른 이념에 근거한 아주 다른 제도와 정책을 채택했기 때문에 전적으로 서로 다른 방식의 길을 걸어왔다. 그것이 다른 방식으로 일어날 수 없었다고 말하는 것은 아니다. 결정론이라는 역사적 불가피성의 문제는 전적으로 다른 문제이다. 나는 여기서 이 문제를 다루고 싶진 않다. 의식과 문화의 역할이라는 문제, 또는 마르크스주의의 용어로 토대와 상부 구조의 관계라는 문제는 두 개가 뒤섞임으로써 종종 혼동되고 모호해지곤 하였다. 내가 말하고 있는 것은, 역사학은 인간이 만든 제도 내의 의식, 문화, 목적의식적인 행위 등을 무시할 수 없다는 것이다. 덧붙여서 나는 마르크스주의가 역사학에 대한 가장 훌륭한 접근 방식임을 믿는다. 왜냐하면 마르크스주의는 인간이 역사의 대상으로서 할 수 없는 일뿐만 아니라 인간이 역사의 주체이자 창조자로서 할 수 있는 일을, 다른 접근 방식보다 더 명확하게 인식할 수 있기 때문이다. 또한 마르크스는 지식사회학의 실질적인 창안자로서 역사가의 관념 자체가 어떻게 사회적 존재인 역사가의 위치에 의해 영향을 받게 되는가에 대한 이론을 발전시켰기 때문에, 마르크스주의는 최상의 접근 방식이다.

다시 주요 문제로 되돌아가 보자. 최소한 주로 역사학과 사회과학이 서로 접근함으로써 지난 3세대 동안 역사학 내에서 진보가 이루어졌다. 그러나 진보는 점진적이었고 일시적으로 문제를 겪기도 했다. 첫 번째로, 주요한 진보는 어쩔 수 없이 단순화를 통해 이루어졌는데 이러한 단순화는 일단 진보가 이루어지게 되면 결점을 드러낼 수밖에 없게 된다. 그것이 역사학의 혁명가들이 오랫동안 격하시켜 왔던 정치사를 다시 강조하는 운동이 현재 뚜렷하게 나타나는 이유이다. 물론 이러한 새로운 정치사 중 몇몇은 단지 모호하기 짝이 없는 19세기식 문서고 뒤지기 작업으로 복귀한 것에 불과하다. 이것은 1931년 아일랜드 자치 위기 기간에 누가 내각의 누구에게 어떤 내용의 편지를 썼는지 밝히는 작업을 의미한다. 또한 이러한 복귀는 케임브리지 역사가들 중에서 종종 의도적인 신보수주의적 복귀로 나타나기도 한다. 그러나 자크 르 고프를 인용하면, "정치사는 자신을 뒤로 물러나게 했던 바로 그 사회과학의 방법, 정신, 이론적 접근법을 차용함으로써〔특히 19세기 이전의 시기를 다룰 때에는〕점진적으로 다시 힘을 얻고 있다."

두 번째로, 학문적으로 기득권 집단인 사회과학의 엄청난 발전과 더불어, 역사학과 사회과학의 수렴은 현재 일탈과 분열을 낳고 있다. 최신 이론을 과거에 투사하는 것으로 널리 알려진 분야인 '신'경제사가 존재한다. 이와 마찬가지로 젊은 학자들이 이전에는 어느 누구도 이야기하지 않았던 것을 말하거나 새로운 유행을 만들어냄으로써 명성을 얻을 수 있도록 도와주는 사회인류학, 정신분석학, 구조주의 언어학 등의 분야가 존재한다. 색다른 상표가 광범위한 대중들 사이에서 세제를 파는 데 도움이 되는 것처럼, 전문가 집단 사이에서 역사학을 파는 데에도 색다른 상표는 도움을 준다. 물론 나는 역사가가 다른 사회과학으로부터 기술과 아이디어를 빌려오고 사회과학의 최신 발전 성과들을 자신의 작업에 통합하는 것에 반대하지 않는다. 그것들이 유용하고 적절한 한에서라면 말이다. 내가 반대하는 것은 역사적 화물을 서로 소통되지 않는 일련의 컨테이너에 담아 분류하는 것이다. 경제사나 사회사나 인류학적 역사나 정신분석학적 역사 같은 것은 존재하지 않는다. 단지 역사만이 존재할 뿐이다.

세 번째 현상이 이러한 분열 경향을 강화시켰다. 역사학적 연구가 놀랄 만큼 확장된 것은 특히 지난 20~30년 동안의 일인 것 같다. 앞에서 이야기했던 것처럼 모든 역사 서술은 선택이다. 지금 우리는 그러한 선택의 폭이 대개 얼마나 좁은가를 이전 어느 세대보다 훨씬 잘 인식하고 있다. 최근에 전문화된 분야나 하위 분과가 된 몇몇 주제들을 들어보기만 해도 된다. 때때로 이들 분야는 학회나 학술지까지 지니는 경향이 있으며, 인도양의 섬들도 국제연합에 가입할 자격이 있는 것처럼 기존의 다른 학문 분야와 동등한 자격을 지닌다. 이러한 주제들로는 이전에는 탐구되지 않았거나 심지어 발견되지도 않았던 지리적이고 사회적인 대륙이나 지역은 말할 것도 없고, 인간의 신체적 특징과 건강, 범죄, 기후, 음식과 요리, 의식과 상징(동일한 양식인 축제와 사육제), 성, 죽음, 아동, 여성, 가족 등을 들 수 있다. 이것들 모두가 새로운 것은 아니지만, 현재 인정된 역사적 연구의 한 부분을 형성하고 있다. 여러분은 유력한 학술지에서 마다가스카르에서의 공간에 대한 인지, 프랑스인 눈 색깔 분포의 변화, 그리고 이제까지 무시되어 왔던 보통 사람들의 역사에 대한 논문들을 훨씬 많이 읽을 수 있다.

역사 연구의 이러한 제국주의나 세계 교회주의는 좋은 일이다. 요즘 유행하는 말을 사용한다면 역사학은 '총체적(total)'이다. 비록 현재의 범위가 20세기 후반 역사가들이 관심을 갖게 된 것들의 발췌라고 할지라도 말이다. 그리고 내가 그래야만 한다고 믿듯이, 이것이 역사학을 최소한 사회과학의 일반적인 틀로 전환시키는 한 더욱 환영할 만한 발전이다. 그럼에도 불구하고 현재의 단계에서, 이것은 주요 역사학 학술지들을 골동품 슈퍼마켓 같은 것으로 바꾸는 경향이 있다. 그 내용의 다양한 부분 모두가 과거로부터 오기는 하지만, 그것을 넘어 서로와 함께 해야 할 많은 일을 하지 않고 있다.

우리는 여기서 어디로 가야 하는가? 나는 여러 가지 이유에서 미래의 발전을 예측할 수 없다. 첫째 미래의 발전은 (다른 과학에서처럼) 우리가 묻는 질문의 변화에서, 그리고 우리가 가능하다거나 바람직하다고 인정하는 모델의 변화에서 발생할 수도 있어서 미리 예측하기가 어렵기 때문이다. ('패러다임'이 현재 유행하는 용어이다.) 둘째, 역사학은 아직 상당히 성숙하지 못한 분야이기 때문이다. 전문 분야 밖에서

나 심지어 그 안에서조차 중요하고 결정적인 기본 문제가 무엇인지에 대한 진정한 합의가 존재하지 않는 실정이다. 셋째, 역사가 자신이 인간을 다루지 않는 과학 분야의 학자들과는 다른 방식으로 역사학을 다루고 있기 때문이다. 나는 역사가는 단지 당시 풍습 속에서 당대의 역사만 서술할 수 있을 뿐이라는 극단적 회의론자들의 주장에 동의하지 않는다. 그러나 우리가 특정한 현대적 관점 속에서 역사를 볼 수밖에 없다는 것은 의심할 수 없는 사실이다. 다른 한편으로 나는 앞으로의 몇몇 발전이 유익할 것이라고 생각하는 바를 말할 수 있다. 그것은 세 가지로 이야기할 수 있다.

첫째, 역사학의 주요 문제인 인류의 변천 과정을 다시 다루어야 할 시기가 무르익었다. 덧붙여서, 왜 수렵 채집인에서 현대 산업사회로의 전체 여정이 다른 지역이 아니라 세계의 한 지역에서만 완성되었는가를 물어보아야 한다. 역사가가 이것이 냉전의 기원은 물론 중세 대관식 의식에 관심을 지니는 학생들과도 관련된 공통적이고 중심적인 문제라고 인식한다면, 자신들의 특별한 관심의 한계 내에서 기여할 수 있다. 역사가들은 역사학의 범위를 되는 대로 넓히는 것이 아니라 합리적 근거에서나 작전상의 필요에서 넓힌다. 다행히도 하나의 크고 중요한 문제가 다시 한번 마르크스주의 역사가들이 아닌 다른 역사가들의 공통 관심사로 논의되었다. 자본주의의 역사적 기원과 발전의 문제가 그것이다. 이것은 현재의 지구적 경제 위기 시대의 보다 긍정적인 파급 효과의 하나로 증명될 수도 있다. 이 이상의 진보는 가능하다. 그리고 그 진보는 다시 시작되고 있는 것 같다.

둘째, 사건들이 어떻게 서로 조화되는가라는 중심 문제가 존재한다. 나는 이것으로 역사적 변화와 전환의 주요 메커니즘이 어디서 발견되어야 하는가를 의미하려고 하지는 않는다. 이것은 이미 나의 첫 번째 큰 문제 안에 함축되어 있기 때문이다. 나는 차라리 인간 생활의 다양한 측면 사이의 상호 작용 방식을, 예를 들어 경제, 정치, 가족, 성적 관계, 넓거나 좁은 의미에서의 문화, 또는 감수성 사이의 상호 작용 방식을 의미하려 한다. 나의 전공 분야인 19세기 유럽사에서, 이러한 모든 것이 자본주의 경제의 승리에 의해 결정되거나 어쨌든 이것을 중심적 사실로 인정하지 않으면 분석할 수 없다는 것은 명백하다. 그러나 자본주의 경제의 승리가 핵심부에서조차 과거 역사의 산물에 근거하여, 그리고 그 산물을 통하여 작동했다는 것 또한 명백하다. 자본주의 경제는 어떤 것을 파괴하기도 하고 창조하기도 했지만, 더 자주 이미 존재하고 있었던 것을 적응시키고, 흡수하고, 수정했다. 확실히 여러분이 자본주의 경제를 다른 관점에서, 예를 들어 1860년대의 일본인의 관점에서 본다면 기존의 사회는 스스로를, 생존하기 위해 적응하고 흡수하는 자본주의로 볼 것이다. 이러한 이유 때문에 단순한 결정론이나 기능주의는 문제가 있다.

나는 19세기의 사례를 들어 역사가가 아닌 사람들을 부담스럽게 하고 싶지 않아서, 문제의 한 측면을 현재로 옮겨보고자 한다. 1950년 이후로 우리는 유사 이래 최고의 거대한 사회적, 문화적 변화를 겪으면서 살아왔으며, 이러한 변화가 경제적, 기술-과학적 발전에서 비롯되었다는 사실을 의심하는 사람은 거의 없다. 이러한 변화들이 어떻게든 서로 연결되었다는 사실을 의심하는 사람도 거의 없을 것이다. 전문 용어로 말하면 이러한 변화들은 신드롬을 형성한다. 그러나 아프리카와 아시아 밖에서의 농민층의 급속한 감소, 로마 가톨릭 교회의 위기, 로큰롤의 유행, 세계 공산주의 운동의 위기, 서구의 전통적 결혼과 가족 형태의 위기, 전위 예술의 파탄, 우주 개발에 대한 자연과학자들의 관심, 청교도적 노동 윤리와 의회 정부의 쇠퇴, 그리고 모든 신문 중에서 특히 런던의 ≪파이낸셜 타임스(*Financial Times*)≫의 예술에 대한 지속적인 자세한 보도 같은 근본적인 변화에 대한 관계는 정확히

무엇인가? 그리고 이것들 사이의 상호 작용은 어떠한가? 이러한 질문
은 대단히 흥미롭고, 대단히 중요하고, 대답하기가 아주 어렵다. 그럼
에도 불구하고 역사가들은 그러한 질문들을 계속 제기하려고 해야 한
다. 역사가들은 몽테스키외보다 더 멀리 나아갈 수 있을 뿐만 아니라
또한 마르크스보다도 더 멀리 나아가야만 한다.

 역사가들의 전통적 관심사에 보다 가까운 세 번째 문제들이 존재한
다. 역사적 경험, 사건, 상황의 특이성은 어떠한 차이를 만들어내는가?
아니면 차이가 없는가? 이러한 질문은 '나폴레옹이 워털루 전투에서
승리했다면 어떻게 되었을까?' 같은 어떠한 개인이나 결정의 역할 같
은 것에 대한 비교적 작은 질문을 포함할 수 있다. 18세기의 영국과
스코틀랜드 그리고 19세기 독일과 오스트리아는 언어와 문화 면에서
같은 지역에 속함에도 불구하고 왜 서로 다른 지성사를 갖게 되었는
가 같은 더 흥미로운 질문들도 포함될 수 있다. 무엇보다도 다음과 같
은 실제적으로 매우 중요한 문제들도 포함된다. 경제 성장에 대한 어
떤 처방은 어떤 나라나 어떤 시기에는 잘 맞았지만 다른 나라나 다른
시기에는 잘 맞지 않는다. 이를테면 스웨덴이나 오스트리아에는 잘 들
어맞았지만 영국에는 잘 맞지 않았던 경우를 들 수 있다.

 이것은 연구 문제를 제기하기도 하지만, 연구 문제라기보단 오히려
방법론 문제를 제기한다. 특히 비교 연구와, 사실과는 다른 가정 아래
이루어지는 연구가 주목할 만하다. 결국 역사학은 역사적 지향을 지닌
다른 사회과학과 구별되는 별개의 학문으로 존재한다. 왜냐하면 역사
학 속에서는 "다른 조건들이 같다면"이란 말은 성립할 수 없기 때문
이다. 역사학은 조건들이 같을 때와 같지 않을 때의 관계를 반드시 조
사해야만 하는 학문으로 정의될 수도 있다. 그것은 매우 독특하거나
되풀이되기 어려운 사건의 수준, 이를테면 마오쩌둥의 죽음이나 레닌
의 핀란드 역 도착 등이 미친 파장의 수준에서조차 역사학을 일화와

구별해 주고, 픽션보다 이상하거나 (자주 말해서 미안하기는 하지만) 지루한 다큐멘터리적 서술과 구별해 주는 것이다. 최근에 역사가들이 비교사와 반(反)사실적 역사에 많은 관심을 보이고 있는 것 같다. 하지만 너무 이러한 작업에 깊이 빠져들어서는 안 된다.

결론을 내려보기로 하자. 둔하게 움직였고 비틀거리기는 했지만 역사학은 20세기에 진정으로 진보했다. 내가 이런 이야기를 통해 말하고 싶은 것은 역사학이 '진보'라는 말이 적합하게 적용될 수 있는 분야에 속하며 진보라는 단어로 객관적이고 실제적인 과정을, 즉 복합적이고 모순적이지만 우연하지는 않은 인간 사회의 역사적 발전 과정을 진보라는 단어로 더 잘 이해하는 것이 가능하다는 것이다. 이것을 부인하는 사람들이 있다는 것을 안다. 이데올로기와 정치가 역사학에 불가피하게 깊이 주입되어 있어서, 역사학의 주제와 대상에 대해 때때로 이의가 제기된다. 특히 그 연구 결과가 바람직하지 않은 정치적 결과를 야기한 것으로 생각되었을 때 더욱 그렇다. 확실히 1914년 이전과 이후 독일의 학문적 역사학에서 그러한 것을 볼 수 있다. 그리고 자연과학이나 대부분의 인정된 사회과학의 비판을 받아들이지 않는 식으로 역사학을 순수 주관적 학문이라고 설득하거나 축소시킬 수도 있다.

현재 존재하고 있는 것에 대한 연구가 (심지어 현재 존재하는 것에 대한 선택조차) 현재의 우리 존재에 의해 그리고 우리가 일어나기를 원하거나 원하지 않는 것에 의해 끊임없이 영향을 받는 애매모호한 상태에서 우리 역사가들은 작업하고 있다. 이것이 우리의 직업적 실존에 대한 사실이다. 그래도 아직 우리는 하나의 주제를 지니고 있다. 나는 거의 600년 전인 1375년과 1381년 사이에 주목할 만한 『역사 서설』을 저술했지만 그동안 무시되어 온 위대한 역사 철학자 이븐 할둔의 입장에 동의한다(이 책의 「책머리에」를 보시오).

할둔의 기획이 실현된 것은 18세기 중엽 역사학이 학문으로 인정된 후이다. 그 기획 중 몇몇은 내가 살아 있는 동안 이루어졌다. 30년에 걸친 연구, 교육, 저술 활동을 회고하면서, 나도 약간의 기여를 했다는 이야기를 들었으면 한다. 그러나 그렇지 못했다 할지라도, 이루어진 모든 진보가 부인된다고 할지라도, 나 스스로 대단히 만족하고 있다는 사실은 누구도 부인할 수 없을 것이다.

6 |

사회사에서 전체사회사로

1

사회사(social history)라는 용어는 늘 정의하기 힘들었고 최근(1970년)
까지도 이 용어를 정의하라는 강한 압력은 없었다. 왜냐하면 일반적으
로 사회사라는 용어는 정확한 영역 설정을 주장하는, 제도적이고 전문
적인 기득권을 지니지 않았기 때문이다. 대체로 사회사라는 용어는 사
회사적 주제가 유행하기 전까지, 아니면 적어도 그 이름이 최근에 유

＊ 당시에 약간의 논의를 불러일으켰던 이 글은 원래 미국예술과학학술원(American Academy of
Arts and Sciences)의 학술지인 ≪다이달로스(*Daedalus*)≫가 1970년에 로마에서 '오늘의 역사학'
이란 주제로 개최한 대회에서 발표하기 위해 작성되었다가 ≪다이달로스≫에 실렸으며, 나중에
출판된 『오늘의 역사학(*Historical Studies Today*)』(Felix Gilbert and Stephen R. Graubard ed.,
New York, 1972)의 첫 장으로 수록되었다. 이 글이 다룬 1970년까지의 사회사 발전에 대한 개
관 이후로 사회사 영역에서는 많은 일이 일어났다. 지금은 이 글 자체가 역사의 한 부분이 되어
버렸다. 나는 이 글이 여성사에 대해 전혀 언급하지 않았다는 사실에 당혹스러울 정도로 깜짝 놀
랐다. 분명히 여성사 분야는 1960년대 말 이전에는 거의 발전되지 않았다. 그러나 나 자신이나

121

행하기 전까지 서로 중복되는 다음과 같은 세 가지 의미로 사용되곤
했다. 첫째, 사회사는 빈민들과 하층 계급과 관련된 역사를 의미했으
며, 더 구체적으로 표현하면 빈민 운동('사회 운동')의 역사를 의미했
다. 더 나아가 사회사란 용어는 본질적으로 노동의 역사와 사회주의
사상과 조직의 역사를 의미하기도 했다. 이런 명백한 이유 때문에 사
회사는 사회적 저항의 역사나 사회주의 운동사와 밀접하게 연관되어
왔다. 많은 사회사가들은 급진주의자였거나 사회주의자였고, 자신들의
정서와 잘 맞아떨어졌기 때문에 이러한 주제에 매료되었던 것이다.[1]

　둘째, 사회사란 용어는 '풍속, 관습, 일상생활' 같은 용어가 아니면
다르게 분류하기 어려운 다양한 인간 활동에 대한 연구를 의미하는
것으로 사용되었다. 이것은 언어의 차이 때문에 주로 영어권에서 생긴
용법이었던 것 같다. 왜냐하면 비슷한 주제를 저술했던 독일인들이
(자주 피상적, 저널리즘적으로) 부르던 문화사(Kulturgeschichte) 또는 풍
속사(Sittengeschichte)에 해당하는 적절한 용어가 영어에는 없었기 때
문이다. 비록 정치적으로 보다 급진적인 전문 역사가들이 하층 계급에
관심을 가지고 있긴 했지만, 이러한 종류의 사회사가 특별히 하층 계급
에 대한 연구를 지향한 것은 아니었다. 오히려 그 반대였다. 이러한 종
류의 사회사는 사회사에 대한 잔기적 관점(residual view)이라고 부를
수 있는 것의 암묵적 기초를 이루었으며, 트리벨리언(G. M. Trevelyan)
은 『영국 사회사(English Social History)』(1944)에서 이러한 사회사는
"정치가 배제된 역사"라고 주장하였다. 이 점에 대해서는 더 이상 설
명할 필요가 없겠다.

　『오늘의 역사학』에 기고했던, 이 분야에서 가장 저명했던 다른 어느 누구도 그 격차를 인식하지
　못했던 것 같다. 나와 그들 모두는 남성이었다.
　1) *IX congrès international des sciences historiques*(Paris, 1950), vol. 1, 298쪽의 A.
　　J. C. Rueter의 언급을 보시오.

확실히 사회사란 용어의 세 번째 의미가 가장 일반적으로 사용되는 것이었고 우리 목적에도 가장 적합한 것이었다. '사회'라는 말은 '경제사'라는 말과 결합되어 사용되었다. 확실히 제2차 세계 대전 이전까지 영어권 밖에서는 이 분야의 대표적인 전문 잡지들이 (내 생각으로는) 늘 두 단어를 하나로 묶어서 이름으로 삼았다. ≪계간 사회 경제사 (*Vierteljahrschrift für Sozial u. Wirtschaftsgeschichte*)≫, ≪경제 사회사 평론(*Revue d'Histoire Economique et Sociale*)≫, ≪경제 사회사 연보(*Annales d'Histoire Economique et Sociale*)≫(아날)처럼 말이다. 결합된 두 단어 중에서 경제 쪽이 압도적으로 우세했다는 점은 인정해야 한다. 다양한 국가, 시대, 주제를 다룬 경제사 저작들은 많이 나왔지만 그만한 사회사 저작들은 거의 나오지 못했기 때문이다. 사실상 진정한 경제 사회사는 별로 없었다. 1939년 이전에는 인상적인 학자들(피렌(H. Pirenne), 로스토프체프(Mikhail I. Rostovtsev), 톰슨(J. W. Thompson), 혹은 도프슈(A. Dopsch))이 이따금 낸 소수의 업적만을 떠올릴 수 있을 뿐이고 논문이나 정기 간행물은 더욱 드물었다. 그럼에도 불구하고 경제와 사회라는 말을 습관적으로 하나로 묶는 일은, 그 말이 역사학의 일반적인 전문 분야를 정의하는 데 사용되든지 더 세분화된 경제사의 특수 분야를 지칭하든지 간에 중요하다.

그것은 랑케식의 고전적 접근 방식과는 구별되는 것으로서, 역사에 체계적으로 접근하고자 하는 욕구를 드러내는 것이다. 이러한 역사가들의 관심은 경제의 진화에 있었는데, 이는 언원이 인정한 것처럼 경제의 진화가 사회의 구조와 변화, 특히 계급과 사회 집단 사이의 관계를 밝혀주었기 때문에 관심거리가 되었다.[2] 경제사가들이 역사학자라고 주장하는 한 이러한 사회적 차원은 매우 좁은 영역을 조심스럽게

---

2) George Unwin, *Studies in Economic History*(London, 1927), xxiii, 33~39쪽.

취급하는 경제사가들의 연구에서도 명백하게 나타난다. 심지어 클래펌은 경제가 사회의 기초이기 때문에 경제사가 모든 종류의 역사 중에서 가장 근본적인 역사라고 주장하기까지 했다.[3] 경제적인 것과 사회적인 것이 결합할 때 경제적 요소가 두 가지 이유 때문에 사회적 요소보다 우세하다고 말할 수 있다. 그 이유는, 부분적으로는 마르크스주의자나 독일 역사학파처럼 경제적 요소를 사회적, 제도적 요소나 그 밖의 요소들로부터 분리시키기를 거부하는 경제 이론관 때문이고, 한편으로는 순전히 경제학이 다른 사회과학보다 먼저 출발했다는 사실 때문이다. 역사학이 사회과학에 통합되어야 한다면 역사학이 우선 관계를 맺어야 할 학문은 경제학이었다. 더 나아가서 인간 사회 내에서 경제적 요소와 사회적 요소를 본질적으로 분리시킬 수 있든지 없든지 간에, 인간 사회의 진화에 대한 모든 분석적 기초는 사회적 생산 과정이어야 한다고 마르크스처럼 주장할 수도 있다.

세 가지 종류의 사회사는 그중 어느 것도 1950년대까지 사회사라는 전문적 학술 분야를 생산해 내지 못했다. 비록 한때 뤼시앵 페브르(Lucien Febvre)와 마르크 블로크(Marc Bloch)의 유명한 ≪아날≫이 부제의 절반을 차지하는 경제라는 말을 떼어내고 스스로 완전히 사회적인 것만을 표방하기도 했지만 말이다. 그러나 ≪아날≫의 부제를 바꾼 것은 전쟁 기간 동안의 일시적인 방향 전환이었으며, 지금까지 사 반세기 동안 알려져 온 위대한 잡지의 제목인 ≪아날 —— 경제, 사회, 문명(*Annales : Économies, Sociétés, Civilisations*)≫과 잡지 내용의 성격은 본질적으로 전체적이고 포괄적이고자 했던 창간자들의 본래 목적을 반영해 준다. 사회사라는 주제 자체나 그것의 문제에 대한 논의 중 어느 것도 1950년 이전에는 진지하게 발전되지 못했다. 지금도 여전히

---

3) J. H. Clapham, *A Concise Economic History of Britain*(Cambridge, 1949), 「서문」.

사회사는 숫자가 적지만 그것을 전문적으로 취급하는 잡지는 1950년 말에야 비로소 창간되었다. 1958년에 창간된 ≪사회와 역사의 비교 연구(*Comparative Studies in Society and History*)≫가 최초의 사회사 전문 학술지라 할 수 있다. 그러므로 사회사는 학문적 전문 분야로서는 아주 새로운 영역이다.

지난 20년 동안 사회사가 급속도로 발전하면서 점진적으로 독자적인 분야로 자리 잡도록 만든 것은 무엇인가? 이 질문은 대학의 사회과학 분야에서의 기술적, 제도적 변화와 관련하여 대답할 수 있다. 즉 급속하게 발전하는 경제 이론과 경제 분석의 요구에 맞추어서 경제사도 의도적으로 전문화되어 갔는데, '신경제사(new economic history)'를 이러한 전문화의 예로 들 수 있다. 또한 사회학이 하나의 학술적 주제와 학문적 경향으로서 세계적 규모로 주목할 만큼 성장하자, 경제학 분야가 역사학적 보조 분야를 필요했던 것과 비슷하게 사회학도 역사학적 보조 분야를 필요로 했다. 우리는 이러한 요인을 무시할 수 없다. (마르크스주의자들 같은) 많은 역사가들은 자신들이 관심을 갖는 경제적 문제들이 정통적인 일반사에 의해 전혀 격려되지도 고려되지도 않았기 때문에 자신들을 경제사학자라고 표방했지만 급속도로 영역이 좁아져 가는 경제사로부터 자신들이 밀려나고 있음을 발견하였고, 따라서 '사회사가(social historians)'라는 호칭을 받아들이거나 환영하였다. 수학 실력이 좋지 못한 사람들의 경우엔 특히 더했다. 1950년대와 1960년대 초반의 분위기에서 토니(R. H. Tawney)[4] 같은 사람이 만약 경제사학회 회장이 아니라 젊은 연구자였다면 경제사학자들에게

---

4) (옮긴이) Richard Henry Tawney(1880~1962): 영국의 경제사학자, 사회 비평가, 개혁가. '토니의 세기'로 알려진 1540~1640년의 영국 경제사에 대한 연구로 유명하다. 『종교와 자본주의의 발흥』(김종철 옮김, 한길사), 『평등』(김종철 옮김, 한길사) 등의 저서가 있다.

환영받았을지는 아주 의심스러운 일이다. 그러나 그러한 학문에 대한 재정의와 전문 분야의 이동이 무시될 수는 없지만 많은 것을 설명해 주지는 못한다.

돌이켜 보면 당시 사회과학에서 가장 중요한 발전이었던 것은, 사회과학이 전반적으로 역사화된 것이다. 이 글에서 이러한 변화를 설명할 필요는 없다. 그러나 정부, 국제기구와 연구 기관, 그리고 사회과학자들의 관심을 본질적인 역사 변동의 문제로 집중시킨 식민지와 반(半)식민지 국가들의 혁명과 투쟁이 지니는 막대한 중요성에도 주의를 기울이지 않을 수 없다. 이러한 문제들은 사회과학의 학문적 정통성에서 벗어난 주제이거나 기껏해야 변두리에 놓여 있던 주제였으며 역사가들이 점점 더 무시해 왔던 주제였다.[5]

아무튼 본질적으로 역사적인 문제와 개념은 —— 종종 '근대화'나 '경제 성장'처럼 매우 조야한 개념도 —— 래드클리프브라운(A. R. Radcliffe-Brown)의 사회인류학처럼 적대적이진 않지만 그때까지 역사학과 거의 관계가 없었던 분야마저도 사로잡았다. 이러한 역사학의 점진적인 침투는 경제학에서 가장 두드러지게 나타났다. 경제학 바깥 영역의 요소들도 경제 발전을 결정한다는 사실에 대한 점진적 인식이, 더 세련되

---

5) 같은 자료(Economic and Social Studies Conference Board, *Social Aspects of Economic Development*, Istanbul, 1964)에서 나온 두 개의 인용문은 이같이 새로운 선입견의 배후에 있는 다양한 동기들을 설명해 줄 수 있을 것이다. 터키 출신인 이 위원회의 위원장은 다음과 같이 이야기했다. "경제적 후진 지역의 경제 발전이나 성장은 오늘날의 세계가 직면한 가장 중요한 문제 중 하나이다. …… 가난한 나라들에서 이러한 발전 문제는 높은 이상이다. 경제 발전은 이 나라들에게 있어 정치적 독립과 주권의 의미와 관련되어 있다." 또한 대니얼 러너(Daniel Lerner)도 다음과 같이 말했다. "우리는 지난 10년 동안 세계적 차원에서 사회 변동과 경제 발전을 경험했다. 그동안 세계 곳곳에서 문화적 혼란 없이 경제 발전을 이룩하고, 사회적 균형을 깨뜨리지 않으면서 경제 발전을 가속화하고, 정치적 안정성을 해치지 않으면서 경제 성장을 촉진하려는 노력들이 진행되었다"(xxiii, 1쪽).

었지만 본질적으로 요리 책식 가정('가, 나, 다, 라의 요소들을 섞어서 요리하시오. 그 결과는 자립적인 성장으로의 도약입니다')을 지녔던 성장 경제학 분야를 대체했다. 간단히 말해서 이제 사회과학자들은 사회 구조와 그것의 변동을 다루지 않고는, 다시 말해 전체사회사(history of societies)[6]와 관계를 맺지 않고는 제대로 활동할 수 없게 되었다. 경제 사학자들이 15년 전 경제학자들의 모델을 흡수하여 방정식과 통계학 에만 몰두함으로써 더 단단하게 보이려고 노력하는 바로 그 순간에, 경제학자들이 거꾸로 사회적인 (혹은 어쨌든 엄격하게 경제적이지는 않은) 요인들을 이해하려고 한다는 것은 기묘한 역설이다. 우리는 사회사의 역사적 발전 과정을 이렇게 간단히 살펴봄으로써 어떤 결론을 얻을 수 있을까? 이러한 고찰은 왜 다소 이질적인 연구 주제들이 사회사라는 일반적인 제목으로 느슨하게 묶일 수 있었으며, 다른 사회과학에서의 발전이 어떻게 사회사라는 학술 이론 설립의 기초를 제공할 수 있는가를 설명해 줄 수는 있지만, 지금 고찰 중인 사회사의 성격과 과제를 적절하게 안내할 수는 없다. 기껏해야 우리에게 몇 가지 암시를 던져줄 수 있을 뿐인데, 최소한 그중의 하나는 여기서 바로 언급할 만한 가치가 있다.

과거의 사회사를 살펴보면 가장 훌륭한 사회사가들조차도 늘 사회사라는 용어 자체에 불편해 했던 것 같다. 그들은 우리들에게 많은 영향을 끼친 위대한 프랑스 사람들[7]처럼 자신들을 단지 역사가로 말하고자 했고, '총체적' 역사나 '전체적(global)' 역사를 자신들의 목표로 삼고자 했으며, 인접 사회과학 중 하나를 선택하여 그대로 따르려 하

____

6) (옮긴이) '전체사회사'라는 말은 일반적으로 합의된 용어는 아니지만, 여기에서는 사회사와 명확히 구별할 필요가 있어 일단 전체사회사라고 번역해서 사용하기로 하겠다.
7) (옮긴이) 아날 학파의 학자들을 말한다.

기보단 모든 인접 사회과학의 성과를 역사학에 통합시키려 했던 사람으로 스스로를 묘사하고자 했다. 마르크 블로크, 페르낭 브로델, 조르주 르페브르는 "역사는 과거에 발생한 모든 종류의 사건의 축적이 아니다. 역사는 인간 사회에 대한 과학이다"라는 퓌스텔 드 쿨랑주(N. D. Fustel de Coulanges)의 견해를 받아들였기 때문에 사회사가로 분류될 수 있다.

사회사는 주제를 서로 고립시켜 다룰 수 없기 때문에 결코 (경제-사처럼) 하이픈이 붙어서 새로운 부수적 분야를 표현하는 다른 전문 역사학이 될 수 없다. 다만 분석적 목적을 위해 특정한 인간 활동을 경제적인 것으로 규정할 수 있고, 그 후에 역사적으로 연구할 수 있을 뿐이다. 이러한 정의가 (어떤 특정 목적을 위해 이용하는 것을 제외하면) 인위적이고 비현실적일 수는 있지만 적용 불가능한 것은 아니다. 마찬가지로 이런 종류의 작업을 하길 원한다면, 비록 이론적 수준은 낮더라도 글로 쓰인 관념을 인간적 맥락으로부터 고립시켜 한 사상가에서 다른 사상가로 이어지는 사상의 계보를 추적하려는 오래된 지성사도 가능하다. 인간 존재의 사회적 측면이나 사회 활동의 측면은 동어반복이나 극단적인 평범화의 대가를 치르지 않고는 인간 존재의 다른 측면과 분리될 수 없다. 인간 존재의 이러한 측면은 잠시도 인간의 생활 방식과 물질적 환경과 분리될 수 없다. 또한 그것들의 관계는 입을 열자마자 개념을 포함하는 언어로 표현되고 공식화되기 때문에 한순간도 이념과 분리될 수 없다. 그 외에도 여러 이유들이 있다. 지성사가는 (위험을 무릅쓰고) 경제학에 무관심할 수 있고, 경제사가들은 셰익스피어에 무관심할 수 있지만, 경제학이나 셰익스피어를 무시하는 사회사가는 성공할 수 없을 것이다. 반대로 프로방스 지역의 시에 대한 논문이 경제사가 되거나 16세기 인플레이션에 대한 논문이 지성사가 될 가능성은 거의 없지만, 이 모두는 사회사로 취급될 수 있다.

2

　과거에서 현재로 눈을 돌려서, 전체사회사를 쓸 때 생기는 문제를 고려해 보자. 첫 번째 문제는 전체사회사를 지향하는 역사가들이 다른 사회과학으로부터 얼마나 많은 것을 얻을 수 있는지, 혹은 과거를 다룰 때 주제가 얼마만큼 사회에 대한 과학인지, 과학이어야만 하는지에 관련된다. 과거 20년 동안의 경험은 이 당연한 질문에 대해 두 가지 다른 대답을 제공한다. 다른 사회과학의 전문적 구조(예를 들어 대학생들에게 요구되는 전문 과정 수료)와, 1950년 이래로 사회과학의 방법과 기술뿐만 아니라 사회과학의 문제의식도 사회사를 강력하게 형성시키고 자극했다는 것은 명백한 일이다. 이 분야의 전문가들이 산업 혁명이라는 개념의 타당성을 의심했기 때문에 한때 대체로 무시되었던 주제인 영국 산업 혁명에 대한 연구가 최근 활발하게 된 것은 무엇보다도 산업 혁명이 어떻게 발생했고, 무엇이 산업 혁명을 가능하게 만들었고, 산업 혁명의 사회-정치적 결과는 무엇인가를 발견하려는 (의심할 여지 없이 정부나 정책 입안자의 영향을 받는) 경제학자들의 강한 욕구에 기인한다고 말해도 지나치지 않다. 몇몇 분명한 예외는 있지만, 지난 20년 동안 자극은 한 방향으로 흘렀다. 한편 다른 방향으로 나아가는 최근의 발전을 살펴본다면, 다양한 분야에 있는 연구자들이 사회-경제적 문제들에 접근하고 있다는 명백한 사실을 알게 된다. 세기말 현상에 대한 연구가 적절한 예이다. 왜냐하면 이 주제를 연구하는 학자들 중에는 문학이나 종교학은 물론 인류학, 사회학, 정치학, 역사학 분야에서 온 사람들을 많이 발견할 수 있기 때문이다. 내가 알고 있는 한 경제학자들은 없지만 말이다. 우리는 또한 적어도 일시적이나마 다른 전문적 소양을 지닌 사람들이 역사학자들이 역사적인 것으로 간주하는 작업으로 옮겨 갔다는 사실에 주목한다. 이러한 학자들로는 사회학에서 온 찰스 틸리(Charles Tilly)와 닐 스멜저(Neil Smelser), 인류학에서 온 에릭 울프(Eric Wolf), 경제학에서 온 에버렛 헤이건(Everett Hagen)과 존 힉스(John Hicks) 경을 들 수 있다.

그러나 두 번째 경향은 아마도 수렴이 아니라 전향으로 보는 것이 가장 좋을 것 같다. 비역사적인 사회과학자들이 정말로 역사적인 질문을 제기하면서 역사학들에게 대답을 요구하기 시작했다면 사회과학자들이 아무런 해결책을 갖고 있지 못했기 때문이라는 사실을 절대 잊어서는 안 되기 때문이다. 그리고 사회과학자들이 스스로 역사학자로 전향한 것은 그와 비슷한 문제의식을 지닌 마르크스주의자와 (꼭 마르시장(Marxisants)[8]일 필요는 없는) 다른 사람들을 제외한 전문 역사가들이 해결책을 찾지 못했기 때문이다.[9] 더욱이 다른 분야에서 왔지만 우리 분야에서 충분히 존경받을 만한 전문가가 된 사회과학자들이 약간 존재하기는 하지만, 몇 가지 조야한 기계적 개념과 모델을 단순히 적용하는 데 그치는 사람들이 더 많다. 틸리의 『방데 ── 1793년 반(反)혁명의 사회학적 분석』[10]이라는 구체적 역사 상황을 다룬 책 한 권에 로스토의 『경제 발전의 제 단계』[11] 같은 일반 이론을 다루는 책

---

8) (옮긴이) 마르크스주의자는 아니지만 마르크스주의의 모델이나 개념, 범주 등을 빌려 쓰는 사람.

9) 존 힉스 경의 불평은 독특하다. "나의 '역사 이론'은 …… 마르크스가 시도한 것과 매우 가까울 것이며 …… 〔역사가들이 사료를 정리하고 일반적 역사 과정을 체계화하는 데 사상이 이용될 수 있다고 믿는 사람들도〕 대부분은 마르크스의 범주를 그대로 이용하거나 약간 수정하여 이용할 것이다. 왜냐하면 이용할 수 있는 다른 대안이 거의 존재하지 않기 때문에 역사가들이 그렇게 할 수밖에 없는 것은 놀라운 일이 아니다. 그럼에도 불구하고 『자본론』 이후에 1세기 이상 사회과학이 어마어마하게 발전했음에도 불구하고 그와 비슷한 시도가 거의 아무것도 출현하지 않았다는 사실은 놀라운 일이다." *A Theory of Economic History*(London, Oxford and New York, 1969), 2~3쪽. (한국어 번역본 : 『경제사 이론』, 김재훈 옮김, 새날.)

10) (옮긴이) Charles Tilly, *The Vendée : A Sociological Analysis of the Counterrevolution of 1793*(Cambridge · Mass., 1964).

이 수십 권 들어 있는 격이다. 나는 부딪치기 쉬운 위험을 피하거나 극복할 수단에 대한 적절한 지식 없이 역사적 자료라는 어려운 영역에 과감하게 뛰어든 다른 많은 사람들은 다루지 않겠다. 간단히 말해서, 현재 역사가들은 다른 분야로부터 배우려고 함에도 불구하고 배우기보다는 오히려 가르침을 요구받는 상황이다. 다른 사회과학의 불충분한 모델을 적용함으로써 서술될 수는 없다. 전체사회사는 새로운 적절한 모델을 구성할 것을 요구하거나, 아니면 적어도 (마르크스주의자들이 주장하듯) 기존의 대략적인 구상을 모델로 발전시킬 것을 요구한다.

물론 이러한 이야기는 기술과 방법의 측면에서는 사실이 아니다. 역사가들은 이 방면에서 이미 실질적으로 사회과학에 빚을 지고 있고, 앞으로도 더 크게 체계적으로 빚을 지게 되거나 그래야만 한다. 나는 전체사회사가 안고 있는 이러한 측면의 문제를 논의하고 싶지는 않지만 한두 가지 점은 짚고 넘어가려고 한다. 우리가 다루는 자료의 성격을 고려해 볼 때, 우리는 필요하다면 다른 사회과학이 오랜 기간에 걸쳐 발전시킨 분업화된 연구와 기술(技術) 장치들의 도움도 받아야 하고, 대량 자료의 발견, 통계적 분류, 처리 기법의 도움 없이는 시사적인 가설과 적절한 일화적 예증의 결합 이상의 수준으로 발전할 수 없다. 이와는 정반대로 우리는 또한 특정한 개인, 소집단, 상황에 대한 심층 분석과 관찰 기법도 똑같이 필요로 한다. 이러한 기법도 역시 역사학 영역 바깥에서 개척되었지만 우리 목적에 적용될 수 있다. 이러한 기법의 예로 사회인류학자의 참여 관찰, 심층 면접, 혹은 정신분석학적 분석까지도 들 수 있다. 최소한 이러한 다양한 기법들은 우리 분야의 동일한 주제에 적용되어 연구를 자극할 수 있으며, 이러한 기법

---

11) (옮긴이) W. W. Rostow, *The Stages of Economic Growth : A Non-Communist Manifesto*(한국어 번역본 :『경제 성장의 제 단계』, 김명윤 옮김, 최고경영자연구원/ 이상구·강명규 옮김, 법문사).

이 도입되지 않았더라면 해결하기 어려웠을 문제를 해결하는 데 도움을 줄 수도 있다.[12]

나는 경제사를 소급적인 경제 이론으로 전환시키는 것처럼 사회사를 과거를 향해 투영하는 사회학으로 전환시킬 수 있다는 전망에 대해서는 아주 회의적이다. 왜냐하면 이러한 분야들은 현재 우리들에게 장기간에 걸친 역사적 사회-경제의 이행에 대한 유용한 모델이나 분석 틀을 제공하지 못하기 때문이다. 확실히 마르크스주의 같은 경향을 제외한 이 분야의 학자들 대부분은 그러한 변화와 관계가 없거나 관심을 갖지 않았다. 게다가 중요한 점에서 그들의 분석 모델은 체계적으로 그리고 가장 효율적으로 역사적 변화를 추상화시킴으로써 발전된 것이라고 주장할 수 있다. 나는 이 점이 특히 사회학과 사회인류학에 잘 들어맞는다고 생각한다.

사회학의 창시자들은 신고전파 주류 경제학보다는 더 역사적인 사고를 지녔지만(바록 고전 정치경제학의 초기 학파만큼은 아니었지만), 사회학은 전체적으로 아직 덜 발전된 학문(science)이었다. 스탠리 호프먼(Stanley Hoffmann)은 경제학자의 '모델'과 사회학자와 인류학자의 '체크 리스트' 사이의 차이점을 올바르게 지적했다.[13] 아마도 경제학자의 모델은 체크 리스트보다는 더 나은 것일 것이다. 또한 이러한 학문들은 우리들에게 특정한 전망, 즉 다양한 방식으로 교체하고 결합할

---

12) 그러므로 마르크 페로(Marc Ferro)가 1917년 2월 혁명 기간 중 첫 번째 주에 페트로그라드에 보내진 전신과 결의문을 표본 조사한 것은 분명히 소급적 여론 조사와 똑같은 것이다. 만약 비역사적 목적에서 이루어진 그 이전의 여론 조사의 발전이 없었다면 이러한 연구는 생각되기 어려웠을 것이다. M. Ferro, *La Révolution de 1917*(Paris, 1967)(한국어 번역본:『1917년 10월 혁명 —— 러시아 혁명의 사회사』, 황인평 옮김, 거름).

13) 1968년 5월 뉴저지 주의 프린스턴에서 열린 역사학의 최신 동향에 관한 회의에서 지적했다.

수 있는 요소들로 구성된 구조 유형을 제공했다. 이것은 케쿨레가 버스 이층석에서 우연히 생각해 낸 벤젠 고리와 어느 정도 비슷하지만,[14] 검증이 불가능하다는 결점을 지닌다. 그러한 구조기능주의적 유형은 기껏해야 몇몇 사람들에게만 정교한 것이고 발견하는 데 도움이 되는 것에 불과하다. 보다 적절한 수준에선, 그것들은 자료를 정리하는 데 편리하도록 도움을 주거나 유용한 비유, 개념이나 ('역할' 같은) 용어를 제공할 수 있다.

더욱이 모델로서의 결함을 무시한다면, 사회학(또는 사회인류학)의 이론적 구성이 역사를 배제함으로써, 다시 말해 일정한 방향성을 갖거나 지향성을 지닌 변화를 배제함으로써 아주 성공적으로 될 수 있었다고 주장할 수도 있다.[15] 대체로 구조기능주의적 패턴은 서로 다른 사회들이 차이점이 있으면서도 어떤 점에서 공통성을 지니고 있는가를 밝힌다. 반면에 우리들이 안고 있는 문제는 사회들이 공통성을 지니고 있지 않다는 점을 밝힌다는 데에 있다. 레비스트로스(C. Lévi-Strauss)가 연구한 아마존족은 근대 사회(뿐만 아니라 모든 사회)에 대해서 밝혀주지는 못한다. 그러나 인류가 어떻게 석기 시대의 동굴 거주인에서 근대 산업 사회나 후기 산업 사회로 진보했는지, 사회 속의 변화가 이러한 진보와 어떠한 관계를 맺고 있는지를 밝혀준다. 또한 진보가 일어나기 위해서 어떠한 변화가 필요한 것인지, 혹은 사회 속의 변화가 어떻게 사회 진보로 귀결되는지도 밝혀준다. 다르게 설명하자면, 모든 인간 사회가 작물 재배나 다른 방식으로 식량 문제를 지속적으로 해

---

14) (옮긴이) 19세기 독일의 화학자 케쿨레(August Kekulé)는 버스에서 졸다가 원자들이 뛰어다니는 꿈을 꾸고는 원자의 결합 방식을 착안했다. 또 서재에서 잠을 자다가 꿈에서 자신의 꼬리를 물고 있는 뱀을 보고는 영감을 얻어 난제이던 벤젠 고리 구조를 밝혀냈다.

15) 나는 '점증하는 복잡성'처럼 사회에 일정한 방향을 집어넣은 방식을 역사적인 것으로 간주하지는 않는다. 물론 그러한 방식이 옳을 수도 있지만.

결할 수밖에 없는 필연성을 보려는 것이 아니라, 사회 구성원 대부분을 차지하는 농민 계급이 (신석기 혁명 이후로) 전적으로 담당해 왔던 식량 공급 기능이 어떻게 소규모 농업 생산자들에 의해 다른 방식으로 수행되게 되었고 어떻게 비농업적 방식으로 수행될 수 있게 되었는가를 보려는 것이다. 이러한 과정이 어떻게 그리고 왜 발생했는가를 보아야 한다. 나는 사회학과 사회인류학이 부수적으로는 도움을 많이 줄 수 있지만 현재 많은 안내를 제공한다고는 믿지 않는다.

다른 한편으로 나는 현재 유행하고 있는 대부분의 경제 이론들이 사회에 대한 역사적 분석 틀이라는 데에는 회의적이지만(그러므로 신경제사의 주장에 대해서 회의적이지만), 전체사회사가들에게 경제학의 가치는 크다고 생각한다. 경제학은 역사학에서 본질적으로 역동적인 요소, 즉 사회적 생산 과정(전체적이고 장기적인 관점에서 보면 진보 과정)을 다룰 수밖에 없다. 마르크스가 알았던 것처럼, 경제학은 사회적 생산 과정을 다루는 한 역사적 발전 과정을 포함할 수밖에 없다. 간단한 예를 들어보자. 폴 배런이 부활시켜 아주 효과적으로 사용한 '경제적 잉여'라는 개념은[16] 사회 발전을 연구하는 모든 역사가들에게 분명 근본적인 것이고, 또한 공동 사회와 이익 사회 같은 이분법보다 더 객관적이고 계량화가 가능할 뿐만 아니라 분석적인 관점에서 더 우선적인 것이라고 할 수 있다. 물론 마르크스는 경제적 모델이 역사적 분석에 가치가 있으려면 사회적, 제도적 실체에서 분리될 수 없음을 알았다. 이러한 사회적, 제도적 실체란 특정한 문화나 사회-경제 구성체가 지니는 구조나 가정은 말할 것도 없고, 인간의 공동체 조직이나 친족 조직의 몇몇 특정한 기본 유형들까지 포함한다. 마르크스는 (직접적으로 그리고 그의 지지자들과 비판자들을 통해서) 근대 사회학 사상의 주

---

16) Paul Baran, *The Political Economy of Growth*(New York, 1957)(한국어 번역본: 『성장의 정치경제학』, 김윤자 옮김, 두레), 2장.

요 창시자 중 한 명으로 간주될 만하지만, 그럼에도 불구하고 마르크스의 주된 지적 업적인 『자본론』이 경제 분석의 형태를 지닌다는 것은 여전히 사실로 남아 있다. 우리는 마르크스의 결론이나 방법론에 동의하도록 요청받고 있지는 않다. 그러나 오늘날 사회과학자들이 봉착한 일련의 역사적 문제를 어느 누구보다 많이 규정하고 제시했던 사상가의 실천을 무시한다면 현명하지 못한 일일 것이다.

3

　우리는 어떻게 전체사회사를 써야 하는가? 여기에서 사회가 의미하는 것에 대한 정의나 모델을 만드는 것은 불가능하다. 전체사회사에 대해 알고자 하는 내용 목록을 작성하는 것조차 가능하지 않다. 설령 할 수 있다 할지라도 그러한 작업이 얼마나 유용할지는 잘 모르겠다. 그러나 미래의 연구 활동을 안내하거나 주의를 환기해 줄 몇몇 다양한 이정표들을 분류해 보는 것은 도움이 될 것이다.

　(1) 전체사회사는 역사다. 말하자면 전체사회사는 실제 연대기적 시간을 한 축으로 삼는다. 우리는 구조, 구조의 지속과 변동의 메커니즘, 그리고 구조 변동의 유형과 전반적 가능성에 관심을 가질 뿐만 아니라, 또한 실제로 일어났던 사건에도 관심을 가진다. 만약 관심을 가지지 않는다면 (페르낭 브로델이 「역사와 장기 지속(Histoire et Longue Durée)」이라는 논문에서 환기시켜 주었던 것처럼[17]) 우리는 역사가가 아니다. 역사학의 일부를 차지하는 추측적(Conjectural) 역사는 그 주된 가치가 과거보다는 현재와 미래의 가능성을 평가하도록 도와주는 것

---

17) 이 중요한 논문의 영어판으로는 *Social Science Information* 9(February 1970), 145~174쪽을 보시오.

이다. 과거와 관련해서는 비교사(comparative history)가 추측적 역사의 자리를 차지한다. 그러나 사건사도 반드시 우리가 설명해야만 하는 역사이다. 황제 통치 시대의 중국에서 자본주의가 발생할 가능성이 있었는가 하는 문제는 자본주의가 세계의 한 지역에서만 완전히 발전했거나, 최소한 발전하기 시작했다는 사실을 설명하는 데 도움을 주는 한에서만 의미가 있다. 그러므로 전체사회사는 사회 구조와 변화에 대한 일반 모델과 실제로 발생한 일련의 특수한 현상들의 결합이다. 이것은 우리 연구의 지리적 규모나 연대적 규모가 어떠하든지 간에 사실이다.

(2) 전체사회사는 특히 함께 살아가는 사람들의 특정 단위들의 역사이고, 이것은 사회학적 관점에서 규정될 수 있다. 전체사회사는 (예를 들어 원숭이나 개미의 사회와는 구별되는) 인간 사회에 대한 역사이거나 ('부르주아' 사회나 '유목' 사회 같은) 특정한 사회 형태와 특정한 사회 형태들 사이의 관계에 대한 역사이거나 인류 전체의 일반적 발전에 대한 역사일 뿐만 아니라 여러 사회들의 역사이기도 하다. 비록 우리가 객관적 실체를 규정하는 것으로 생각한다고 할지라도, "1930년대의 일본 사회는 영국 사회와 달랐다" 같은 진술을 적절치 못한 것으로 거부하지 않는다면 이러한 의미에서 사회에 대해 정의하는 것은 곤란한 문제를 제기한다. 왜냐하면 '사회'라는 용어의 다양한 사용으로 인한 혼동은 제거한다 할지라도, 우리는 다음과 같은 두 가지 문제에 직면하기 때문이다. 첫째, 이러한 단위들의 규모, 복잡성, 범위가 예를 들어 상이한 역사 시기나 발전 단계마다 다르기 때문이다. 둘째, 우리가 사회라고 부르는 것은 사람들이 분류하거나 스스로를 분류하는 다양한 규모와 범위를 지니는 몇몇 인간의 상호 관계 중 하나에 불과하기 때문이다. 이 두 가지 문제는 동시에 발생할 수도 있고 중복될 수도 있다. 사실상 불가능하지만, 뉴기니족이나 아마존족 같은 극단적인 경우에, 이러한 다양한 상호 관계의 집합들이 동일한 인간 집단을 규

정할 수도 있다. 그러나 통상적으로 이러한 집단은 공동체 같은 적절한 사회학적 단위나 어떤 더 넓은 관계의 체계와 일치하지 않는다. 사회는 이러한 관계 체제의 한 부분을 이루고 있고, 이러한 관계 체계는 (경제 관계처럼) 사회에 기능적으로 본질적일 수도 있고 (문화 관계처럼) 본질적이지 않을 수도 있다.

기독교 세계나 이슬람 세계는 존재하고 있고 자기 분류로 인정된다. 그러나 이 세계들은 어떤 공통 특징을 공유하는 사회 부류(a class of societies)를 규정할 수는 있지만, 우리가 그리스나 근대 스웨덴에 대해 이야기할 때 사용하는 의미의 사회는 아니다. 다른 한편으로 미국의 디트로이트와 페루의 쿠스코는 오늘날 많은 점에서 단일한 기능적 상호 관계 체계의 일부(예를 들어 한 경제 체계의 일부)지만, 사회학적으로 말하면 동일한 사회의 일부로 보기는 어렵다. 우리는 로마 사회나 한(漢)대의 사회를, 분명 이들 사회와 보다 광범위한 상호 관계 체계의 일부를 이루었던 야만인 사회와 동일한 사회로 간주하지는 않는다. 이러한 단위들을 어떻게 규정해야 할까? 우리 대부분은 영토적, 인종적, 정치적 혹은 다른 이와 비슷한 몇몇 외적 기준을 선택함으로써 이 문제를 해결하거나 피해 가지만 결코 대답하기 쉬운 문제가 아니다. 이러한 외적 기준은 늘 만족스러운 것도 아니다. 문제는 방법론적인 문제 이상의 것이다. 근대 사회의 주요한 주제들로 사회 규모의 증가, 내적 동질성의 증대, 또는 최소한 사회적 관계의 집중화와 직접성의 증대, 본질적으로 다원적인 구조에서 단일 구조로의 변화 등을 들 수 있다. 민족 사회나 또는 적어도 민족주의의 발전을 다루는 모든 연구자들이 알고 있는 것처럼, 이러한 모든 문제를 연구하는 과정에서 개념 정의의 문제는 매우 다루기 힘들다.

(3) 전체사회사는 사회 구조에 대한 체계화된 정교한 모델은 아니라 하더라도, 적어도 연구의 대략적인 우선순위와, 무엇이 우리가 다루고

있는 주제의 중심적 관계나 복잡한 관계를 구성하는지에 대한 작업가설을 적용하도록 요구한다. 비록 이러한 것들이 모델을 의미하지는 않지만 말이다. 모든 사회사가들은 사실상 그런 가정을 만들고 그러한 우선순위를 가지고 있다. 그러므로 18세기 브라질을 연구하는 어떤 역사가가 그 사회의 가톨릭교에 노예 제도보다 분석적 우선순위를 부여하거나, 19세기 영국을 연구하는 어떤 역사가가 앵글로색슨 시대의 영국을 다룰 때처럼 친족을 중심적인 사회관계로 간주할 것인지는 의문이다.

변종도 존재하기는 하지만, 역사가들 사이의 암묵적인 합의가 이러한 종류의 상당히 공통적인 작업 모델을 정립해 놓은 것처럼 보인다. 역사가는 일반적으로 물질적, 역사적 환경에서 출발하여 생산력과 생산 기술(인구학은 이 두 요소 사이에 위치해 있다), 그 결과로 나타나는 경제 구조(노동 분업, 교환, 축적, 잉여 배분 등), 그리고 이러한 것들에서 발생하는 사회관계 같은 주제들을 다룬다. 이 뒤를 이어 사회 제도와 이미지, 그리고 이것들의 기초를 이루는 사회의 기능들이 다루어질 것이다. 이렇게 하여 사회 구조 형태가 확립되게 되고, 다른 자료에서 추론될 수 있다면 사회 구조의 독특한 특징과 세부 사항들은 대부분 비교 연구를 통해 결정될 수 있다. 그러므로 특정 상황에서 실제 연구는 사회적 생산 과정에서부터 시작하여 밖으로 그리고 위로 나아간다. 내 견해가 맞다면, 역사가들은 하나의 특정한 관계나 복잡한 관계를 자신들이 다루고 있는 사회(또는 사회 유형)에 중심적이고 특유한 것으로 간주하고, 이것을 중심으로 해서 나머지 다른 것들을 묶어내려 한다. 예를 들면 블로크가 자신의 저서 『봉건 사회(*La société féodale*)』에서 이야기한 '상호 의존 관계'나 또는 산업 생산에서 발생한 관계, 즉 자본주의 형태의 산업 사회에서 가능한 관계 등을 들 수 있다. 일단 구조가 확립되고 나면, 구조는 역사적 운동 속에서 살펴야 한다. 프랑스식 표현으로 하면 '구조(structure)'를 '국면(conjuncture)' 속에서 살펴야 한다. 그러나 이 용어를 다른, 아마도 더 적절한 역사적 변동 형태와 유형들을 배제하는 것으로 받아들여서는 안 되지만 말이다. 다시 한번 말하면, (넓은 의미의) 경제적 운동을 그러한 분석의 중심축으로 삼는 경향이 일반적이다. 사회가 역사적 변화와 이행의 과정에서 부딪치는 긴장에서 역사가들은 다음과 같은 두 가지를 드러낸다. 첫 번째는 사회 구조가 동시적으로 균형을 잃고 회복하는 일반적인 메커니즘이고, 두 번째는 전통적으로 사회사가가 관심을 갖는 주제가 되는 현상들로, 집단의식, 사회 운동, 그리고 지적, 문화적 변화의 사회적 차원 등을 들 수 있다.

내가 사회사가들 사이에서 널리 인정되는 작업 계획이라고 믿는(아마 틀린 것일 수도 있는) 것을 요약하려 했던 것은, 개인적으로는 지지하지만 남에게 추천할 만한 것은 아니다. 차라리 그 반대의 것을 제안하려 한다. 우리는 우리의 작업이 근거하고 있는 암묵적인 가정을 명확히 해야 한다. 또한 이 계획이 실제로 사회의 성격과 구조를 정식화하는 데 그리고 사회 구조의 역사적 변동(혹은 안정화)의 메커니즘을 정식화하는 데 최상의 것인지, 아니면 다른 질문에 근거한 다른 작업 계획이 이 계획과 조화를 이루거나 더 좋은 것인지, 혹은 얼굴의 정면과 측면을 동시에 보여주는 피카소의 초상화 같은 것을 역사학에서도 만들어낼 수 있는지 스스로 물어보아야 한다.

간단히 말해서, 만약 우리가 전체사회사가로서 모든 사회과학을 위하여 사회-경제적 역동성에 대한 타당한 모델을 만들어내는 일을 도와야 한다면, 우리의 실제 작업과 이론을 더 많이 통일시켜야만 할 것이다. 아마도 현재 단계에서는 우선 우리가 하고 있는 것을 관찰하여 일반화하고, 더 나아간 다른 작업들에서 발생하는 문제들에 비추어 이것을 수정하는 것을 의미할 것이다.

4

　결과적으로, 나는 지난날의 실제 사회사 연구 작업이 미래에 어떠한 접근 방식과 문제를 제기하는지 알기 위해서 지난 10~20년 동안의 실제 사회사 연구 작업을 살펴보면서 이 글을 끝맺으려 한다. 이러한 절차는 역사가들의 전문적 성향과 잘 맞아떨어지고, 또 우리가 학문의 실제 진보에 대해 거의 아는 것이 없다는 점에서 장점이 있다. 최근에 어떤 주제와 문제들이 가장 많은 관심을 끌었는가? 점점 더 부각되고 있는 주제와 문제들은 무엇인가? 이 분야에 관심을 지니고 있는 사람들이 무슨 일을 하고 있는가? 이러한 질문에 대한 대답은 완벽한 분석을 제공하지는 못하지만, 이것 없이는 더 이상 나아갈 수 없다. 연구자들의 합의는 유행이나 또는 (사회적 무질서에 대한 연구 분야에서 명백하게 나타나는 것처럼) 정치적 영향력이나 행정적 요구에 의해 왜곡되거나 잘못 파악될 수도 있지만, 우리는 위험을 무릅쓰고 이 점을 무시한다. 학문의 진보는 관점과 강령을 선험적으로 규정하려는 시도에서 비롯되는 것이 아니라(만약 그렇다면 우리는 지금 암을 치료하고 있을 것이다), 질문할 가치가 있는 문제나 대답할 여건이 되어 있는 문제에 대해 명확하지는 않더라도 동시에 집중하는 데서 비롯된다. 지금까지 일어났던 일들을, 최소한 관찰자들에게 강한 인상을 남긴 것들을 중심으로 살펴보기로 하자.

　지난 10년이나 15년 사이에 사회사 영역에서 흥미로운 연구 성과들은 다음과 같은 주제들이나 이 주제들을 복합하여 질문함으로써 이루어졌다고 할 수 있다.

(1) 인구학과 친족
(2) 역사 분야에 해당하는 도시 연구

(3) 계급과 사회 집단

(4) '망탈리테(mentalité)'의 역사나 집단의식의 역사, 또는 인류학자들이 사용하는 의미에서의 '문화'의 역사

(5) 사회 변동(예를 들면 근대화나 산업화)

(6) 사회 운동과 사회적 저항 현상

처음 두 항은 주제의 중요성과 상관없이 이미 분야로서 제도화되었고, 이제 자신의 조직, 방법론, 출판 체계를 지니고 있기 때문에 하나로 묶을 수 있다. 역사인구학은 급속하게 성장하면서 많은 성과를 내고 있는 분야이다. 이 분야는 일련의 문제의식에 의존하는 것이 아니라 지금까지 다루기 까다로웠거나 다 이용해 버린 자료(교구 기록부)에서 홍미로운 결과를 이끌어내는 일을 가능하게 만든 연구 기법의 혁신(가족 재구성)에 의존하고 있다. 연구 기법의 혁신은 이렇게 새로운 자료 영역을 열어주었고, 새로운 자료 영역이 지니는 특징은 다시 문제의식의 형성을 야기했다. 역사인구학에 대한 사회사가의 주된 관심은 역사인구학이 특정한 측면의 가족 구조와 행동, 상이한 시기에 살았던 사람들의 수명 곡선, 세대간 변화 등을 밝혀준다는 점에 있다. 역사인구학의 이러한 공헌은 자료의 성격에 제한을 받기는 하지만 중요하다. 그러나 실제로는 이 주제의 열렬한 예찬자들이 인정하는 것보다 더 제약적이며, "우리가 잃어버린 세계"[18]에 대한 분석 틀을 마련하기에는 확실히 불충분하다. 그럼에도 불구하고 이 분야의 근본적인 중요성은 의심할 여지가 없으며, 이 분야는 엄격한 계량적 기법 사용을 격려하는 데 기여해 왔다. 하나의 환영할 만한 부수 효과는, 친족 구조라는 역사 문제에 이러한 자극이 없었을 경우에 사회사가들이 보여

---

18) (옮긴이) Peter Laslett, *The World We have Lost*(New York, 1965).

주었을 관심보다 더 큰 관심을 불러일으켜 왔다는 점이다. 사회인류학으로부터 나온 어느 정도의 과시 효과가 무시되어서는 안 되겠지만 말이다. 이 분야의 성격과 전망은 지금까지 충분히 논의되었기 때문에 여기서 더 이상 토론할 필요가 없다.

도시사도 역시 특정 기법을 통해 결정된 통일성을 지닌다. 각각의 도시는 보통 지리적으로 제한된 결합 단위이고 종종 고유한 문서 분류 체계를 지니고 있을 뿐만 아니라, 나아가 박사 학위 연구 주제에 걸맞을 정도의 자료를 보유하고 있기도 하다. 또한 도시사는 도시 문제의 긴박성을 반영한다. 도시 문제는 근대 산업 사회에서 점점 더 중요해지거나 적어도 가장 극적인 성격을 띠는 사회 계획과 관리의 문제이다. 이 두 가지 영향은 도시사를 잘 정의되지 않은, 잡다하고 때로는 무분별한 내용을 담고 있는 커다란 컨테이너로 만들어버리는 경향이 있다. 도시사는 도시에 관한 어떠한 것이라도 포함하지만, 특히 사회사와 밀접한 관련을 지니는 문제들을 제기한다는 점은 분명하다. 즉 최소한 도시는 결코 경제적 거시사의 분석 틀이 될 수 없으며(왜냐하면 도시는 경제적으로 더 큰 체계의 일부이기 때문이다), 정치적으로도 자기 충족적인 도시 국가는 매우 드물다는 점에서 그러하다. 도시는 본질적으로 특별한 방식으로 모여 사는 인간들의 집단이며, 근대 사회에 특징적인 도시화 과정은 적어도 오늘날에는 도시를 대다수의 인간들이 모여 사는 형태로 만들어버렸다.

도시의 기술적, 사회적, 정치적 문제들은 본질적으로 서로 밀접하게 살아가는 인간들 사이의 상호 작용에서 발생한다. 그리고 도시에 대한 관념도 (도시가 어떤 통치자의 권력과 영광을 과시하기 위한 무대 장치가 아닌 한) 인간들이 『성서』 시대부터 계속 인간 공동체에 대한 자신들의 열망을 표현하려 했던 것이다. 더욱이 최근 몇 세기 동안 도시는 다른 어떤 제도들보다 더 많이 급속한 사회 변화의 문제를 제기하고 극적으로 표현해 주었다. 도시 연구에 몰려들었던 사회사가들이 이 점을 인식하고 있다는 사실은 말할 필요도 없다.[19] 사회사가들은 도시사를 사회 변화의 패러다임으로 보려고 모색해 왔다고도 이야기할 수 있다. 적어도 현재까지는 도시사가 이러한 패러다임이 될 수 있을지 의심스럽다. 또 이 분야의 방대한 연구 성과를 고려해 볼 때, 산업화 시대의 대도시에 대한 정말로 인상에 남을 만한 포괄적 연구 성과가 지금까지 많이 이루어졌는지도 의심스럽다. 그러나 만약 도시사가 사회학자들과 사회심리학자들이 특히 관심을 갖고 있는 전체사회의 변화와 구조의 특정 측면들을 드러내거나 드러낼 수 있다면, 도시사는 전체사회사가들의 중심적인 관심사로 남아 있어야 한다.

한두 분야가 제도화 단계에 접근하고 있다고 할 수 있지만, 나머지 다른 관심 분야들은 아직 제도화되지 않았다. 계급과 사회 집단의 역사에 대한 연구는, 친족 관계에 근거하지 않은 모든 사회의 주요 구성 요소를 이해하지 못하면 더 이상 사회에 대한 이해는 불가능하다는 공통의 가정에서 발전했다. 다른 어떤 분야의 발전도 이 분야보다 더 극적이지도 않았고 (과거 역사가들의 무관심을 고려하면) 더 절실하지도 않았다. 사회사 분야에서 가장 중요한 저작들의 목록을 최대한 간략하게 들어보면, 엘리자베스 시대의 귀족에 대한 로렌스 스톤의 저작, 랑그도크 지방의 농민에 대한 에마뉘엘 르 루아 라뒤리의 저작, 영국 노동 계급 형성에 대한 에드워드 톰슨의 저작, 파리 부르주아 계급에 대한 아들린 도마르의 저작 등을 들 수 있다.[20] 그러나 이러한

---

19) "도시화라는 전체사회사적(societal) 과정을 사회 변화 연구에서 중심적인 것으로 만들 수 있는 가능성은 도시사에 대한 보다 넓은 조망에 달려 있다. 실질적으로 사회 변화를 표현할 수 있는 방식으로 도시화를 개념화할 수 있도록 노력을 기울여야 한다." Eric Lampard in Oscar Handlin and John Burchard eds., *The Historians and the City*(Cambridge · Mass., 1963), 233쪽.

20) (옮긴이) Lawrence Stone, *Crisis of the Aristocracy, 1558~1641*(London, 1965),

저작들은 이미 규모가 꽤 크게 형성된 산맥의 정상일 뿐이다. 예를 들어 직업 집단처럼 작은 규모의 사회 집단에 대한 연구와 비교해 보면 이러한 연구들은 덜 중요하다.

이 분야를 새롭게 발전시키려는 노력이 야심적으로 진행되어 왔다. 계급이나 노예제 같은 특수한 생산 관계는 오늘날 전체사회 규모에서나 사회 간의 비교를 통해서, 또는 사회관계의 일반 유형으로서 체계적으로 고찰되었다. 또한 이러한 것들이 현재 심층적으로, 즉 사회적 존재, 관계, 행동의 모든 측면에서 고려되고 있다. 이러한 상황은 새로운 것이고, 노예제 비교 연구 같은 특별히 집중 연구된 분야를 제외한다면, 이 분야에 대한 연구는 이제 막 시작되었음에도 불구하고 그 성과는 이미 놀라울 정도이다. 그럼에도 불구하고 많은 문제점들이 발견되고 있으므로 이에 대해 몇 마디 해도 부적절하지는 않을 것 같다.

첫째, 이러한 연구에 필요한 자료의 양이 많고 다양하기 때문에 옛날 역사가들이 사용했던 산업 시대 이전의 장인적 연구 방법은 분명히 적합하지 않다. 이러한 연구엔 협동적 공동 작업과 현대적인 기술 장비의 사용이 요구된다. 학자 혼자서 하는 방대한 작업이 이러한 종류의 연구 초기 단계에 특징적으로 나타나지만, 이러한 방식의 연구는 한편으로는 체계적인 공동 연구 기획에 밀려날 것이고, 다른 한편으로는 (아마도 여전히 한 사람이 주도하는) 주기적인 종합화의 시도에 자리를 내줄 것이라고 생각한다. 이것은 내가 가장 잘 알고 있는 연구 분야, 즉 노동 계급의 역사 분야에서는 분명한 사실이다. 심지어 가장 야심적인 (에드워드 톰슨의) 단일 저작[21]마저도 (짧은 시기를 다루고 있

Emmanuel Le Roy Ladurie, *Les Paysans du Languedoc*(Paris, 1966), E. P. Thompson, 『영국 노동 계급의 형성』(나종일 외 옮김, 창작과비평사), Adeline Daumard, *Les bourgeois de Paris au XIXe siècle*(Paris, 1970).

21) (옮긴이) 『영국 노동 계급의 형성』을 말한다.

음에도 불구하고) 미완성의 대작일 뿐이다. (위르겐 쿠진스키(Jürgen Kuczynski)의 『자본주의하 노동자 상태의 역사(*Geschichte der Lage der Arbeiter unter dem Kapitalismus*)』라는 방대한 분량의 저작도 책 제목이 의미하는 것처럼 단지 노동 계급의 특정한 한 측면만을 집중해서 다룰 뿐이다.)

둘째, 이 분야는 개념적 명료성이 존재하는 곳에서조차, 특히 시간의 흐름에 따른 변화를 측정하는 데 기술적인 어려움을 지니고 있다. 예를 들어 어떠한 특정 사회 집단으로의 유입과 유출 또는 농민의 토지 소유 변화 등을 들 수 있다. 다행히 우리들은 그러한 변화가 추출될 수 있는 자료(예를 들어 집단으로서의 젠트리와 귀족의 계보)나 우리의 분석을 위한 재료가 구성될 수 있는 자료(예를 들어 역사인구학의 방법이나 중국 관료제에 대한 가치 있는 연구들이 근거한 자료에 의해 구성될 수 있는)를 충분히 가질 수도 있다. 그러나 세대 간 이동을 했다고 알고 있지만, 대략적인 계량적 서술마저도 거의 불가능한 인도의 카스트 같은 사례에 대해 우리가 무엇을 할 수 있겠는가?

셋째, 더욱 심각한 것은 역사가들이 지금까지 항상 분명하게 대처하지 않았던 개념의 문제들이다. 이러한 사실이 좋은 연구 작업을 배제하는 하는 것은 아니지만(말〔馬〕을 정의할 능력이 없는 사람도 말을 알아보고 탈 수는 있다), 사회 구조와 관계 및 이것들의 변동이라는 보다 일반적인 문제들에 느리게 대처해 왔다는 사실을 보여주는 것이다. 이러한 것들은 다시 시간의 흐름에 따른 계급 구성원의 변동을 구체적으로 서술하는 문제와 같은 기술적인 문제를 제기하고, 그러한 변동은 계량적 연구를 복잡하게 만든다. 이것은 또한 사회 집단의 다면성이라는 보다 일반적인 문제도 제기한다. 몇 가지 예를 들어보면, 마르크스에게서 '계급'이라는 용어가 이중성을 지니고 있었다는 사실은 잘 알려져 있다. 그에게 계급은 한편으로는 부족 사회 이후 모든 사회의 일반적 현상이고, 다른 한편으로는 근대 부르주아 사회의 산물인 것이다. 또한 계급은 한 측면에서는 다른 방식으로는 설명할 수 없는 현상을 이해하기 위한 분석적 구성물이고, 다른 측면으로는 그들 자신이나 다른 집단의 의식에 실제로 같이 소속되어 있는 것으로 보이는 인간 집단이거나, 또는 이 두 측면을 모두 지닌 것이다. 이러한 의식의 문제는 다시 계급의 언어라는 문제를 제기한다. 우리는 계속 변화하고, 자주 중복되며, 때로 비현실적이기도 한 계급 언어라는 현대적 분류 용어의[22] 계량적 측면에 대해선 아직 거의 모른다. (여기서 역사가들은 지라르(L. Girard)와 소르본 팀이 현재 하고 있는 것처럼 사회-정치적 용어에 대한 체계적인 계량적 연구를 추구하면서 사회인류학자들의 방법과 관심을 주의 깊게 살펴볼 필요가 있다.[23])

또한 계급의 등급이 존재한다. 시어도어 샤닌의 용어를 사용해 보면,[24] 마르크스의 『루이 보나파르트의 브뤼메르 18일』에 나오는 농민은 "낮은 계급성을 지닌 계급"이고, 반면에 마르크스가 생각한 프롤레타리아 계급은 매우 높은, 아마도 최고의 "계급성"을 지닌 계급이다. 계급의 동질성이나 이질성이라는 문제도 있다. 또는 거의 똑같기는 하지만, 다른 집단과 관련하여 계급을 규정하는 문제와 계급의 내적 분화 및 층화의 문제가 존재한다. 가장 일반적인 의미에서, 어떤 특정한 시점에서 필연적으로 정태적일 수밖에 없는 분류와 그 분류 이면에 존

---

22) 실재와 분류 사이에 존재할 수 있는 차이에 대해서는 식민지 라틴아메리카의 복잡한 사회-인종적 위계질서에 대한 토론을 보시오. Magnus Mörner, "The History of Race Relations in Latin America" in L. Foner and E. D. Genovese eds., *Slavery in the New World*(Englewood Cliffs, 1969), 221쪽.

23) A. Prost, "Vocabulaire et typologie des familles politiques", *Cahiers de lexicologie* 14(1969)를 보시오.

24) T. Shanin, "The Peasantry as a Political Factor", *Sociological Review* 14(1966), 17쪽.

재하는 복합적이고 변화하는 현실 사이의 관계라는 문제가 존재한다.

넷째, 가장 심각한 난점은 전체로서의 사회의 역사를 향해 직접 나아가게 만드는 것이다. 그 난점은 계급이란 것이 고립된 인간 집단을 규정하는 것이 아니라 수직적이고 수평적인 관계 체계를 규정한다는 사실에서 일어난다. 그러므로 계급은 차이(혹은 유사성)의 관계이면서 거리의 관계인 동시에, 또한 사회 기능, 착취, 지배/종속의 질적으로 서로 다른 관계이다. 그러므로 계급에 대한 연구는 계급이 일부를 이루고 있는 사회의 나머지 부분도 포함시켜야만 한다. 노예 소유주는 노예 없이, 그리고 그 사회의 노예제와 관련이 없는 부문 없이는 이해될 수 없다. 19세기 유럽의 중간 계급을 규정하기 위해서는 사람에 대해 권력을 행사하는 능력을 (재산을 통해서, 하인을 둠으로써, 또는 심지어 가부장적 가족 구조에 지배받는 부인과 아이들을 소유함으로써) 가지고 있지만 자신들에게 직접 행사되는 권력에서는 벗어나 있는 것이 필수적이라고 이야기할 수 있다. 그러므로 계급 연구는 특정한 부분적 측면에 의도적으로 제한되지 않는 한 사회 전체에 대한 분석이다. 르루아 라뒤리의 저작 같은 가장 인상적인 저작은 연구 제목의 범위를 훨씬 넘어서까지 다루고 있다.

이처럼 최근에 전체사회사에 대한 가장 직접적 접근은 이렇게 폭넓은 의미에서의 계급 연구를 통해서 이루어져 왔다고 할 수 있다. 이것이 부족 단계 이후의 사회 성격에 대한 올바른 인식을 반영한다고 믿든지 안 믿든지 간에, 또는 이것을 마르크스주의 역사학의 현재 영향력 탓으로 돌리든지 그렇지 않든지 간에, 이러한 연구 형태의 전망은 밝은 것 같다.

'망탈리테'의 역사에 대한 최근의 관심은 여러 가지 점에서 사회사의 중심적인 방법론적 문제에 대한 아주 직접적인 접근을 보여준다. 사회사에 끌려 들어온 많은 사람들이 지닌 '보통 사람'에 대한 전통적 관심이 주로 망탈리테의 역사를 자극해 왔다. 망탈리테의 역사는 주로 개별적으로 분명하지 않은 것, 기록되지 않은 것, 모호한 것을 다루었고, 평범한 사람들의 사회 운동이나 보다 일반적인 사회 운동 현상에 대한 관심과 종종 구분되지 않는다. 오늘날 다행히도 그러한 관심은 그 운동에 참여하지 못하는 사람들도 포함하고 있다. 예를 들어 전투적이거나 수동적인 사회주의 노동자뿐만 아니라 보수주의자들에게도 관심을 보이고 있다.

바로 이러한 사실로 인해 역사가들은 문화를 특히 동태적으로 취급하도록 자극받았다. 역사가들의 이러한 문화 연구는 인류학자들의 방법과 선구적인 경험에 영향을 받지 않은 것은 아니지만 "빈곤의 문화"에 대한 인류학자들의 연구[25]보다 더 월등하다. 역사가들의 연구는 지속적이든지 지속적이지 않든지 간에 신념과 이념의 집합에 대한 연구는 아니다. 예를 들어 알퐁스 뒤프롱이 연구한 이 문제와 관련된 매우 가치 있는 견해가 있지만 말이다.[26] 차라리 역사가들의 연구는 행동 속에 들어 있는 이념, 더 구체적으로 말하면 사회적 긴장과 위기 상황 속의 이념에 대한 연구이다. 르페브르의 『1789년의 대공포』[27] 같은 연구가 그런 것이고, 이 저작은 이후의 많은 후속 저작들을 고무시켜 주었다. 그러한 연구에 사용된 자료들의 성격은 역사가들이 스스로를 단순한 사실 연구와 설명에 한정시키도록 놔두지 않았다. 역사가는 처음 시작 단계부터 모델을 구성해야만 한다. 다시 말해 부분적이고 분산된 자료들을 통일적인 체계에 맞추어야만 한다. 이러한 체계가 없다면 자

---

25) (옮긴이) Oscar Lewis, "The Culture of Poverty" in Daniel P. Moynihan ed., *On Understanding Poverty*(New York, 1968).

26) A. Dupront, "Problèmes et méthodes d'une histoire de la psychologie collective", *Annales : Economies, Sociétés, Civilisations* 16(January–February 1961), 3~11쪽.

27) (옮긴이) Georges Lefebvre, 『1789년의 대공포』(최갑수 옮김, 까치).

료들은 단지 일화에 불과할 뿐이다. 그러한 모델의 기준은 모델의 구성 부분들이 서로 잘 어울려야 하고, 구체적인 사회 상황 속의 집단행동의 성격과 그 한계 모두를 안내해 주는 것이거나 안내해 주어야만 한다는 것이다.[28] 산업 시대 이전 영국의 "도덕 경제"에 대한 에드워드 톰슨의 개념은 그러한 모델의 하나일 수 있다. 의적에 대한 나의 분석[29]은 다른 모델에 근거하고자 했다.

이러한 신념과 행동 체계가 사회 전체의 상이거나 또는 사회 전체의 상을 의미하는 한(이러한 상은 경우에 따라서 사회 전체의 영속이나 변혁을 추구할 수 있다), 그리고 이러한 체계가 실제 현실의 특정한 측면과 일치하는 한, 우리 과제의 핵심으로 더 가까이 갈 수 있도록 해준다. 그러나 가장 성공적인 그러한 분석들이 대체로 전통적인 사회나 관습적인 사회를 다루는 한(때로는 사회적 변혁의 충격 아래 있는 그러한 사회들을 다루기도 하지만) 그러한 분석의 범위는 더욱 제한되어 있다. 지속적으로 급진적이고 근본적인 변화로 특징지어지는 시기, 그리고 개인의 경험 차원을 훨씬 벗어나는, 심지어 개념적으로도 파악하기 어려울 정도로 복잡한 시기에는 문화사로부터 추론될 수 있는 모델은 아마도 사회 현실과는 거리가 멀 것이다. 그 모델들은 근대 사회의 열망의 유형('사회가 어떻게 되어야 하는가')을 구성하는 데 더 이상 유용하지 못할 수도 있다. 산업 혁명이 사회사상 분야에서 야기한 근본적인 변화는, 영원히 지속되는 질서라는 가정에 근거한 신념 체계를, 단지 과정(process)으로만 기술될 수 있는 특정한 목적을 향한 끊임없는

---

28) 내가 "잘 어울린다(fitting together)"는 말을 통해 의미하고자 했던 것은 동일한 징후의 서로 다른, 그리고 때때로 명백하게 관련되어 있지 않은 부분들 사이의 체계적 연관을 확립하는 것이다. 19세기의 고전적 자유주의 부르주아 계급이 개인적 자유와 가부장적 가족 구조 모두에 대해 지녔던 신념을 예로 들 수 있다.

29) (옮긴이) Eric Hobsbawm, *Bandits*(London, 1969/2000).

진보(progress)에 근거한 신념 체계로 대체한 것이다. 여기서 영원히 지속되는 질서는 실재했던 것이든지 가상적이든지 과거에서 통상적으로 끌어낸 몇몇 구체적 사회 모델의 관점에서 묘사될 수 있거나 설명될 수 있는 것이다. 과거의 문화는 그들 자신의 사회와 그러한 구체적 모델을 서로 비교하여 평가하지만, 현재의 문화는 단지 미래의 가능성과 비교해서만 자신의 사회를 평가할 수 있다. 그럼에도 '망탈리테'의 역사는 사회인류학과 비슷한 어떤 것을 역사학에 도입하는 데 유용하며, 이러한 유용성은 결코 소진되지 않았다.

나는 폭동에서 혁명에 이르는 사회 갈등에 대한 수많은 연구가 지니는 유용성은 더 세심한 평가를 요구한다고 생각한다. 사회 갈등을 연구해야만 하는 이유는 명백하다. 사회 갈등은 한계 상황까지 짓눌려 온 것이기 때문에 늘 사회 구조의 중요한 측면을 극적으로 표현한다는 사실은 의심할 여지가 없다. 더욱이 어떤 중요한 문제들은 그러한 폭발의 순간에서, 혹은 폭발의 순간을 통하지 않고서는 결코 연구할 수 없다. 폭발의 순간은 평상시에는 잠재되어 있던 많은 것을 드러나게 해줄 뿐만 아니라, 현상들을 연구자에게 유리하게 집중시키거나 증폭시켜 준다. 동시에 다른 한편으로는 그 현상들에 관한 증거 자료를 증가시킴으로써 연구자들을 어렵게 만든다. 간단한 예를 들어보자. 혁명기에는 방대한 경찰 보고서, 법정 증언 및 일반 심문 기록은 말할 것도 없고 산더미 같은 팸플릿, 편지, 논문, 연설 같은 명확한 의사 분출이 특징적으로 나타난다. 우리는 이러한 혁명기의 예외적인 의사 분출을 제외하고는 평상시 저술에서는 자신들을 대체로 또는 전혀 표현하지 않는 사람들의 생각에 대해서는 정말 모르고 있지 않은가? 프랑스 혁명에 대한 역사 서술은 거대한, 그리고 무엇보다 잘 기록된 혁명에 대한 연구가 얼마나 효율적으로 연구될 수 있는지 보여줄 수 있다. 프랑스 혁명기라는 짧은 기간은 아마도 동일한 시간 폭을 지닌 어떤 시기보다도 더 오랫동안 더 집중적으로 연구되어 왔다고 할 수 있을 것이다. 프랑스 혁명은 역사가들에게 거의 완벽한 실험실이 되어왔고 지금도 그렇다.[30]

이러한 유형의 연구가 갖는 위험은 겉으로 드러난 위기 현상을 변혁을 겪고 있는 더 넓은 맥락의 사회 흐름으로부터 분리시키도록 유혹한다는 데 있다. 우리가 비교 연구에 착수하려고 할 때, 특히 (어떻게 혁명을 일으킬 것이냐 아니면 저지할 것이냐 같은) 문제를 해결하려는 욕구가 강할 때, 이러한 위험은 특히 크다고 할 수 있다. 비교 연구는 사회학이나 사회사에서 아주 효과적인 접근 방식은 아니다. 예를 들어 폭동이 다른 것(예를 들어 '폭력')과 어떤 공통점이 있는가 하는 것은 사소한 일일 것이다. 우리들이 법적, 정치적 또는 다른 시대착오적 기준을 현상들에 강제로 적용하려 하는 한, 비교 연구는 환상일 수도 있다. 이것은 범죄 행위를 역사적으로 연구하는 사람들이 피하고자 하는 것이다. 이것은 마찬가지로 혁명에 적용될 수도 있고 적용되지 않을 수도 있다. 나는 혁명에 대한 연구에 아주 많은 시간을 투자해 왔기 때문에 혁명에 관심을 갖지 않도록 권하기에는 아주 부적절한 사람이다. 그러나 우리는 혁명을 연구하는 데 있어 우리가 갖는 관심의 정확한 목적을 명확하게 규정해야만 한다. 만약 그 목적이 사회의 주요한 변혁에 있다면, 우리는 역설적으로 혁명 자체에 대한 연구의 가치는 갈등이 발생하는 짧은 순간에 대한 관심의 집중과 반비례한다는 것을 발견하게 될 것이다. 물론 1917년 3월부터 1917년 11월까지의 시기나 그 이후에 진행된 러시아 내전기에 집중함으로써 발견할 수 있는 러시아 혁명이나 인간 역사에 대한 사실들이 존재한다. 그러나 단기간에 걸친 위기가 아무리 극적이고 중요하다 하더라도, 그것의 집

---

30) 우리는 역사가들이 20세기에 러시아 혁명을 비교사적으로 연구할 기회를 가질 수 있기를 기대한다.

중적인 연구를 통해 드러나지 않는 다른 문제들도 존재한다.

다른 한편으로, 혁명과 (사회 운동을 포함하는) 다른 비슷한 연구 주제는 사회 구조와 동태에 대한 포괄적 파악에 적합할 뿐만 아니라 대체로 이러한 파악을 요구하기도 하는 더 넓은 분야에 통합될 수 있다. 단기간에 걸친 사회 변혁이 몇 십 년이나 몇 세대에 걸친 것으로 경험되거나 분류될 수도 있다. 우리들은 단지 성장이나 발전의 연속선상에서 도려낸 연대기적 토막을 다루는 것이 아니라, '산업 혁명'이라는 말이 의미하는 것처럼 사회의 방향이 다시 설정되고 사회가 변혁되는 비교적 짧은 시기를 다룬다. (물론 그러한 시기는 거대한 정치 혁명을 포함할 수도 있지만, 정치 혁명이 연대기적으로 그 시기의 범위를 한정할 수는 없다.) '근대화'나 '산업화' 같은 역사적으로 조야한 용어들이 인기 있는 것은 사람들이 그러한 현상을 인식하고 있음을 보여준다.

하지만 이러한 연구가 갖는 난점은 매우 크며, 이것이 모든 국가에 해당되는 사회 과정으로서의 18~19세기 산업 혁명에 대한 적절한 연구가 아직도 없는 이유일 것이다. 비록 취리히 근교에 대한 루돌프 브라운의 연구나 19세기 초 올덤 지방에 대한 존 포스터의 연구처럼 탁월한 지역적, 지방적 주제를 다루는 저작들을 한두 가지 이용할 수는 있지만 말이다.[31] 그러한 현상에 대한 실제적인 접근은 이제 (산업 혁명 연구를 격려해 왔던) 경제사에서뿐만 아니라 정치학에서 도출될 수도 있을 것이다. 식민지 해방의 역사와 식민지 시기의 역사를 연구하는 사람들은, 지나치게 정치적 관점이긴 해도, 자연히 그러한 문제들에 직면할 수밖에 없었고, 아프리카 연구는 특히 효과적인 것으로 입

---

31) R. Braun, *Industrialisierung und Volksleben*(Erlenbach and Zurich, 1960); *Sozialer und kultureller Wandel in einem ländlichen Industriegebiet ……im 19. und 20. Jahrhundert*(Erlenbach and Zurich, 1965); J. O. Foster, *Class Struggle and the Industrial Revolution*(London, 1974).

증되었다. 아프리카에 대한 접근 방식을 인도에까지 확장하려는 최근의 시도도 주목을 받고 있다.[32) 결과적으로 식민지 사회의 근대화를 다루는 정치사회학과 정치학은 우리들에게 유용한 도움을 줄 수 있다.

식민지 상황 —— 정복을 통해 획득하여 직접적으로 통치하는 공식적 식민지를 의미한다 —— 이 지니는 분석적 이점은 하나의 전체사회나 사회 집단들이 외세와의 명확한 대조를 통해 규정될 수 있고, 식민지의 다양한 내적 이동과 변화뿐 아니라 외세가 가한 제어할 수 없는 급격한 충격에 대한 식민지의 반응도 전체적으로 관찰되고 분석될 수 있다는 점이다. 다른 사회에서는 내부적이거나 또는 그 사회의 내부적 요인과의 점진적이고 복잡한 상호 작용 속에서 작동하는 어떤 세력들을, 식민지에서는 실용적 목적을 위해 임시로 완전히 외부적인 것으로 간주할 수도 있다. 이것은 분석적으로 매우 유용하다. (물론 우리는 식민화에서 비롯되는 왜곡, 예를 들어 식민지 사회의 경제와 사회적 위계가 끊어지는 왜곡을 무시해서는 안 되지만, 식민지 상황에 대한 관심은 식민지 사회가 비식민지 사회의 복사판이라는 가정에 의존하지는 않는다.)

더 구체적인 이점이 있을 수 있다. 이 분야의 연구자들이 갖는 주된 관심은 민족주의와 민족 국가 건설이었고, 여기에서 식민지 상황은 일반 모델에 훨씬 더 가까운 모델을 제공한다. 비록 역사가들은 아직 이 모델을 파악하고 있지는 못하지만, 민족(주의)적이라고 불릴 수 있는 복합적 현상은 산업 시대의 사회 구조와 동태를 이해하는 데 명백히 중요하며, 정치사회학 분야의 몇몇 저작들이 이 모델을 인식했다. 슈타인 록칸(Stein Rokkan), 에릭 알라르트(Eric Allardt)와 다른 사람들이

---

32) 이러한 작업을 하고 있는 에릭 스토크스는 아프리카사 연구 성과를 의식적으로 응용하고 있다. E. Stokes, "Traditional Resistance Movements and Afro-Asian Nationalism : The Context of the 1857 Mutiny-Rebellion in India", *Past and Present* 48(August 1970), 100~117쪽.

작업했던 프로젝트인 '중심 형성, 민족 국가 건설, 문화적 다양성'은 몇 가지 매우 흥미로운 접근 방식을 제공한다.[33]

지난 200년 동안의 역사적 발명품인 '민족(nation)'은 오늘날 토론할 필요조차 없을 정도로 막대한 실제적 중요성을 지니고 있고, 전체사회사에 대해 몇 가지 중대한 문제를 제기한다. 그 예로 사회 규모의 변화, 간접적으로 연결된 다원적 사회에서 직접적으로 연결된 단일한 사회 체계로의 전환(또는 몇몇 기존 소규모 사회들의 보다 큰 사회 체계로의 합병), (영토적, 정치적 요소처럼) 사회 체계의 경계를 결정하는 요소, 그리고 이와 똑같은 중요성을 지닌 다른 문제 등을 들 수 있다. 경제 발전에 필요한 조건은 어느 정도로 이러한 경계를 객관적으로 강요하는가? 예를 들어 19세기 형태의 산업 경제가 성립하기 위해서 요구되는 영토 국가 규모의 최대치나 최소치가 존재한다. 이러한 요구 조건은 어느 정도로 초기 사회 구조의 약화와 파괴뿐만 아니라 어느 정도의 단순화, 표준화, 집중화를 (다시 말해 '중심'과 '주변' 사이의, 또는 차라리 '상층'과 '하층' 사이의 직접적이고 점점 더 절대적으로 되어가는 관계를) 자동적으로 의미하는가?[34] '민족'은 어느 정도로 초기 공동체와 사회 구조가 해체됨에 따라 남겨진 공간을 채우려고 의도적으로 고안된 공동체나 사회로 기능할 수 있는가? 또는 그러한 기능을 상징적으로 대체할 수 있는 어떤 것을 만들어내려고 시도하고 있는가?

---

33) *Centre Formation, Nation-Building and Cultural Diversity : Report on a Symposium Organized by UNESCO*(복사본 초고, 날짜 미상). 이 심포지엄은 1968년 8월 28일부터 9월 1일까지 열렸다.

34) 자본주의가 지구적인 경제 상호 작용 체계로 발전해 왔음에도 불구하고, 사실상 자본주의 발전의 실제 단위는 영국, 프랑스, 독일, 미국의 경제 같은 특정한 영토적, 정치적 단위들이었다. 이것은 역사적 우연에 기인할 수도 있다. 그러나 심지어 (의문의 여지는 있지만) 순수한 경제적 자유주의의 시대에서도 국가가 경제 발전에 필수적인 역할을 했던 데에 기인할 수도 있다.

(그러므로 '민족 국가(nation-state)'라는 개념은 이러한 객관적 발전과 주관적 발전을 결합하는 것이다.)

식민지 상황과 식민지를 겪고 난 상황이 이러한 복합적 문제를 조사하는 데 있어 유럽 역사보다 반드시 더 적절한 기초가 되는 것은 아니다. 그러나 (마르크스주의자들을 포함하여) 19세기와 20세기의 유럽을 연구하는 역사학자들이 이러한 문제에 대해 진지한 연구를 하지 않았고 이 문제에 대해 좌절감을 느끼고 있었기 때문에, 최근의 아시아와 아프리카의 역사는 가장 좋은 출발점을 제공할 수도 있다.

5

우리는 최근의 연구를 통해 전체사회사를 향해 어느 정도 나아갔는가? 솔직하게 이야기해 보자. 나는 우리가 반드시 지향해야만 하는 전체사회사의 모범이 되는 단일 저작을 전혀 지적할 수가 없다. 마르크 블로크는 『봉건 사회』에서 사회 구조의 성격에 관한 확실한 모범을 우리들에게 보여주었다. 『봉건 사회』는 비교 방법을 통해 특정한 유형의 사회와 그 사회의 실제 변종과 가능한 변종 모두를 고려하였다. 이러한 작업이 위험하기도 하고 더 큰 성과를 낳을 수도 있다는 사실에 대해 여기서 이야기하고 싶지는 않다. 마르크스는 우리들에게 사회의 유형학과 장기적 역사 변동과 진화에 관한 모델을 그려주었거나 우리 스스로 그릴 수 있도록 해주었다. 이 모델은 아주 강력하게 남아 있고, 이븐 할둔의 『역사 서설』만큼 자신의 시대에 앞선 것이었다. 『역사 서설』의 독자적 모델은 서로 다른 사회 유형의 상호 작용에 기초해 있었고, 특히 선사 시대, 고대사, 동양사에 대해 훌륭한 성과를 낳았다. (이와 관련하여 고든 차일드(Gordon Childe)와 오웬 래티모어(Owen Lattimore)의 연구 성과가 생각이 난다.) 최근에 특정한 사회 유형에 대한 연구에서 중요한 진전이 이루어졌다. 특히 아메리카의 노예제에 대한 연구 —— 고대 노예제 사회는 퇴조하는 것으로 나타난다 —— 와 대규모 농민 경작자에 대한 연구가 두드러진다. 다른 한편으로 포괄적 사회사를 대중적인 종합으로 바꾸려는 시도는 나에게는 비교적 성공적이지 못한 것으로 또는 전혀 자극을 주지 못하는 도식적이고 일시적인 것으로 여겨진다. 전체사회사는 여전히 형성되는 중이다. 나는 이 글에서 전체사회사의 몇 가지 문제들을 제시하고, 전체사회사의 실제 상황들을 평가하고, 부수적으로는 보다 집중 연구를 하면 소득을 얻을 수 있는 몇몇 문제들을 암시하려 했다. 이제 이 분야가 놀라울 정도로 번창하는 상태임을 기꺼이 받아들이면서 결론을 내릴 수밖에 없을 것 같다. 지금은 사회사가가 되기에는 좋은 때이다. 자신을 사회사가라고 자처하지 않는 사람들조차 오늘날 사회사가라는 이름을 거절하지 않을 것이다.

역사가와 경제학자 I

널리 알려진 대로 나폴레옹 시대의 모든 병사들은 계급을 나타내는, 최고 사령관(marshal)이 준 사령장을 배낭 속에 넣고 다녔지만, 그 병사들은 사령장을 꺼낼 경우를 별로 심각하게 예상하지 않았다. 나는 오랫동안 나폴레옹 시대의 하사관들과 비슷한 상황에 있었다. 그러므로 마셜(Marshall) 강연을 제안받았을 때 나는 명예롭게 느꼈을 뿐만 아니라 놀랐다. 나는 1950년대 초에 뮈르달(Gunnar Myrdal)이 이곳에 마셜 강좌를 만들었다는 사실을 처음 들었다. 당시 나는 경제학부 주변에서 경제사 감독관과 시험관으로 활동했기 때문에, 이 대학과 약간

---

* 이번 장과 다음 장은 1980년에 초청받았던 케임브리지 대학 경제학부 마셜 강연의 원고를 약간 수정한 것이다. 이 두 장은 이전에 출판된 적이 없다. 1980년 이후로 경제학과 경제사에서 많은 일이 일어났지만(적어도 여기서는 경제사가들에게 노벨 경제학상을 수여하는 문제를 비판적으로 논의하지 않았다), 내가 이 강연들에서 제기하려고 했던 의문들은 여전히 해결되지 않았다. 그래서 이 원고들은 여전히 출판될 가치가 있는 것으로 보인다. 그러나 나는 비판에 대응하는 과정에서 입장을 약간 수정했다. 이러한 추가 내용은 〔　〕 안에 표시했다.

관련이 있었다. 반면에 케임브리지 대학은 수년간 경제학부와 역사학부의 몇몇 일자리를 나에게 제공하는 것을 거부했다. 당시 케임브리지 대학에는 영국에서 그리고 아마도 세계에서 가장 뛰어난 경제학부가 있었다. 그러므로 나는 이러한 강연 초청이 대단히 명예로운 일임을 확실하게 알고 있으며, 케임브리지 대학 경제학부에 감사드린다.

그러나 이제까지는 만족스럽게 이야기했지만, 또 아주 조심스럽게 말하고자 한다. 나는 경제학자가 아니다. 내 동료들 중 한 학파의 기준에 따르면, 나는 심지어 적합한 경제사가도 아니다. 물론 그러한 기준에 따르면 베르너 좀바르트(Werner Sombart), 막스 베버, R. H. 토니도 제외되지만 말이다. 경제학자들이 현실 세계의 압박이 너무 심할 때 가끔 피난처로 삼는, 그리고 자신들에게 적절하게 여겨지는 제안을 지닌 두 직업인 수학자나 철학자도 아니다. 간단히 말해서 나는 아마추어로서 이야기한다. 내가 입을 열도록 격려해 주는 유일한 것은 마셜 강연의 강연자로 기록된다는 기쁨 말고도, 아마추어의 관찰이 경제학자들이 쓴 몇몇 관찰들 이상으로 현재(1980년)의 세계 상황에 적절할 수 있기 때문에, 경제학자들이 현재의 경제학 상태에서 아마추어의 관찰에 귀 기울일 준비가 되어 있을 거라는 느낌이다. 특히 역사학이 경제학으로 더욱 통합되거나 다시 통합되기를 호소하는 아마추어들의 말에 경제학자들이 귀 기울이기를 사람들은 바란다.

왜냐하면 경제학이나, 때때로 경제학 분야를 독점적으로 규정하려 했던 경제학의 일부는 늘 역사의 희생물이었기 때문이다. 세계 경제가 아주 순조롭게 돌아가는 것으로 보이던 오랫동안, 역사는 자기만족을 부추겼다. 적합한 경제학은 발언권을 얻었지만, 부적합한 경제학은 암묵적으로 배제되거나 이단적인 몽롱한 세계, 즉 신앙 치료나 침술 같은 것만 다루게 되었다. 여러분이 기억하는 것처럼, 케인스(J. M. Keynes)조차 마르크스, 홉슨(J. A. Hobson), 그리고 케인스가 아니었으면 잊혔을 실비오 게젤[1]을 구분하지 않았다. 그러나 역사는 때때로 경제학자들을 사로잡았고 그들의 보호막을 벗겨버렸다. 1930년대 초반은 그런 시대였고, 지금 우리는 또 그런 시대에 살고 있다. 적어도 몇몇 경제학자들은 경제학의 상태에 불만을 가지고 있다. 역사가들은 재해석은 할 수 없더라도 명료화에는 기여할 수 있을 것이다.

내가 선택한 주제인 '역사가와 경제학자'는 특히 케임브리지 대학과 이 대학 경제학부에 적합한 주제이다. 그 안에서는 경제사와 경제학이 마셜(Alfred Marshall) 시대 이후로 계속 거북한 관계로 있었기 때문이다. 둘의 관계에는 복잡한 문제가 있었다. 한편 자주 관찰되어 왔던 것처럼 마셜의 이론적 도구는 본질적으로 정태적이어서 역사 변화와 진화를 수용하는 데 어려움을 겪었다. 원래 「서론」이었던 마셜의 『경제학 원리(*Principles of Economics*)』의 「부록」은 경제사를 요약한 것인데, 슘페터는 그것이 "시시한 것들이 나열된" 읽을거리에 불과하다고 정확하게 지적하였다.[2] 확실히 마셜의 대단한 경제사 지식은 별로 덧붙일 여지가 없는 이론 구조에 단지 장식과 설명만 제공했을 뿐이다. 그럼에도 마셜은 경제학이 역사 변화에 깊이 개입되어 있으며, 경제학의 추상화는 구체적 현실을 누락시키는 대가를 치른다는 사실을 인식하고 있었다. 그는 경제학이 역사학을 필요로 한다는 사실은 알았지만, 역사학을 자신의 분석에 조화시키는 방법을 몰랐다. 이런 점에서 그는 마르크스는 물론이고 애덤 스미스보다도 뒤떨어졌다. 1980년까지 케임브리지 대학 경제학부의 강의 시간표에는 다른 대학의 경제학부

---

1) (옮긴이) Silvio Gesell(1862~1930) : 독일의 상인, 경제학자. 금, 은 등의 화폐 소재로부터 화폐를 해방시켜 화폐의 유통 속도를 빠르게 하고 구매력을 증가시킬 수 있다는 자유 화폐설을 주장했으며, 이 학설은 후에 케인스에게 많은 영향을 주었다.
2) Joseph A. Schumpeter, *History of Economic Analysis*(New York, 1954), 836~837쪽.

처럼 늘 몇 개의 경제사 강좌들이 포함되었지만, 시간표의 배정이나 강사들의 위치는 부수적인 것에 지나지 않았다. 분명히 경제사는 유기적인 조직의 일부였지만, 그것의 정확한 기능은 결코 명확하지 않았다.

다른 한편으로 경제사가들은 경제학과 역사학 사이에서 불편한 이중생활을 해왔고, 그것은 지금도 어느 정도 마찬가지이다. 영미권에서는 '구'경제사와 '신'경제사라고 부를 수 있는 두 종류의 경제사가 존재한다. 본질적으로 신경제사는 과거로 투사된 이론, 주로 신고전파 이론이다. 나는 '신'경제사나 '계량사(cliometrics)'에 대해 더 많이 언급하려 한다. '신'경제사는 적어도 〔노벨상을 받은〕로버트 포겔 교수처럼 원사료를 연구하고 이용하는 데 탁월한 능력과 경탄할 정도의 재주를 지닌 사람들을 매혹했지만, 지금까지 결코 혁명적이지는 않았음을 지적하고 싶다. 포겔 교수 스스로 그 점을 인정했다. 즉 대부분의 계량사가들이 처음에 집중 연구했던 미국경제사에서조차, '신'경제사가들은 전통적 방법으로 추적하고 입증할 수 있는 농업의 성장, 매뉴팩처의 발흥, 은행의 발전, 상업의 확산 등에 대한 기본적인 서술을 수정하기는 했지만 대체하지는 못했다는 사실을 인정했다.[3]

신경제사가 충분한 경제학과 통계학 능력을 지녔을 때조차 구경제사가들은 현재의 경제학 이론이 지난 사실의 단순한 검증에 그치고 있다는 점과 '신'경제사의 의도적인 분야 축소를 훌륭한 근거에서 비판했다. 케임브리지 대학의 경제사 담당 교수인 클래펌(J. H. Clapham)은 뛰어난 경제 분석 감각 때문에 마셜에 의해 초빙되었으며 자신이 경제학 교수이기도 했지만, 그조차도 경제 이론이 경제학에서 중요한 역할을 한다고는 생각하지 않았다. 하지만 경제사가 그렇게까지 이론 자체를 의심하는 것은 아니다. 경제사가 신고전파 이론을 어느 정도

---

3) R. W. Fogel, "Scientific History and Traditional History" in R. W. Fogel and G. R. Elton, *Which Road to the Past?*(New Haven and London, 1983), 68쪽.

의심하고 있다면, 그것은 그 이론의 비역사성과 모델의 제약적인 성격 때문이다.

따라서 경제학자와 역사가는 불편한 공존 상태에 있다. 이것은 양쪽 모두에게 불만족스러운 일이다.

경제학자는 역사학을 다시 통합할 필요가 있지만, 단순히 역사학을 회고적 계량경제학으로 전환시킴으로써 역사학이 통합되는 것은 아니다. 의학이 응용과학인 것처럼 경제학이 응용 사회과학이기 때문에 경제학자는 역사가보다 이러한 통합을 더 필요로 한다. 질병 치료를 자신의 주요 업무로 보지 않는 생물학자는 의과 대학과 연관되어 있더라도 의사가 아니다. 직접적으로나 간접적으로 현실 경제를 변화시키고 개선시키거나 악화를 방지하려는 일에 관심이 없는 경제학자들은 — 신학이 쇠퇴함으로써 세속 사회에 생긴 빈 공간을 메꾸는 일을 선택하지 않는다면 — 철학자나 수학자의 아류로 분류되는 것이 더 좋을 것이다. 나는 여기서 섭리가 (혹은 시장이) 인간에게 영향을 미치는 방식의 정당화에 대해선 어떤 의견도 제시하지 않겠다. 긍정적이든 부정적이든 정책 건의는 경제학의 몫이 된다. 그렇지 않다면 경제학 같은 분야는 성립하거나 존속할 수 없을 것이다. 그러나 다른 많은 분야들처럼 경제학도 전문 분야로 성장함에 따라, 세계를 해석하거나 변화시키지도 않고 단지 경력을 쌓아서 다른 연구자들을 제치기 위한 연구들이 성장하고 있다. 그러나 경제학의 이러한 측면은 논의하지 않겠다.

과거가 주제인 역사학은 이미 일어났던 일을 변화시키는 방법을 아직 발견하지 못했다는 이유만으로도 이러한 의미의 응용 분야는 아니다. 우리는 기껏해야 가정적 대안에 대한 반(反)사실적 생각만 할 수 있을 뿐이다. 물론 과거, 현재, 미래는 하나로 연결되어 있으므로 역사가는 미래를 예측할 수 있고 미래를 위해 건의할 수 있다고 말해야만 한다. 정말 그렇게 되기를 바란다. 그러나 분명히 역사가의 기법이 그런 목적에 맞지 않는 것은 아니지만, 역사가가 당면 정책에 조언하는 것은 역사학이 마르크스주의처럼 더 넓은 사회과학 개념에 포함되거나 역사학의 직분에서 벗어날 때에 가능하다. 어떤 경우든 우리가 하는 대부분의 일은, 변하지 않는 과거와 이론적으로 변할 수 있는 미래를 구별하는 일, 즉 결과를 알고 하는 돈내기와 결과를 모르고 하는 돈내기를 구별하는 일이다.

그러나 경제학자들은 역사학이 경제학으로 다시 통합되길 바라는가? 어떤 경제학자들은 "현재만으로는 해결하기 어려워 보이는 문제에 과거가 대답해 줄 거라는 희망에서" 역사를 필요로 한다.[4] 마르티니(Martini)가 영국의 경제 문제는 19세까지 거슬러 올라간다고 이야기했을 때, 역사학은 진단과 처방에 있어서 자연스러운 요소로 보인다. '경영학' 같은 악명 높은 유사 분야가 어떤 면에서는 현실적이고 성실한 데 비해 경제사는 순수 학문이라는 〔점차 일반화되는〕 가정은 어리석은 것이다. 역사적인 주제들이 관심의 중심 대상으로 되었을 때조차 역사에 대한 경제학자들의 관심은 (단연 세계 최대 규모인 미국 경제학에 비추어 판단해 볼 때) 오랫동안 쇠퇴해 왔다. 경제사나 경제 사상사에 대한 주제들은 20세기 첫 사반세기에 미국 전체 박사 학위 논문의 13퍼센트를 점했다가 1970년대 전반에는 3퍼센트로 떨어졌다. 반대로 경제 성장과 관련된 박사 학위 논문은 1940년까지는 나타나지 않다가 그 후에는 경제사 관련 박사 학위 논문 중에서 가장 많은 13퍼센트를 차지했다.

역사학과 경제학은 같이 성장했기 때문에 이런 상황은 더 이상한 것이다. 고전적 정치경제학이 특히 영국과 연관이 있다면, 그것은 단

---

4) 《경제학 저널(*Economic Journal*)》 87호(1977년 6월)에 실린 T. B. Birnberg and A. Resnick, *Colonial Development : An Econometric Study*(London, 1976)에 대한 홉킨스(A. G. Hopkins)의 서평(351쪽).

지 영국이 선구적인 자본주의 국가였기 때문만은 아니라고 생각한다. 다른 오래된 선구자인 네덜란드가 17~18세기에 두드러진 경제 이론 가들을 배출하지 못한 데 비해 영국이 그럴 수 있었던 이유는, 고전 정치경제학에 많은 기여를 했던 스코틀랜드 출신 사상가들은 자신들이 살아가는 사회의 역사적 변화에서 경제를 분리시키지 않았기 때문이었다. 애덤 스미스 같은 사람들은 자신들이 다른 사람들보다 먼저 "봉건제"에서 다른 종류의 사회로 나아가는 이행기에 살고 있다고 보았다. "풍요의 자연스러운 진보"가 제멋대로 행동함으로써 "이상하고 퇴행적인 질서"로 변질될 때 나타날 수 있는 해로운 사회적, 정치적 결과들을 피할 수만 있다면,[5] 그들은 이러한 이행을 촉진하고 합리화하기를 원했다. 마르크스주의자들이 자본주의 발전이 야만적인 결과를 낳을 수 있다는 것을 인식했다면, 스미스도 또한 봉건제의 발전이 야만적인 결과를 초래할 수 있다고 생각했을 수도 있다. 따라서 고전 정치경제학을 스미스가 『국부론』 제3권을 할애했던 역사사회학에서 분리해서 추상화시키는 것은, 스미스의 정치경제학을 그의 도덕 철학에서 분리시켜 생각하는 것만큼이나 잘못된 것이다. 마찬가지로 역사학과 분석은 최후의 위대한 고전 정치경제학자인 마르크스 안에서 통합되어 있었다. 당시 고전 정치경제학자들은 분석적 측면에서 별로 만족스럽지 못한 방식으로 독일에서는 여전히 경제학과 통합되어 있었다. 19세기 후반에 독일은 아마도 영국과 프랑스를 합친 것보다 더 많은 교수직을 가지고 있었고 더 많은 저술들이 출간되었던 것 같다.

사실상 역사학과 경제학의 분리는 경제학에서 한계 학파가 대두할 때까지는 별로 인식되지 않았다. 역사학과 경제학의 분리는 카를 멩거 (Carl Menger)가 당시 극단적인 형태로 독일 경제학을 지배했던 소위

---

5) Hans Medick, *Naturzustand und Naturgeschichte der bürgerlichen Gesellschaft* (Göttingen, 1973), 264쪽을 보시오.

'역사학파'를 선동적으로 공격함으로써 시작된 (지금은 대부분 잊힌) 1880년대의 방법론 논쟁에서 주된 쟁점이 되었다. 그러나 멩거가 속했던 오스트리아 학파는 마르크스를 비판하는 논쟁에도 열정적으로 개입했다는 사실을 잊어서는 안 된다.

이러한 방법론 논쟁에서 마침내 한쪽이 완벽하게 승리하게 되자 쟁점이나 논의 내용, 심지어 패배한 측의 존재마저 대부분 잊히게 되었다. 마르크스를 비판하는 논의들이 신고전파의 분석 양식을 따르는 한 마르크스는 그 학파 내에서 생존할 수 있었다. 위험한 오해였지만, 마르크스는 경제 이론가로 생각될 수 있었다. 구스타브 슈몰러(Gustav von Schmoller)와 다른 역사학파 학자들은 케임브리지 대학의 윌리엄 커닝엄(William Cunningham)이 그랬던 것처럼 단순히 '경제사가'로 묵살되거나 분석적인 감각이 부족한 경제학자로 무시당했다. 확실히 나는 이것이 경제사가 영국에서 전문적 분과 학문으로 시작된 기원이라고 생각한다. 영국 경제학, 특히 마셜은 더 극단적이었던 오스트리아 학파가 했던 것만큼 역사와 경험적 관찰을 분석에서 체계적으로 배제하지 않았다. 그럼에도 불구하고 실제로 영국 경제학은 경제 발전, 경제 변동, 심지어 정태적인 거시경제학 같은 역동적인 문제들을 여러 세대 동안 다루지 않았기 때문에 자신의 기반과 관점을 좁히는 결과를 초래했다. 힉스가 지적했던 것처럼, 그러한 환경에서는 현실성에 대한 마셜의 열망조차 "본질적으로 근시안적인 것으로 되어버렸다. …… 마셜의 경제학은 회사나 '산업'을 다루는 데에는 매우 적합하지만, 전체 경제, 심지어 국민 경제 전체를 다루기도 힘들다."[6]

1880년대의 방법론 논쟁을 재개하는 것은 적절치 못한 것이다. 그것

---

6) ≪경제학 저널(*Economic Journal*)≫ 86호(1977년 6월)에 실린, J. K. Whitaker ed., *The Early Economic Writings of Alfred Marshall(1867~1890)*에 대한 힉스의 서평(368~369쪽).

이 이러한 형태로는 더 이상 큰 흥미를 끌 수 없는 방법론 논쟁으로, 즉 연역적 방법과 귀납적 방법의 가치에 관한 논쟁으로 전환되었기 때문에 더욱 그렇다. 그러나 세 가지는 관찰해 볼 만한 가치가 있는 것 같다. 첫째, 당시에는 오늘날 우리가 회고하는 것만큼 승리가 명확해 보이지 않았다. 독일 경제학이나 미국 경제학은 빈, 케임브리지, 로잔 학파의 지도를 쉽게 따르지 않았다. 둘째, 오늘날의 설명과는 달리 승리자의 주장은 본질적으로 경제 이론의 실제적 가치에 기반을 둔 것이 아니었다. 통찰력에 근거한 세 번째 관찰은, 신고전파 경제학자들을 돌이켜 평가해 보면 알 수 있듯이, 한 경제의 승리와 그 경제에 속한 경제학 이론가들의 지적 탁월성과 명성 사이에는 명백한 연관이 없다는 것이다. 거칠게 표현하면, 국민 경제의 부는 훌륭한 경제학자들의 공급과는 거의 관계가 없는 것으로 나타난다. 어쨌든 경제학자들의 의견을 오늘날처럼 쉽게 국제적으로 이용할 수 없었던 시절엔 말이다. 튀넨[7] 이후로 비독일 지역에서는 교과서의 주(註)에서조차 중요한 독일인 경제 이론가들을 거의 찾아볼 수 없었지만, 이러한 이론가의 부족 때문에 독일이 실제 경제 활동에서 고통을 겪진 않았다. 1938년 이전 오스트리아에는 정부가 인정하고 조언을 구하는 경제 이론가들이 많이 있었다. 그러나 오히려 나이 든 탁월한 학자들이 후계자를 남기지 못하고 사라졌던 1945년 이후에, 오스트리아는 경제적 성공 사례가 되었다. 훌륭한 경제 이론 공급자의 실제적 중요성은 결코 자명하지 않다. 우리는 순수 경제 이론을 생화학과 생리학에 비유하고 응용경제학을 수술과 치료에 비유한 멩거의 생각에 찬성할 수 없다. 슘페터는 죽을 때까지 그러한 신념을 지녔지만. 의사들과는 달리, 경제학의 원리에는 동의한 경제학자들도 처방에 대해서는 정반대의 견해를 가질

---

7) (옮긴이) Johann Heinrich von Thünen(1783~1850) : 독일의 농업경제학자. 생산의 입지와 상품 수송비 간의 관계를 논의한 『고립국』으로 유명하다.

수도 있다. 게다가 19세기 독일의 사례에서 명백히 드러나는 것처럼, 이론가들의 생화학과 생리학을 필수적인 것으로 받아들이지 않은 실천가들도 성공적으로 일을 수행할 수 있다면, 우리는 경제 이론과 실천의 관계를 더 근본적으로 반성할 필요가 있다.

내가 이미 암시했던 것처럼, 역사학파에 반대한 신고전파는 자신들의 이론이 실제와 거의 관계가 없다는 사실을 사실상 인정하였다. 역설적으로 마르크스주의자들의 순수 (가치) 이론은 실제 시장 가격 형성을 이해하는 데 도움이 되지 않는다고 주장하면서 마르크스주의를 거부했지만 말이다. 순수 이론가들은 어떤 이론적 명제를 따르는 것보다 경험적(즉 과거에 대한 역사적) 조사가 경제에 대해 더 많은 것을 말해줄 수 있다는 사실을 부인할 수 없었다. (확실히 오늘날 우리들은 이론 모델을 실제 경제에 비추어 검증하는 일은 실증주의 경제학자들이 생각했던 것보다 더 어려운 일이라고 말할 수 있다.) 정책과 경제적 실천이 잘 진행되는 한 순수 이론의 역할은 부차적인 것으로 받아들여졌다. 뵘바베르크는 의도적으로 경제적 실천을 방법론 전투에서 배제했다. 그는 "방법론 문제가 논쟁[이 되는 곳은 오로지 이론 내에서]일 뿐이다"라고 주장했다. "실천적인 사회정치학 분야에서 역사 통계적 방법은 기술적 이유들로 인해 절대적으로 우월하기 때문에, 경제학과 사회 문제에 관한 순수한 추상적-연역적 입법 정책은 다른 사람들만큼 나에게도 혐오스럽다."[8] 각국의 정부들은 이 말을 귀담아들을 필요가 있다. 오스트리아 학파 중에서 가장 정교하고 현실적으로 생각했던 슘페터는 이러한 사실을 아주 분명하게 서술했다. "우리의 이론이 단단하게 고정되는 한, 그것은 경제생활의 가장 중요한 현상들과 부딪칠 때

---

8) E. von Böhm-Bawerk, "The Historical vs the Deductive Method in Political Economy", *Annals of the American Academy of Political and Social Science* 1 (1980), 267쪽.

마다 실패하게 된다."[9]

나는 슘페터가 여기서 너무 일방적으로 자신의 입장에서 선동적인 주장을 했다고 생각한다. 순수 이론도 실제적인 측면을 발전시켰다. 다만 1914년 이전의 순수 이론과는 전혀 다른 이론으로 판명된 이론이었지만 말이다.

방법론 전투에서 양 진영의 차이점은 주로 정부 개입 신봉자와 경제적 자유주의자나 신자유주의자 사이의 차이점이었다는 것을 환기하고 싶을 뿐, 1870년 이후 경제 이론이 왜 이런 방향으로 발전했던가를 토론하는 것은 나의 영역을 벗어나는 일이다. 신고전파 경제학의 주장보다 기업에 대해, 특히 대기업에 대해 더 강력한 사회적 통제를 가하고 정부가 더 개입해야 한다는 신념을 미국의 제도학파가 가지고 있는 것은 그들이 신고전파 경제학에 대해 만족하지 못하기 때문이다. 그만큼 미국 제도학파를 고무시켰던 독일 역사학파는 본질적으로 국가의 보이는 손에 대한 신봉자였다. 이런 이데올로기적, 정치적 요소는 논쟁에서 명백했다. 이러한 요소는 경제적 이단아들이 케인스 이전의 신고전파 경제학을 자유방임 자본주의를 위한 공적 관계의 실현에 불과한 것으로 다루도록 만들었다. 미제스(Ludwig von Mises)나 하예크(Friedrich A. Hayek) 독자들에게는 어느 정도 타당할지 몰라도, 이러한 파악은 부적절한 견해이다.

차라리 요점은 논쟁이 현저하게 이데올로기적 성격을 띠었고, 순수 이론과 역사학의 격차가 점점 더 커져서 순수 이론은 실제를, 역사학은 이론을 무시할 수 있었다는 데 있다. 왜냐하면 순수 이론과 역사학 모두 자본주의 시장 경제를 본질적으로 자기 조절적인 것으로 간주할

---

9) Joseph A. Schumpeter, *Das Wesen und der Hauptinhalt der theoretischen Nationalökonomie*(Leipzig, 1908), 578쪽. 또한 그의 다음 책을 보시오. *Economic Doctrine and Method : An Historical Sketch*(London, 1954), 189쪽.

수 있었기 때문이다. (마르크스주의자들을 제외하고) 양자는 자본주의 시장 경제의 전반적이고 현실적인 안정성을 당연시할 수 있었다. 정부가 시장의 작동에 심각하게 개입하는 정책(주로 재정 정책과 통화 정책)을 제안하지만 않는다면, 이론은 시장 경제가 원활히 작동하는 것을 축하하는 것 말고는 할 일이 없기 때문에, 순수 이론가들은 실제적 응용을 부차적인 것으로 간주할 수 있었다. 이러한 단계에서 사기업과 정부의 행동에 대한 순수 이론가들의 관계는 1950년대 이전 영화 제작자에 대한 영화 평론가와 영화 이론가들의 관계와 비슷했다. 반대로 기업가와 (금융과 재정 정책 분야를 제외한) 정부는 경험적인 상식보다 더 많은 이론을 필요로 하지 않았다.

기업과 정부가 필요로 했던 것은 정보와 기술 전문가들이었는데, 순수 이론가들은 이러한 것들에 관심도 없었고 그것을 제공할 수도 없었다. 독일의 행정가와 경영자들은 영국인보다는 이러한 것들을 더 필요로 했다. 그러나 독일 사회과학이 경탄할 만한 수준의 많은 경험적 연구들을 독일인에게 제공하는 한, 마셜, 비크셀(Knut Wicksell), 발라(Léon Walras)만큼 위대한 독일인 이론가가 없다는 사실은 문제되지 않았다. 마르크스주의자들조차 사회주의 경제나 자신들이 책임을 지는 경제 문제에 대해 조금도 고민할 필요가 없었다. 실제로 사회주의화의 문제가 진지하게 고려된 적은 없었다. 제1차 세계 대전은 이러한 상황을 바꾸기 시작했다.

역설적이게도 순수 이론을 거부했던 역사학파나 제도학파의 접근 방식의 한계는, 자본주의 경제가 점점 더 공공 요소에 의존하거나 이에 의해 지배당하면서 계획적으로 운영되거나 신중하게 계획되어야 하는 바로 그 순간에 명백해졌다. 이러한 상황은 경제적 개입주의로 치우치는 경향이 있었지만 역사학파와 제도학파는 필요한 지적 도구를 제공하지 못했다. 우리는 이론에 근거한 운영과 계획의 경제학이 양차 세계 대전 기간 동안 출현했음을 알고 있다. 1913년의 '정상 상태'로 되돌아간다는 희망은 얼마간 신고전파 경제학의 적용을 지연시켰지만, 1929년의 경기 침체 이후로 신고전파 경제학을 정책에 적용하는 일은 급속도로 진척되었다. 순수 이론가들은 통계 숫자와 개념 검증에 대한 그때까지의 무관심을 버렸고, 계량경제학은 가능성을 인정받아 1930년대에 제도화될 수 있었다. 동시에 조작화의 중요한 도구를 이용할 수 있게 되었는데, 일부는 한계 혁명 이전의 고전 정치경제학이나 거시경제학에서 비롯되어 마르크스주의를 거쳐서 1925년 레온티예프(Wassily Leontief)의 소련 경제 발전 계획에 대한 예비적 연구에서 처음으로 출현한 투입-산출 분석이었고, 다른 일부는 선형 계획법처럼 군사 작전 연구에 응용된 수학에서 비롯되었다. 사회주의 계획화에 신고전파 경제 이론을 적용한다는 충격은 여러 역사적, 이데올로기적 이유들 때문에 늦춰지기는 했지만, 비자본주의 경제에 대한 신고전파 경제 이론의 실질적 적용 가능성은 제2차 세계 대전 이후로 인정되어 왔다.

이러한 방식으로 작동할 수 있게 되고 확대된 순수 이론은 슘페터가 1908년에 생각했던 것보다 실천에 더 적합한 것으로 입증되었다. 순수 이론은 실제적으로 유용하지 않다는 주장은 더 이상 할 수 없다. 그렇지만 (구식 비유지만) 의학 용어를 사용한다면 순수 이론은 생리학자나 병리학자나 진단 전문의를 만드는 것이 아니라 엑스레이 기계를 만든다. 내가 크게 틀린 것이 아니라면, 경제 이론은 결정을 도와줄 뿐 아니라 결정을 내리고 보충하고 감독하는 기술을 발전시키지만, 경제 이론 자체는 적극적으로 정책을 집행하는 결정을 만들어내지 못한다. 물론 이것은 별로 새로운 것이 아니라고 이야기할 수도 있다. 특별한 경우를 제외하고는, 과거에 경제 이론이 특정 정책을 명확하게 제시할 때마다 우리들은 그 해결책이 맞는지 미리 알 수 없다고 의심하지 않았는가?

신고전파 이론가들은 자신들이 처음에 의심했던 것보다 더 좋은 정책 도구를 만들어냈다. 이에 비해 역사학파와 제도학파는 자부했던 기능, 즉 경제적 개입 국가를 돕는 기능이 기대했던 것보다 나쁜 결과를 낳았음을 인정할 수밖에 없었다. 여기서 그들의 구식 실증주의와 이론의 결여가 치명적이었음이 입증되었다. 이것이 슈몰러, 바그너(A. H. G. Wagner), 코먼스(John R. Commons)가 자신들이 그토록 열심히 연구했던 역사의 일부가 되어버린 이유이다. 그러나 그럼에도 불구하고 그들의 공로를 무시할 수 없는 두 가지 이유가 있다.

첫째, 앞서 말했듯이 그들은 마셜이 많은 관심을 가졌던 사회적, 경제적 현실에 대한 진지하고 구체적인 연구를 장려했다. 1914년 이전에 독일인들은, 영국 경제학자들이 영국 경제에 대한 실제 자료에 전혀 관심이 없고 그 결과 영국 경제에 대한 정보의 양이 빈약하고 일관성도 없다는 사실에 항상 경악했는데, 이런 반응은 타당한 것이었다. 확실히 슐체개베르니츠(G. von Schulze-Gaevernitz)와 채프먼(Sydney Chapman)이 영국 면 산업을 연구했던 경우처럼, 영국 학자와 독일 학자가 동일한 주제를 다루는 경우 독일 학자의 연구가 더 뛰어나다는 사실은 부인하기 어렵다. 실제로 영국 내의 연구가 부족했기 때문에 영국 경제를 다루는 독일 논문들이 번역되기도 했다. 더구나 1914년 이전에 영국에서 이루어졌던 그런 경험적 연구들마저 종종 이단적인 경제학자들이나 제도학파적 성향이 강한 페이비언주의자들로부터 나온 것이었다. 여기서 이단적인 경제학자들로는 옥스퍼드 경제학자들을 들 수 있는데, (통상위원회와 비버리지위원회의 루엘린스미스(Hurbert Llewellyn-Smith) 같은) 옥스퍼드 경제학자들은 사회적 서비스와 공공 서비스 쪽에 관심을 두었기 때문에 대부분 잊혔다. 페이비언주의자들은 방법론 논쟁에서 역사학파의 주장에 공감했고, 반(反)마셜주의 경제학의 중심이었던 런던 정경대학에 속했던 사람들이었다. 1914년 이전 경제 집중에 대한 영국 유일의 사실적 연구는, 1907년에 최초로 생산 통계 조사를 실시하는 책임을 맡고 있었던 페이비언주의 공무원들의 작품이었다.[10] 이와는 반대로, 사회적 주제뿐 아니라 경제학을 다룬 독일 사회정책학회의 방대한 일련의 응용 논문들에 필적하는 것은 존재하지 않았고, 제도학파가 주도한 미국의 국립경제연구국에 버금가는 것도 존재하지 않았다. 제2차 세계 대전 이후에는 영국이 어느 정도 따라잡았지만, 양차 세계대전 사이 영국 경제학자들의 논의들 대부분은 이용할 수 있는 상세한 정보에 근거했다기보다는 차라리 '암시적 통계학'이라고 불려왔던 것에 근거했다는 것은 분명 사실이다. 간단히 말해서 이러한 논쟁들은 클래펌의 책에 나오는 유명한 사람들이 볼 수 없었던 경제의 다른 측면, 이를테면 실업에 대한 정보를 무시하는 경향이 있었다.

둘째, 그 이단자들은 결코 동일시될 수 없는 것들과 자본주의 경제의 실제 역사적 변동 모두를 잘 감지했다. 지난 백 년 동안 자본주의 경제에는 두 가지 중요한 변화가 일어났다. 첫 번째는 19세기 후반에 이르러 당시 사람들이 어느 정도 같은 부류로 인식되는 다양한 변화의 측면들을 '제국주의', '금융 자본주의', '집산주의' 같은 이름으로 파악하려 했던 변화이다. 이단적이거나 주변적인 사람들이 이 최초의 움직임을 (비록 적절하게 분석하진 않았지만) 비교적 곧바로 그리고 유일하게 인식했다고 생각한다. 슐체개베르니츠나 슈몰러 같은 독일 역사학파 경제학자, 홉슨과 카우츠키, 힐퍼딩, 룩셈부르크, 레닌 같은 마르크스주의자들이 그들이다. 이 단계에서 신고전파 경제학은 전혀 이야기할 것이 없었다. 늘 명석했던 슘페터는 1908년에 '순수 이론'은 평범

---

10) H. W. Macrosty, *The Trust Movement in British Industry*(London, 1907).

하고 부정확한 철학적 반성 말고는 제국주의에 대해 말할 것이 없다고 주장했다. 결국 자신이 설명을 시도했을 때, 당시의 새로운 제국주의는 자본주의와 본질적인 관계가 없으며 사회학적으로 자본주의 이전 사회의 잔존물로 설명할 수 있다는 받아들이기 어려운 가정에 근거해 있었다. 마셜은 일부 사람들이 경제적 집중 현상은 자본주의 발전의 산물이라고 주장한다는 사실을 인식했고, 그래서 트러스트와 독점에 대해 걱정했다. 그러나 그는 생애의 마지막까지 트러스트와 독점을 특수한 사례로 간주할 뿐이었다. 자유로운 경쟁 체제에 대한 그의 신념은 흔들리지 않았던 것 같다. 사실 현실적이었던 그는 완전 경쟁을 가정하지는 않았지만, 자본주의 경제가 더 이상 1870년대처럼 작동하지 않는다는 사실은 거의 인식하지 못했다. 그러나 1919년에 마셜의 『산업과 무역(Industry and Trade)』이 출판되었을 때, 이러한 문제들이 독일과 미국에서만 중요하고 영국에서는 중요하지 않다고 가정하는 것은 더 이상 타당하지 않았다. 대공황이 닥쳐서야 비로소 신고전파 이론은 '불완전 경쟁'이라는 경제 규범에 적응했다.

두 번째 움직임은 제2차 세계 대전 이후 사반세기 동안 발전하고 뿌리를 내렸다. 1920년대로의 복귀가 가능하지 않고 바람직하지도 않다는 사실이 당시에 명백해졌지만, 정통파 경제학자들이 새로운 단계의 세계 경제를 자신들의 역사적 용어로 적절하게 분석했다고 말할 수는 없다. 심지어 가장 강력하게 살아남은 이단 학파인 마르크스주의도 제2차 세계 대전 후의 자본주의를 현실적으로 바라보는 것을 1890년대와 1900년대보다 훨씬 더 주저했다는 사실은 반드시 언급해야겠다. 추상적 이론화를 추구하는 마르크스주의자들의 두드러진 부흥은 주변의 실제 세계를 서투르게 파악하려 했던 태도나 1970년대까지 회피하려 했던 상황과 대비된다. 그럼에도 주변적 견해에서 새로운 역사적 실제에 대한 인식이 나왔다. 갤브레이스는 이미 '미국 자본주의'와

'풍요로운 사회'를 다루는 자신의 초기 저서에서 암묵적으로 드러난 '새로운 산업 국가'에 대한 견해를 대부분 '시장'에서 독립한 메트로폴리탄적 거대 기업 경제의 관점에서 공식화했다.[11] 갤브레이스가 이야기한 내용을 이해했던 평범한 독자들이 그의 동료들보다 훨씬 더 호의적으로 그를 받아들였다는 사실도 언급해야겠다. 산티아고에서 열린 국제연합 경제위원회의 라틴아메리카 분과 경제학자들은 비용에 있어서의 비교 우위가 제3세계로 하여금 주요 산물을 생산하도록 운명지었고 제3세계의 산업화를 요구했다는 신념을 비판했다. 그러나 1970년대 초 '황금시대'가 끝난 후에야 비로소 두 개의 현상이 초국가적 자본주의 단계에 대한 해석 속에서 결합되었다. (이번에는 이단적인 네오마르크스주의자들이 주도했다.) 초국가적 자본주의 단계에서는 민족 국가가 아니라 거대 기업이 자본 축적의 동력이 표현되는 기관이 된다. 〔1980년대와 1990년대에 이것은 부활한 신자유주의의 일반 통화가 될 것이었다. 이러한 공식화가 민족 경제의 역할을 과소평가하는지 그렇지 않은지는 여기서 우리의 관심사가 아니다.〕

이단적 마르크스주의자들은 새로운 자본주의 단계를 이전만큼 재빠르게 인식하지 못했고, 이에 비해 정통파 경제학자들은 이 문제에 거의 관심을 보이지 않았던 것으로 보인다. 1972년쯤에, 상상력이 풍부하지는 않지만 매우 강력하고 명석한 지성을 지녔던 해리 존슨[12]은 세계 전쟁이나 미국의 붕괴가 없다는 가정하에 20세기 말까지 세계가 지속적으로 팽창하고 번영할 것이라고 예언했다. 그렇게 자신만만한

---

11) (옮긴이) J. K. Galbraith, 『미국의 자본주의』(최광렬 옮김, 양영각), 『풍요로운 사회』(최광렬 옮김, 현암사), 『새로운 산업 국가』(최광렬 옮김, 홍성사).

12) (옮긴이) Harry Gordon Johnson(1923~1977) : 캐나다 태생의 경제학자. 거시경제학과 국제무역학 분야에 실질적으로 기여한 저작들을 남겼으며, 국내외의 많은 회의에 참가했다.

역사가들은 거의 없었던 것 같다.

내가 말하고 싶은 것은, 역사에서 분리된 경제학은 키가 없는 배이고, 역사가 없는 경제학자들은 배가 나아갈 방향에 대해 많이 생각하지 못한다는 것이다. 그러나 이러한 결점들은 해도 몇 장을 가짐으로써, 즉 구체적인 경제적 현실과 역사적 경험에 더 관심을 가짐으로써 해결될 수 있다고 주장하지는 않겠다. 실제로, 늘 눈을 열어두려는 준비가 되어 있고 열의가 있는 수많은 경제학자들이 있어왔다. 주류 전통 안에서 경제학자의 이론과 방법 그 자체가 어디를 보아야 하고 무엇을 기대해야 하는가를 알도록 도와주지 않는다면 그것이야말로 문제이다. 예를 들어 경제적 메커니즘에 대한 연구는 그러한 메커니즘을 형성하는 사람들의 행동을 조건짓는 사회적 요소와 다른 요소들에 대한 연구와 분리되었다. 그것은 오래전 모리스 도브(Maurice Dobb)가 케임브리지 대학 안에서 지적했던 점이다.

나는 주류 경제학을 근본적으로 더 보류하자고 제안하고자 한다. 주류 경제학이 라이오넬 로빈스(Lionel Robbins)의 방식으로 단지 선택의 문제로만 규정되는 한(경제학과 학생들의 '성서'인 새뮤얼슨의 교과서[13]는 여전히 주류 경제학을 그렇게 규정하고 있는데), 주류 경제학은 표면상의 주제인 실제적인 사회적 생산 과정, 다시 말하면 (자신의 정의에 따라 사는 데 실패했던) 마셜이 "일상생활을 영위하는 인류에 대한 연구"라고 불렀던 것과는 단지 우연적인 관계만 가질 수 있을 뿐이다. 이제까지는 주류 경제학 내에서 주로 사용되었지만, 경제적 선택의 원칙이 적용되는 수많은 다른 행위들이 존재한다. 특정 분야로부터 분리된 경제학은 미제스가 "인간행위학(praxiology)"이라고 불렀던 것, 하나의 과학, 그리고 결과적으로 프로그램을 만들기 위한 일련의

---

13) (옮긴이) Paul A. Samuelson, *Economics*(1948년의 초판 이후 여러 판)를 말한다.

174

기술이 되어야만 한다. 그렇지 않으면 목표에 대한 의문은 없는 채 경제적 인간이 어떻게 행동해야만 하는가에 대한 규범적 모델이 되고 말 것이다.

두 번째 선택은 과학과 전혀 관계가 없다. 그것은 일부 경제학자들에게 (세속의) 신학자라는 굴레를 씌웠다. 첫 번째 것은 이미 관찰된 것처럼 중요한 성과이고 실제적 중요성을 지녔다. 그러나 그것은 사회과학이나 자연과학이 하는 것은 아니다. 슘페터는 늘 명석했음에도 불구하고, 인간행위학 분야를 "실제를 가르치는 것으로 현재 인정된 주요 '분야들'의 일람표"일 뿐이라고 규정했다. 왜냐하면 인간행위학은 "음향학과 같은 의미의 단일 과학이 아니라, 잘못 짝 지어져 서로 겹치는 연구 분야 덩어리"라고 생각했기 때문이다.[14] 포겔이 경제학을 계량사가들이 의존하는 "경제학 모델들의 거대한 도서관"이라고 찬양했을 때, 그는 무의식적으로 똑같은 약점을 정확히 지적한 것이었다.[15] 도서관은 자의적인 분류 외에는 원칙을 가지고 있지 않기 때문이다. 1970년대 이후 이른바 경제학의 '제국주의'는 범죄, 결혼, 교육, 자살, 환경 등에 관한 경제학 저술들을 증가시켰는데, 경제학의 "제국주의"라고 불리는 이러한 상황은 현재 경제학이 얼마나 보편적인 서비스 학문이 되었는지 보여준다. 경제학은 더 이상 일상생활을 영위하는 인간이나 인간의 활동이 어떻게 변화하는지 이해할 수 없게 되었다.

그럼에도 경제학자들은 과거나 현재의 경험 자료들의 분석에 흥미를 가질 수밖에 없다. 그러나 이것은 모리시마(森嶋通夫)가 전에 방법론의 쌍두마차라고 불렀던 것의 절반에 불과하다. 다른 절반은 일반화되고 고도로 단순화된 가정에 의존하고 있는 정태적 모델에 주로 근거하고 있다. 그러므로 이러한 모델은 결과적으로 오늘날 주로 수학적

---

14) J. A. Schumpeter, *History of Economic Analysis*, 10쪽.
15) R. W. Fogel and G. R. Elton, *Which Road to the Past?*, 38쪽.

관점에서 논의되고 있다. 이 두 마리의 말을 어떻게 같이 몰 수 있을까? 물론 수많은 경제학이 효율성이 아닌 실제 투입에 기반을 둔 경제적 현실로부터 추출된 발전 모델을 향해 어느 정도 나아갔다. 심지어 특정한 사회적, 경제적 행동 양식을 지니는 부분들로 분열된 경제들에서 추출한 발전 모델을 향해 나아갔다.

당연히 나는 역사가로서 경험적 실제의 일반화에 근거한 역사적으로 특수한 모델 설정을 선호한다. 자본주의 경제의 과점적 중심부와 경쟁하는 주변부의 공존을 가정하는 이론은 자유 경쟁 시장을 전적으로 가정하는 이론보다 더 낫다. 그럼에도 나는 스스로 이러한 공존을 가정하는 이론이 미래에 대한 큰 문제에 대답할 수 있는지 물어본다. 국가뿐만 아니라 거대 기업도 항상 장기적으로 미래를 계획해야 한다면, 미래의 문제는 역사가들은 물론이고 심지어 경제학자들도 무시할 수 없는 것이다. 세계는 어디로 움직여 가고 있는가? 장기적인 관점에서 볼 때 우리의 영향력은 매우 작은 것이 분명하지만, 그것과 무관하게 세계의 역동적 발전은 어떠한 경향을 지녔는가? 〔이 글을 처음으로 썼을 때, 지구 경제와 초국가적 경제는 아직 1990년대 중반만큼 승리한 것으로 보이지는 않았다. 그러므로 미래는 사실상 통제되기 어려운 지구적 자유 시장 체제로 이루어지게 될 것이라는 단순한 견해는 우리가 미래에 대해 실제로 살펴보는 것을 막지 못했다.〕

마르크스나 슘페터처럼 역사적 관점에서 경제 발전을 고찰하는 작업의 가치가 바로 여기에 놓여 있다. 마르크스와 슘페터는 자본주의 경제를 움직이고 발전 방향을 부여해 주는 자본주의 경제의 특정한 내적 경제 메커니즘에 집중하였다. 나는 여기서 마르크스의 정연한 견해가 슘페터의 견해보다 더 나은 것인지 그렇지 않은지를 논의하지는 않겠다. 슘페터는 자본주의 체제를 움직이는 두 가지 힘, 즉 자본주의 체제를 앞으로 나아가게 만드는 혁신과 자본주의 체제를 끝내는 사회학적 효과들을 자본주의 체제 밖에 위치시켰다. 자본주의를 자본주의적 요소와 전(前) 자본주의적 요소의 결합으로 보는 슘페터의 견해는 확실히 19세기 역사가들을 크게 계몽시켰다.

역사적 동력에 대한 이러한 종류의 접근이 지니는 흥미는 우리가 그 예언을 검증할 수 있도록 해주느냐 그렇지 않느냐에 달려 있지는 않다. 인간과 실제 세계의 복잡성 때문에 예언은 마구잡이 같은 모습을 띤다. 마르크스와 슘페터의 견해 안에서도 예언은 무지, 자신들의 열망, 두려움, 가치 판단에 의해 왜곡된다. 그러한 접근이 주는 흥미는 단선적이지 않은 다른 관점에서 미래의 발전을 보려는 시도에 있다. 왜냐하면 그렇게 보려는 가장 단순한 시도조차 실질적으로 이익이 되기 때문이다. 자유 경쟁이 경제 집중을 야기하는 현실적인 경향에 대한 마르크스의 단순한 인식은 엄청나게 풍부해져 왔다. 지구적 경제 성장이 비교 우위설에 지배되는 동질적이거나 단선적인 과정이 아니라는 단순한 인식은 사람들을 크게 계몽시켰다. 우리가 콘드라테프 주기 같은 장기적인 경제 주기를 설명하는 방법에 대해 전혀 생각해 내지 못했다 할지라도, 경제의 구조와 양식 그리고 사회의 구조와 양식 내에 있는 실질적인 변화와 맞아떨어지는 장기적인 경제 주기가 존재한다는 단순한 인식은 1950년대와 1960년대 주류 경제학자들의 확신을 감소시켰다.

경제학이 역사의 희생물로 남아 있지 않으려면, 반드시 역사적 관점을 발전시키거나 재발견해야 한다. 이와 동시에 경제학은 자신의 모든 도구를 오늘날의 상황을 지배하는 어제의 발전에 시간의 격차를 두고 적용하려고 항상 시도해야 한다. 왜냐하면 이러한 역사적 관점은 우리가 그것에 압도당하지 않는다면 반드시 생각해야 할 내일의 문제뿐만 아니라 내일의 이론과도 관계가 있을 수 있기 때문이다. 다른 순수 이론 대표자의 말을 인용함으로써 결론을 내려보기로 하자. 스티븐 와인

버그(Steven Weinberg)는 다음과 같이 쓰고 있다. "내가 구부러진 시공에 관한 아인슈타인의 견해의 중요성에 대해 물어보았을 때, 나는 이러한 아인슈타인의 견해를 일반 상대성 이론 자체에 적용하려 하지 않았고, 차라리 미래의 중력 이론을 발전시키는 데 유용하다고 생각했다. 물리학에서 관념(ideas)은 미래를 조망하는 데 늘 중요하다." 나는 정교한 경제학 이론 대부분을 이해하거나 다룰 수 있는 능력이 없는 것처럼, 물리학자의 이론을 이해하거나 다룰 수 있는 능력도 없다. 그러나 역사가로서 나는 늘 미래에 대해 관심을 갖고 있다. 미래가 이전의 어떤 과거에서 이미 발전되어 나온 것인지 또는 과거와 현재의 연속체에서 발전되어 나올 것인지에 대해 관심이 있다. 나는 이런 점에서 경제학자들은 물리학자에게서뿐만 아니라 우리 역사가들에게서도 배울 수 있다고 생각한다.

경제학자들은 경제학에 대한 역사학의 가치에 동의할 것이다. 그러나 역사가들은 역사학에 대한 경제학의 가치에 동의하지 않을 것 같다. 이러한 상황은 부분적으로는 역사학이 경제학보다 더 넓은 분야를 다루기 때문이다. 앞서 보았던 것처럼, 경제학이 인간 행위의 일부 측면만을 선택하고 나머지는 다른 사람들이 다루도록 넘겨준다는 것은 실제 세계를 다루는 분야로서 경제학의 명백한 결점이다. 경제학이 배제에 의해 규정되는 한, 경제학자들이 아무리 갑갑함을 느낀다 할지라도 이것에 대해 아무것도 할 수 없다. 힉스는 다음과 같이 지적하였다. "(경제 이야기를 우리가 보통 경제 이야기 밖에서 일어난다고 간주하는 일들과 이어주는) 〔그〕 연결을 의식하게 될 때, 그 인식이 충분하지 않았음을 깨닫게 된다."[1]

---

1) J. R. Hicks, *A Theory of Economic History*(London, Oxford and New York, 1969), 167쪽.

한편 역사는 때때로 일부에 집중하고 나머지를 무시하지만, 인간 역사의 어떤 측면을 뺄 것인지를 선험적으로 결정할 수는 없다. 편리한 설비나 기술적 필요에 근거해서 역사가들은 전문화되어 가고 있다. 일부는 외교사가가 되려 하고 일부는 교회사가가 되려 하고 다른 일부는 17세기 프랑스를 연구하려 한다. 그러나 본질적으로 모든 역사학은 프랑스인들이 "전체사(total history)"라고 부르는 것을 열망한다. 이것은 전통적으로 경제사와 협력해 온 사회사에도 마찬가지이다. 경제사와 달리 사회사는 어떤 일도 잠정적인 사회사의 영역 밖에서 일어날 수는 없다고 생각한다. 하지만 어떤 경제학자도 런던의 ≪타임스≫ 전(前) 편집자의 다음과 같은 굳은 신념에는 찬성하지 않을 거라고 마음 놓고 이야기할 수 있다. 이 편집자의 신념은, 케인스가 밀턴 프리드먼(Milton Friedman)과 다른 것은 케인스의 성적인 성향 때문이라는 것인데,[2] 경제학자들은 케인스의 사생활은 그의 사상에 대한 판단과는 아무런 관계가 없다고 말할 것이다. 반면에 이 두 가지 모두를 영국 사회사의 특정 측면을 해명해 주는 것으로 생각하는 사회사가나 일반사가는 쉽게 상상할 수 있다.

그래서 아무리 전문화된 경제사라 할지라도 전통적인 경제학보다는 넓기 마련이다. 클래펌의 견해에 따르면, 경제사는 더 넓은 분야로 확장될 수 있어야 주로 가치가 있다. 이를테면 경제사가들은 (내 견해로는 역사가도) 인간의 사회적, 경제적 진화라는 근본 문제를 피할 수 없다. 왜 어떤 사회들은 이 과정의 특정 지점에서 멈추었고 다른 사회들은 멈추지 않았는가. 현대 산업 사회까지 도달하는 전체 여정이 왜 세계의 한 지역에서만 완결됐는가. 이러한 변화의 메커니즘은 내부적 원인에 의한 것인가, 유발된 것인가, 두 가지 모두에 의한 것인가? 이러

---

2) (옮긴이) 케인스는 무용수였던 리디아 로포코바와 결혼하기도 했지만 동성애자이기도 했던 것으로 알려져 있다.

한 일련의 질문들은 자동적으로 역사학을 더 포괄적인 인문과학이나 사회과학으로 통합시킨다. 그러나 마르크스가 주장했던 것처럼 정치경제학은 (마르크스의 의미에서) 시민 사회의 해부라 할지라도, 일반적으로 규정된 표준적인 경제학의 범위를 넘어선다. 우리는 경제학의 기술, 논쟁 양식, 모델을 사용할 수 있고 사용해야만 한다. 그러나 이런 것들에 한정될 수는 없다.

이러한 모델 중 일부는 정신을 제어하는 용도 말고는 역사학에서 이용할 수도 없고 이용할 필요도 없다. 나는 가능한 경제 모델, 혹은 상상에 기반을 둔 경제 모델을 구축하는 일은, 실제로 일어난 일을 다루는 역사학에 적합하지 않다고 생각한다. 계량경제학자들은 때때로 이론을 검증하는 것이 아니라 그 이론이 옳다면 세상이 어떻게 되었을지를 묘사한다. 이것은 실제 생활에서 그 이론을 적용할 수 없거나 시험할 수 없는 것으로 판명되었을 때 자주 받게 되는 유혹이다. 하지만 역사가들은 그렇게 분석된 경제가 이제껏 간과된 실제 경제로 드러나거나, 실제적이거나 가상적인 모든 경제가 작동할 수 있는 한계를 확인할 경우에만 그러한 유혹에 끌린다.

이와 비슷하게, 모델을 일반적으로 공식화하여 사소한 것들을 무시하면서 보편적으로 적용하는 것 또한 가능하고 일반적인 일이다. 그러므로 오스트레일리아 원주민들이 (충분히 일반적인 의미에서 규정된) 효용을 극대화하는 행동이 현대 사업가들의 행동보다 더 합리적이라는 것을 입증하는 것도 가능하다. 이것은 놀랄 일도 흥미로운 일도 아니다. 우리는 남아프리카의 산(San)족에서 현대 일본인에 이르는 '경제' 집단들의 모든 구성원들이 특정한 공통성을 지니고 있기 때문에 그 경제 집단에 소속되었다고 인정한다. 그러나 역사가들의 흥미를 끄는 것은 그들이 공통적으로 갖고 있지 않은 것이고, 이러한 차이점들이 수렵 채집인으로 남아 있는 사람들과 마침내 더 복잡한 경제를 발전시킨 사람들 사이의 매우 다른 운명의 원인을 어느 정도 설명해 주는가 하는 점이다. 오스트레일리아 원주민들이나 모든 사회적 포유동물들은 한정된 자원을 여러 용도에 맞게 배분해야 하는 로빈스의 유명한 문제에 직면하고 해결한다는 진술은 동어반복 이상일 수도 있다. 그러나 이 진술이 본질적으로 역사가를 돕는 것은 아니다.

 "구석기 시대의 풍요"를 발견한 경제인류학자들을 축하해 주는 것 역시 흥미롭기는 하지만 그들에게 많은 도움을 주지는 않는다. 그들의 발견은 보통 가장 원시적인 경제들도 집단의 직접적인 소비와 재생산에 필요한 양 이상의 잉여를 획득할 수 있다는 사실을 환기시켜 준다. 그러나 이 사실이 왜 어떤 사람들이 자신들이 이용할 수 있는 노동 시간과 자원을 다른 방식이 아닌 바로 그 방식으로 배분했는가에 대해 이야기해 줄 수는 없다. 예를 들어, 왜 사르데냐의 전통적인 유목 공동체는 많지도 않은 잉여를 비축하거나 투자하지 않고 정기적인 축제를 통해 체계적으로 소비하는가? 확실히 이러한 선택은 개인의 복지 선호라는 관점에서 미시경제학적으로 분석될 수 있다. 가난한 사람들이 고기를 충분히 먹지 못하는 것보다는 때때로 먹는 것이 낫다고 이야기할 수 있을 것이다. 하루씩 여러 번 계속해서 쉬는 것보다는 자주는 아니지만 휴일을 모았다가 한꺼번에 쉬는 것이 나을 수도 있을 것이다. 그러나 이러한 설명은 지나친 경제적 불평등 발전을 막기 위해 축적된 잉여를 분산하고 재분배하는 기능, 인류학자들과 역사가들에게는 명확한 축제의 사회-경제적 기능을 간과할 수 있다. 축제는 공동체의 지속을 보장해 주는 기능을 하며, 개념적으로 동등한 단위들 사이의 상호 교환 체제를 유지하는 기술의 하나이다. 개인의 합리적 선택에 기반을 둔 분석으로는 풍요로운 소비 사회가 침투함에 따라 사르데냐 배후지에서 지금 발전하고 있는 축제의 소비 패턴의 차이점을 설명할 수 없다.

간단히 말해서 역사가들이 마르크스와 더불어 높은 수준의 일반적인 추상화, 이를테면 '생산 일반'이 정당하다고 인식한다 할지라도, 경제는 늘 역사적으로 특수한 것이라는, 즉 생산은 언제나 '특정한 사회 발전 단계의 생산, 사회적 개인에 의한 생산'이라는 마르크스의 관찰에서 출발해야 한다. 또한 마르크스처럼, 이러한 일반성이 아무리 복잡하다 할지라도 (우리 자신을 포함해서) 실제 역사적 생산 단계나 이행의 본질을 파악하기에는 충분하지 않다는 사실을 인식해야만 한다.

문제를 보다 일반적으로 표현하면, 정당한 이유에서 설명보다는 분석을 선호하는 경제학자들과 달리 역사가들은 분석만큼이나 설명도 필요로 한다. 우리가 알고 싶은 것은 A 뒤에 왜 다른 어떤 것이 아닌 B가 뒤따르는가 하는 것이다. 역사가로서 우리는 항상 오직 하나의 결과만이 남는다는 것을 알지만, (특히 어떤 일이 일어나지 않은 것이 놀라울 때엔) 가능했던 다른 대안들을 생각해 보는 것 역시 중요하다. 예를 들면, 왜 산업 혁명은 유럽이 아닌 중국에서는 일어나지 않았는가? 심지어 그러한 결과가 나오지 않은 것이 놀랍지 않을 때조차도, 대안을 가정해 보는 것은 결코 시간 낭비가 아니다. 그러나 역사가에게 있어 주요 의문은 19세기에 철도가 없었으면 어떻게 되었을까 하는 것이 아니라 왜 철도가 만들어졌는가 하는 것이다.

여기서 다시 한번 신고전파 경제학의 의도적인 추상, 일반성, 한계는 이런 방식으로 경제 이론을 사용하는 데 적절치 않다. 이와 관련해서 격렬하게 토론된 노예제 문제를 생각해 보자. 19세기 미국에서 노예 구입은 다른 것 못지않은 좋은 투자여서 제조업보다도 수익이 많았다고 주장되어 왔다. 이 외에도 몇 가지가 더 언급되었다. 노예제는 1860년에 번창했고 경제적인 이유 때문에 바로 소멸되지는 않았을 거라는 점, 노예 경작은 자유민 경작에 비해 비효율적이지 않았다는 점, 노예제는 산업 체제와 병존할 수 있었다는 점이 그것이다. 나는 이 격렬한 논쟁에 끼어들고 싶지 않다. 그러나 이런 견해를 지지하는 사람들이 옳고[3] 이런 논의가 19세기의 모든 노예제 경제에 적용된다면, 그리고 이런 형태의 비용 편익 분석이 노예제 경제를 충분히 분석할 수 있다면, 노예제가 사라진 원인은 전적으로 경제사 밖에서 찾아야 한다. 그러나 만약 그렇다 해도, 우리는 여전히 19세기 서구의 모든 곳에서 노예제가 사라지게 된 이유를 설명해야만 한다. 더구나 노예제가 미국 남부 주들에서 그랬던 것처럼 모두 외부 강제에 의해서만 폐지되었다고 가정하더라도, 왜 똑같은 기능을 하는 다른 것으로 대체되지 않았는지 설명해야만 한다. 실제로 중국과 인도를 비롯한 많은 곳에는 대규모로 노역 계약 노동자를 들여오는 형태가 있었는데 이들의 처지도 거의 노예와 같았다. 그러나 노역 계약 노동 역시 모든 곳에서 사라질 운명이었다. 이런 노역 계약 노동의 소멸을 경제적 측면에서 생각하는 것도 부적절한가? 더욱이 미국의 경우로 되돌아가 보면, 노예 경제의 효율성과 진전에 대한 계량사적 증거는 명백한 이상 현상, 즉 남부의 1인당 수입은 1950년 이전에는 다른 주요 지역과 같은 방식, 같은 정도로 전국 평균에 미치지 못했다는 사실을 설명해 주지 못한다. 이 현상은 1865년 북부 승리의 여파라는 식으로 완전히 무시될 수 없다.[4] 간단히 말해서, 현재의 경제 분석을 과거에 투사하는 것은 역사가의 문제 영역 대부분을 설명해 주지 못한다. 다른 형태의 경제 분석, 예를 들어 개인 투자가와 기업의 합리적 선택과 관련되지 않은 분석이 부적절하다고 가정할 이유는 없다.

이 문제는 계량사와 관련된 것이다. 계량사 학파는 경제사를 소급

---

3) R. Fogel and S. Engermann, *Time on the Cross*(London, 1974)에서 상세히 설명되고 있다.

4) M. Lévy-Leboyer, "La 'New Economic History'", *Annales : Economies, Sociétés, Civilisations* 24(1969), 1062쪽.

적 계량경제학으로 전환시켰다. 물론 역사학에 적합한 그런 통계적, 수학적 도구들의 응용과 수량화를 거부하는 것은 어리석은 일일 것이다. 계산할 수 없는 사람은 역사를 쓸 수 없다. 18세기 괴팅겐을 빛낸 슐뢰처(August Ludwig von Schlözer)는 심지어 통계학은 정태적 역사학이고, 역사학은 동적인 통계학이라고까지 말했다. 우리는 계량사가들이 측정의 발전에 두드러지게 기여했음을 인정하고, 특히 로버트 포겔의 경우에는 자료와 수학적 기술을 연구하고 이용하는 그의 뛰어난 천재성과 독창성을 환영해야 한다. 그러나 계량사가들의 특징은 이것이 아니라 대부분 신고전파 경제 이론에 기반을 둔 명제들을 검증하는 것이다.

계량사가들의 기여는 가치 있지만 매우 교육적이었다. 물론 모키르가 지적했던 것처럼, "새로운 방법론의 명확성 자체가 새로운 방법론을 좁은 범위의 문제들에 한정시켰다."[5] 확실히 계량사는 주로 18세기 이후의 특정한 문제들에 대한 수많은 재해석을 제시하거나 확립하였다. 그러나 그 주된 기능은 비판적인 것이었다고 말할 수 있다. 전통적인 경제사가들이 혼란스럽고 부적절한 방식으로 경제 이론에서 명제를 끌어내는 것을 관찰했기 때문에, 계량사가들은 자신들이 엄격하고 의미 있게 공식화해서 이 명제들을 명확하게 하려고 했고 통계적 증거로 검사하려고 시도했다. 첫 번째 시도는 반드시 필요한 작업이었다. 아직도 대부분의 경제학 문헌이 이런 종류의 명료화를 시도하고 있는 것으로 보인다. 두 번째 시도는 널리 무비판적으로 받아들여진 진술들을 잘못된 것으로 입증할 수 있었기 때문에 놀랄 만하다. 계량사가들은 때때로 이론을 무시하고 단순히 계산만 하기 때문에 틀렸다는 주장이 나오기도 했고, 반대로 통계학은 주장을 결정적으로 입증하

---

5) J. Mokyr, "The Industrial Revolution and the New Economic History" in Joel Mokyr ed., *The Economics of the Industrial Revolution*(London, 1985), 2쪽.

는 데 적절하지 않다는 주장이 나오기도 했다. 그러므로 "신경제사가 워털루 전투 이후〔영국의〕생활수준이 실질적으로 발전했다고 합의 했지만, (차, 설탕, 담배 같은) 몇몇 소비 품목에 대한 신뢰할 만한 일 인당 소비 수치가 1840년대 중반 이전의 실질적 발전을 입증하지 못 하며, 그래서 이 논쟁을 둘러싼 의심이 지속되고 있다."[6] 어쨌든 계량 사는 역사가들이 명확하게 사고하도록 하고 오류를 찾아내도록 하는 한, 유익하고 가치 있는 기능을 수행한다.

또 일부 역사가들과 달리, 나는 '반(反)사실'로 알려져 있는 상상적 역사나 허구적 역사로의 여행을 환영할 준비가 되어 있다. 모든 역사 는 암시적이거나 명확한 반사실들로 가득 차 있다. 반사실들은 파스칼 이 말한 클레오파트라의 코 같은 대안적 결과에 대한 추측에서부터 더 구체적인 일들에 이르기까지 넓은 범위에 걸쳐 있다. 만약 레닌이 1917년에 취리히에 남아 있었으면 어떻게 되었을까? 체임벌린(Neville Chamberlain)이 히틀러에 반대하는 쿠데타를 계획했던 독일 장군들이 촉구했던 것처럼 히틀러의 요구에 저항했다면 어떻게 되었을까? 이런 많은 가정들은 실제적 대안이라고 주장한다. 즉 행동 B가 아닌 행동 A를 취했으면 특정한 방식으로 사건의 진행 과정을 바꾸었을 것이라 고 가정하는 것이다. 욘 엘스터(Jon Elster)는 계량사와 관련해서 그런 '실제적' 반사실을 분별 있게 토론할 수 있는 조건을 고찰했다.[7] 이상 하게도, 전통적인 경제사는 이러한 형태의 이론을 구식 정치사만큼도 고려하지 않았다. 전통적인 경제사와 경제학은 이러한 형태의 변이에

---

6) 같은 책, 39~40쪽. 이 문제는 다음 글에서 더 충분하게 논의되었다. "Editor's Introduction : The New Economic History and the Industrial Revolution" in J. Mokyr ed., *The British Industrial Revolution : An Economic Perspective* (Boulder, San Francisco and Oxford, 1993), 118~130쪽, 특히 126~128쪽.

7) Jon Elster, *Logic and Society : Contradictions and Possible Worlds*(Chichester and New York, 1978), 175~221쪽.

186

거의 영향받지 않는 현상들에 주로 관심을 가졌다. 그 둘은 일반화에 집중했다.

그러므로 계량사의 반사실적 기능은 소급적 가능성을 확립하는 것이 아니다. 계량사 연구자들이 이 점을 얼마나 명확하게 파악하고 있는지 확신할 수 없지만 말이다. "한 진지한 역사가가 가장 야심적으로 시도한 대규모의 반사실화",[8] 즉 로버트 포겔의 『철도와 미국의 경제성장』[9]을 예로 들어보자. 미국 철도는 건설되었고, 포겔은 철도가 건설되지 않을 수도 있었다고 주장하지는 않았다. 단지 철도가 미국 경제에 정확하지는 않지만 큰 기여를 했다는 과거의 정설을 다른 이용 가능한 방법, 예를 들면 운하가 (철도가 놓이지 않은 과거를 가정했을 때엔 철도 대신 —— 옮긴이) 경제적 필요에 부응했을 것이라고 추정함으로써 해체하는 것이 포겔의 목적이었다. 여기서도 이런 방식의 주된 가치는 교육적인 것이다. 전통적인 반사실적 가정으로 돌아가 보자. 만약 클레오파트라의 코가 1인치만 더 높았더라면 역사가 꽤 달라졌을 것이라는 반사실적 가정을 입증하려는 시도에는 어떠한 것이 논리적으로, 방법론적으로 그리고 증거 대신 들어 있는가? (사실은 나는 클레오파트라의 코가 꽤 높았을 것으로 생각한다.) 또는 자유 무역이 19세기 세계 경제에 좋았는가(아니면 나빴는가)라는 가정엔 무엇이 들어 있는가? 이러한 연구를 강요당하는 경제학자들에 비해 역사가들은 그러한 질문을 훨씬 적게 한다.

한편 계량사의 한계는 분명하다. 포겔과 마찬가지로 노벨 경제학상을 수상한 힉스는 순수 계량경제사에 대해 매우 일반적인 단서 조항을 달았다. "과거로 되돌아갈 때, 우리는 오늘날과 달리 삶의 경제적 측면을 다른 측면들과 구별할 수 없다는 사실을 발견하게 된다."[10] 계

---

8) 같은 책, 204쪽.
9) Robert Fogel, *Railroads and American Economic Growth*(Baltimore, 1964).

량사의 한계는 네 가지이다. 첫째, 경제사가 본질적으로 비역사적인 이론을 과거에 투영하는 한, 역사적 발전이라는 더 큰 문제에 대한 계량사의 관련성은 불분명하거나 주변적이다. 경제사가들, 심지어 계량사가들도 "산업 혁명 같은 큰 사건을 설명하는 모델을 만들어내지 못하는 경제학자들의 무능력"에 대해 불평한다.[11] 그것이 많은 경제사가들이 계량사라는 유행에 참가하기를 주저하는 이유이다. 시장 체제가 충격을 받고 난 이후에 아무리 빨리 균형을 회복한다 할지라도, 항상 역사가들은 균형을 잃은 상태의 경제를 다룬다. 역사적 변화와 이행의 연구에 적합한 것은 결국 균형 상태가 불안정해지는 경향이다. 그러나 경제학 이론은 불안정한 경제에 별로 관심을 집중하지 않았다. 우리가 균형 분석을 과거 역사에 소급적으로 적용한다면 역사의 중요한 문제를 회피할 위험이 있다.

둘째, 계량사 이론을 적용할 수 있는 경제의 한 측면만을 선택하면 그림 전체를 왜곡하게 된다. 우리는 엘리 대성당이나 킹스 칼리지 예배당의 건축이 좋은 투자 수단인지 아닌지 합리적 선택 이론에 따라 평가할 수는 없다. 속세의 자본을 투자하여 물질적 수익을 올리는 것은 그 건물의 목적이 아니기 때문이다. 우리가 할 수 있는 대부분의 것은 (이것이 중요한데) 이러한 사회적 자원의 사용이 가져오는 의도하지 않은 부수 효과를 평가하는 것이다. (시대착오적으로 이것을 "사회적 자원의 전환"이라고 부르고 있음을 인식해야 한다.) 케인스는 성당 건축을 일자리를 창출하는 공공사업으로 다루었고, 로페즈(Robert S. Lopez)는 도시의 성당이 크면 클수록 도시의 상업 규모는 더 작았고 반대의 경우도 마찬가지라고 주장했다. 그럴 수도 있다. 확실히 성당 건축의 경제적 효과는 유효한 이론적 관점에서 정당하게 분석되어야만 한다.

---

10) J. R. Hicks, *Theory of Economic History*, 1쪽.
11) J. Mokyr, *The Economics of the Industrial Revolution*, 7쪽.

따라서 성당 건축과 직접적으로 관련된 계량사는 성당 건축에 기부하는 것이나 십자군을 조직하는 것, 혹은 어떤 다른 정신적 행위를 일종의 영구적인 복지경제학의 관점에서 기증자를 더 잘 구원할 수 있는지 평가해야 할 것이다. 우리들 중에 그러한 기부의 가치를 높이 평가하는 사람은 거의 없을 것이다. 그렇지만 자신의 영혼의 안위를 위해 수도원에 재산을 기탁하는 것은 14세기 상인들에게는 아들에게 재산을 물려주는 것만큼 훌륭한 합리적 선택으로 보였을 것이다.

이런 어려움은 다른 가까운 문제들에도 적용된다. 19세기 교육에 대한 사회적 투자의 연구는 사회적 투자의 사회적 이익과 개인적 이익을 본질적으로 경제적인 것으로 가정한다. 즉 자원을 일반 초등 교육에 투자하는 결정은 경제 성장을 돕기 위한 의도에서 비롯된 것처럼 가정한다. 그런 계량사적 추정 (다음을 보시오) 이면에 놓인 자의적인 가정들은 잠시 제쳐두기로 하자. 일반 초등 교육을 실시하는 것은 확실히 막대한 경제적 비용이 드는 사회적 자원의 투입과 대안의 포기를 의미하며 그 경제적 효과는 개인과 사회 모두에게 명백하고 크게 나타난다. 당연히 그 경제적 효과는 계량사적으로 분석될 수 있고 분석되어야만 한다. 그러나 역사가들의 연구에 따르면, 일반 초등 교육을 육성한 19세기 유럽의 정부 당국과 기관들의 실제 목적은 기술 교육의 목적과 달리 경제적인 것이 아니었다. 일반 초등 교육은 무엇보다 이데올로기적이고 정치적인 것이었다. 일반 초등 교육은 가난한 사람들과 그들의 아이들에게 종교, 도덕, 복종을 주입시키고 현실 사회에 만족하게 만들기 위해, 오베르뉴의 농민들을 훌륭한 공화주의 프랑스인으로 만들고 칼라브리아의 농민들을 이탈리아인으로 바꾸기 위해 실시되었다. 정부 당국과 기관들이 그것을 효과적으로 달성했는지 또는 더 좋은 대안이 있었는지 하는 것은, 이론적으로는, 계량사의 기술로 조사될 수 있었을 것이다. 그러나 초등 교육의 사회적 비용이 이런 의미에서 경제적 생산성을 더 높이기 위해 투자된 것처럼 계산되어서는 안 된다. 오히려 그것은 군대를 유지하기 위한 사회 비용과 더 비슷하다. 더구나 그런 평가가 초등 교육에 대한 (실제적인 혹은 전가된) 지출을, 경제적 생산성이 중시되는 (기술 교육 같은) 교육의 지출과 함께 계산된다면 사회적 자원이 사용되는 매우 다양한 방식을 경제적 관점으로 환원시키게 된다. 간단히 말해서, 계량사적 방법을 이런 분야에 적용하는 것은 항상 역사적 실제성의 상실을 초래할 위험이 뒤따른다.

계량사의 세 번째 약점은 계량사가 어쩔 수 없이 종종 일관성이 없고 신뢰하기 어려운 실제 자료뿐만 아니라 날조되거나 추정된 자료에 많이 의존해야 한다는 사실이다. 오늘날 경제학자들이 비공식 경제나 '지하' 경제의 규모를 추산해야만 할 때 알게 되는 것처럼, 관련된 문제들에 대한 많은 정보가 부족하다. 사료의 저자가 의도하지 않았던 방식으로 자료를 이용하거나, 계량화할 수 있는 자료를 찾아내는 데 역사가들이 아무리 탁월한 천재성을 지녔다 할지라도 어쩔 수 없는 한계들이 존재한다. 양적인 면에서 보면 대부분의 역사가 어둠 속에 묻혀 있고 추측되고 있을 뿐이다. 훈련된 사람이 혹한과 안개로 영원히 감추어진 광대한 영토 위를 비행기를 타고 날면서, 그나마 볼 수 있는 부분들의 지형과 배치로부터 추측하여 지도를 그리는 데에서부터 계량사는 시작한다.

다른 전통적 역사학과 다르게 계량사는 일반적인 인상에 의존하는 것이 아니라 (한계 내에서) 정확한 측정을 요구하기 때문에, 자료를 이용할 수 없는 곳에서는 자체적으로 자료를 만들어내야만 한다. 이러한 자료들 중의 일부는 반사실의 경우처럼 실제로는 전혀 존재한 적이 없을 수도 있다. 정보가 가정된 것이 아니라 할지라도, 계량사가들이 필요로 하는 정보는 이용할 수 있는 자료들에서 추출되어 연구 중인

190

목적에 적합하게 만들어질 수 있다. 이것은 이론 모델에서 추출한 관계들을 사용함으로써, 즉 모델과 불충분한 자료에 대한 다소 복잡한 일련의 추리와 가정을 사용함으로써 이루어진다.

역사가의 관점에서 보면 이러한 가정들은 진실한 것이거나 쓰레기였다. 만약 우리가 자료를 구성하기 위해 사업가들의 완벽한 통찰력이라는 가정을 사용한다면, 경험적 타당성의 문제가 결정적이다. 모델이나 자료에 관한 가정을 바꾸면 자료와 결과 모두 근본적으로 달라지게 된다. 예를 들어 많은 경제사가들이 그랬던 것처럼 우리가 1760년에서 1820년 사이에 영국 경제의 전체 성장이 완만했다는 근거에서 영국 '산업 혁명'이라는 개념을 거부한다고 가정해 보자. 이러한 근거는 더 천천히 변화하는, 전통적으로 조직된 대부분의 영국 경제 활동이 이 시기에 극적으로 변화했던 영국 산업을 방해했다는 사실을 다른 식으로 말한 것이다. 이미 지적되었던 것처럼, 이러한 상황하에서 경제 전체의 갑작스러운 변화는 수학적으로 불가능하다.[12] (흥미로운 의문 하나가 떠오른다. 만약 우리가 국민총생산(GNP)에 시장 부문에 들어가는 상품과 서비스뿐만 아니라 가정 내의 여성과 아이들이 생산한 것 같은, 무임금에 계산되지 않은 방대한 양의 상품과 서비스 생산을 포함시킨다면 그 기간 동안 어떤 의미 있는 성장을 보여줄 수 있을까?) 간단히 말해서 "쿠즈네츠(Simon Kuznets)의 전통대로 전체 성장률을 계산하는 것은 산업 혁명을 이해하려는 최상의 전략은 아닐 것이다. 이러한 계산법이 사용되고 있지만 말이다."[13] 다시 한번, 철도 건설의 간접적 경제 효과에 대해 다르게 가정해 봄으로써 (그리고 이에 따라 수치들을 귀속시킴으로써) 철도가 한 나라의 국민총생산에 매우 적게 또는 매우 많이 기여했다고 주장하는 것이 가능하다.

---

12) J. Mokyr, *The British Industrial Revolution*, 11쪽.
13) J. Mokyr, *The Economics of the Industrial Revolution*, 6쪽.

이러한 절차들에는 더 큰 결점이 있고, 이것이 계량사의 마지막 결점이다. 그것은 독자적으로는 유용하지 않을 정도로 모델보다는 자료에 집중함으로써 다시 처음으로 돌아가려는 위험이다. 물론 그렇게 되면 비역사적인 자신의 이론과, 논점에서 빗나가면 지루할 뿐인 자신의 특수한 모델에 갇히게 된다. 일부 역사가들이 입증하려고 시도했던 것처럼, 당시 상황에 비추어 볼 때 영국 기업가들의 사업 행위가 매우 합리적이었던 것으로 보이기 때문에 19세기 후반의 영국 경제가 잘못된 것이 별로 없다고 입증할 수는 없다. 이러한 수단을 통해 최대한 입증할 수 있는 것은 영국의 상대적 경기 쇠퇴에 대한 한 가지 설명, 즉 영국 기업가들이 돈 벌 능력이 없는 사람이었다는 설명은 타당하지 않을 수 있다는 것이다. 간단히 말해서, 계량사가는 다른 수단에 의해 만들어진 역사를 비판하고 수정할 수는 있지만, 자신만의 대답을 만들어내지는 못한다. 역사학이라는 우시장에서 계량사의 기능은 소를 기르는 농부라기보다는 소의 무게와 크기를 재는 검사관에 더 가깝다.

그러면 역사가들은 경제 이론을 어떻게 이용할 수 있는가? 역사가들은 패션 디자이너가 모로코를 여행하다가 베르베르인의 의상을 보고 자극받는 것처럼 경제 이론을 유익한 아이디어를 만들어내는 것으로 자연스럽게 사용할 수 있다. 우리는 거친 유추와 외부에서 빌려온 것이 매우 생산적인 결과를 낳을 수 있다는 사실을 자연과학에서 보아서 알기 때문에, 이러한 종류의 발견적 효과는 정의하기는 어렵지만 무시될 수 없다. 예를 들어, 왜 우리는 원시 사회의 인구 분포를 기체역학 이론에 따라 분석하면 안 되는가? 그렇게 하면 흥미로운 결과를 낳을지도 모른다. (그리고 나는 실제로 흥미로운 결과를 낳는다고 생각한다.) 물론 경제 이론이 적절해 보일 때 경제 이론을 선택적으로 이용할 수도 있다. 그러나 이런 방식으로는 문제가 해결되지 않는다.

역사가들이 (그리고 또한 사회적 실천에서) 이론을 주변적인 것 이상

으로 사용해야 한다면, 이론을 더 사회적 실제에 가깝게 구체적인 방
식으로 사용해야만 한다. 모델화한 경우에도 이론은, 다른 무엇으로
대체하기 어려운 실제 생활의 덩어리진 구조를 추상화해서는 안 된다.
농업의 예가 생각이 난다. 경제 성장 옹호자들을 항상 놀라게 하는 사
실이지만, 농업의 구조 형태와 생산 조직 형태가 경제적으로 더 생산
적인 것으로 입증될 수 있을 때조차도 정책이 요구하는 시간 내에는
다른 것으로 쉽게 대체될 수 없다는 사실을 우리는 알고 있다. 경제
발전의 세계는, 효과적이고 높은 생산성을 지닌 농업으로 산업화와 도
시화를 뒷받침하는 데 성공한 나라들과 그렇지 못한 나라들로 나뉜다.
성공이나 실패의 경제적 효과는 굉장하다. 전체적으로 농업 인구 비중
이 가장 높은 나라들은 농민들 자신이나 또는 급속도로 성장하는 비
농업 인구를 먹여 살리는 데 어려운 나라들이다. 반면에 세계의 잉여
농산물은 전체적으로 보면 몇몇 선진 국가 내의 상대적으로 적은 인
구로부터 나온다. 그러나 표준적인 교과서에(새뮤얼슨의 책이 생각나는
데) 반드시 들어가 있어야 할 이러한 종류의 토론은 이러한 문제에 도
움이 되지 않는다. 파울 바이로흐(Paul Bairoch)가 지적했던 것처럼,
"농업 생산성은 산업 생산성보다 더 많이 구조적 요인에 의존하는데",
그런 토론은 "역사적 차이가 더욱 중요하다는 사실을 …… 이해하지
못하기"[14] 때문이다. 진정한 문제는 '농업 혁명'에 대한, 즉 녹색 혁명
이나 다른 혁명에 대한 일반적인 처방을 어떻게 내리는가 하는 것이
아니었고 여전히 아니다. 밀워드가 지적했던 것처럼, 대개 지역 농업
의 특수한 조건에 적합한 개혁이 성공한다.[15]

---

14) Paul Bairoch, *The Economic Development of the Third World since 1900*(Lon-
  don, 1975), 196쪽.
15) Alan Milward, "Strategies for Development in Agriculture : The Nineteenth-
  Century European Experience" in T. C. Smout ed., *The Search for Wealth and*

다른 말로 하면 19세기 독일 농업 모두가, 토지의 36퍼센트를 농민이 보유한 메클렌부르크의 패턴이나 토지의 93퍼센트를 농민이 보유한 바이에른의 패턴을 따랐다면 더 좋았을 것이라고 주장하는 것은 아주 무의미하다. 우리가 하나의 패턴이 다른 패턴보다 절대적으로 더 효율적이라고 결론적으로 입증했다 할지라도 말이다. 분석은 이 두 패턴이 모두 가능하다는 전제에서, 그리고 두 패턴을 다른 패턴으로 전환하는 것은 어렵다는 인식을 가지고 시작해야만 한다. 우리는 귀납적 분석을 인과적 설명으로 전환할 수는 없다.

꽤 긴 시간 동안에도 제도적이고 역사적인 제약이 결국 경제적 선택을 강하게 제한할 수 있다는 것이 사실이다. 기본적으로 일정량의 잉여를 생산하는 가족 생계 단위로 이루어진 전통적인 농민의 제거가 농업 혁명을 이루는 최상의 길이고, 더 나아가서 전통적 농민은 고용 노동자로 운영되는 농장이나 대규모 상업적 토지에 의해 가장 잘 대체될 수 있음을 인정한다고 가정해 보자. 이러한 것이 이루어진 경우들이 존재한다.[16] 그러나 합리적인 상업적 기업가가 이러한 프로그램을 효과적으로 실행하려다가 단지 밀집한 농업 인구를 제거할 힘이 없어서 실패한 라틴아메리카의 어떤 지역도 있다. 그들은 결코 가장 적합한 방법이 아니라는 것을 알면서도 사회적 현실 때문에 반(半)봉건적 방법을 채택할 수밖에 없었다. 마르크스의 주장에도 불구하고, 매우 밀집한 농촌 인구의 급속한 대량 추방이나 토지 몰수 사례는 잔인한 20세기 이전에는 드물었기 때문에, 그러한 제약이 지니는 역사적

Stability : Essays in Economic and Social History Presented to M. W. Flinn(London, 1979).

16) E. J. Hobsbawm, "Capitalisme et agriculture : les réformateurs Ecossais au XVIIIe siècle", *Annales : Economies, Sociétés, Civilisations* 33(May–June 1978), 580~601쪽을 보시오.

힘을 과소평가해서는 안 된다. 농업 변화와 경제 성장 일반 모두를 분석하는 데 있어 비경제적 요소들은 경제적 요소들과 분리될 수 없다. 적어도 단기적으로는 절대 분리될 수 없다. 이 두 요소를 분리하는 것은 경제에 대한 역사적 분석, 즉 역동적 분석을 포기하는 것이다.

몇 년 전 모리스 도브는 다음과 같이 이야기했다.

> 실제 현실이 너무 무자비하게 일반성에 희생되는 전통적 경제 분석의 제한된 영역을 벗어나지 않는다면, 그리고 '경제적 요인'이라는 레테르와 '사회적 요인'이라는 레테르 사이의 기존 경계가 폐지되지 않는다면, 경제 발전에 대한 주요 질문들에 …… 전혀 대답할 수 없다는 것은 아주 명확해 보인다.[17]

이른바 '비경제적 요인'들을 들여오는 것이 엄격한 이론적 분석이나 계량경제학적 검사와 모순된다는 것을 의미하는 것은 아니다. 독일 역사학파 경제학자들을 삼켜버렸던 경험주의의 수렁에 빠질 필요가 없다. 비록 그들에게 정중한 사망 기사가 쓰였지만 말이다. 우리가 이론 모델들을 필요로 하고 이 모델들이 추상적이고 단순한 것이어야만 한다면, 이 모델들은 적어도 역사적으로 구체적인 틀 내에서 이루어져야만 한다.

이제까지 역사가들은 일반적으로 오로지 두 가지 이론적 방면에서만 도움을 발견했다. 첫 번째는 경제적 이행의 역사적 과정에 흥미를 가지고 이러한 과정을 적어도 부분적으로는 내재적인 것으로 간주하는 이론가들의 도움이다. 우리가 변화를 일으키는 힘을 경제적인 것으로, 사회적인 것으로, 또는 정치적인 것으로 간주하는지에 관계없이

---

17) Maurice Dobb, *Studies in the Development of Capitalism*(London, 1946), 32쪽. (한국어 번역본 : 『자본주의 발전 연구』, 이선근 옮김, 동녘.)

(이러한 구분은 자의적인 것이고), 그것은 마르크스와 슘페터 같은 사상가들이 생각했던 것처럼 체제 발전 과정의 산물에서 가장 잘 볼 수 있고, 따라서 그 체제의 미래의 발전을 내재하고 있는 것으로 보일 수 있다. 힉스가 인식했던 것처럼("나의 '역사 이론'은 …… 마르크스가 시도했던 종류의 이론에 훨씬 더 가까울 것이다"[18]), '경제사 이론'에 대한 다른 접근은 비슷한 문제를 제기한다. 역사가들이 적어도 얼마간의 갈증을 해소했던 다른 근원의 출처는, 자신들의 목적을 위해 구체적인 현실에 적합한 모델들을 필요로 하고 있던 경제학자이다. 여기서 제3세계의 경험은 중요한 역할을 한다. 왜냐하면 제3세계의 경험은 역사가들과 적어도 일부 경제학자들에게 친숙한 상황에서 이론과 구체적인 현실을 연결시켜 주기 때문이다.

두 개의 상이한 주요 성장 이론 중에서 대부분의 경제학자들이 받아들이는 해러드-도마(Harrod-Domar) 모델에서 발전된 성장 이론이 역사가들에게는 큰 도움을 줄 수 없었다는 것은 의미심장한 일인 것 같다. 역사가들은 신고전파를 지나쳐서 개별적인 사례들에 적용될 수 있는 이론을 공식화하는 데 관심을 가졌던 정치경제학과 마르크스로 되돌아가는 모델, 분해된 경제를 출발점으로 삼는 모델들에 더 익숙하고 비슷하다. 그러한 모델의 예로 1950년대에 대략 윤곽이 잡힌 아서 루이스(Arthur Lewis)의 이중 모델이나 제3세계 무역을 이해하려는 흘라 밍트(Hla Myint)의 시도 등을 들 수 있다. 산업화 이전의 유럽 상업을 연구하는 역사가들처럼, 밍트는 무역의 '비교 비용' 모델이 애덤 스미스의 오래된 '잉여 배출구' 모델이나 소위 무역의 '생산성 이론'보다 두 개 부문 사이의 교류에 훨씬 더 적절하지 못하다는 결론을 내린다.[19] 이러한 접근 형태는 이론적 보편 시장이나 자본주의 경제에

---

18) J. R. Hicks, *Theory of Economic History*, 2쪽.
19) Hla Myint, "Vent for Surplus" in John Eatwell, Murray Milgate and Peter

근거한 모델들이 현실에 비해 너무 추상적인 나라들에서 발전 정책에 현실적 기초를 제공하기 위해 고안되었다. 새뮤얼슨은 이러한 접근 형태의 근원이 마르크스와 리카도였음을 올바르게 발견했지만 그것을 각주 하나로 언급했을 뿐이다. 이러한 종류의 발전경제학자들과 역사가들은 같은 언어로 말한다.

거칠기는 하지만 요점은 그러한 모델들이 자본주의 패턴이나 시장 패턴에 딱 들어맞지 않는 주목할 만한 사회적 실제를 단순화하려고 시도했다는 것이다. 더욱이 이러한 이유 때문에 그러한 모델들은 역사가의 흥미를 끄는, 결합된 경제의 모델들이다. 그 모델들은 각기 자신의 규칙을 가진 두 개나 그 이상의 게임 간의 상호 작용에 대한 것이다. 물론 의심할 여지 없이 총체는 또한 모든 것을 포괄하는 규칙을 지닌 단일한 슈퍼 게임으로 취급될 수도 있지만 말이다. 일부 모델들은 나란히 진행된 게임들 사이의 상호 작용을 주로 본다. 쿨라의 마르크스주의적인 저서 『봉건제에 대한 경제 이론』[20] 같은 다른 모델들은 기업 단위들이 그럴 수 있고 그래야만 할 때엔 두 경제 부문에서 각기 다른 규칙들에 따라 동시에 작동된다고 가정한다. 쿨라는 대규모 폴란드 봉건 토지의 역학을 분석하기 위해 이것을 이용한다. 그러나 대부분의 자본주의 이전 사회들에서 시장에 판매할 수 있는 잉여는 거의 농민들로부터 나왔기 때문에, 그것은 또한 농민들에게도 적용된다. 확실히 농민 연구자들 사이에서는 농민 경제의 비시장적 측면과 상품 생산적 측면 사이의 관계에 대한 토론이 활발하다.

역사가들은 그러한 상황에 익숙하다. 한 사회-경제 구성체로부터

Newman eds., *The New Palgrave : A Dictionary of Economics*(London, 1987), vol. 4, 802~804쪽.

20) Witold Kula, *Théorie économique du système féodal : pour un modèle de l'économie polonaise 16e ~18e siècles*(Paris and the Hague, 1970).

다른 사회-경제 구성체로의 이행은, 이를테면 봉건 사회에서 자본주의 사회로의 이행은 특정한 단계에서 그러한 혼합으로 이루어질 수밖에 없기 때문이다. 〔구소련 내의 공산주의에서 자본주의로의 '대폭발 같은' 변화를 경제 권위자가 인식하지 못했기 때문에 세계 대륙의 큰 지역을 차지하는 구소련 지역이 불필요한 사회적 파국에 빠져들게 되었다.〕 우리는 구성 요소의 특색들을 추상화함으로써 단일 모델을 구성할 선택권을 가진다. 그러나 이 과정에서 실제 현실을 희생시키게 되고, 이전의 경제가 19세기와 20세기의 지속적인 고성장 경제로 변화하는 과정을 설명하려는 현대 경제사의 일반적인 문제들을 회피하는 대가를 치르게 된다. 그것이 계량사가들이 해왔던 것이다. 다른 한편으로 우리는 경제인류학자들이 폴라니(Karl Polanyi)나 차야노프(A. V. Chayanov)의 "농민 경제"로부터 도출해 냈던 모델들 같은 사회적, 제도적으로 특정한 경제 모델들을 증가시킬 수 있다. 그러나 이러한 절차의 타당성이나 필요성에 대한 토론 없이도 역사가와 아마도 경제 발전 옹호자 모두의 관심을 끄는 것은, 동시에 어디에서도 존재할 수 있는 서로 다른 경제의 결합이라고 생각한다. 자본주의 발전과 관계가 있는 것은, 허드슨 만(灣) 상사가 시장의 개념이 아니라 교역의 개념을 가진 인디언들에게서 한 세기 동안 변하지 않은 같은 가격으로 모피를 샀다는 사실이나 그 모피가 런던의 신고전파 시장에서 팔렸다는 사실이 아니라, 서로 다른 경제 결합의 영향이다.[21] 우리가 그러한 결합을 두 경제 체제의 혼합으로 분류할 것인지 한 체제의 복잡한 변형으로 분류할 것인지는 우리의 목적에 중요하지 않다.

역사가들이 그러한 분석에 관심을 갖는 것은 특정한 상황 속에서 역사적으로 발생했거나 실패했던 경제적 이행의 메커니즘을 해명해 주

---

21) Abraham Rotstein, "Karl Polanyi's Concept of Non-Market Trade", *Journal of Economic History* 30(1970), 123쪽.

기 때문이다. 이것은 발전경제학자들을 포함한 대부분의 경제학자들에게는 주변적인 관심사에 불과한 산업 혁명 이전의 긴 시기를 자연히 포함하게 된다. 그럼에도 불구하고 역사가들에게 있어 이러한 종류의 결합된 발전이 특히 적절했던 시기는, 처음에는 한 지역에만 국한되었던 자본주의 경제가 다양한 방식으로 기존의 모든 지구 경제들을 정복하고, 침투하고, 수정하고, 적응시키고, 그리고 궁극적으로 흡수했던 세기들이었고, 역사가들은 이러한 전환점을 이루는 시기에 대해 계속 논의하고 있다.〔이 글을 처음 쓰고 난 후에, 러시아 혁명 이후 수십 년 동안 자본주의에 대한 지구적 차원의 경제적 대안을 제공한다고 주장했던 사회주의 경제 체제의 몰락이 이러한 사실을 극적으로 증명해 주었다.〕 이러한 명백한 균질화는 역사를 '근대화'라는 단선적인 모델로, 경제 발전을 '성장'으로 단순화하도록 사회과학자들과 이데올로기의 주창자들을 유혹한다. 그러나 역사가들은 거의 이러한 유혹에 넘어가지 않는다. 세계 경제의 개별적인 부분들을 언급할 필요도 없이, 세계 경제 발전은 '성장'을 위한 선행 조건들의 단순한 집합이 아니고, 그러므로 로스토가 주장하듯이 마라톤 경주처럼 변동하면서 앞으로 돌진하는 것이 아니다. 즉 모든 사람들이 다른 시간에 출발하여 다른 속도로 달려가기는 하지만 똑같은 결승점을 향해 똑같은 트랙을 따라가는 것이 아니다. 그것은 또한 '경제 정책을 올바르게 채택하는 것', 즉 경제학자들 사이에서 합의가 되지 않는 문제인, 초시간적인 '올바른' 경제 이론을 올바르게 적용하는 것에 달려 있지도 않다.

경제사를 단일한 차원으로 환원시킨다 하더라도 자본주의가 일직선적으로 발전하지 않는다는 사실 또는 자본주의 발전 과정 안에는 질적인 차이가 있고 결합이 변한다는 사실은 감추어지지 않는다. 자본주의 발전의 연대기는 다양하게 상승하는 성장 곡선으로 환원될 수 없다. 그러나 인상적이게도 관찰자들은 이 곡선 안에서 이전 국면과 다른 특징과 작업 방식을 지닌 자본주의 체제의 새로운 국면과 현실적인 전환점들을 인정한다. 그러한 순간들로는 1848년 이후 시기, 1873년 이후 시기〔그리고 이제 명백해진 것처럼 1970년대 초〕 등을 들 수 있다. 그리고 이것들은 심지어 경제학자, 정치가, 사업가들에게도 해당된다. 왜냐하면 그들은 군대의 전통적인 약점, 즉 다음 전쟁보다는 지난 전쟁을 대비하는 약점을 피하고 싶기 때문이다.

자본주의가 어떠한 방향으로 움직여 나가고 있는지 알고 싶다면, 우리에겐 로스토 식의 일련의 '단계'보다는 차라리 자본주의 발전에 대한 순수한 역사적 분석이 필요하다. 우리가 어떤 방향으로 나아가고 있는지 알고 싶은 사람들은, 각각 다른 방식으로 자본주의 발전에 역사적 방향성이 존재한다고 보았던 마르크스나 슘페터를 참고해야 한다. 심지어 사업가들 중에서도 자본주의 체제의 미래에 대해 생각할 필요가 없는 사람들이 있을까?

그러한 과제를 수행하기 위해 경제학자들 사이에서 자본주의의 역사적 동력에 대한 모델을 찾는 역사가들이 만나는 것은, 합리적인 이론을 선택해야 한다는 보편적 원칙뿐이다. 이 경우엔 주류에서 크게 벗어난 이론보다는 선구적인 이론을 선택하는 것이 나을 것이다. 나는 필요한 이론들이 수학적 모델이나 정확히 양을 잴 수 있는 모델로 현재 환원될 수 없다는 사실에 역사가들이 신경 쓰고 있다고는 생각하지 않는다. 우리의 요구는 소박하며, 우리의 기대는 결코 희망이 아니다. 만약 우리가 방정식을 생각해야 한다면 그때는 우리가 관련된 모든 변수와 가능한 관계들에 대한 대략적인 생각이나마 갖고 있을 때이다. 그러한 이론들이 우리가 원하는 근거를 포함한다면, 무의미하지 않고 내적으로도 모순되지 않는다면, 증거를 대략 검증할 수 있다면, 그리고 필요할 때 이론의 범위를 확대할 수 있다면, 당분간은 그것으로도 충분할 것이다. 우리는 사회-경제적 이행의 문제에 관심을 기울이는 경제학자로부터 도움을 받는다면 행복할 것이다. 이제까지 약간은 도움을 받았지만 충분하지는 않았다. 오늘날 경제학은 내가 이 강연을 처음 했을 때보다 역사학이 할 수 있는 기여를 더 예리하게 인식하고 있다. 이러한 사실은 아마도 경제학자들이 역사적 발전을 다시 생각하기 시작했다는 신호일 것이다. 경제학자들이 그럴 때, 역사가들은 자신들도 계량사라는 틀에 제약받지 않고 마르크스, 슘페터, 힉스의 정신을 따라 그렇게 할 수 있기를 희망해야만 한다.

19
당파성

1

    사회과학에서의 객관성의 본질이나 심지어 객관성의 가능성에 대해서 수많은 토론이 진행되어 왔음에도 불구하고, 역사학과 사회과학 내에서 '당파성(partisanship)' 문제에 대한 관심은 상대적으로 매우 적었다. '당파성'은 겉으로 보기엔 아주 단순하고 동질적으로 보이지만 그 이면에 다양한 의미를 감추고 있는 '폭력'이나 '민족' 같은 종류의 단어이다. 당파성이라는 단어는 명확하게 정의되어 사용되기보다는 비난하는 뜻으로 더 자주 사용되거나 (더 드물게는) 칭찬하는 단어로 사용되며, 형식적으로 정의되었을 때도[1] 그 정의는 선택적이거나 규범적인

---

  * 정치적이고 이데올로기적인 편견을 고찰하고 있는 이 글은 『문화, 과학, 그리고 발전 —— 샤를 모라제 기념 논문집(*Culture, science et développement : Mélanges en l'honneur de Charles Morazé*)』(Toulouse, 1979), 267~279쪽에 실려 출판되었다.

성격을 띠는 경향이 있다. 사실상 당파성이라는 단어는 받아들이기 어려울 정도로 좁은 의미에서부터 아주 폭넓은 의미까지 광범위하게 사용되었다.

당파성을 가장 폭넓은 의미로 사용할 때, 그것은 역사가, 사회과학자, 철학자들이 오늘날 거의 이의를 제기하기 어려운 객관적이고 가치 중립적인 과학의 가능성을 부인하는 것을 의미한다. 반대로 당파성을 가장 좁은 의미로 사용하는 경우엔, 연구자가 연구 진행 과정과 결과를 자신의 이데올로기나 정치적 입장에 의도적으로 종속시키는 것을 뜻한다. 이것에는 연구자들이 자신들이 인정하는 이데올로기적 권위나 정치적 권위에 종속되는 것도 포함된다. 이것들은 그러한 지시를 받지 않는 연구 진행 과정이나 결과와 많은 갈등을 일으킨다. 물론 일반적으로 연구자들에 의해 내면화된 이러한 요구는 과학을 특징짓거나 아니면 차라리 '잘못된' 과학을 비판하는 '올바른' 과학을 특징짓는다. (왜냐하면 당파성은 '올바른' 과학의 적이기 때문이다.) 이와 같은 예로 남성 중심적 역사에 반대하는 여성사, 부르주아 과학에 반대하는 프롤레타리아 과학 등을 들 수 있다.

사실상, 한편으로 연구 진행 과정과 결과가 지니는 객관적으로 정치적이거나 이데올로기적인 차원의 다양한 뉘앙스를 표현하고, 다른 한편으로 역사가의 주관적 행동에서 비롯되었다고 주장될 수 있는 결과를 표현하는, 이 두 부분이 겹치는 스펙트럼이 존재한다. 간단히 말해 한쪽은 사실의 당파성을 의미하고, 다른 한쪽은 사람의 당파성을 의미한다.

첫 번째 스펙트럼의 한쪽 극단에는, 순수하게 객관적이고 가치중립적인 과학 같은 것은 존재할 수 없다는, 지금은 사실상 논쟁거리도 아

---

1) G. Klaus and M. Buhr, *Philosophisches Wörterbuch*(Leipzig, 1964)에 들어 있는 「당파성(Parteilichkeit)」이라는 논문을 예로 들 수 있다.

닌 일반적인 주장이 존재한다. 다른 쪽 극단에는 과학에 대한 모든 것, 즉 연구 과정에서부터 구체적 연구 결과와 이론에 이르는 과학에 대한 모든 것은 주로 사회적, 정치적 특정 집단이나 조직과 연결된 정치적 (또는 더 일반적으로는 이데올로기적) 기능이나 목적을 지니는 것으로 보인다는 주장이 존재한다. 그러므로 16세기의 태양 중심 천문학이 17세기에 갖는 주요한 의미는 지구 중심 천문학보다 '더 진리에 가깝다'는 데 있는 것이 아니라 절대 군주('태양 왕')를 정당화시켜 주었다는 데 있다. 비록 이것이 이러한 입장의 극단적인 예로 들릴 수도 있지만, 우리 대부분이 나치가 선호했던 유전학과 비교행동학의 다양한 측면들에 대해 토론할 때 극단적인 견해와 다름없는 견해를 가끔 받아들였다는 것을 잊어서는 안 된다. 이러한 분야의 다양한 가정의 진리 여부보다는 히틀러 체제가 그것을 끔찍한 정치적 목적에 이용했다는 사실이 훨씬 중요하다. 심지어 오늘날까지도 많은 사람들이 인류 내에 존재할 수 있는 인종적 차이에 대한 연구를 거부하고 있거나 또는 다양한 인간 집단 사이의 불평등을 입증하려는 그 어떠한 연구 결과도 비슷한 근거에서 거부하고 있다.

두 번째 스펙트럼의 뉘앙스도 마찬가지로 넓게 퍼져 있다. 한쪽 극단에는 거의 논쟁의 여지가 없는 주장이 존재한다. 즉 과학자는 시대의 산물로서 자신의 환경에서 비롯되는 이데올로기나 그 밖의 편견, 역사적이거나 사회적인 특정 경험이나 이해를 반영한다는 주장이다. 반대쪽 극단에는 우리가 과학을 특정 조직이나 권위의 요구에 순순히 따르게 해야 할 뿐만 아니라 적극적으로 이러한 종속을 지지해야 한다는 견해가 존재한다. 우리가 과학자에 대해 순전히 심리적으로 진술하는 경우를 제외하면, 두 번째 스펙트럼은 첫 번째 스펙트럼에서 나온다. 즉 과학 자체가 당파적이기 때문에 사람들은 당파적으로 과학을 대하고 있고 또 그래야만 한다는 것이다. 두 번째 스펙트럼의 각각의 입장은 첫 번째 스펙트럼의 한 가지 입장과 일치하기도 하고, 첫 번째 스펙트럼의 당연한 결과로 간주될 수도 있다는 것은 확실하지는 않지만 가능한 일이다. 그러므로 역사가의 주관적 태도로서의 '당파성', 또는 역사가에게 반드시 필요한 태도인 '당파성'에 집중하는 것이 이어지는 논의에 편리할 것 같다.

그럼에도 불구하고, 먼저 한 가지 중요하게 짚어보아야 할 것은 바로 '객관적' 당파성에 관해서이다. (독일어로 Wissenschaft라는 단어가 일반적으로 지니는 의미를 갖는) 과학 안에서 당파성은 검증된 사실에 동의하지 않는다는 것을 의미하는 것이 아니라, 검증된 사실을 선택하고 조합하는 것 그리고 검증된 사실에서 추론될 수 있는 것에 동의하지 않는다는 것을 의미한다.[2] 그것은 증거를 검증하거나 반증하는 과정과 그것에 대한 주장은 논쟁의 여지가 없는 자명한 것으로 받아들인다. 기하학의 공리가 지배 계급의 정치적 이익과 대립된다면 기하학의 공리는 억압당하거나 도전받을 수 있다는 토머스 홉스의 관찰은 사실일 수 있지만, 이러한 종류의 당파성은 과학 안에서는 어떠한 자리도 차지할 수 없다.[3] 누군가 지구가 평평하다거나 또는 『성서』의 창조론을 글자 그대로 사실이라고 주장하고 싶다면, 천문학자, 지리학자, 또는 고생물학자는 되지 말라는 충고를 받아들이는 것이 좋을 것이다. 반대로 『성서』의 창조론을 캘리포니아 주의 교과서에 "가능한 가설"[4]

---

2) 철학적 논의에 들어갈 필요도 없이, 모든 역사가들은 과거의 사실이 '진실'인지 '거짓'인지 알 수 있는 진술에 익숙하다. 그러한 진술로 '나폴레옹은 1769년에 태어났다'라든가 '워털루 전투에서 승리한 것은 프랑스인이다' 등을 들 수 있다.

3) "삼각형의 세 각의 합은 사각형의 두 직각의 합과 같다는 주장이 지배에 대한 권리나 지배권을 쥐고 있는 사람의 이익과 모순되었다면, 그 학설은 기하학과 관련된 모든 책들을 태워 없애는 방식으로 억압받았을 것이다. 이와 관련된 사람이 그렇게 할 수 있는 능력이 있는 한에서 말이다." Thomas Hobbes, 『리바이어선(*Leviathan*)』, 11장.

4) J. A. Moore, "Creationism in California", *Daedalus*(Summer 1974), 173~190쪽.

의 하나로 포함시키려는 시도에 반대하는 사람들은 당파적 견해를 가졌기 때문에 반대하는 것이 아니다. 그들은 『성서』의 창조론은 사실이 아닐 뿐만 아니라 이 입장을 지지하는 논의는 과학적 지위를 주장할 수 없다는 과학자들의 보편적 합의에 근거하기 때문에 반대한다. 『성서』의 창조론은 살펴볼 수 있는 한도 내에서는 '과학적으로 가능한 가설'이 아니다. 지구가 평평하다는 명제나 하느님이 7일 만에 세계를 창조했다는 신념을 받아들이는 것은 우리가 이성과 과학으로 알고 있는 것을 거부하는 것이다. 물론 노골적으로 또는 암암리에 도전하려는 사람들이 있다. 가능하지는 않겠지만 그들이 옳다고 증명되어야 한다면, 우리는 역사가, 사회과학자, 또는 다른 과학자라는 직업을 잃게 될 것이다.

상황이 이렇다 해도 당파성이 정당한 과학적 논쟁에 관여할 수 있거나 관여하는 범위가 축소되지는 않는다. 사실이 무엇인가에 대한 적지 않은 논쟁이 있을 수 있고, 사실들이 (역사의 많은 부분에서) 명확하게 확립되지 못할 경우에도 논쟁이 한없이 계속될 수도 있다. 사실이 무엇을 의미하는가에 대한 논쟁이 있을 수도 있다. 아무리 보편적 합의가 이루어진 가설과 이론이라도 수학적-논리적 명제나 검증이나 반증이 가능한 사실이 누리는 절대적 지위를 지니지는 못한다. 가설과 이론이 사실과 양립하는 것을 보일 수는 있지만, 그것이 그 사실과 양립하는 유일한 방식은 아니다. 진화라는 사실에 대한 과학적 주장은 있을 수 없고, 심지어 오늘날에도 진화에 대한 다윈주의적 설명이나 그 밖의 특정한 설명들이 있을 뿐이다. 이것은 수학적 명제에 대해서도 마찬가지이다. 수학적 명제는 수학적 명제를 지적 세계의 다른 부분에 연결시켜 줌으로써만 의미 있게 되거나 '흥미로워'지기 때문이다.

그럼에도 불구하고, 실증주의라고 비난받을 위험을 무릅쓰고라도, 논의의 여지가 없는 어떤 진술의 본질과 이러한 진술을 입증하는 수단은 옹호되어야 한다. 어떤 명제들은 합리적인 의심을 초월하여 '사실'이거나 '거짓'이다. 비록 합리적 의심과 비합리적 의심 사이의 경계는 가장자리에서 당파적 기준에 따라 다르게 설정되지만 말이다. 그러므로 대부분의 전통적인 과학자들은 다양한 초능력 현상을 입증하기 위해서는 오래전에 사라졌다고 믿어져 온 동물의 생존을 인정하는 것보다 훨씬 더 철저하고 엄격하게 조사된 증거를 요구하려 한다. 그리고 이것은 그 과학자들이 그러한 현상이 존재한다는 사실을 선험적으로 인정하려 하지 않기 때문이다. 반대로 필트다운인 조작 사건[5]과 다른 예들에서 알 수 있듯이, 그럴듯해 보이는 가설에 대한 증거를 선험적으로 기꺼이 받아들이려는 자세는 과학자 자신의 타당성 확인 기준을 크게 경감시킬 수 있다. 그러나 이것이 타당성 검증의 기준이 객관적이라는 견해를 심각하게 해치진 않는다.

이것을 역사가에게 적합한 용어로 바꿔보도록 하자. 지난 200년 동안 '선진국'의 평균 생활수준이 실질적으로 개선되었다는 사실을 의심할 수는 없다. 이러한 개선이 시작된 시기, 진행의 정도, 변동, 일탈 등에 대한 논쟁이 있을 수는 있겠지만, 이 사실을 진지하게 거부할 수는 없다. 이러한 사실은 그 자체로는 중립적이지만, 이데올로기적이고 정치적인 함의를 갖고 있는 것으로 생각될 수도 있다. 그러나 만약 그러한 일이 일어나지 않았다는 가정에 근거한 역사 이론이 존재한다면, 그 이론은 틀린 것이다. 마르크스가 프롤레타리아 계급을 빈곤하게 만드는 자본주의의 경향을 믿었다면, 나는 마르크스주의자로서 다음 세 가지 일 중에서 한 가지나 그 이상을 할 수 있을 것이다. 나는 적어도 성숙기의 마르크스는 절대 빈곤 이론이나 정체 이론을 주장했다는 것

---

5) (옮긴이) 필트다운인(Piltdown man)은 1912년 영국의 서식스 주의 필트다운에서 두개골이 발견된 선사인에 붙인 이름이다. 그러나 그 두개골은 나중에 가짜로 판명되었다.

을 정당하게 부인할 수 있다. 또 나는 '절대 빈곤화' 이론에서 이러한 절대 빈곤 이론을 없애고, 이제까지 고려되지 않았지만 개선을 상쇄시킬 수 있는 다른 요소들(예를 들어 '불안정성', 또는 정신 건강, 또는 환경 악화)을 포함시키려 할 수 있다. 이 경우에 두 부류의 당파적 논쟁이 있을 수 있다. 하나는 '빈곤화'라는 개념을 이런 식으로 확대하는 것이 정당한가에 대한 것이고, 다른 하나는 이에 포함된 다양한 지표의 추세를 실제로 측정하고, 조작하고, 조합하는 작업에 대한 것이다. 마지막으로, 나는 기존의 논의를 계속 유지하면서도 개선 과정이 단지 일시적이거나 장기적인 파동을 (여전히 오랫동안 하향 곡선을 그리고 있다고 주장될 수도 있는 파동을) 보여준다는 것을 입증하려 할 수 있다. 이 경우 나는 천년 왕국주의자들이 세계 종말의 시기를 끊임없이 늦추는 것처럼 빈곤화 명제가 아예 반증될 수 없도록 만들거나, 아니면 앞으로 언제가 잘못이 입증될 때까지 비판받도록 놔두는 것이다. 마찬가지로 내가 개선을 지역적인 현상으로 간주한다면, 그것은 세계의 나머지 지역에서의 악화에 의해 상쇄되거나 그렇지 않거나이다. 내가 할 수 없는 것은 증거를 무조건 부인하는 것이다. 내 견해가 과거와 현재에 또는 미래의 증거에 근거하고 있는 역사가로서, 나는 반증의 기준을 받아들이는 것을 이유 없이 거부할 수 없다.

간단히 말해서, 과학적 담론에 참여하는 모든 사람들의 진술은 이데올로기적 결과와 동기에 상관없이 원칙적으로 당파성에 종속되지 않는 방법과 기준을 통해 타당성 검증받아야 한다. 이와 같은 타당성 검증을 받지 않은 진술이라도 중요하고 가치 있을지도 모른다. 하지만 그 진술은 다른 차원의 담론에 속하게 된다. 특히 진술이 어떤 면에서 명확하게 묘사적일 때 (예를 들어 표현 예술이나 특히 창조적인 작품이나 예술가에 '대한' 비평에서) 매우 흥미롭고 어려운 철학적 문제를 제기하지만 여기서는 다룰 수 없다. 또한 (이론물리학처럼) 증거에 의한

타당성 검증과 관련되어 있지 않는 한 논리적-수학적 형태의 진술도
여기서는 고찰할 수 없다.

2

이제 주관적 당파성의 문제로 되돌아가 보자. 개인적 감정의 문제
는 학자의 개인 심리에서 중요하지만, 단순화를 위해 배제하기로 하겠
다. 그러므로 자신이 만든 이론을 포기하고 싶지 않은 어떤 교수의 주
저함이나, 오랜 논쟁을 통해 얻은 명성을 유지하고 싶은 그의 희망에
우리는 관심이 없다. 또 다른 교수를 늘 출세 지상주의자이자 협잡꾼
으로 간주했던 그의 개인적 감정도 배제하겠다. 다른 사람들과 공유한
가정과 이데올로기적이거나 정치적인 견해가 동기가 되어 연구를 수
행하는 교수로서의 그에게만 관심을 가지려 한다. 특히 정치적 운동을
위해 저작 활동을 하려는 사회 참여 의식이 강한 열성파인 그에 대해
선 더 많은 관심을 가지려 한다.

그러나 우리는 당파성에 대한 극단적인 입장을 제거하면서 시작해
야만 한다. 이 극단적인 입장은 스탈린 통치 시기의 소련과 (반드시
마르크스주의자들만 그랬던 것은 아니어서) 그 밖의 다른 곳에서 제시되
어 실행되었고, 계속 바뀌던 당시의 『소비에트 대백과사전(*Great Soviet
Encyclopedia*)』의 관련 항목에서 귀류법(*ad absurdum*)으로 환원 규정되
었다. 이러한 입장은 다음과 같은 내용을 담고 있다. (1) 항상 정치적
진술과 과학적 진술이 완전히 일치하는 것. 따라서 (2) 모든 수준의 담
론에 있어서 정치적 진술과 과학적 진술의 실제적 교환 가능성.[6] (1)과

---

6) 주다노프는 기술적이고 전문적인 문제들이 ≪볼셰비키(*Bolshevik*)≫에서보다는 전
　문 학술지에서 토론되었다는 주장을 반박했다. A. Zhdanov, *Sur la littérature, la*

(2)는 (3) 전문적인 과학적 담론이 이루어지는 분야나 전문 대중이 존재하지 않았다는 것을 토대로 한다. 이것은 사실상 (4) 과학적 진술에 대한 (과학의 보고(寶庫)라고 확실하게 주장되는) 정치적 권위의 우월을 뜻한다. 이러한 입장은 과학적 논문보다 더 우월한 도덕적, 정치적인 명령이 존재할 수 있다는 일반적인 주장과 다르고, 권위에 강제될 수 있는 세속 과학보다 더 우월한 진리가 존재한다는, 이를테면 가톨릭교회의 주장과도 다르다.

물론 이론상으로는, 정치가 과학적 분석에 근거해야 한다고 (예를 들어 '과학적 사회주의'를) 믿는 사람들은 과학과 정치의 통일을 일반적 명제로 주장할 수 있다. 또한 대부분의 사람들은 과학이 비과학적 대중을 포함한 나머지 사회와 분리될 수 없다는 것을 일반적인 명제로 받아들인다. 그러나 노동과 기능의 어떤 분리가 실제로 존재한다는 것, 그리고 과학과 정치의 관계는 일치 관계일 수 없다는 것은 명백하다. 정치적 명령은 약간 거리를 두고 보면 과학적 진술에서 이상적으로 비롯될 수도 있다. 하지만 정치적 명령은 아무리 과학적 분석에 근거해 있다 해도 과학적 진술과 같지는 않다. 편법, 행동, 결정 등 정치에 속하는 제반 사항을 고려해 보면, 정치는 상대적으로 자율적이기 때문에 과학과 같지 않은 것은 물론이고 단순한 유추조차 할 수 없다. 그러므로 정치적 요구는 모두 과학적 담론과 일치해야만 한다고 주장하는 모든 당파적 형태는 이론적으로 정당화될 수 없다. 실제로 정치적 분석을 하기 위해선 과학의 타당성 검증이 필요하고, 결과적으로 과학적 담론에 참여하는 사람들에게 특정한 명령을 내리는 권위가 존재하게 되면, 서로 대립되는 그런 과학적 주장 사이에서 어떠한 주장을 선택할 수 있는가에 대한 문제가 제기된다.[7] 당파성 자체는 이 문

philosohie et la musique(Paris, 1950), 57~58쪽.
7) '과학적 정치'의 정통파들이 트로츠키 운동에서처럼 현저하게 분열과 이단에 의

제에 주관적 신념이라는 의미로서만 기여할 수 있다.

주다노프적 당파성 해석을 편리하게 적용했을 때 나타날 수 있는 딜레마는 지도 제작이라는 비마르크스주의적 예를 통해 입증될 수 있다. 지도 제작자들은 지도가 지구 표면의 모습에 대한 (다양한 규칙에 따른) 사실적 모사라고 주장하지만, 정부와 특정 정치 운동은 지도가 정책의 표현이거나 적어도 정치적 의미를 지닌 것이라고 주장한다. 정말로 이것은 정치적 지도가 지니는 분명한 측면이다. 정치적 분쟁이 있는 지역의 어떤 곳에 국경선을 그린다는 단순한 사실도 정치적 결정을 내포하고 있다는 것은 원칙적으로 부인할 수 없다. 그러므로 포클랜드를 영국의 소유로 기록하는 것은 이 섬에 대한 아르헨티나의 주장을 부인하거나 적어도 그 시점에서 사실이 아닌 것으로 간주한다는 것을 의미한다. 서독(독일연방공화국) 동쪽에 있는 나라를 동독(독일민주공화국)으로 기록하는 것은 적어도 동독의 존재를 1945년에 설정된 국경 안에 있는 국가로 사실상 인정하는 것이다. 그러나 지도 제작자가 아르헨티나의 주장이나 서양 국가의 냉전적 태도에 아무리 공감한다 할지라도, 실제 상황까지 숨길 수 있다고 보긴 힘들다. 존재하는 나라를 지도상에 없는 나라로 그리는 것은 존재하는 사람을 역사책 속에 없는 사람으로 기록하는 것만큼 터무니없는 것이다. 동독의 형태와 성격은 동독을 '소련 점령 지역'이나 '중부 독일'로, 또는 실제가 아니라 정치를 표현하는 용어로 묘사하자는 정치적 결정이 내려졌을 때에도 변하지 않는다. 자발적으로 제작하는 경우라도, 지도 제작자는 지리학자가 아니라 정치가로서 포클랜드를 아르헨티나로, 동독을 '중부 독일'로 묘사한다는 사실을 깨달아야 한다. 지도 제작자들은 철학적 근거나 심지어 과학적이라고 소문난 근거를 포함시키면서 자신

해 분열되었을 경우에, 이것은 특히 고통스럽다.

들의 결정이 다양한 근거에 기초하고 있다고 정당화할지도 모른다. 하지만 지리적 근거에 기초한 것은 아니다. 이러한 구별을 분명히 하지 못하면 지적인 교류를 파괴할 뿐만 아니라(아주 익숙한 상황이다), 실제 묘사가 아니라 정치 강령을 진술하는 지도를 제작하게 된다. 즉 지도 제작을 그만두게 된다.

다행히 우리가 다루는 이 분야는 이론상으로 공상을 해보아도 심각한 실제 결과를 낳기 때문에, 정치 강령적 지도 제작이 어쩔 수 없는 경우나 교육과 선전 같은 특수 영역을 제외하고는 실제 지도에 간섭하는 것은 금지된다. 결국 비행기 조종사에게 칼리닌그라드 공항에 착륙하면 독일에 들어가게 된다는 사실을 알려주는 것이나, 또는 1989년 이전에 테겔 공항이 아니라 쇠네펠트 공항에 착륙하게 되더라도 행정 문제가 달라지지 않을 것이라는 사실을 알려주는 것은 어리석은 일이다.[8]

이른바 스탈린주의적 당파성은[9] 결코 스탈린주의나 심지어 마르크스주의에만 한정되는 것은 아니지만, 그것은 과학적 담론에서 배제될 수 있다. 학자와 과학자가 자신들이 정치적으로 활동하게 되면 과학은 정치적 활동에 종속될 것이라 믿는다면, 이러한 주장도 어떤 면에서 보면 정당하다 해도, 그들에게만 통하는 주장일 뿐이다. 거짓말도 복잡한 의미 속에서 보면 진실일 수 있다고 확신하는 것은 과학과 특히 과학적 근거에 기초한 정치 분석에 (상당히) 위험하다. 그러나 사실은 은폐하기 위해서나 심지어 허위를 은폐하기 위해 행동한다는 것을 아

---

8) (옮긴이) 테겔 공항이나 쇠네펠트 공항은 모두 독일 베를린 시에 있는 공항이다.

9) 스탈린주의적 당파성은 다음처럼 잘 규정되었다. "스탈린주의적 당파성은 '과학을 이데올로기로 환원시키는 것뿐만 아니라, 이데올로기 자체를 선전의 도구로 그리고 우발적인 정치적 입장을 정당화하는 도구로 환원시킨다는 것이다. 이 경우에 아주 터무니없는 정책 변화도 거짓된 이론적 논증을 통해 정당화될 수 있고, 가장 정통적인 마르크스주의와 동일한 것으로 제시된다." S. Timparano, "Considerations on Materialism", *New Left Review* 85(May-June 1974), 6쪽.

는 것은 그보다는 훨씬 덜 위험하다. 마찬가지로 그들이 정치에 참여하게 되면 학자로서의 활동 전부를 그만두어야 한다고 믿는다면, 이것은 특정한 상황에서 정당하거나 필요하기까지 하지만, 자신들이 무엇을 하고 있는지를 또한 잘 알고 있어야 한다. 당 기관지 편집자가 된 역사가는 역사적 근거나 관심이 드러난다 하더라도 역사가로서가 아니라 정치적 입장을 지닌 논설위원으로서 논설을 쓴다. 이것 때문에 그는 다른 시기에 역사를 연구하는 것을 그만둘 필요는 없다. 조레스(Jean Jaurès)는 프랑스사회당의 지도자였던 기간에 오히려 좋은 (당파적) 역사학적 성과를 낳았다. 그러나 당 대회에서 조정안을 만들어가는 동안은 그렇지 못했다.

그럼에도 불구하고 학문과 정치적 진술 사이에는 모호한 지대가 여전히 존재하고 있고, 이것은 다른 학자들보다 역사가들에게 더 많은 영향을 미치는 것 같다. 왜냐하면 역사가들은 아주 오래전부터 (예를 들어 왕위의 주장이나 영토 주장 같은) 정치가의 주장을 정당화하기 위해 이용당해 왔기 때문이다. 이것은 정치적 옹호의 영역이다. 특히 학자들이 사건들은 애국심이나 다른 정치적 입장에 근거해 있다고 믿을 뿐만 아니라 (자주 그러는 것처럼) 그것이 실제로도 정당하다고 믿는다면, 학자가 옹호자로 활동하지 않으리라고 기대하는 것은 매우 비현실적인 것일 것이다. 정부, 당, 교회가 강제로 재촉하지 않아도 마케도니아 문제에 대한 자신들의 해석을 철저하게 지키기 위해 싸울 준비가 되어 있는 불가리아, 유고슬라비아, 그리스의 교수들이 필연적으로 많이 존재하게 될 것이다. 물론 역사가들은 개인적으로는 상당히 무관심하다 해도 논란 중인 국경선에 대한 정부의 주장을 뒷받침하려 하거나 질다비아가 루리타니아와[10] 외교적 관계를 개선하려 할 때 질다

---

10) (옮긴이) 질다비아(Syldavia)는 벨기에의 코믹스 작가 헤르게가 만들어낸 동유럽의 가상 국가이고, 루리타니아(Ruritania)는 영국 작가 A. H. 호킨스의 소설 『젠

비아 사람과 루리타니아 사람들 사이의 전통적 우호 관계에 대한 논문을 쓰려는 당파적 작업을 받아들이려는 경우도 많다. 탁상공론이 의심할 여지 없이 어느 정도 신념을 지니면서 계속 지지자 역할을 한다 해도, 그리고 변호는 어떠한 논쟁에서도 떼어낼 수 없는 요소라 해도, 탁상공론과 (당파적이라 할지라도) 과학적 토론의 차이는 명심해야 한다.

간단히 말해서 법정의 변호사는 소송 의뢰인의 유죄나 무죄 여부를 결정해서는 안 되고, 다만 의뢰인의 무죄 판결과 석방을 책임져야 한다. 광고 대행사의 기능은 고객의 상품이 팔릴 만한 가치가 있는지 없는지를 결정하는 것이 아니라, 고객의 상품을 파는 것이어야 한다. 과학과 달리 변호는 사건을 이미 정해진 것으로 간주하며, 사건을 어느 정도의 궤변으로 변호하는가는 이런 기본적 결정과 관련이 없는 것이다. 우리가 그 사건과 변호 방식 모두를 완벽하게 받아들이는 경우에도 차이는 여전히 존재한다. 이를테면 토머스 헉슬리(T. Huxley)는 다윈이 아니라 '다윈의 충실한 추종자'였다. 실제로 아무리 설복당하기 싫다 할지라도, 과학적 논쟁에 참여하는 모든 사람은 이론상 반대 논증이나 증거에 의해 공개적으로 설복당할 수 있다는 가능성을 받아들여야 한다. 설복당할 여지가 있음을 잘 알고 있다는 그 사실로 인해 논쟁 참여자는 변호자로 되는 것이 가치 있음을 느끼게 되고 따라서 과학적 변호에서 당파적 변호로 나아가도록 유혹받는다. 자유주의 사회, 특히 의회 정치의 사회에서, '독립적인 과학자'를 이상으로 삼으면서, 진리가 논쟁적인 변호 사이의 대립에서 출현할 것이라고 믿기 때문에, 이러한 유혹은 다른 어떤 것보다 더 정당하지 못한 당파성을 낳게 된다. 영미권 국가들의 빈곤과 교육에 대한 최근의 논쟁사는 이것을 입증한다.

다 성의 포로』에 나오는 가공의 왕국이다.

3

당파성이 과학적인 정당성을 상실하게 되는 문제점을 설명해 왔지만, 과학이나 학문 분야의 관점과 학자들이 정치에 참여할 생각이 들게 하는 대의명분의 관점 모두에서 정당한 당파성을 호의적으로 검토해 보기로 하자.

대의명분의 관점은 과학이나 학문 분야에서의 관점보다 다소 더 어렵다. 그것은 학자들이 정치에 참여한다 해도 학자 신분으로서 활동하면 대의명분에 더 이롭기 때문이다. 그러나 분명히 늘 그런 것은 아니다. 한 예로 기독교에서 신앙과 같은 명분이 그러하다. 기독교에서 신앙과 같은 명분에는 과학적이거나 학문적인 지지가 필요하지 않다. 그뿐 아니라 신앙과 교리를 개념상 정반대되는 용어로서 재공식화하려는 시도를 하면 기독교의 믿음과 같은 명분은 약화될 수도 있다. (물론 대부분의 그러한 시도는 서서히 잠식해 오는 세속 세력의 공격에 대한 방어 행동이었다.) 이것은 문헌학이나 고고학 같은 특정 학문을 자극했던 기독교의 가치를 부인하는 것은 아니다. 하지만 이러한 학문이 사회 세력으로서의 기독교를 강화시켰는지는 의심스럽다. 어떤 사람은 이러한 학문이 『성서』를 정확하게 번역하여 과학보다 『성서』를 더 중요하게 생각하는 사람들에게 종교적 서비스를 제공했다고 주장할 수도 있다. 또는 이 학문들이 선전적인 논쟁에 명분을 제공하거나 사회에 있는 학문과 연결됨으로써 얻게 되는 권위를 제공한다고 주장할 수도 있다. 여전히 그러한 문제에 대한 판단은 매우 주관적이다. 의심할 여지 없이 조상의 계보에 관한 많은 정보를 수집하는 작업은, 이러한 과정을 거치고 나서야 죽은 뒤에 진실한 신앙에 가까워지기 때문에 모르몬교도에게는 아주 중요한 일이다. 이러한 작업은 모르몬교도가 아닌 사람들에게는 단지 역사인구학의 자료를 광범위하게 수집할 수 있기 때문에 흥미가 있거나 가치가 있을 뿐이다.

그러나 이런 목적을 위해 사이비 과학이나 사이비 학문을 발전시키려는 유혹을 자주 받는다 해도, 과학과 학문으로부터 분명한 이익을 얻을 수 있는 정치적이고 이데올로기적인 명분, 주장들이 많이 존재한다. 비록 (거기에 관련된 학자들이 아니라) 민족주의 운동 자체가 연구상 나타나는 환상과 위조를 의심하기보다는 오히려 유용하게 여긴다 할지라도, 조국의 과거에 대한 헌신적인 학문적 탐구가 민족주의 운동을 강화시킨다는 사실이 부인될 수 있을까?[11] 더구나 자신을 특히 합리적이고 과학적인 분석의 산물로 보고, 그 결과 당연히 그와 연관된 과학적 탐구 작업을 진보의 핵심적인 부분이나, 어쨌든 진보와 공존하는 것으로 간주하는 사상이 존재한다. (그중에서 뛰어난 것이 마르크스주의이다.) 이미 앞에서 언급한 학문적 연구와 정치적 편의주의 사이의 마찰음은 별도로 하고 말이다. 어떠한 국가든지 특정 목적을 위한 과학이 필요하다. 정부는 경제를 관리할 필요가 있는 한 (변호나 선전과 구별되는) 현실적인 경제학을 필요로 한다. 정부의 불만은 경제학자가 충분히 참여하지 않는다는 것이 아니라, 필사적으로 해결하고자하는 문제를 현재의 과학 상태에서는 해결하지 못한다는 데 있다. 그러므로 정치에 참여하는 학자가 학자이기를 그만두지 않으면서도 자신의 주장을 진전시킬 여지는 많이 있다.

---

11) 그러한 사이비 학문에 대한 가장 뛰어난 예로 체크인들 사이에 퍼져 있는 위조된 쾨니긴호프(Königinhof) 문서, 오시안(Ossian : 아일랜드와 스코틀랜드의 전설적인 영웅 —— 옮긴이), 웨일스인들 사이에 퍼져 있는 사이비 드루이드교(Druidism : 기독교로 개종하기 이전의 갈리아, 브리튼 지역에 퍼져 있던 고대 켈트족의 종교 —— 옮긴이)의 날조 등을 들 수 있다. 이후에 근대 역사학이 성립되었고, 근대 역사학은 그러한 애국적 허구를 설득력이 없는 것으로 만들었다. 그러나 대체로 체크 민족주의자들은 쾨니긴호프 문서가 가공의 이야기라는 사실을 입증한 마사리크(T. G. Masaryk)에게 고마워하지 않는다.

　그러나 그러기 위해서 특정한 형태의 정치에 어느 정도나 참여해야 하는가? 대체로 경제학자가 문제를 해결하는 한 개인적으로 보수주의자이거나 혁명주의자라는 것이 정부에게는 상관없지 않는가? 소련은 역량 없는 리센코[12]의 유전학을 신봉하는 생물학자보다 역량 있는 반(反)스탈린주의 생물학자들로부터 더 많은 이익을 얻지 않았는가? (덩샤오핑(鄧小平)의 말을 인용해 보기로 하자. "검은 고양이든 흰 고양이든 쥐만 잘 잡는다면 무슨 상관인가?") 또는 질문을 바꾸어보면, 정치 참여적인 마르크스주의자는 훌륭한 전문가적 자질을 발휘한 자신의 성과가 싸울 상대에게까지 도움이 되기를 기대해서는 안 되는가?

　마지막 질문에 대한 대답은 명확하다. 어느 정도까지는 그렇지 않다. 그럼에도 불구하고, 자신의 명분으로서는 자신의 뜻에 동참하는 학자들밖에 꾀어 들일 수 없다면, 그리고 다른 당파성을 반영하는 대부분의 과학(특히 사회과학)을 이용할 수 없다면, 거기에는 학자의 개인적 당파성이 짙게 관계된다. 1914년 이전 독일 사회민주당은 압도적 다수의 제국 독일 학자들로부터 도움이나 공감 또는 심지어 중립성도 기대하기 어려웠다. 독일 사회민주당은 '자신의' 지식인에 의존해야만 했다. 더 적절하게 표현한다면, 당파적 지식인들만이 (이데올로기나 다른 이유로 해서) 고찰하지 못한 문제나 주제를 기꺼이 탐구하는 유일한 사람들일 수 있다. '정통파' 역사가는 제2차 세계 대전 이후에도 한참 동안 영국 노동 운동사에 어떠한 진지한 관심도 거의 보이지 않았기 때문에, 20세기 후반까지 영국 노동 운동의 역사는 시드니 웨브(Sidney Webb)와 비어트리스 웨브(Beatrice Webb) 이후 압도적으로 이에 공감하는 사람들에게 맡겨져 있었다.

---

12) (옮긴이) T. D. Lysenko(1898~1976) : 소련의 농학자이자 생물학자. 1930년대 후반부터는 유전에 관한 독특한 견해를 발표하여, 멘델 법칙에 입각한 유전학설을 비판하고 리센코 학설을 주장했다.

새 방면을 개척하려는 당파적 학자와 과학자의 의지는 결국 우리의 두 번째 논쟁 부분이 된다. 즉 당파적 학자의 과학이나 학문에 대해 당파성이 지니는 긍정적 가치이다. 비록 (생물학처럼) 이데올로기적으로 아주 강한 관계를 맺어왔던 분야의 학자들에게서 유난히 두드러지기는 하겠지만, 이것은 몇몇 자연과학 분야에서도 부인될 수 없다. 우리는 이러한 가치를 특별한 종류의 당파성에 한정할 수는 없다. 예를 들어, 유전적 요인 옹호자와 환경적 요인 옹호자들이 늘 싸우고 있는 현대 유전학은 의심할 여지 없이 대부분 엘리트적, 반민주주의적 이데올로기의 산물이다. 이것은 프랜시스 골턴(Francis Galton)과 칼 피어슨(Karl Pearson) 이후 그렇다.[13] 이러한 상황과는 달리 유전학은 본질적으로 반동적인 과학이 되지 않았고 오히려 이러한 과학은 지속적으로 이데올로기적으로 참여하게 되었다. 여기에는 (홀데인(J. B. S. Haldane)처럼) 공산주의자였던 저명한 최근의 학자가 포함된다. 확실히 현 단계에서 진행되고 있는 유전적 요인과 환경적 요인 사이의 논쟁은 제1차 세계 대전 때까지 거슬러 올라갈 수 있다. 중요한 '우익' 지지자들이 심리학자들 사이에서 나왔던 반면에, 유전학자들은 '좌익'적 성향을 띠었다.[14] 어쨌든 우리가 여기서 다루지 않은 자연과학 분야가 있고, 이 분야의 진보는 해당 분야 과학자의 정치적 당파성을 통해 주로 이룩되었다.

이 문제는 자연과학에서는 어떨지 몰라도(나는 이 문제를 토론할 능력이 없다), 사회과학에서 대답할 수 있는 논의는 아니다. 정치적으로

---

13) N. Pastore, *The Nature-Nurture Controversy*(New York, 1949)를 참조. 칼 피어슨은 정치적 이데올로기에 대한 관심을 확실히 하면서 초기에 마르크스주의에 대한 상당한 관심을 보였다.

14) N. J. Block and Gerald Dworkin eds., *The IQ Controversy*(New York, 1976). 그리고 *New York Review of Books*에 실린 이 책에 대한 P. B. Medawar의 서평을 참조.

깊이 참여하지 않는 위대한 경제학자를 생각하기 힘들다. 마찬가지로 인간의 질병을 치료하는 데 깊이 개입하지 않는 위대한 의학자를 생각하기 힘들다. 마르크스의 구절을 사용하면, 본질적으로 사회과학은 세상을 단지 해석하기 위한 것이 아니라 (또는 왜 변할 필요가 없는가를 설명하기 위해서가 아니라) 세상을 변화시키기 위해 고안된 '응용과학'이다. 더욱이 오늘날에도 영미권의 대표적인 경제학 이론가는 자신을 자신 '편'의 요구에 따라 '과학'을 제시하는 사람으로서 (파시즘에 반대하는 과학자들이 제2차 세계 대전 기간 동안 핵무기가 사용될 수 있다고 정부를 설득했던 것처럼) 생각하기보다는, 자신의 정의를 입증하기 위한 십자군이나(케인스(J. M. Keynes)나 프리드먼(Milton Friedman)처럼) 또는 최소한 공공 정책 토론에 적극적으로 참여하는 사람으로서 생각한다. 케인스는 자신의 정책을 자신의 저서인 『고용, 이자 및 화폐의 일반 이론(*The General Theory of Employment, Interest and Money*)』에서 끌어내지 않았다. 케인스는 자신의 정책을 보다 강력하게 전파하기 위한 수단으로뿐만 아니라, 보다 건전한 정책 기반을 마련하기 위해 『일반 이론』을 썼다. 아마도 (교육적 목적을 포함한) 선전적 목적일 경우를 제외하고는, 정책과의 직접적인 연결은 이름 있는 사회학자들 사이에서는 덜 명확하다. 왜냐하면 주제의 성격상 일반적인 규범은 특정한 정부 정책 관점에서 형식화되기 힘들기 때문이다. 그럼에도 사회학의 창시자들이 정치에 깊이 개입했음은 거의 입증할 필요조차 없다. 정말로 다양한 당파성을 지닌 사회학자들이 전 학문 분야의 거의 대부분을 압도했던 시기가 있었다. 큰 힘을 들이지 않고서도 이와 비슷한 사례를 (우리가 역사학을 포함시키기로 결정한다면) 역사학을 포함한 다른 사회과학에서도 찾아볼 수 있다.

과학의 발전이 당파성과 분리될 수 없다는 사실은 도전받을 수 있다. 몇몇 과학들은 당파성이 없었으면 사실상 존재할 수 없었을 텐데도 말이다. 한편으로 학자의 수가 급격하게 증가함으로 인해 전문 연구소가 분화하고, 직업으로서의 학문과 과학이 분리되고, 다른 한편으로 (학문적) 지식인의 특별하고 새로운 사회적 입장이 반영되고 신비화됨으로써, 누구에게 이익을 주든 주지 않든 간에 학자는 단지 순수한 학문적 진리를 추구하는 사람이라는 정반대의 믿음이 근거를 획득했던 것 같다. 전문 경제학자가 존재하지 않던 시기에, 프랑수아 케네(F. Quesnay, 의사), 페르디난도 갈리아니(F. Galiani, 공직자), 애덤 스미스(A. Smith, 대학 교수), 데이비드 리카도(D. Ricardo, 금융업자), 토머스 맬서스(T. Malthus, 성직자)가 본질적으로 정치적인 의도를 지니지 않았다는 사실을 논의하는 것은 무의미할 것이다. 봉급 받는 전문 지식인이라는 사회 계층이 증가함에 따라 대부분의 전문 지식인들과 경제적, 정치적 의사 결정자 사이의 격차는 넓어졌다. 이러한 사실로 인하여 지식인을 독립적인 '전문가' 계급으로 보려는 경향이 (상당히) 강해졌다.

게다가 세상에 일반적으로 알려진 사회과학의 가르침이 정치에 근거를 둔 정치 지향적 견해가 아니라, 공정성과 권위 모두를 보장하는 기관에서 일하는 집단의 진리 추구라는 목적만을 지닌 영원한 진리로 제시되었을 때, 현상을 유지하려는 힘이 크게 강화되었을 것이다. 독일 제국의 교수들, 특히 악명 높은 당파적 집단들은 정치에 개입하기보다는 오히려 '논쟁할 수 없는 것'이라는 '권위 있는' 선언으로 자신들의 편을 강화시켰다. 직업의 하나로서, 사회 계층의 구성원으로서, 세속적 신학자로서 지식인인 그는 자신이 (드물게는 여성 지식인도) 전투 위에 서 있다는 견해를 실질적으로 조장하였다. 그러나 현재 논의의 목적을 고려해 볼 때 이 문제를 더 깊이 다루는 것은 필요하지 않고 가능하지도 않다.

과거의 과학, 특히 사회과학이 당파성과 분리될 수 없다는 사실은 당파성이 그들에게 유리한 것이 아니라 다만 불가피한 것임을 입증한다. 당파성이 과학을 진전시킨다는 것은 당파성의 이점을 보여주는 한 예임에 틀림없다. 당파성이 과학적 논쟁의 조건들을 변화시키도록 유도할 수 있다면, 즉 (토머스 새뮤얼 쿤(Thomas S. Kuhn)의 입장에 맞는 용어를 사용한다면) 새로운 주제, 새로운 질문과 새로운 방식의 대답을 외부로부터 주입할 수 있는 메커니즘을 제공하는 한에서, 과학을 발전시킬 수 있고 발전시켜 왔다. 전문 연구 분야 밖에서 주어진 자극과 도전에 의한 과학 논쟁의 활성화는 과학의 진보에 엄청나게 큰 이익을 가져다주었다. 보통 이러한 외부 자극은 다른 과학으로부터 온다고 인식되지만, 오늘날 이것은 널리 인식되어 있고, 부분적으로 이러한 이유 때문에 모든 방식의 '학제 간' 접촉과 시도들이 권장되었다.[15] 그럼에도 불구하고 사회과학에서 그리고 인간 사회와 관계되어 있다고 여겨지는 (아마도 순수하게 기술적인 것을 제외한) 모든 과학에서 '외부'는 근본적으로 과학자가 개인으로서, 시민으로서, 그 시대의 인물로서 지니는 경험, 관념, 행동이다. 그리고 당파적 과학자는 자신이 경험한 '외부'를 학문적 작업에서 사용하기에 가장 적합한 사람이다.

이것이 반드시 실천적인 정치 참여나 이데올로기적인 정치 참여를 요구하지는 않는다. 비록 19세기에, 그리고 오늘날조차 전통 종교에 대한 강한 적대감은 전체 '순수' 자연과학 내에서조차 논쟁을 비옥하

---

15) 비록 그것이 때때로 경력과 명성을 얻고 재정적 지원을 동원할 수 있는 새로운 전문 '분야'를 개척하는 편리한 방법이 되는 경향이 있지만, 여기서 그러한 '학제 간' 활동의 중요성이 부인되지는 않는다. 그러한 학제 간 상호 활성화가 작용할 수 있는 방법은 아직 명확하지 않다. 그러나 사회과학에서 학제 간 활동이 학문적이지 않은 이데올로기적인 참여나 정치적인 참여와 쉽게 분리될 수 없다고 말하는 것이 안전할 것이다. 급속히 발전하고 있는 '사회생태학' 분야의 경우를 참조해 보라.

게 만들지만 말이다. 그것은 우주진화론과 분자생물학 같은 '비정치적' 분야에서 이 분야에서 혁명적 변화를 일으켰던 몇 사람, 예를 들면 프레드 호일[16]과 프랜시스 크릭[17] 등의 전투적인 불가지론적 동기를 통해 뚜렷한 역할을 하였다.[18] 그 문제와 관련하여 찰스 다윈 자신은 비록 종교라는 논쟁적인 쟁점에 공개적으로 참여하기를 주저했지만, 종교 문제에 대한 입장을 어느 정도 결정하였다. 그러나 강한 이데올로기적, 정치적 참여도 때때로 자연과학 이론의 발전에 직접적인 영향을 미쳤다. 좌익 진영의 예로는 다윈과 함께 자연 선택설을 발견한 앨프레드 월리스(A. R. Wallace)를 들 수 있다. 평생 동안 정치적 급진주의자였던 월리스는 이단적인 오웬주의 단체인 '과학회관'과 차티스트 단체인 '기계학연구소'와 관계를 맺었고, 자연히 자코뱅 정신을 지닌 사람에게 아주 매력적일 수밖에 없는 '자연사'에 이끌렸다. 우익 진영의 예로는 베르너 하이젠베르크(Werner Heisenberg)를 들 수 있다.

그러한 정치적 자극이 사회과학과 역사과학 안에서 어떤 작용을 했

---

16) (옮긴이) Fred Hoyle(1915~2001) : 영국의 천문학자. 정상 우주론의 주창자이자 옹호자로 알려져 있다.

17) (옮긴이) Francis Crick(1916~) : 영국의 생물물리학자. 생명 기능의 유전적 조절을 담당하는 화학 물질인 디옥시리보핵산(DNA)의 분자 구조를 결정하여 1962년 제임스 윗슨, 모리스 윌킨스와 노벨 생리 의학상을 받았다. 공저로 『이중 나선』(하두봉 옮김, 전파과학사)이 있다.

18) 크릭에 대해서는 R. Olby, "Francis Crick, D.N.A., and the Central Dogma", *Daedalus*(Fall 1970), 940, 943쪽을 보시오. 대체로 반종교적인 동기를 지닌 호일의 "항상적 창조(constant creation)" 이론이 현재 인정되지 않는다고 해서 이 우주진화론과 관련된 현대의 논쟁에 대한 호일의 개입이 지니는 의미는 감소되지 않는다. 과학적 당파성이 항상 올바른 답을 낳는다는 것을 논의하는 것은 이 글의 목적이 아니다. 나의 입장은 과학적 당파성에서 올바른 답이 나왔는지 그렇지 않은지에 상관없이 당파성은 과학적인 논쟁을 진전시킬 수도 있다는 것을 보여주는 것이다.

는가에 대해선 수많은 사례를 들 수 있지만, 하나면 충분할 것 같다. 노예제 문제는 최근에 상당한 역사적 분석과 논쟁을 일으킨 분야가 되었다. 이것은 강한 감정을 불러일으키는 주제이기 때문에, 역사적 당파성이 관여했다는 것은 놀라운 일이 아니다. 그럼에도 불구하고 역사적 당파성이 이 분야에 대한 관심을 다시 일으키는 데 큰 역할을 했다는 것은 역시 인상적인 일이다. 『국제 사회과학 백과사전(*International Encyclopedia of the Social Sciences*)』(1968)의 「노예제」 항목의 「참고 문헌」에 들어 있는 1940년 이후의 33개의 문헌 중에서 12개가 마르크스주의적 성향을 지닌 저자의 글이다. 비록 이 중 많은 논문이 오늘날의 마르크스주의와는 거리가 멀지만 말이다. 1974년 이후 미국에서 진행된 노예제에 대한 격렬한 논쟁에서, 최소한 두 명의 지도적 인물(로버트 포겔과 유진 제노브즈(E. Genovese))이 1950년대의 왜소한 미국 공산당의 전투적인 당원이었다. 이러한 당대의 역사적 논쟁은 마르크스주의 내부의 초기 논쟁에서 발전되어 나온 것이라고 주장할 수도 있다.

이것은 모든 정치적 참여가 과학과 학문에 그러한 혁신적인 영향력을 미칠 수 있다는 것을 의미하지는 않는다. 대부분의 당파적 학문은 그다지 중요하지 않고 실제적이지도 않다. 또는 정통파 교조 집단에 한정해서 본다면, 당파적 학문은 미리 결정된 교리의 진리를 입증하는 데 참여할 뿐이다. 대부분의 당파적 학문은 실제적인 문제들을 교조적인 근거에서 거부하면서, 신학을 연상시키는 형태의 사이비 문제들을 제기하고 해결하려고만 한다. 심지어 자신의 당파성을 인식하고 있는 학자들만 그러한 행위를 하는 것이 아니라면, 이러한 사실을 부인하는 것은 부질없는 일이다. 다시 한번, 이데올로기적인 참여나 정치적 참여는 어떠한 종류든 학자들이 과학적으로 정당하지 못한 행위를 하도록 강하게 유혹한다. 시릴 버트(Cyril Burt) 교수의 사례가 이러한 위험을 증명해 준다. 이미 밝혀진 것처럼, 이 저명한 심리학자는 인간의 지능이 형성되는 과정에서 환경적 요인이 무의미하다는 것을 확신한 나머지, 이 주장을 더욱 설득력 있게 만들기 위해 자신의 실험 결과를 조작했다.[19] 당파적 학문의 명백한 위험과 단점을 여기서 강조할 필요는 없을 것 같다. 이에 비해 사람들이 명확하게 인식하고 있진 않지만 당파적 학문의 장점은 오히려 강조할 필요가 있다.

특히 오늘날엔 당파적 학문의 장점이 강조될 필요가 있다. 왜냐하면 학문적 직업의 유례없는 팽창과 규모의 증대, 각 학문의 전문화 증대, 그리고 증폭되는 하위 학문 분야 등은 학문적 사고를 점점 더 학문 내부로 향하게 하는 경향을 띠고 있다. 그 이유로는 과학 자체의 발전 안에 있는 사회학적 이유와 본질적인 이유를 모두 들 수 있다. 이러한 이유들로 대부분의 학문이 전문가들만의 좁은 영역으로 한정되고, 이 영역 밖에서는 아주 무모하거나 잘 준비된 사람만이 과감하게 덤벼들려고 할 뿐이다. 시간이 지남에 따라, 학자들은 자신의 분야 바깥에 대해선 충분히 알지 못해서 그러한 분야의 주제에 대해선 자신 있게 이야기하지도 못하거나 심지어 이미 끝난 작업에 대해서도 잘 알지 못하게 된다. 반면에 다른 영역을 점령하면서, 전문 기술과 내밀한 지식이라는 바리케이드로 경쟁자들의 침입을 막는 전문가 집단은 자신보다 전문성이 떨어지는 아마추어의 침입을 점점 더 위험한 것으로 만든다. 전문 잡지, 전문 신문, 전문 대회는 늘어나고, 각 분야

---

19) (티저드(J. Tizard) 교수가 버트가 거의 확실하게 속였다는 사실을 입증하기 전에 표명된) 버트의 연구에 대한 초기의 의심에 대해서는 L. J. Kamin, "Heredity, Intelligence, Politics and Psychology" in Block and Dworkin eds., *The IQ Controversy*, 242~250쪽을 보시오. 버트를 복권시키려는 최근의 많은 시도들은 여기서 다룰 수 없었다.

의 토론은 그 집단에 속하지 않은 사람들에게는 자신의 전문적 지식에 투자해야 할 시간을 희생해서 오랫동안 준비하고 읽지 않으면 이해될 수 없는 것으로 되어버린다. 남김없이 총망라한 '문헌' 목록은 점점 더 이와 관련된 권위자들에게만 알려지게 되고, 전문 학문 분야라는 요새를 보호해 준다. 지금 전문 '분야'로 자리 잡으려고 노력하는 사회학의 하위 분야인 '집단행동' 분야와 관련해서, 1975년에는 380개 이상의 책 이름이 존재했다. 이것은 '사회 운동, 반란, 저항' 등에 대해 말하고 싶어 하는 일반 시민들은 이 '집단행동' 분야에 함부로 침입하지 말라는 경고였다.[20]

그러나 전문적이지 않고 전문적인 훈련을 받지도 않은 침입자가 아니면, 그 분야의 내부에 있는 사람들은 그 주제가 지니는 포괄적인 의미를 파악하지 못하게 된다. 매사추세츠 주 공과대학의 경제학자인 레스터 서로(Lester Thurow)가 지적했던 것처럼, 경제학 분야 내에서 수학적 모델을 발전시키고 있는 계량경제학이라는 전문 분야를 좋은 예로 들 수 있다. 이러한 모델은 원래 하나의 명백한 전문 이론이 통계적으로 검증될 수 있는지를 검사해 보기 위해 상정된 것이었는데, 나중에는 이론과 자료의 관계에서 기묘한 역전이 일어나게 되었다.

계량경제학은 이론을 검사하는 도구에서 이론을 제시하는 도구로 바뀌었다. 계량경제학은 묘사적인 언어가 되었으며 …… (적어도 경제학자의 마음속에서는) 훌륭한 경제학 이론은 오히려 자료보다도 더 강력한 것이었고, 따라서 자료에 강제로 적용되었다. 이론과 관련된 자료를 끌어올리는 기술로 시작되었던 것이 정반대의 역할을 하는 것으

---

20) G. T. Marx and J. L. Wood, "Strands of Theory and Research in Collective Behavior", *Annual Review of Sociology* 1(1975), 83~85쪽 참조.

로 끝난 것이다.

그러므로 그는 고전 경제학 이론이 단정했던 것과는 달리 계량경제학적 방정식에서는 투자와 이자율 운동 사이에 어떠한 관계도 없으며, 또한 그러한 관계를 입증할 방법이 전혀 없다고 주장한다. 계량경제학의 방정식은 이자율이 수학적으로 올바른 기호를 가질 수밖에 없는 방식으로 방정식을 고안함으로써 지적으로 정당한 대안으로 되었다. "그 방정식은 이론을 검사했던 것이 아니라, 이론이 옳다면 세상이 어떤 모습일지를 묘사했다." 계량경제학은 경제 이론의 발전을 지체시키면서 실제 세계의 영향으로부터 점점 더 고립되어 갔다. 이론을 보다 정교한 방식으로 발전시키려는 것과 구별되는, 이론을 재고하려는 자극이 더 약해졌다.[21] 전문가들 내에서 점점 비밀스러워지는 동료들의 지적 작업을 인식하는 (그리고 확실히 지적 연구를 하는) 사람들이 수적으로 엄청나게 불어나고, 특히 1960년 이후에 주제에 관한 문헌들 속에 파묻혀서 보내야 하는 시간이 굉장히 늘어났지만, 이러한 고립은 덜 인식되었고 심지어 더 견딜 만한 것이 되었다. 큰 호텔의 손님처럼, 한 분야의 전문가들은 건물을 떠나지 않고도 또는 호텔을 통해 중재된 외부 세계와의 접촉을 통해서 필요한 것 대부분을 조달할 수 있었다. 결국 오늘날 보스턴과 인근 도시[22]의 학술 기관에 고용된 경제학자의 수가 애덤 스미스의 『국부론』과 케인스의 『고용, 이자 및 화폐의 일반 이론』이 출판된 시기 사이에 영국에 존재했던 전문 경제학자의 수보다 더 많을 것이다. 그래서 오늘날 모든 경제학자들은 서로의 저작을 읽고 비판하는 데 바쁘다. 아주 급속도로 발전하지 않고 다소

---

21) L. Thurow, "Economics 1977", *Daedalus*(Fall 1977), 83~85쪽.
22) (옮긴이) 보스턴에는 매사추세츠 주 공과대학을 비롯한 유수의 명문 대학들이 있다.

226

알맞게 발전하는 분야를 들라면 경제사와 사회사 분야가 있다. 영국경제사학회의 회원은 1960년과 1975년 사이에 대충 세 배로 늘어났다. 이 학회가 1925년에 창립된 이래 이 주제와 관련된 모든 저작의 25퍼센트 이상이 1969~1974년에 출판되었다. 이러한 모든 문헌의 65퍼센트가 1960~1974년에 나타났다.[23] 1968년에 430,000편의 논문에 달했던 수학 문헌의 축적 규모와, 522,000편의 물리학 논문을 기준으로 했을 때,[24] 경제사와 사회사 분야의 20,000편은 적은 편이다. 그럼에도 불구하고 그 분야의 모든 작업자들은 문제 제기를 통해서가 아니라 초기의 책과 논문들이 이 문헌 중의 많은 부분을 산출했다는 것을 알고 있다. 경제사가는 더욱더 많은 생활을 점점 더 커지고 다양해지는 경제사라는 호텔 안에서 영위하게 된다.

정치적 당파성이 내부 지향적인 경향에, 극단적인 경우에는 고전에 주석을 다는 일에, 자신만을 위한 지적 교묘함을 발전시키는 경향에, 학문의 자기 고립에 반대하는 데 기여할 수 있는 것은 이러한 상황에서이다. 당파적 학문도 자기 고립적일 수 있을 만큼 큰 '분야'로 발전한다면, 그것은 확실히 똑같은 위험을 지닌 희생물이 될 수 있다. 철학이나 사회학 같은 분야에는 마르크스주의적인 새로운 학풍이 충분히 존재하므로 이러한 상황에 유익한 경고를 할 수 있다. 그럼에도 불구하고, 새로운 이념, 새로운 문제, 새로운 도전을 외부로부터 과학에 도입해 주는 메커니즘이 예전보다 오늘날에 더 절대적으로 필요하다. 당

---

23) T. C. Barker, "The Beginnings of the Economic History Society", *Economic History Review* 30/1(1977), 2쪽. N. B. Harte, "Trends in Publications on the Economic and Social History of Great Britain and Ireland 1925~1974", *Daedalus*(Fall 1977), 24쪽.
24) K. O. May. "Growth and Quality of the Mathematical Literature", *Isis* 59 (1959), 363쪽. Anthony, East, Slater, "The Growth of the Literature of Physics", *Reports on Progress in Physics* 32(1969), 764~765쪽.

파성은 이러한 종류 중 가장 강력한 메커니즘이고, 아마 인간 과학 중
에서 가장 강력할 것이다. 당파성이 없다면 이러한 과학의 발전은 위
험할 것이다.

10

역사가는 마르크스에게 무엇을 빚지고 있는가

19세기, 즉 부르주아 문화의 시대는 명예로운 몇 가지 주요한 지적 성과를 이룩했지만, 그 시대에 성장했던 역사학이라는 학문은 그 성과에 포함되지 않는다. 확실히 연구 기술을 제외한 모든 면에서, 역사학은 가장 격심한 혁명 시대였던 프랑스 혁명과 산업 혁명의 시대를 목격했던 사람들이 인간 사회의 변화를 이해하려고 시도했던 종종 잘못된 정보에 근거한 관념적이고 지나치게 일반적인 시론들에서 확실히 벗어나 있었다. 레오폴트 폰 랑케(Leopold von Ranke)의 가르침과 사

---

* 역사적 논쟁의 일부를 소개하는 다음의 세 장은 특히 마르크스주의와 역사학을 다루고 있다. 앞의 두 장은 마르크스가 현대 역사가들에게 미친 충격을 평가하기 위해 15년간의 간격을 두고 이루어진 시도이다. 이 글은 원래 1968년 파리에서 유네스코의 후원을 받아 개최된 '현대 과학 사상 발전 속에서의 마르크스 역할'이라는 심포지엄을 위해 쓴 것이다. 이 글은 the International Social Science Council, *Marx and Contemporary Scientific Thought/Marx et la pensée scientifique contemporaine*(The Hague and Paris, 1969), 197~211쪽, 그리고 *Diogenes* 64, 37~56쪽과 다른 곳에 게재되었다.

례에 의해 고무되었고 19세기 후반의 전문 잡지들에 발표되었던 학문적 역사학은 신뢰할 수 없는 사실에 의해 지지되는 것과 사실이 불충분하게 뒷받침된 일반화를 반대했다는 점에서는 옳았다. 하지만 다른 한편으로 19세기 역사학은 '사실'을 입증하는 과제에 모든 노력을 기울였고, 그 때문에 특정한 종류의 증거 문서(이를테면 영향력 있는 인사들의 의식적 결정과 관계된 사건 필사 기록)를 평가하는 일련의 경험적 기준과 이러한 목적에 필요한 보조적인 기술들을 제외하고는 역사학에 거의 기여하지 못했다.

이러한 증거 자료와 절차는, 특정한 현상들은 특별히 연구할 가치가 있고 다른 것은 그렇지 않다고 무비판적으로 받아들이기 때문에, 제한된 영역의 역사적 현상에만 적용될 수 있었다고 주장하기는 어렵다. 그러므로 학문적 역사가 (확실히 몇몇 나라들에서 명백한 제도적 편견을 지니고 있던) '사건사'에 주로 집중했다기보다는, 방법론상 연대기적 서술에 가장 적합했던 것이다. 학문적 역사는 결코 전적으로 정치사, 전쟁사, (또는 교사들이 왕, 전쟁, 조약과 연결시켜 단순화된 전형적인 관점에서 가르쳤던) 외교사에 국한되지 않았지만, 이것들이 역사가가 관심을 가지는 중요한 사건의 핵심을 이룬다고 주장하려는 경향이 분명히 있었다. 이것은 개별적인 것들에 대한 역사이다. 그 밖의 다른 주제들은 조리 있고 박학하게 다루어진다면 (제도사, 경제사, 교회사, 문화사, 예술사, 과학사, 우표 수집의 역사 등의) 기술적인 명칭이 붙어서 다양한 역사가 될 수 있었다. 하지만 이러한 역사들과 주류 역사학과의 관계는 모호했거나 무시되었다. 전문 역사가들이 자제하고 싶어 했던 시대정신(Zeitgeist)을 다루는 몇몇 모호한 이론들을 제외하고는 말이다.

학문적 역사가들은 철학적, 방법론적 면에서도 놀랄 만한 무지를 드러냈다. (논의의 여지가 있기는 하지만) 이러한 무지의 결과가 우리가

느슨하게 실증주의라고 부를 수 있는 자연과학의 의식적인 방법론과
일치했다는 것은 사실이다. 그러나 (라틴아메리카 밖의) 많은 학문적
역사가들이 자신들이 실증주의자였음을 알았는지는 의심스럽다. 대부
분의 경우에, 학문적 역사가들은 (정치사, 군사사, 외교사 같은) 특정한
주제와 (서유럽과 중부 유럽 등의) 특정한 지리 영역을 가장 중요하게
받아들였던 것처럼, 다른 일반 관념 중에서도 대중화된 과학 사상을
받아들인 사람들이었다. 대중화된 과학 사상에 대한 예로, 가정은 '사
실들'에 대한 연구에서 자동적으로 발생한다는 것, 설명은 인과 사슬
의 집합으로 이루어져 있다는 견해나, 결정론과 진화론 개념 등을 들
수 있다. 학문적 역사가들은 학문적인 박식함이, 텍스트와 자신들이
매우 귀중하게 생각하며 공들여 출판됐던 일련의 문서들을 결정적인
것으로 확립해 줄 수 있다고 믿었다. 따라서 역사에 대한 명확한 진리
도 확증될 수 있을 거라고 주장했다. 액턴 경이 편집한『케임브리지
근대사(*Cambridge Modern History*)』는 그러한 신념에 대한 뒤늦은, 그
러나 가장 전형적인 사례였다.

그러므로 신중을 기해 이야기해 본다면, 역사학은 19세기 인문 · 사
회과학의 최저 기준과 비교해 보아도 매우 후진적인 분야였다. 인간의
사회, 과거, 현재를 이해하는 데 역사학이 한 기여는 무시해도 될 만
큼 부수적인 것이었다. 사회를 이해하려면 역사에 대한 이해가 필요하
기 때문에, 인간의 과거를 탐구하는 대안적이고 보다 효과적인 방법이
조만간 발견되어야만 했다. 이 글은 이런 역사 연구에 마르크스주의가
얼마나 기여했는지를 알아보려 한다.

모밀리아노(Arnaldo Momigliano)는 랑케 이후 100년 동안의 역사
서술상의 변화를 네 가지 항목으로 요약했다.

(1) "민족사들이 구식으로 보이게" 되면서 정치사와 종교사가 급격

하게 쇠퇴했다. 그 대신 상당히 사회 경제사 쪽으로 전환했다.

(2) 역사에 대한 설명으로 '관념'을 더 이상 일반적으로 또는 쉽게 사용하지 못했다.

(3) 이제 널리 보급된 유력한 접근 방법은 '사회 세력들의 관점'에서 설명하는 것이다. 비록 이것이 역사적 사건에 대한 설명과 개별 행동에 대한 설명의 관계를 랑케 시대보다 더 예리하게 문제 삼았음에도 불구하고 말이다.

(4) 지금(1954년)은 진보나 특정한 방향으로의 의미 있는 발전에 대해서도 이야기하기가 어려워졌다.[1]

우리는 모밀리아노를 역사 서술에 대한 분석자라기보다는 역사 서술의 상태에 대한 보고자로 인용했고, 모밀리아노의 마지막 관찰은 1950년대 이전이나 이후보다는 주로 1950년대에 사실이었던 것으로 보인다. 그리고 다른 세 가지 관찰은 역사학에서 오래전에 확립되었고 계속 유지되었던 반(反)랑케 운동의 경향을 명백히 보여주었다. 19세기 중엽부터 시작되어 1910년쯤에 이미[2] 역사학 내에서 관념론적 틀을 유물론적 틀로 체계적으로 대체하려는 시도가 이루어졌고, 그럼으로써 정치사의 몰락과 '경제'사나 '사회학적' 역사의 발흥을 야기했다. 이런 상황은 의심할 바 없이 점점 긴급해져 가는 '사회 문제들'의 충격 속에서 이루어졌으며, 이 사회 문제들은 19세기 후반부 역사 서술을 지배했다.[3] 확실히 열성적인 백과사전 편집자들보다 대학 교수들과 문서학파라는 성채를 공략하는 데 더 많은 시간이 걸렸다. 1914년까지 공

---

1) Arnaldo Momigliano, "One Hundred Years after Ranke", *Studies in Historiography*(London, 1966).

2) *Encyclopaedia Britannica* 11판(London, 1910), "History" 항목.

3) *Enciclopedia Italiana*(Rome, 1936), "Storiografia" 항목.

격 세력은 단지 '경제사'라는 변두리 분야와 역사 지향적인 사회학 정
도만을 점령했으며, 방어자들은 제2차 세계 대전 이후가 되어서야 완
전히 후퇴했다(전혀 참패는 아니었다).[4] 그럼에도 불구하고 반랑케 운
동의 일반적 성격과 성공은 의심할 여지가 없다.

우리가 해결해야 할 문제는 바로 이러한 새로운 방향이 얼마나 마
르크스주의의 영향을 받았는가 하는 것이다. 그리고 두 번째 해결해야
할 문제는 마르크스주의의 영향력이 어떤 방식으로 새로운 방향에 지
속적으로 기여하고 있는가 하는 것이다.

마르크스주의의 영향력이 처음부터 아주 대단했다는 것은 의심할
여지가 없다. 간단히 말해서, 역사를 재구성하려 했고 19세기에 영향
을 끼쳤던 사조나 마르크스주의에 필적할 만한 다른 유일한 학파가
있었다면 그것은 실증주의(positivism : 소문자 p나 대문자 P 어느 것으
로 시작하든지 간에)였다. 18세기 계몽사상의 늦둥이라 할 수 있는 19세
기 실증주의는 우리가 아낌없이 칭찬할 수 있는 대상이 아니다. 역사
에 대한 실증주의의 주요한 기여로는 자연과학에서 비롯된 개념, 방
법, 모델을 사회 조사에 도입하고 역사학에 적합한 듯이 보이는 자연
과학의 발견들을 역사에 적용한 것을 들 수 있다. 이러한 성과들은 무
시될 수는 없었지만 제한적인 것이었다. 더욱이 역사 변화 모델에 가
장 가까운 생물학이나 지질학에 따라 만들어졌던 진화 이론, 그리고
1859년 이후의 다윈주의라는 사례와 그것이 준 자극 모두는 역사학에
대해선 매우 조야하고 부적절한 안내자에 불과했다. 결과적으로 콩트
나 스펜서에게 고무되었던 역사가들은 버클(Henry T. Buckle)이나 탁
월했던 텐(Hippolyte-Adolphe Taine)이나 람프레히트 같은 소수에 지

---

4) 확실히 방어자들은 1950년 이후 몇 년 동안 냉전이라는 우호적인 분위기와, 아마
   도 예기치 못한 급속한 성과를 고착시키려는 혁신자들의 무능력에 힘입어 상당히
   성공적인 반격을 가했다.

나지 않았고, 역사 서술에 끼친 그들의 영향력은 제한적이었고 일시적이었다. 실증주의(또는 대문자 실증주의)의 약점은, 사회학이 최고의 과학이라는 콩트의 신념에도 불구하고, 실증주의가 비사회적 요인들의 영향력으로부터 직접적으로 추론할 수 있는 현상, 또는 자연과학을 모델로 삼았던 현상들과 구별되는 인간 사회를 특징짓는 현상들에 대해 거의 이야기해 주지 못했다는 사실이다. 실증주의가 역사의 인간적 성격에 대해 지녔던 견해는 형이상학적까지는 아니더라도 관념적이었다.

역사학을 변화시킨 주된 추진력은 역사 지향적 사회과학(이를테면 독일 '역사학파' 경제학)으로부터, 그리고 특히 마르크스로부터 나왔다. 마르크스의 영향력은 두드러진 것이어서 마르크스 스스로 자신이 독창적으로 처음 해낸 것이 아니라고 주장한 성과마저 그의 업적으로 돌려질 정도였다. 역사적 유물론은 관습적으로, 때로는 심지어 마르크스주의자들에 의해서도 '경제 결정론'으로 묘사되었다. 경제 결정론이라는 용어를 부인하는 것과는 별도로, 또한 마르크스는 자신이 역사 발전의 경제적 토대가 지니는 중요성을 강조했던 사람, 또는 인간의 역사를 일련의 사회-경제 체제의 역사로 서술했던 최초의 사람이라는 점을 확실히 부인했다. 또 계급과 계급투쟁이라는 개념을 역사학에 최초로 도입했다는 점도 확실히 부인했다. 그러나 이러한 부인은 헛일이었다. 『이탈리아 백과사전』엔 마르크스가 계급투쟁 개념을 역사학에 도입했다고 쓰여 있다.

마르크스주의의 영향력이 현대 역사 서술의 변모에 미친 특별한 기여를 추적하는 것은 이 글의 목적이 아니다. 분명히 마르크스주의가 영향을 끼친 정도는 나라마다 달랐다. 마르크스주의의 이념이 프랑스의 지적 생활 속으로 매우 늦게 천천히 침투되었기 때문에, 프랑스에서 마르크스주의의 영향은 최소한 제2차 세계 대전 이후까지는 비교적 적었다.[5] 또한 마르크스주의의 영향력이 1920년대에는 상당한 정도

234

로 프랑스 혁명사라는 매우 정치적인 분야에 침투했음에도 불구하고
(그러나 장 조레스와 조르주 르페브르의 작품들이 보여주는 것처럼, 프랑
스의 사상적 전통에서 나온 이념과 결합하여), 프랑스 역사학자들의 방
향 재정립을 이끈 것은 아날 학파였다. 아날 학파는 역사의 경제적,
사회적 측면에 관심을 갖는 데 있어서 마르크스를 필요로 하지는 않
았다. (그러나 그러한 문제에 대한 관심을 마르크스주의와 동일시하려는
경향은 일반적으로 아주 강해서, ≪타임스 리터러리 서플러먼트≫는 페
르낭 브로델도 마르크스의 영향을 받았다고 쓸 정도였다.[6]) 이와 반대로,
아시아나 라틴아메리카의 나라들의 경우엔 마르크스주의가 현대 역사
학을 만든 것은 아니라 할지라도, 역사학의 변화는 거의 마르크스주의
의 침투와 일치될 수 있다. 마르크스주의의 영향력이 지구적 차원에서
대단했다고 받아들여지는 한, 현재의 맥락 속에서 그 주제를 더 추구
할 필요는 없을 것 같다.

마르크스주의의 영향력이 역사 서술의 현대화에 중요한 역할을 했
다는 사실을 입증하는 것은 쉽지만, 마르크스주의의 정확한 기여를 결
정하는 것은 훨씬 더 어렵다. 우리가 보았던 것처럼, 역사가들에게 끼
친 마르크스주의의 영향은, 비교적 단순하지만 강력한 일부 견해들과
동일시되어 왔기 때문이다. 이러한 견해들은 마르크스 사상이 고무했
던 운동과 마르크스와 다양한 방식으로 관련되어 있다. 그러나 이러한
견해들이 반드시 마르크스주의적이거나 또는 가장 영향력 있는 형태
로 마르크스의 성숙한 사상을 대표하는 것은 아니다. 우리는 이러한
형태의 영향력을 "속류 마르크스주의"라고 부른다. 이제 분석의 주된
문제는 역사 분석에서 속류 마르크스주의와 마르크스주의적 구성 요
소를 분리하는 것이다.

---

5) George Lichtheim, *Marxism in Modern France*(London, 1966) 참조.
6) *Times Literary Supplement* 15(February 1968).

몇 가지 예를 들어보자. '속류 마르크스주의'가 다음의 주요 요소들을 포함하고 있는 것은 명확해 보인다.

(1) '경제적 역사 해석'은 (슈탐러(Rudolf Stammler)의 표현을 사용하면) "경제적 요소는 근본 요소로서 그 밖의 다른 요소들은 경제적 요소에 종속된다"는 신념이다. 특히 이제까지 경제 문제들과 별 관련을 맺지 않았다고 간주되었던 현상들까지 경제적 요소에 종속되었다. 이것은 다음의 모델과 겹쳤다.

(2) (이념의 역사를 설명하기 위해 가장 널리 사용되었던) '토대와 상부 구조'의 모델과 마르크스와 엥겔스의 경고, 그리고 라브리올라(Antonio Labriola) 같은 몇몇 초기 마르크스주의자들의 고도로 세련된 관찰에도 불구하고, 대개 이 모델은 '경제적 토대'와 '상부 구조' 사이의 지배와 의존이라는 단순한 관계로 해석되어 왔다. 이 관계는 대부분 '계급적 이해와 계급투쟁'에 의해 매개되었다.

(3) '계급적 이해와 계급투쟁.' 사람들은 수많은 속류 마르크스주의 역사가들이 『공산당 선언』의 첫 쪽의 "이제까지 존재한 모든 사회의 〔서술된〕 역사는 계급투쟁의 역사다"라는 첫 문장 이상을 읽지 않았다는 인상을 받았다.

(4) '역사 법칙과 역사적 필연성.' 인간 사회가 역사 속에서 체계적이고 필연적으로 발전했다는 마르크스의 주장은 올바른 것으로 믿어져 왔다. 그래서 장기적인 운동에 대한 일반화의 수준에서 우연적인 것은 이러한 발전으로부터 대부분 배제되었다. 초기 마르크스주의 저술가들이 역사 속의 개인이나 우연의 역할 같은 문제와 관련하여 역사에 대해 가졌던 선입견은 여기서 비롯되었다. 한편 이러한 발전은 엄격하게 부과된 규칙성으로 해석될 수 있었고, 대부분 그렇게 해석되었다. 일례로, 연속적으로 이어지는 사회-경제 구성체들을 들 수 있으

며, 역사에 다른 대안이 존재하지 않는다고 주장하게 되는 기계적 결
정론도 들 수 있다.

(5) 특별한 역사적 탐구의 주제가 마르크스 자신의 관심으로부터,
예를 들면 자본주의적 발전과 산업화의 역사에 대한 관심으로부터 나
왔지만, 때로 무심결에 해버린 말에서 시작되기도 했다.

(6) 특별한 탐구의 주제가 마르크스로부터가 아니라 마르크스의 이
론과 연결된 운동에 대한 관심으로부터, 예를 들어 억압받는 계급(농
민, 노동자)에 대한 선동이나 혁명에 대한 관심으로부터 시작되었다.

(7) 역사 서술의 본성과 한계에 대한 다양한 관찰들은 주로 항목
(2)에서 비롯되었는데, 그것은 진리를 편견 없이 추구한다고 주장하면
서 오로지 사실이 본래 어떠했는가를 확증하는 일에 자부심을 느꼈던
역사가들의 동기와 방법론을 설명하는 데 기여했다.

이러한 내용들은 잘해야 마르크스의 역사에 대한 견해에서 일부를
선택한 것에 불과하며, 최악의 경우에는 (카우츠키가 꽤 자주 그랬던
것처럼) 이러한 내용들을 보면 마르크스의 역사에 대한 견해들과 동시
대의 비마르크스주의적(이를테면 진화론적이고 실증주의적인) 견해가
융합되었다는 사실도 명확해질 것이다. 이러한 항목들의 일부는 전혀
마르크스를 대표하는 것이 아니며, 대중 운동, 노동 계급 운동, 혁명
운동과 관련된 역사가들이 자연스럽게 발전시켰을, 그리고 마르크스의
개입이 없었어도 발전했을 사회 투쟁과 사회주의 이데올로기의 초기
사례들에 대한 관심 같은 것을 대표한다는 사실도 명백해질 것이다.
그러므로 토머스 무어(Thomas Moore)에 대한 카우츠키의 초기 논문
의 경우에는, 주제 선택과 관련해서 특별히 마르크스주의적인 요소가
전혀 없었고 그 논문의 취급 방법도 속류 마르크스주의적이었다.

그럼에도 마르크스주의와 관련되었거나 마르크스주의로부터 나온

이러한 요소의 선택이 임의로 이루어지지는 않았다. 속류 마르크스주의에 대한 앞의 간략한 개관 중 (1)부터 (4)까지의 항목과 항목 (7)은 전통적 역사학이라는 요새의 주요 부분을 무너뜨리기 위해 고안되어 집중적으로 장치된 지적 폭발물이었다. 그 항목들은 그 자체로도 어마어마하게 강력했다. 아마도 복잡한 역사적 유물론 해석보다도 더 강력했을 것이고, 이제까지 어두웠던 장소들을 훤히 밝히고, 역사가들을 한참 동안 만족시킬 정도로 충분히 강력했다. 다음과 같은 과거에 대한 마르크스주의의 관찰에 대해서 19세기 말의 지적이고 학식 있는 사회과학자들이 느꼈던 놀라움은 엄청난 것이었다. 그 관찰은 바로 "종교 개혁 자체가 경제적인 원인에서 비롯되었다는 관찰, 30년 전쟁이 그토록 오래 지속된 것은 경제적 원인 때문이라는 관찰, 십자군은 봉건적 토지에 대한 갈망에서, 가족의 발전은 경제적 원인에서, 그리고 동물을 기계로 보는 데카르트의 관찰은 매뉴팩처 체제의 성장과 관계를 가질 수 있다는 관찰"[7] 등이었다. 그럼에도 불구하고 역사적 유물론을 처음 만났던 때를 기억하는 우리들은 그 단순한 발견이 지녔던 엄청난 해방적 힘에 대한 증인이 될 수 있다.

최초의 마르크스주의의 충격이 당연히, 아마 어쩔 수 없이 단순한 것이었다 해도, 마르크스로부터 실제적인 요소를 선택한다는 것은 역시 역사적 선택을 의미했다. 그러므로 마르크스가 『자본론』에서 프로테스탄티즘과 자본주의 사이의 관계에 대해 한 몇몇 언급은, 이데올로기의 사회적 토대라는 일반적인 문제와 종교적 교리의 본질이라는 특수한 문제가 즉각적이고 집중적인 관심을 받는 주제였기 때문에 엄청난 영향을 미쳤다.[8] 그러나 한편으로, 마르크스가 가장 역사에 가깝게

---

7) J. Bonar, *Philosophy and Political Economy*(London, 1983), 367쪽.

8) 이러한 언급은 마르크스주의가 정통적 역사 서술에 끼친 영향력은 무엇인가라는 때 이른 통찰을 불러일으켰다. 즉 좀바르트(Werner Sombart), 베버, 트뢸치(Ernst

집필했던 『루이 보나파르트의 브뤼메르 18일』 같은 몇몇 저작들은 꽤 늦게까지도 역사가들을 자극하지 못했다. 아마도 그것은 그 저작들이 조명했던 대부분의 문제들, 이를테면 계급의식, 농민 문제들이 그리 즉각적인 관심을 끌지 못했기 때문일 것이다.

우리가 역사 서술에 대한 마르크스주의의 영향력이라고 간주하는 것의 대부분은 확실히 앞에서 설명한 의미에서 보면 속류 마르크스주의였다. 속류 마르크스주의는 역사 속의 경제적, 사회적 요소를 일반적으로 강조하는 것으로 구성되었다. 이러한 강조는 제2차 세계 대전이 끝난 후 몇몇 나라(이를테면 최근까지 서독과 미국)를 제외한 모든 나라에서 지배적인 것으로 되었으며 계속 확고한 지반을 쌓고 있다. 우리는 이러한 경향이 분명히 주로 마르크스주의의 영향력의 산물이기는 하지만 마르크스의 사상과 특별한 관련이 없다는 사실을 되풀이해서 강조해야만 한다.

마르크스 자신의 특정한 견해가 역사학과 사회과학 일반에 주었던 주된 충격은 확실히 '토대와 상부 구조'라는 견해, 다시 말하면 상호 작용하는 상이한 '수준들'로 구성된 사회라는 모델이다. 상호 작용하는 수준이나 양식에 대해 마르크스 자신이 상정한 위계질서를 (그가 하나만 제공하는 한)[9] 가치 있는 일반 모델로 받아들일 필요는 없지만, 확실히 마르크스주의자가 아닌 사람조차도 그것을 가치 있는 기여로서 매우 환영했다. 마르크스의 특정한 역사 발전 모델들은 계급투쟁의 역할, 연속적인 사회-경제 구성체들, 그리고 한 사회-경제 구성체에서 다른 사회-경제 구성체로의 이행 메커니즘을 포함하고 있고, 심지어 몇몇 경우에는 마르크스주의자들 사이에서도 더 큰 논쟁을 불러일으

Troeltsch), 그 밖의 다른 사람들이 변형시켰던 유명한 주제들이 있다.
9) '상부 구조적' 수준들이 '토대' 수준보다 덜 완성되어 있고 더 결정적이지 않다고 논의하는 알튀세(Louis Althusser)에 동의해야만 한다.

키고 있다. 마르크스의 모델이 검토되어야 한다는 사실, 특히 일반적인 역사 검증 기준이 마르크스의 모델에 적용되어야 한다는 사실은 옳다. 불충분하거나 오해하기 쉬운 증거에 근거한 마르크스의 모델 일부를 폐기하는 것도 불가피하다. 그 예로, 동방 사회에 대한 연구를 들 수 있다. 마르크스는 이 분야에서 자신의 심원한 통찰력을 잘못된 가정, 즉 몇몇 동방 사회의 내적 안정성에 대한 잘못된 가정과 결합시켰다. 오늘날 역사가에 대한 마르크스의 주요한 가치는 사회 일반에 대한 서술이 아니라 역사적 서술에 있다는 사실이 이 글이 주장하는 바이다.

이제까지 가장 효과적이었던 마르크스주의(그리고 속류 마르크스주의)의 영향은 역사학을 사회과학의 한 분야로 변환시키는 일반적인 경향의 중요한 일부이다. 몇몇 사람들은 그러한 경향에 대해 궤변으로 저항했지만 그 경향은 20세기에 의심할 여지 없이 널리 확산되었다. 과거의 이러한 경향에 대한 마르크스주의의 주요한 기여는 실증주의에 대한 비판, 즉 사회과학의 연구를 자연과학의 연구와 일치시키거나 인간적인 것에 대한 연구를 비인간적인 것에 대한 연구와 일치시키려는 시도에 대한 비판이었다. 이것은 사회를 인간관계의 체계로 인식하는 것을 의미하며, 인간관계는 생산과 재생산을 위해 맺어진 관계로서 마르크스에게는 가장 근본적인 것이었다. 이것은 또한 이러한 체계들의 구조와 기능을 (비인간적이고 인간적인) 환경과의 관계 속에서, 그리고 내부적 관계 속에서 자신들을 유지하려는 실체로 분석하는 것을 의미한다. 마르크스주의는 구조기능주의 사회 이론 중에서 최고라고 주장되지만, 결코 구조기능주의 사회 이론이 아니다. 마르크스주의는 두 가지 점에서 대부분의 다른 구조기능주의 사회 이론과 다르다. 첫째, 마르크스주의는 사회 현상의 ('토대'와 '상부 구조' 같은) 위계질서를 주장하고, 둘째, 자기 지속적인 체제의 경향에 반작용하는 내적 긴장('모순')이 사회 내에 존재한다고 주장한다.[10]

마르크스주의가 지니는 이러한 특성의 중요성은 역사학 안에 들어 있다. 왜냐하면 다른 구조기능주의 사회 모델과 달리 사회가 어떻게 그리고 왜 자신들을 변화시키고 전환시키는가를, 다른 말로 하면 사회 진화라는 사실을 설명하도록 해주는 것이 바로 이러한 특성이기 때문이다.[11] 마르크스의 어마어마한 힘은 항상 사회 구조의 존재와 사회 구조의 역사성 모두를 주장했다는 점, 다른 말로 하면 사회 구조의 내적 변화의 동력을 주장했다는 점에 있다. 반역사적 분석은 아니라 할지라도 비역사적 분석을 희생시키면서까지 사회 체제의 존재가 일반적으로 받아들여지는 오늘날, 필수적인 측면인 역사에 대한 마르크스의 강조는 아마 전보다 더 중요할 것이다.

이것에는 오늘날 사회과학에 널리 퍼져 있는 이론들을 구체적으로 비판할 수 있는 두 가지가 내포되어 있다.

첫 번째는 특히 미국 사회과학의 대부분을 지배하며 과학적 진보의 현 단계에서 상당한 생산성을 지닌 정교한 기계론적 모델로부터, 그리고 사회 혁명을 의미하지 않는 사회 변화를 성취하는 방법에 대한 연구로부터 힘을 얻는 메커니즘에 대한 비판이다. 가장 부유한 산업 국가에서 현재 이용할 수 있는 사회 분야에서 사용하기에 적합한 많은 신기술과 풍부한 자금이, 이러한 형태의 '사회 공학'과 그것이 근거하고 있는 이론을 그러한 나라들 안에서 매우 매력적인 것으로 만든다는 사실을 덧붙일 수도 있다. 그러한 이론들은 본질적으로 '문제를 해

---

10) '토대'가 기술이나 경제로 이루어지지 않고, '이러한 생산 관계의 총체', 즉 특정한 수준의 물질적 생산력에 적용될 수 있는 가장 광범위한 의미의 사회 조직으로 구성되어 있다는 사실은 거의 말할 필요조차 없다.
11) 분명히 이러한 용어의 사용이 생물학적 진화 과정과의 유사성을 의미하지는 않는다.

결하는' 데 사용된다. 이론적으로는, 그러한 이론은 그에 상응하는 대부분의 19세기 이론에 비해 극히 원시적이고 아마 더 조야할 것이다. 그러므로 많은 사회과학자들은 의식적으로나 실제로나 역사 과정을 '전통 사회'에서 '근대' 사회나 '산업' 사회로의 단순한 변화로 환원시킨다. 여기서 '근대적'인 것은 선진 산업 국가나 심지어 20세기 중엽 미국의 관점에서 규정되었고, '전통적'인 것은 '근대성'을 결여한 것으로 규정되었다. 이러한 단순한 거대 단계는 작업 과정에서 로스토의 경제 발전 단계론 같은 보다 작은 단계로 세분될 수 있었다. 이러한 모델은 하나의 (매우 중요하다고 인정되긴 하지만) 짧은 시간대에 집중하기 위해, 그리고 역사 변화의 메커니즘을 이러한 짧은 시간대로 극도로 단순화시키기 위해 대부분의 역사를 제거한다. 이러한 모델들은 주로 역사가들에게 영향을 미친다. 왜냐하면 그러한 모델들을 발전시킨 사회과학의 규모와 명성들은, 역사 연구자들이 그 모델들에 영향을 받은 프로젝트들에 종사하려 하도록 만들기 때문이다. 그러한 모델들이 역사 변화에 적합한 모델을 제공할 수 없다는 사실은 아주 분명하다. 아니 당연히 분명해질 것이다. 바로 그 모델들이 누리는 현재의 인기 때문에 오히려 마르크스주의자들이 항상 우리들에게 이러한 사실을 상기시키는 일이 중요한 것이다.

두 번째는 구조기능주의의 이론들에 대한 비판이다. 구조기능주의 이론은 상당히 정교함에도 불구하고, 역사성을 모두 부정하거나 역사성을 다른 어떤 것으로 변형시키기 때문에 어떤 면에서는 내용이 훨씬 더 빈약하다. 그러한 견해는 마르크스주의의 영향력이 미치는 범위 내에서도 큰 영향력을 미쳤다. 왜냐하면 그 견해들은 19세기에 특징적인 진화론에서 마르크스주의를 해방시키는 수단을 제공하는 것으로 보였기 때문이다. (마르크스 사상을 포함해서) 19세기 사상의 특색이었던 '진보' 개념에서 마르크스주의를 벗어나게 만드는 대가를 치렀음에도 불구하고, 실제로 진화론과 마르크스주의는 자주 결합되어 있었다. 그러나 우리는 왜 마르크스주의와 진화론을 분리하기를 원해야만 하는가?[12] 확실히 마르크스 자신은 분리를 원하지 않았다. 왜냐하면 마르크스는『자본론』제2권을 다윈에게 헌정할 것을 제안했고, 또 자신의 묘 앞에서 엥겔스가 바친 조사 속의 유명한 구절을 거의 부인하지 않을 것이기 때문이다. 엥겔스의 조사는 다윈이 유기적 자연 속에서 진화 법칙을 발견했던 것처럼, 마르크스가 인간의 역사에서 진화 법칙을 발견했던 점을 찬양하는 것이었다. (마르크스는 확실히 진보를 진화로부터 분리하기를 원하지 않았고, 특히 진보를 진화의 우연적이고 단순한 부산물로 만들려 했다는 점에서 다윈을 비난했다.[13])

역사학에는 다양한 인간 사회 집단의 분화의 메커니즘과 한 종류의 사회가 다른 종류의 사회로 변하거나 변하지 못하는 메커니즘을 발견했는지에 대한 근본적인 질문이 내포되어 있다. 마르크스주의자들의 관점, 혹은 상식적인 관점에서 보아도 중요하다고 여겨지는 어떤 측면에서 보면, 즉 자연에 대한 인간의 통제 같은 측면에서 보면, 확실히 그런 메커니즘은 최소한 충분히 긴 시간에 걸친 단일 방향으로의 변화나 진보를 의미한다. 우리가 그런 사회 발전의 메커니즘이 생물학적 진화 메커니즘과 동일하지 않으며 혹은 비슷하지도 않다고 가정하는 한, 그 메커니즘에 '진화'라는 용어를 사용해도 타당한 듯 보인다.

물론 이 논의는 용어 이상의 것이다. 이 논의에는 두 가지 종류의 의견 불일치가 숨어 있다. 하나는 상이한 형태의 사회에 대한 가치 판

---

12) 마르크스주의의 '진화론적' 측면에 대한 이러한 반란, 이를테면 정치적 이유 때문에 카우츠키주의적 교리를 배척하는 역사적 이유가 존재한다. 그러나 우리들은 여기서 이러한 문제들에는 관심이 없다.

13) K. Marx to F. Engels, 7 August 1866. Marx and Engels, *Collected Works*, vol. 42(London, 1987). 307쪽.

단, 아니 다른 말로 하면 사회를 일종의 위계질서에 따라 등급을 매기는 가능성이다. 다른 하나는 변화의 메커니즘에 관한 것이다. 구조기능주의는 사회를 '더 고도의' 사회와 '더 저급한' 사회로 등급을 매기는 것을 피하려는 경향을 지니고 있다. 그 이유는 두 가지이다. 하나는 사회 진화 과정에서 함부로 주장된 우월성에 입각해서 '야만인'을 통치하려는 '문명인'의 주장을 거부하는 사회인류학자들을 환영하기 때문이다. 다른 하나는, 기능이라는 형식상의 기준에 의하면 확실히 그런 위계는 존재하지 않기 때문이다. 에스키모족은 사회 집단으로서의 자신들의 생존 문제를[14] 알래스카의 백인들만큼 자신들의 방식으로 성공적으로 해결한다. 심지어 어떤 사람들은 더 성공적으로 해결한다고 말하고 싶을 것이다. 그들은 특정한 조건하에서 그리고 특정한 가정 위에서, 마술적 사고는 과학적 사고만큼이나 자신만의 방식으로 논리적일 수 있고 자신의 목적에 적절할 수 있다고 말할 것이다.

이러한 관찰들은 타당하다. 비록 이러한 관찰들이 역사가나 사회과학자들이 어떤 체계의 전반적 구조보다는 그것의 구체적 내용을 설명하려고 할 땐 별로 유용하지 않지만 말이다.[15] 어쨌든 이러한 관찰들이 분명히 동어반복은 아니라고 한다면 진화론적 변화의 문제에는 적절치 않다. 인간 사회는 살아남으려면 스스로 성공적으로 운영할 수 있어야만 하며, 그러므로 존재하는 모든 사회들은 기능적으로 적절해

---

14) 레비스트로스가 친족 체제(또는 다른 사회적 장치)를 "조화로운 총체, 즉 사회 집단의 영속적인 것을 보장해야만 하는 기능"에 대해 말했던 의미에서. Sol Tax ed., *Anthropology Today*(1962), 343쪽. (한국어 번역본:『문화인류학 입문』, 이광규 옮김, 을유문화사.)

15) "그 설명 형태가 제약되어 있다는 사실은……심지어 기능적 분석이라는 적절하게 재활성화된 해석에 대해서도 사실이다. 특히 그것은 동일한 기능을 지닌 다른 것 대신, i라는 특수 항목이 S체제 내에서 발생하는 이유를 설명하지 못한다." Carl Hempel in L. Gross ed., *Symposium on Social Theory*(1959).

야만 한다. 만약 그렇지 않다면 사회들은 셰이커 교도[16]가 아이를 낳지 않거나 외부로부터 보충하지도 않아서 사멸한 것처럼 사라질 것이다. 사회를 구성원들의 내적 관계의 측면에서 비교하는 것은 필연적으로 비슷한 것을 비슷한 것으로 비교하는 것이다. 차이가 눈에 띌 때가 바로 사회들을 자연을 통제하는 능력의 측면에서 비교할 때이다.

두 번째의 불일치는 더 근본적인 것이다. 구조기능주의 분석의 해석들 대부분은 역사적 배경을 배제하는 공시적 성격을 지닌다. 이러한 해석들이 더 정교하고 복잡해질수록 그 해석들은 더욱더 사회적 정체 상태에 제한되게 된다. 그 문제가 사상가들의 관심을 끌려면, 어느 정도 동적인 요소가 사회적 정체 상태에 도입되어야 한다.[17] 이것이 만족스럽게 수행될 수 있는지의 여부는 구조주의자들 사이에서도 논쟁거리이다. 동일한 분석이 기능과 역사적 변화 모두를 설명하는 데 사용될 수 없다는 사실은 널리 인정되었다고 생각된다. 여기서의 요점은 마르크스의 단순 재생산과 확대 재생산 도식처럼 정적인 것과 역동적인 것에 대한 분석 모델을 분리해서 발전시키는 일이 불합리하다는 것이 아니라, 역사 연구에서는 이러한 서로 다른 모델들이 연결되는 것이 바람직하다는 것이다. 구조주의자들은 변화를 제거하여 과정을 가장 단순한 것으로 만들며, 그 결과 그들은 실제로 변화의 타당성을 부정하는 사람들에게, 심지어 초기의 영국 사회인류학자들 같은 부류에게 역사를 맡긴다. 그러나 변화는 존재하기 때문에, 구조주의는 변

---

16) (옮긴이) The Shaker : 공동 생활, 공산주의, 독신주의를 주장했던 미국 기독교의 일파.

17) 레비스트로스가 친족 모델에 대해 쓰면서 다음과 같이 언급했던 것처럼. "외부적 요소가 영향을 미치지 않는다면, 이 메커니즘은 언제까지나 작동할 것이고, 사회 구조는 정체될 것이다. 그러나 실제로는 그렇지 않다. 왜냐하면 통시적인 구조 변화를 설명하는 새로운 요소들을 이론 모델에 도입할 필요가 있기 때문이다." Sol Tax ed., *Social Anthropology*, 343쪽.

화를 설명하는 방법을 발견해야만 한다.

이러한 방법들이란 내가 생각하기에 변화를 마르크스주의에 더 밀착시키거나 아니면 진화적 변화를 부인하는 것이다. 레비스트로스의 접근(그리고 알튀세의 접근)은 진화적 변화를 부인하는 것 같다. 여기서 역사적 변화는 (레비스트로스를 인용하면, 유전학의 유전자와 유사한) 단순히 특정한 '요소들'의 치환과 결합으로 되어버린다. 이러한 '요소'들은 충분히 긴 시간 동안 결합되어 다른 패턴으로 될 수 있으며, 그 기간이 얼마 되지 않는다 해도 가능한 결합을 다 이끌어낼 수도 있다.[18] 역사는 사실상 체스가 끝날 무렵 모든 수를 다 사용하는 과정이다. 그러나 어떤 질서 속에서? 레비스트로스의 이론은 여기서 더 이상 우리들을 안내하지 않는다.

그럼에도 이것은 분명히 역사 진화라는 특수한 문제이다. 마르크스는 알튀세가 강조했던 요소들이나 '형태'의 결합과 재결합을 구상했으며 이러한 과정에서 다른 측면들처럼 초기 구조주의적인 측면이 있었다는 것은 물론 사실이다. 더 정확하게 말하면, 적어도 레비스트로스가 부분적으로 그 용어를 빌려왔던 사상가였다.[19] 예외가 약간 있지만 (이러한 예외적인 사례들 중에는 스탈린 시기 소련 마르크스주의의 몇몇 발전들이 포함된다. 비록 자신들이 하고 있는 일이 의미하는 바를 완전히 인식하지는 못했지만 말이다) 초기 마르크스주의 전통에서 당연히 소홀히 취급했던 마르크스 사상의 한 가지 측면을 상기하는 것은 중요하다. 이보다 더 중요한 것은 요소들과 요소들의 가능한 결합에 대한 분석이 (유전학에서처럼) 이론적으로 가능한 것과 불가능한 것을 입증함

---

18) L. Althusser, *Lire le Capital*, vol. 2(Paris, 1965), 153쪽 참조. (한국어 번역본: 『자본을 읽는다』, 김진엽 옮김, 두레.)

19) R. Bastide ed., *Sens et usage du terme structure dans les sciences sociales et humaines*(Paris, 1962), 143쪽.

으로써 진화론을 유리하게 통제할 수 있다는 사실을 상기하는 일이다. 또한 알튀세가 주장했던 것처럼,[20] 그런 분석이 다양한 사회 '수준들'(토대와 상부 구조)과 그들 사이의 관계를 더 정확하게 규정해 줄 수 있다는 것도 가능하다. 비록 이 문제는 여전히 미해결로 남아 있어야 하지만 말이다. 하지만 그런 분석은 20세기 영국이 신석기 시대의 영국과 매우 다른 곳이 되는 이유나, 또는 연속적인 사회-경제 구성체들이나 한 사회-경제 구성체가 다른 사회-경제 구성체로 이행하는 메커니즘, 또는 마르크스가 자신의 생애의 많은 부분을 그 문제와 관련된 질문에 대답하는 데 바쳤던 이유 등에 대해 설명하지 못한다.

그 질문들에 대답하려면, 마르크스주의를 다른 구조기능주의 이론들과 구별해 주는 두 가지 특성이 필요하다. 하나는 사회적 생산 관계가 주요한 것이 되는 '수준들'의 모델이다. 다른 하나는 계급투쟁이 단지 특별한 사례에 지나지 않는 체계 내 모순들의 존재이다.

'수준들'의 위계질서는 역사가 방향성(direction)을 지닌 이유를 설명하기 위해서 필수적이다. 다시 한번 레비스트로스를 인용해 보면, 역사 전체를 (비록 모든 지역과 시대는 아니지만) "일정한 방향으로 향하게 하고 거스를 수 없게" 만드는 것은 인간이 자연으로부터 점점 더 해방되어 가면서 자연을 점점 더 많이 통제할 수 있다는 사실이다. 사회적 생산 관계의 토대 위에서 발생하지 않는 '수준들'의 위계질서라면 결코 이러한 특징을 지니지 않았을 것이다. 더욱이 자연에 대한 인간의 통제 과정과 진보는 사회적 생산력(이를테면 새로운 기술)의 변화뿐만 아니라 사회적 생산 관계의 변화도 포함하기 때문에, 그 위계질서에는 연속적인 사회-경제 체제 속의 특정한 순서가 내포되어 있다. (그 위계질서는 『정치경제학 비판』「서문」에서 언급된 연대기순으로 연

---

20) L. Althusser, *Lire le Capital*, 153쪽.

속되는 사회 구성체의 목록을 받아들인다는 것을 의미하지는 않는다. 아마도 마르크스는 그 사회 구성체들이 연대기순으로 연속된다고 믿지는 않았을 것이고 보편적인 일직선적 진화 이론은 더더욱 믿지 않았을 것이다. 그러나 그 위계질서는 도시와 농촌으로 분리되지 않은 경제 이전에 도시와 농촌으로 분리된 경제가 나타나지 않았던 것처럼, 특정한 사회 현상들이 다른 사회 현상들보다 더 먼저 역사에 출현한 것으로 간주될 수는 없다는 사실을 의미한다.) 이와 마찬가지로, 이러한 연속적인 체제는 기술적 차원(더 높은 수준의 기술 이전의 낮은 기술 단계)이나 경제적 차원(자연 경제를 계승한 화폐 경제) 같은 한 차원에서 분류될 수 있을 뿐만 아니라, 사회 체제의 관점에서도 분류되어야 한다는 사실을 의미한다.[21] 왜냐하면 마르크스의 역사관은 '사회학적'인 것이거나 '경제학적'인 것이 아니라, '사회학적인' 성격과 '경제학적인' 성격을 모두 지녔다는 점이 본질적인 특징이기 때문이다. 사회적 생산 관계와 재생산 관계(즉 가장 광범한 의미의 사회 조직) 그리고 물질적 생산력은 분리될 수 없다.

일단 역사 발전의 '일정한 방향'이 정해지면, 사회-경제 체제의 내적 모순은 발전으로 되어버리는 변화에 메커니즘을 제공한다. (그런 메커니즘이 존재하지 않는다면, 사회-경제 체제의 내적 모순들은 단순히 순환적인 변동, 즉 끝없는 불안정화와 재안정화의 과정만 야기한다고 말할 수도 있을 것이다. 물론 서로 다른 사회들의 접촉과 갈등으로부터 발생할 수 있는 변화들을 낳을 수도 있다.) 그 요점은 다음과 같다. 내적 모순들은 안전성과 지속이 정상이고 변화는 예외라고 가정할 때만 '역기능적인 것'으로 규정될 수 있다. 심지어 속류 사회과학에서 자주 그러는 것처럼 모든 변화들은 한 특정 체제만을 열망한다고 순진하게

---

21) 물론 이것이 유용하다면, 이것들은 몇몇 요소들의 서로 다른 결합으로 묘사될 수도 있다.

가정할 때만 '역기능적인 것으로' 규정될 수 있다는 것이다.[22] 오히려 사회인류학자들이 이제 더 잘 인식하는 것처럼, 한 체제의 존속만을 해명해 주는 구조 모델은 적절하지 않다. 그러한 모델이 반영해야만 하는 것은 안정시키는 요소와 해체하는 요소가 동시에 존재한다는 사실이다. 그리고 마르크스주의 모델은 바로 이러한 주장에 근거해 왔다. 속류 마르크스주의 해석은 그렇지 않았지만 말이다.

그러한 이중적(변증법적) 모델을 만들어서 사용하기란 어렵다. 왜냐하면 그러한 모델을 기호나 상황에 따라 안정적인 기능주의 모델로, 또는 혁명적 변화 모델로 작동시키려는 유혹을 실제로 많이 받기 때문이다. 이에 비해 그러한 모델은 흥미롭게도 안정적인 기능주의 모델과 혁명적 변화 모델의 성격을 모두 지니고 있다. 내적 긴장이 때로는 기능적 안전판으로 피드백됨으로써 자신을 안정시키는 모델로 흡수될 수도 있고 때로는 그럴 수 없다는 사실은 똑같이 중요하다. 계급투쟁은 산업 사회 이전 도시들에서 일어난 도시민들의 수많은 폭동 같은 일종의 안전판을 통해 조정될 수 있거나 또는 (막스 글럭먼(Max Gluckman)이 설명하는 용어를 사용하면) "반란 의식(儀式)"이나 다른 방식으로 제도화될 수도 있다. 그러나 때로는 그럴 수 없을 때도 있다. ('정의의 초석'으로 역할하는 초연한 왕인) 국가는 표면적으로는 계급투쟁의 바깥과 위에 서 있지만, 일반적으로 안정적인 제도와 가치 틀 내에서 계급투쟁을 통제함으로써 사회 질서를 정당화시키려 한다. 국가는 그렇게 하는 과정에서 그렇지 않았더라면 내적 긴장에 의해

---

22) 다음과 같은 사실을 추가할 수도 있다. 그 내적 모순들이 단순히 '갈등'으로 분류될 수 있을지는 의문이다. 우리가 사람들 사이의 관계 체계로서의 사회 체계에 관심을 집중하는 한, 내적 모순들이 개인들과 집단들 사이의 갈등으로, 또는 더 형이상학적으로는 가치들 사이의, 역할들 사이의, 그리고 다른 것들 사이의 갈등으로 나타난다고 보통 생각하지만 말이다.

산산이 흩어졌을 사회를 지속시킨다. 이것은 확실히 『가족, 국가, 사유 재산의 기원』에서 해설된 국가의 기원과 기능에 대한 마르크스의 고전적 이론이다.[23] 그럼에도 국가가 (국민들의 마음속에서조차) 이러한 기능과 능력을 정당화하는 데 실패하고, (그리하여 토머스 모어의 유명한 구절을 사용하면) 가난한 사람들의 비참함을 야기하는 직접적인 원인은 아니라 하더라도 "부자들만의 이익을 위한 음모"로만 보일 수 있는 상황도 존재한다.

사회 안에는 통제된 안정이나 전복을 나타내는 각기 다른 현상이 분명 존재한다고 지적하면 이 같은 모델의 모순적 성격은 모호해질 수 있다. 이를테면 '상업 자본'같이 봉건 사회로 통합된다고 추정될 수 있는 사회 집단들과 '산업 부르주아 계급'같이 봉건 사회로 통합될 수 없는 사회 집단, 혹은 단순한 '개혁주의적' 사회 운동과 의식적인 '혁명적' 사회 운동 등 서로 분리된 현상들이 명백히 존재한다. 그러나 그러한 분리는 존재하지만, 그러한 분리가 존재하는 지점은 그 사회의 내적 모순의 특정한 발전 단계를 지시해 준다. (오로지 계급투쟁이라는 내적 모순만이 마르크스에게 사회의 내적 모순의 전부는 아니었다.[24]) 그럼에도 불구하고, 동일한 현상들이라 해도 상황에 따라 기능을 바꿀 수 있다는 사실은 마찬가지로 중요하다. 오래전에 조정된 계급 사회의 질서를 복구하려는 운동이 (몇몇 농민 운동들에서처럼) 사회 혁명으로 변질될 수도 있고, 혁명적 의식을 지닌 당들이 기존 상황으로 흡수될 수도 있다.[25]

---

23) 그람시 같은 마르크스주의자는 국가가 이러한 기능을 지닌 유일한 제도인지의 문제에 사로잡혔지만, 여기서는 우리의 관심사가 아니다.

24) 리히트하임은 계급투쟁이 고대 로마 사회의 붕괴에 대한 마르크스의 모델에서 단지 부수적인 역할만 했다고 올바르게 지적했다. 고대 로마 사회의 붕괴가 반드시 '노예 봉기'에 기인했을 것이라는 견해는 마르크스 안에서 근거를 가질 수 없다(G. Lichtheim, *Marxism*, London, 1961, 152쪽).

어렵기는 하겠지만, (동물생태학자, 특히 인구 동태와 동물의 사회 행동에 대한 연구자들을 포함한다고 말할 수 있는) 다양한 분야의 사회과학자들은 긴장이나 갈등에 근거한 평형 모델의 구성에 접근하기 시작했고, 그렇게 하는 과정에서 마르크스주의에 더 가까이 다가갔고, 질서 문제를 변화 문제보다 논리적으로 더 우위에 놓고 보고 사회생활 속의 통합적 요소와 규범적 요소들을 강조하는 구식 사회학 모델로부터는 더 멀리 벗어났다. 동시에 마르크스 자신의 모델은 책 속에서 제시되었던 것보다 더 명확해져야 하며, 더 정성껏 발전되어야 하며, 마르크스 자신의 사상보다는 엥겔스의 공식화에서 더 분명하게 나타나는 19세기 실증주의의 흔적은 해결되어야만 한다는 사실이 인정되어야 한다.

우리들은 여전히 사회-경제 구성체의 본질과 연속, 그리고 내적 발전과 상호 작용 메커니즘이라는 특별한 역사적 문제를 안고 있다. 이러한 문제들은 과거 수십 년 동안만이 아니라 마르크스가 활동했던 때부터 계속 격렬한 논쟁이 벌어졌던 분야이고,[26] 어떤 측면에서는 마르크스의 이론적 발전이 가장 두드러졌던 분야이기도 하다.[27] 또한 최

---

25) 워슬리(Peter Worsley)가 이러한 입장에 근거해서 책을 요약하면서 다음과 같이 말했던 것처럼. "체제 내에서의 변화는 체제의 구조적 변화를 향해 축적되거나 어떤 종류의 카타르시스적인 메커니즘에 의해 극복되어야만 한다"("The Analysis of Rebellion and Revolution in Modern British Social Anthropology", *Science and Society* 25/1(1961), 37쪽). 사회관계에서의 의식화(儀式化)는 다른 방식으로는 견딜 수 없는 긴장의 상징적 실연(實演, acting-out) 그 자체로 이해된다.

26) 다음 상황을 참조. 동양 사회에 대한 수많은 연구와 토론들이 마르크스 저작 속의 매우 적은 분량에 근거하여 진행되었다. 그중 가장 중요한 몇 부분, 즉 『정치경제학 비판 요강』 속의 관련 부분은 1953년 이전에는 이용될 수 없었다.

27) 이를테면 선사 시대 분야에서는 차일드(V. Gordon Childe)의 저작을 들 수 있다. 그는 마르크스주의를 과거에 적용하는 데 있어 영어권 나라들에서 가장 독창적인 역사 정신을 지녔던 사람일 것이다.

근의 분석은 마르크스의 전반적 접근과 통찰력이 지니는 탁월성과 심원함을 확인해 주었다. 비록 그러한 분석이 마르크스의 연구 방식의 결함, 특히 자본주의 이전 시대를 분석한 마르크스의 결함에 대해서도 주목했음에도 불구하고 말이다. 그러나 이러한 주제들은 구체적인 역사 지식의 관점에서만 토론될 수 있다. 즉 이러한 주제들은 현재 논의의 맥락에서는 토론될 수 없다. 그러한 토론이 부족하기 때문에, 나는 나의 신념을 역설할 뿐이다. 마르크스의 접근 방식은 인류 역사 전체를 설명할 수 있도록 해주고 현대적인 토론을 위한 가장 효과적인 출발점을 제공하는 여전히 유일한 접근 방식이다.

이러한 것들 중에서 특별히 새로운 것은 없다. 비록 역사적 주제에 대한 마르크스의 가장 성숙한 생각을 담고 있는 몇몇 텍스트, 특히 1857~1858년의 『정치경제학 비판 요강(*Grundrisse*)』[28]이 1950년대가 되어서야 비로소 효과적으로 이용될 수 있었지만 말이다. 더욱이 속류 마르크스주의 모델의 사용이 최근 몇 십 년 동안 감소함으로써 마르크스주의 역사 서술이 실질적으로 정교하게 발전되었다.[29] 확실히, 현대 서구 마르크스주의 역사 서술의 가장 대표적인 특징은 경제 결정론 형태의 단순하고 기계적인 도식에 대한 비판이다.

그러나 마르크스주의 역사가들이 실질적으로 마르크스를 뛰어넘었는지 여부와 관계없이, 마르크스주의 역사가들의 기여는 현재 사회과학에서 일어나고 있는 변화들 때문에 오늘날 새로운 중요성을 획득한다. 엥겔스 사후 첫 반세기 동안 역사적 유물론의 중요한 기능은, 실

---

28) (옮긴이) Karl Marx, 『정치경제학 비판 요강』(김호균 옮김, 백의).

29) 이를테면 가치 있고 뛰어난 선구적 저작인 윌리엄(Eric William) 박사의 『자본주의와 노예제(*Capitalism and Slavery*)』(London, 1964)와 제노브즈(Eugene Genoves) 교수의 접근 방식을 미국 노예제 사회와 노예제 폐지 문제와 관련하여 비교해 보시오.

증주의의 지나친 단순화를 피하면서 역사학을 사회과학에 더 가까이 다가가게 하는 것이었는데, 이에 비해 오늘날은 사회과학 자체의 급속한 역사화에 직면하고 있다. 학문적 역사 서술의 도움이 결핍되었기 때문에, 이러한 사회과학들은 임시변통으로 점차 자신들만의 역사 서술을 만들기 시작했다. 이러한 사회과학들은 자신들의 독자적인 연구 절차를 과거 연구에 응용했고, 그 결과 기술적으로 정교해졌다. 그러나 이미 지적되었던 것처럼, 어떤 측면에서는 19세기의 모델들보다 더 조야한 역사 변화 모델에 근거하기도 했다.[30] 여기서 마르크스의 역사적 유물론의 가치는 크다. 비록 역사 지향적 사회과학자들이 역사 속의 경제적이고 사회적인 요소들의 중요성에 대한 마르크스의 주장을 20세기 초 역사가들이 느끼는 것보다 덜 절실하게 느낀다는 사실은 당연한 일이지만 말이다. 반대로, 사회과학자들은 포스트마르크스주의 세대에 막 진입한 역사가들에게 큰 충격을 주지 못했던 마르크스의 이론적 측면이 자신들에게 더 많은 자극을 주고 있다는 것을 깨달을 수도 있을 것이다.

이러한 점이 특정한 역사 지향적 사회과학 분야의 논의에서 마르크스의 견해가 지니는 확실한 탁월함을 설명해 줄 수 있는지는 다른 문제이다.[31] 현재 마르크스주의 역사가들이나 마르크스주의 학파에서 훈련받은 역사가들이 특히 뛰어난 것은, 지난 10년간 지식인과 학생들의 급진화, 제3세계 혁명의 충격, 독창적인 과학적 작업을 하기에는 불리한 마르크스주의 정통파의 와해, 그리고 심지어 세대교체라는 단순한 요소들에 대부분 기인한다. 1930년대나 1940년대에는 단지 급진적인

---

30) 이것은 특정 사회에 적용되었던 경제 성장 이론, 그리고 정치학과 사회학의 '근대화' 이론에서 특히 두드러진다.
31) 자본주의 이전 사회에 대해 자본주의적 발전이 미친 정치적 충격에 대한 논의, 그리고 더 일반적으로 근대 사회 운동의 '전사(前史)'에 대한 토론이 좋은 예이다.

학생들에 지나지 않았던 마르크스주의자들의 책이 이제 널리 읽히고 있고 그들이 학계에서 선도적인 위치를 차지하는 등 마르크스주의자들은 1950년대에 들어 황금기를 맞고 있다. 지금 마르크스 탄생 150주년과 『자본론』 출간 100주년을 축하하면서, 역사 서술 분야에서 마르크스주의가 중요한 영향력을 미쳤다는 사실을, 그리고 마르크스에 의해 고무되었거나 마르크스주의 학파에서 훈련받은 흔적이 드러나는 책을 쓴 역사가들이 엄청나게 많이 존재하고 있다는 사실을, 마르크스주의자라면 흐뭇하게 지적하지 않을 수 없다.

11

마르크스와 역사학

나는 여기서 마르크스 사후 100년 동안의 마르크스주의 역사학의
개념의 문제와 주제들을 논의하고자 한다. 이것은 100주년 기념 의식
이 아니다. 따라서 마르크스가 역사 서술에서 차지하는 독특한 역할을
상기하면서 시작하는 것이 중요하다. 나는 다만 세 개의 예를 들고자
한다. 첫 번째 예는 내 경험과 관계된 것이다. 내가 1930년대에 케임
브리지 대학의 학생이었을 때, 매우 우수한 수많은 젊은 남녀들이 공
산당에 가입했다. 이 시기는 최고의 명문 대학의 역사에서도 가장 빛
나는 시기였기 때문에, 많은 학생들이 우리들이 찬양하는 위대한 이름
들에게서 큰 영향을 받았다. 젊은 공산주의자들은 다음과 같은 농담을
하곤 했다. 공산주의 철학자는 비트겐슈타인주의자이고, 공산주의 경
제학자는 케인스주의자이고, 문학을 지망하는 공산주의자 학생들은 리

---

* 이 글은 1983년에 산마리노 공화국이 조직한 마르크스 사후 100주년 기념 대회에서 이루어졌고,
≪뉴 레프트 리뷰(*New Left Review*)≫ 143호(1984년 2월), 39~50쪽에 게재되었다.

비스(F. R. Leavis)의 제자라는 것이었다. 그러면 역사학자는? 역사학자는 마르크스주의자였다. 왜냐하면 케임브리지나 다른 곳 어디에도 우리가 아는 역사가가 없었기 때문이다. 그러나 우리는 마르크스와 경쟁할 수 있는 영감을 지닌 대가인 마르크 블로크 같은 몇몇 위대한 역사가에 대해선 들어서 알고 있었다. 두 번째 예도 비슷하다. 30년 후인 1969년에 노벨상 수상자인 존 힉스 경은 『경제사 이론』을 출판했다. 그는 다음과 같이 썼다. "〔역사의 전반적 과정을 잘 설명하기를 원하는〕 대부분의 사람들은 마르크스주의의 범주나 이것을 약간 수정한 것을 사용하려 한다. 왜냐하면 이용할 수 있는 대안적 해석이 거의 존재하지 않기 때문이다. 『자본론』이 출간된 후 100년 동안 …… 그 외에 다른 것이 거의 출현하지 않았다는 것은 의외이다."[1] 세 번째 예는 페르낭 브로델의 훌륭한 책 『물질문명과 자본주의』[2]에서 나온다. 이 책 제목 자체에서 마르크스와 연결되어 있음을 알 수 있다. 이 훌륭한 책에서 마르크스는 다른 어떤 저자보다도, 심지어 그 어떤 프랑스인 저자보다도 더 자주 참고되었다. 자기 나라의 사상가들에 대한 자부심이 대단한 프랑스에서 그러한 찬사가 나왔다는 사실 자체가 참으로 인상적이다

역사 서술에 대한 마르크스의 이러한 영향은 자명한 현상이 아니다. 비록 유물론적 역사관이 마르크스주의의 핵심이라 해도, 그리고 마르크스가 쓴 모든 것에 역사가 포함되어 있다 해도, 마르크스 자신은 역사가가 이해하는 것처럼 역사를 많이 쓰지 않았기 때문이다. 오히려 도서관에서 무리 없이 '역사'로 분류될 수 있는 저작을 더 많이 써낸 엥겔스가 역사가에 더 가깝다. 물론 마르크스도 역사를 연구했고 매우

---

1) J. R. Hicks, *A Theory of Economic History*(London, Oxford and New York, 1969), 3쪽.
2) Fernand Braudel, 『물질문명과 자본주의』(주경철 옮김, 까치).

박학했다. 그러나 마르크스는 후에 "18세기의 비밀 외교사"라는 제목으로 출간된 일련의 논쟁적인 반차르 체제 논문들을 제외하고는 제목에 '역사'란 말이 들어가는 저작은 한 권도 쓰지 않았다. 『18세기의 비밀 외교사』는 마르크스의 저작 중에서 가장 가치 없는 책 중 하나에 불과하다. 우리가 마르크스의 역사적 저작이라고 부르는 것은 거의 전적으로 역사적 배경에 어느 정도 연결된 당시의 정치적 분석과 저널리즘적 언급으로 이루어졌다. 『프랑스에서의 계급투쟁과 루이 보나파르트의 브뤼메르 18일』 같은 당시의 정치적 상황에 대한 마르크스의 분석은 정말 주목할 만하다. 그의 방대한 저널리즘적 저술은, 균형은 맞지 않지만 최대의 관심사를 분석했으며(인도에 대한 마르크스의 논문을 생각해 보라), 어쨌든 마르크스가 역사에, 그리고 이후에 역사가 되어버린 시기의 구체적인 문제에 자신의 방법을 어떻게 적용했는가를 보여주는 사례들이다. 그러나 이 저작들은 과거를 연구하고자 하는 사람들이 이해하는 식의 역사로 저술된 것은 아니다. 마지막으로, 자본주의에 대한 마르크스의 연구는 엄청난 양의 역사적 자료, 역사적 사례, 그리고 역사가에게 적절한 내용을 담고 있다.

그러므로 마르크스의 방대한 역사적 저술은 자신의 이론적 저술과 정치적 저술에 통합되어 있다. 이 저술들은 짧은 시기나, 또는 특수한 주제와 문제, 구체적인 사건사에 집중한 마르크스의 저술과 함께 읽어야만 한다. 이러한 모든 저술은 인류 발전의 전 시기를 포함하는 다소 장기간에 걸친 틀 속에서 역사 발전을 고려한다. 그럼에도 불구하고, 마르크스에게선 역사 발전의 실제 과정에 대한 어떠한 완벽한 종합도 발견되지 않는다. 심지어 『자본론』도 '1867년까지의 자본주의 역사'로 취급될 수 없다.

이러한 이유에 대한, 그리고 마르크스주의 역사가들이 마르크스에 대해 주(註)를 다는 데 그치지 않고 마르크스 자신이 하지 않았던 것을 하는 데에는 세 가지 이유가 있다. 두 가지 이유는 사소한 것이고, 한 가지 이유는 중요한 것이다. 첫 번째는 우리가 알고 있는 것처럼, 마르크스는 학문적 과제를 완성하는 데 커다란 어려움을 겪었다는 것이다. 둘째, 마르크스의 견해는 1840년대 중반에 정립된 틀 안에 있기는 했지만 죽을 때까지 계속 발전했다는 것이다. 세 번째 가장 중요한 것은, 마르크스는 원숙기 저작에서 발전된 자본주의를 자신의 출발점으로 삼아 거꾸로 과거를 신중하게 연구했다는 것이다. '사람'은 '원숭이'를 해부하는 단서가 되었다. 이것은 물론 반(反)역사적 절차는 아니다. 그것은 과거는 그 자신의 관점에서는 거의 또는 전적으로 이해될 수 없다는 것을 의미한다. 왜냐하면 과거는 역사적 과정의 일부일 뿐만 아니라, 또한 역사적 과정만이 우리들이 그 과정과 과거에 대한 일들을 분석하고 이해할 수 있도록 해주기 때문이다.

유물론적 역사관에서 중심적인 위치를 차지하는 노동이라는 개념을 살펴보자. 자본주의 이전에는, 또는 마르크스가 더 구체적으로 이야기한 것처럼 애덤 스미스 이전에는, 질적으로 서로 다르고 비교될 수 없는 특수한 노동과 구별되는 노동 일반이라는 개념은 사용될 수 없었다. 그러나 우리가 지구적이고 장기적인 의미에서의 인간 역사를 인류가 자연을 진보적인 방향으로 보다 효과적으로 이용하고 변화시켜 온 것으로 이해한다면, 사회적 노동 일반이라는 개념은 필수적이다. 마르크스의 접근 방식은 우리에게 다음의 사실을 말해 줄 수 없다는 점에서 아직도 논쟁적인 것으로 남아 있다. 즉 미래의 역사 발전에 기초를 둔 미래 분석은, 사상가들이 다른 중심적인 분석 개념에 입각해서 인간의 역사를 재해석할 수 있게 해주는 분석적인 발견들과 양립할 수 없다는 점이다. 우리는 그러한 가설적 미래 발전이, 마르크스가 인류 역사의 결정적인 측면들을 분석함에 있어서 노동 분석이 차지하는 중심성을 사상하지는 않을 것이라고 생각해도, 이것은 분석상 잠재해 있는 격차이다. 나의 요점은 마르크스를 문제 삼자는 것이 아니라, 마르크스의 접근 방식에서는 마르크스의 목적에 바로 맞아떨어지지 않으면 역사가들이 관심을 가지고 알고 싶어 하는 것들이라도 당연히 고려되지 않는다는 것을 보여주려는 것뿐이다. 그 예로 봉건 사회에서 자본주의 사회로의 이행의 여러 측면들을 들 수 있다. 항상 '실제로 일어났던 일'에 많은 관심을 가졌던 엥겔스가 그러한 문제에 더 많은 관심을 가졌지만, 이러한 것들은 후기 마르크스주의자들에게 남겨졌다.

그럼에도 불구하고 마르크스주의 역사가뿐만 아니라 일반 역사가에 대한 마르크스의 영향력은, 원시 공산주의에서부터 자본주의에 이르는 인간 역사의 발전이라는 전반적 형태에 대해 대략적인 묘사나 힌트를 주는 일반 이론(유물론적 역사관)과, 특정한 과거의 측면, 시기, 문제들과 관련된 구체적 관찰 모두에 근거하고 있다. 비록 이 구체적 관찰들이 대단히 큰 영향력을 미쳐왔고 여전히 큰 자극을 주고 해명해 준다고 할지라도, 나는 이것에 대해 많이 이야기하고 싶지는 않다. 『자본론』 제1권에선 프로테스탄티즘에 대해 서너 곳에서만 별로 중요하지 않게 언급하고 있을 뿐이다. 그럼에도 불구하고 종교 일반, 특히 프로테스탄티즘과 자본주의적 생산 방식의 관계에 대한 전반적인 논쟁이 여기에서 비롯되었다. 비슷하게, 『자본론』에는 데카르트에 대해서는 주(註) 하나가 있을 뿐이다. 이 주는 데카르트의 견해(기계로서의 동물, 관념적인 것과 대립되는 것으로서의 실재, 자연을 정복하고 인간 생활을 완성시키는 수단으로서의 철학)를 '매뉴팩처 단계'와 연결시켰고, 왜 초기 경제학자들이 홉스와 베이컨을 자신들의 철학자로 선호했고, 후기 경제학자들은 로크를 선호했는가 하는 문제를 제기했다. (더들리 노스(Dudley North)는 데카르트의 방법이 정치경제학을 기존의 미신으로부터 해방시키기 시작했다고 믿었다.[3] 이미 1890년대에 비마르크스주의자들이 이것을 마르크스의 주목할 만한 독창성의 사례로 사용했고, 오늘날도 이것은 최소한 한 학기 분량의 세미나 자료를 제공한다. 그러나 이 모임에 참가하는 어느 누구도 마르크스의 천재성이나 지식이나 관심 범위를 확실히 알 필요는 없을 것이다. 과거의 특정 측면에 대한 마르크스의 많은 저작들이 불가피하게 당시에 이용할 수 있던 역사적 지식을 반영한다는 사실은 인정해야 한다.

오늘날 유물론적 역사관은 비(非)마르크스주의자와 반(反)마르크스주의자들에 의해서뿐만 아니라 마르크스주의 내부에서도 부정되거나 비판당하기 때문에 더 길게 토론할 가치가 있다. 여러 세대 동안, 유물론적 역사관은 마르크스주의 중에서 가장 문제되지 않은 부분이었고, (내 견해가 맞는다면) 마르크스주의의 핵심으로 간주되어 왔다. 유물론적 역사관은 마르크스와 엥겔스가 독일 철학과 관념론을 비판하는 과정에서 발전되었기 때문에, 본질적으로 '이념, 사상, 관념이 인간과, 인간의 물질적 조건과 실제 생활을 생산하고, 결정하고, 지배한다'는 믿음에 반대하는 것이다.[4] 1846년부터 이 개념은 본질적으로 동일하게 유지되었다. 유물론적 역사관은 변화된 형태로 되풀이되기는 하지만 단 한 문장으로 요약될 수 있다. "의식이 삶을 결정하는 것이 아니라 삶이 의식을 결정한다."[5] 이것은 이미 『독일 이데올로기』에서 정교하게 표명되었다.

그러므로 이러한 역사관은 생활 자체를 물질적으로 생산하는 데서 시작되는 실제 생산 과정에 대한 설명에 의존하고, 또한 이러한 생산 양식, 즉 다양한 단계의 시민 사회에 의해 창조되고 이에 연결된 교

---

3) Karl Marx, *Capital*(Harmondsworth, 1976), vol. 1, 513쪽에서 인용.
4) Karl Marx and Friedrich Engels, *The German Ideology* in *Collected Works* (London, 1976), 24쪽(수정된 번역).
5) 같은 책, 37쪽.

류 형태를 모든 역사의 기초로 이해하는 것에 의존한다. 동시에 이러한 역사관은 활동 중인 시민 사회를 국가로 묘사하는 것, 또한 의식, 종교, 철학, 도덕 등의 모든 다양한 이론적 산물과 형태가 어떻게 시민 사회에서 발생하는가를 설명하는 것, 그 기초로부터 시민 사회의 형성 과정을 추적하는 것에 의존한다. 그러므로 모든 것은 그 총체성 속에서 (그러므로 이러한 각종 측면의 상호 작용 속에서도) 묘사될 수 있다.[6]

우리는 내친김에 마르크스와 엥겔스에게 있어서 '실제 생산 과정'은 단순히 '생활 자체를 물질적으로 생산하는 것'이 아니라, 더 광범위한 어떤 것이라는 점에 주목해야만 한다. 에릭 울프(Eric Wolf)의 정확한 표현을 사용한다면, 실제 생산 과정이란 "자연, 일, 사회적 노동, 사회 조직 사이의 상호 의존적 관계가 복합된 집합"[7]이다. 또한 우리는 인간이 손과 머리 모두로 생산한다는 것에 주목해야만 한다.[8]

이러한 개념은 역사가 아니라 역사에 대한 안내, 즉 연구 프로그램이다. 『독일 이데올로기』를 다시 인용해 보자.

사변이 멈추는 곳에, 즉 실제 생활이 시작하는 곳에, 결과적으로 현실적이고 실증적인 과학, 즉 인간 발전의 실제 과정, 실제 행동에 대한 설명이 시작된다. …… 현실이 묘사될 때, 자족적인 철학〔die selbststän-dige Philosophie〕은 존재의 매개물을 상실한다. 기껏해야 인간의 역사적 발전 과정에 대한 고찰에서 추상된 가장 일반적인 결과들의 총괄만이 자족적인 철학을 대신할 수 있다. 현실 역사와 분리된 이러한 추

---

6) 같은 책, 53쪽.
7) Eric R. Wolf, *Europe and the People without History*(Berkely, 1983), 74쪽.
8) 같은 책, 75쪽.

상은 그 자체만으로는 아무런 가치도 없다. 단지 역사적 자료의 정리를 쉽게 만들고 그 각각의 층의 순서를 지시하는 데 기여할 뿐이다. 그러나 이러한 추상은 철학과 마찬가지로 여러 역사 시대들을 잘 정돈하는 데 필요한 처방이나 공식을 결코 제공하지 못한다.[9]

가장 완벽한 정식은 1859년의 『정치경제학 비판』 「서문」에서 나왔다. 물론 이 정식을 거부하면서도 마르크스주의자로 남아 있을 수 있는지는 물어보아야 한다. 그러나 이렇게 극도로 정확한 정식은 공을 들여야만 만들어진다는 것은 아주 명백하다. 그 정식에 사용된 용어의 모호성으로 인해 생산'력'과 생산의 '사회적 관계'가 정확히 무엇을 의미하는지, '경제적 토대'와 '상부 구조'를 구성하는 것이 무엇인지 등에 대한 논쟁이 일어났다. 또한 인간은 인식할 능력을 지녔기 때문에, 유물론적 역사관은 역사적 설명의 토대(basis)이지 역사적 설명 자체가 아니라는 것도 처음부터 아주 명백하다. 역사학은 생태학 같은 것이 아니다. 인간은 일어난 것에 대해 생각하고 결정한다. 역사학이 전반적인 역사 변화 과정과 구별되는, 필연적으로 일어날 것을 발견하게 해준다는 의미에서 결정론적인지 아닌지는 좀 명확하지 않다. 역사적 필연성의 문제는 다만 지나고 나서 뒤돌아볼 때에만 확실하게 정해질 수 있고, 그럴 때조차도 단지 동어반복에 불과하기 때문이다. 다시 말하면, 과거에 발생했던 것은 그 외의 다른 것이 발생하지 않았기 때문에 필연적이었다. 그러므로 그 외에 발생할 수도 있었던 것은 실제적이지 않았다.

마르크스는 공산주의라는 특정한 역사적 결과가 역사 발전의 필연적 결과라는 것을 선험적으로 증명하고자 했다. 역사에 대한 과학적

---

9) K. Marx and F. Engels, *German Ideology*, 37쪽.

분석이 이것을 보여줄 수 있을지는 결코 명확하지 않다. 분명한 사실은 역사적 유물론은 경제 결정주의가 아니며, 역사 내의 비경제적 현상이 모두 특정한 경제 현상에서 비롯된 것은 아니며, 이러한 의미에서 특별한 사건이나 시기는 결정적이지 않다는 것이다. 역사적 유물론을 가장 엄격하게 적용하려는 사람조차도 역사 속의 우연과 개인의 역할에 대해서는 긴 토론에 매달려야 했다(플레하노프). 그리고 정식에 대해 어떠한 철학적 비판이 가해지든지 간에, 엥겔스가 블로크, 슈미트, 슈타르켄부르크와 다른 사람들에게 보내는 후기 편지에서 이점은 매우 분명히 드러난다. 마르크스의 경우 『루이 보나파르트의 브뤼메르 18일』과 1850년대의 신문 기고문 같은 특정 텍스트를 볼 때의 관점도 기본적으로 동일했다는 사실은 전혀 의심할 수 없다.

실제로 유물론적 역사관에 대한 주요 논쟁은 사회적 존재와 사회적 의식 사이의 본질적 관계에 관한 것이다. 이것은 철학적 고찰('유물론 대 관념론')이나 심지어 도덕적, 정치적 문제들("'자유 의지'와 의식적 인간 행동의 역할은 무엇인가? 상황이 무르익지 않는다면 우리는 어떻게 행동할 수 있나?")이 아니라 비교사와 사회인류학 같은 경험적 문제에 집중했다. 대표적인 논쟁은 사회적 생산 관계를 관념과 개념으로부터 (토대를 상부 구조로부터) 구분하는 것은 불가능하다는 논쟁일 것이다. 왜냐하면 한편으로 이러한 구분 자체가 회고적인 역사 구분이고, 다른 한편으로 사회적 생산 관계로 환원될 수 없는 문화와 개념이 사회적 생산 관계를 구조화하기 때문이다. 특정한 생산 양식이 n 유형의 개념들과 양립하기 때문에, 이러한 개념들을 '토대'로 환원시킴으로써 설명할 수 없다는 것이 다른 반대 이유일 것이다. 그러므로 우리는 동일한 토대를 가지고 있지만, 폭넓고 다양한 방식으로 사회관계, 이데올로기, 그리고 다른 상부 구조적 특징을 구조화하는 사회에 대해 알고 있다. 인간의 세계관은 사회적 존재 형태가 인간의 세계관을 결정하는 정도

만큼은 적어도 사회적 존재 형태를 결정한다. 그러므로 이러한 견해를 결정하는 것은 아주 다르게 분석되어야 한다. 예를 들어 레비스트로스 (C. Lévi-Strauss)의 견해를 따르면 제한된 수의 지적 개념에 근거한 일련의 변형으로 분석되어야 한다.

마르크스가 문화에서 개념 등을 추상했는지 추상하지 않았는지에 대한 문제는 제쳐 놓기로 하자. (마르크스는 실제 역사 서술에서는 경제 환원주의자의 정반대 편에 서 있었다는 것이 내 생각이다.) 어떤 역사 발전 단계에 있는 어떤 사회에 대한 분석도 그 사회의 생산 양식에 대한 분석과 함께 시작해야만 한다는 기본적인 사실은 여전히 유효하다. 다시 말해, 사회 분석은 (1) 인간이 노동에 의해 자연에 적응하고 자연을 변화시키는 방식인 "인간과 자연 사이의 물질 대사"(마르크스)와 (2) 노동이 동원되고, 고용되고, 배분되는 사회 제도에 대한 분석에서 시작되어야만 한다.

이것은 오늘날도 마찬가지다. 20세기 후반의 영국이나 이탈리아에 대해 이해하려면, 명백히 1950년대와 1960년대에 일어났던 생산 양식의 거대한 변화와 함께 시작해야만 한다. 가장 초기의 원시 사회의 경우에, 친족 조직과 (친족 조직이 다른 것들 중에서 한 측면이 되는) 사상들의 체계는 우리가 식량 채집 경제나 식량 생산 경제를 다룰지 다루지 않을지에 달려 있다. 예를 들어 울프가 지적한 것처럼,[10] 식량 채집 경제에서 자원은 그것을 획득할 수 있는 능력을 갖춘 사람이면 누구에게나 널리 이용될 수 있고, 식량 생산 경제(농업이나 목축)에서는 이러한 자원에 대한 접근이 제약되어 있다. 그것은 현재 장소에서뿐만 아니라 세대를 가로질러 규정되어야 한다.

현재 토대와 상부 구조의 개념이 일련의 분석적 우선순위를 규정하

---

10) Eric Wolf, 앞의 책, 91~92쪽.

264

는 데 본질적임에도 불구하고, 유물론적 역사관은 더 심각한 다른 비판에 직면한다. 왜냐하면 마르크스는 생산 양식이 우선적이고, 상부 구조는 생산 양식이 일으키는 "인간들 사이의 본질적 구분"(즉 사회적 생산 관계)에 적응해야 한다고 주장할 뿐만 아니라, 사회의 물질적 생산력은 필연적으로 발전하는 경향이 있고, 그럼으로써 기존의 생산 관계와 비교적 불변하는 상부 구조의 표현들과 모순되게 되어 상부 구조의 표현들은 지탱할 수 없게 된다고 주장했기 때문이다. 그러므로 코헨(G. A. Cohen)이 논의했던 것처럼, 이러한 진화적 경향은 가장 넓은 의미에서는 기술적(技術的)인 것이다.

세계사 전체에 걸쳐 그런 경향이 현재까지 의심할 여지 없이 존재했기 때문에, 그러한 경향이 왜 존재해야 하는가는 문제가 아니다. 실제 문제는 이러한 경향이 분명히 보편적이지 않다는 것이다. 우리가 그러한 경향을 보여주지 않거나, 어떤 지점에서 멈춘 것처럼 보이는 많은 사회의 사례들을 교묘히 설명하며 슬쩍 넘어갈 수는 있어도 그것으로는 충분하지 않다. (식량 생산이 생태학적인 이유 때문에 가능하거나 필요한 곳에서) 우리는 식량 채집에서 식량 생산으로의 진보라는 일반적인 경향을 당연히 가정할 수 있지만, 오직 한 지역에서만 시작해서 세계를 정복했던 근대 기술의 발전과 산업화에 대해선 그렇게 가정할 수 없다.

이것은 딜레마 상태를 만드는 것처럼 보인다. 사회의 물질적 생산력이 발전하는 일반적인 경향이나, 특정한 지점을 넘어 발전하는 일반적인 경향은 존재하지 않는다고 치자. 그럴 경우, 서양 자본주의의 발전은 그러한 일반적 경향을 참고하지 않고서도 설명되어야만 하고, 유물론적 역사관은 기껏해야 특별한 사례를 설명하는 데 사용될 수 있을 뿐이다. (내친김에 지적하고 싶은 것은 인간이 항상 자연에 대한 통제력을 증대시키려는 방식으로 행동하고 있다는 견해를 버리는 것은 비현실적이며 상당한 역사적 혼란을 야기한다는 사실이다.) 또 반대로 그러한 일반적인 역사적 경향이 존재한다 치자. 그럴 경우 우리는 일반적인 역사적 경향이 왜 모든 곳에서 작용하지 않았는가를, 또는 (중국 같은) 많은 경우에 왜 명백한 반작용 효과가 나타났는지를 설명해야만 한다. 물질적 토대에 대한 상부 구조와 사회 구조의 힘, 관성이나 다른 힘만이 그러한 물질적 토대의 운동을 가로막을 수 있는 것 같다.

나는 이것이 세계를 해석하는 방식인 유물론적 역사관에 극복할 수 없는 문제를 던져준다고는 보지 않는다. 결코 단선론자가 아니었던 마르크스는 왜 일부 사회가 고전 고대에서 봉건제를 거쳐 자본주의로 진화했는가를, 또한 왜 다른 사회들(마르크스가 아시아적 생산 양식이라는 개념 밑에 대략적으로 분류했던 방대한 집단)은 진화하지 못했는가를 설명했다. 그러나 그것은 세계를 변화시키는 방식인 유물론적 역사관에게는 매우 어려운 문제를 던져준다. 이 점에서 마르크스 논의의 핵심은 생산력이 생산 관계의 "자본주의적 외피"와 조화를 이루지 못하는 지점에 도달했기 때문에, 또는 그 지점에 도달해야만 하기 때문에 혁명은 일어나야만 한다는 것이다. 물질적 힘이 증가하는 경향이 다른 사회에는 존재하지 않았다는 것을, 그리고 사회 조직과 상부 구조의 힘은 물질적 힘의 성장을 통제하고 회피한다는 것을, 또는 그게 아니면 1859년 「서문」의 의미에서 혁명이 일어나지 못하게 막았다는 것을 보여줄 수 있다면, 왜 똑같은 일이 부르주아 사회에서는 발생해서는 안 되는가? 물론 자본주의에서 사회주의로의 변혁의 필요성이나 필연성에 대한 더 적절한 역사적 사례를 정식화하는 것은 가능하고 심지어 비교적 더 쉽다. 그러나 그러면 우리는 마르크스와 그의 추종자들에게 중요했던 다음과 같은 두 가지 의미를 잃게 될 것이다. (1) 사회주의의 승리는 모든 역사적 진화의 논리적 종결이라는 의미. (2) 사회주의는 "적대적" 사회가 될 수 없고 되지도 않을 것이라는 점에서

"이전의 역사"의 종결이라는 의미.

이것은 '생산 양식' 개념의 가치에 영향을 미치지 않는다. 『정치경제학 비판』「서문」은 '생산 양식'을 "경제적 사회 구조를 구성하고 물질적 생존 수단의 생산 양식을 형성하는 생산 관계의 총체"로 규정한다. 사회적 생산 관계가 무엇이든지 간에, 그리고 그것이 사회 속에서 어떤 다른 기능을 가지든지 간에, 생산 양식은 생산력 증가의 형성을 결정하는 구조를 이루고, 그리고 잉여의 분배는 어떻게 사회가 상부 구조를 변화시킬 수 있는지 혹은 없는지에, 그리고 다른 생산 양식으로의 이행이 안정된 시기에 일어날 수 있는지 또는 일어날 것인지에 영향을 미칠 것이다. 또한 생산 양식은 상부 구조의 가능성의 범위를 확립해 준다. 간단히 말해, 생산 양식은 인간 사회의 역사적 역동성뿐만 아니라 인간 사회의 다양성과 상호 작용을 이해하는 토대이다.

생산 양식은 사회와 동일하지 않다. '사회'는 인간관계의 체계이거나, 보다 정확하게 말하면 인간 집단들 사이의 관계이다. '생산 양식' 개념은 이러한 집단의 정렬을 안내하는 힘을 확인하는 데 기여한다. 이러한 집단들은 다양한 사회에서 특정 범위 내에서 다양하게 정렬될 수 있다. 생산 양식은 연대기적으로, 혹은 다른 방식으로 정리된 연속적인 진화 단계를 형성하는가? 마르크스는 자연으로부터 해방되고 이어서 자연에 대한 통제를 강화해 온 인간이 생산력과 생산 관계 모두에 영향을 미쳤다는 점에서 생산 양식을 연속적인 것으로 보았다. 이러한 일련의 기준에 따르면, 다양한 생산 양식은 높아지는 차례대로 배열되었다고 생각될 수 있다. 그러나 결코 일부 생산 양식이 다른 생산 양식보다 우월하다고 생각될 수 없는 한(예를 들어 상품 생산이나 증기 기관을 요구하는 생산 양식을 그렇지 않은 생산 양식보다 우월하다고 생각하는 것 등), 마르크스의 생산 양식 목록은 단선적인 연대기적 연속으로 이루어지지 않았다. 사실상 (가정된) 최초의 인류 발전 단계

말고도 다양한 생산 양식이 공존하고 상호 작용을 했는지는 관찰의
문제이다.

한 생산 양식은 특수한 생산 프로그램(특수한 기술과 생산적인 노동
분업의 토대 위에서 생산하는 방식)과 "특수하고 역사적으로 발생하는
일련의 사회적 관계" 모두를 구현한다. "이러한 사회적 관계를 통해,
노동이 특정한 역사 발전 단계의 도구, 기술, 조직, 지식을 수단으로
하여 자연에서 에너지를 힘들여 얻어내기 위해 사용되며", 그리고 사
회적으로 생산된 잉여가 축적이나 다른 목적을 위해 순환되고, 배분되
고, 사용된다. 마르크스주의 역사학은 이 두 가지 기능 모두를 고려해
야만 한다.

여기에 인류학자 에릭 울프가 쓴 아주 독창적이고 중요한 책인 『유
럽과 역사를 갖지 못한 사람들(*Europe and the Peoples without History*)』
의 약점이 있다. 이 책은 지구의 팽창과 자본주의의 승리가, 자본주의
세계 체제에 통합된 자본주의 이전의 사회에 어떻게 영향을 미쳤는가
를 보여주고자 했다. 또한 자본주의가 여러 생산 양식에 묻혀서 어떻
게 변형되고 형성되었는가를 보여주고자 했다. 비록 연관 관계가 원인
분석에 본질적인 것으로 판명된다고 할지라도, 이 책은 원인이라기보
다는 차라리 연관 관계에 관한 책이다. 이 책은 서로 다른 사회들의
"다양성의 …… 전략적 특징"을, 즉 자본주의와의 접촉이 그 사회들을
변화시켰던 방식과 변화시키지 못했던 방식을 파악하는 방법을 탁월
하게 설명한다. 이 책은 또한 부수적으로 생산 양식과 생산 양식 내의
사회 사이의 관계를, 그리고 그 사회의 이데올로기나 '문화'를 잘 안내
해 준다.[11] 이 책에서 (확실히 설명하려고 시도는 했지만) 설명하지 못
한 것은 물질적 토대의 운동과 노동 분업, 그러므로 생산 양식의 변혁

---

11) 같은 책, 389쪽.

이었다.

울프는 세 가지의 넓은 의미의 생산 양식 또는 생산 양식의 "계열"들을 가지고 작업했다. 그것은 "친족 질서적(kin-ordered)" 양식, "공납적(tributary)" 양식, "자본주의적 양식(capitalist mode)"이다. 울프는 친족 질서적 양식 내에서 사냥과 채집 사회에서 식량 생산 사회로 변하는 과정을 고찰한다. '공납적' 양식은 마르크스가 "봉건적"이라고 불렀던 것과 "아시아적"이라고 불렀던 것 모두를 포함하는 체계들의 방대한 연속체이다. 세 양식 모두에서, 본질적으로 정치적 권력과 군사적 권력을 행사하는 지배 집단이 잉여를 전유한다. 사미르 아민(Samir Amin)으로부터 빌려온 이러한 광범위한 분류에 대해서는 이야기할 것이 많다. 그러나 이 분류의 단점은 분명히 '공납적' 양식이 매우 다른 생산력 단계에 있는 사회들을 포함하고 있다는 것이다. 즉 여기에는 서양 중세 암흑기의 봉건 영주부터 중국 제국까지 이르는 사회가 포함되고, 또한 도시가 없는 경제에서부터 도시화된 경제까지 포함된다. 이런 분석은 공납적 양식이라는 한 변형이 왜, 어떻게, 언제 발전된 자본주의를 생기게 하는가라는 본질적 문제를 주변적으로만 건드린다.

간단히 말해서, 생산 양식 분석은 이용 가능한 물질적 생산력의 연구에 기초해야만 한다. 즉, 기술과 기술 조직에 대한 연구와 경제에 대한 연구 모두에 기초해야 한다. 『정치경제학 비판』「서문」에서 자주 인용되는 문단 뒷부분에 있는 구절에서, 마르크스가 정치경제학은 시민 사회에 대한 해부라고 말했음을 잊어서는 안 되기 때문이다. 그럼에도 불구하고, 한 측면에서 생산 양식과 그것의 변화에 대한 전통적인 분석은 발전되어야만 한다. 그리고 최근의 마르크스주의 연구는 사실상 그렇게 해왔다. 한 양식에서 다른 양식으로의 실제적 변화는 인과론적 관점과 단선론적 관점에서 자주 관찰되어 왔다. 양식의 변화를 불러일으키는 동력과 힘을 낳는 '기본 모순'이 각각의 양식에 내재한다고 논의되었다. 이것이 (자본주의에 대한 것은 제외한) 마르크스 자신의 견해인지는 결코 명확하지 않으며, 특히 서양의 봉건제에서 자본주의로의 이행과 관련해서 이것은 확실히 커다란 어려움을 낳고 끝없는 논쟁을 불러일으킨다.

두 가지 가정을 드는 것이 좋을 것 같다. 첫째, 생산 양식을 동요시키는 경향이 있는 생산 양식 내의 기본 요소는 변화의 확실성보다는 오히려 변화의 가능성을 의미한다는 가정이다. 그러나 기본적인 요소는 또한 생산 양식의 구조에 의존하고 있기 때문에 여러 변화들이 가능한 형태에 일정한 제한을 둔다는 가정이다. 둘째, 한 양식을 다른 양식으로 변하게 하는 메커니즘은 그 양식 내부에만 존재하는 것이 아니라, 다양하게 구조화된 사회의 결합과 상호 작용에서 일어난다는 가정이다. 이러한 의미에서 모든 발전은 혼합된 발전이다. 예를 들어 지중해 지역의 특수한 고전 고대 체계를 형성시킨 특수한 지역 조건이나 서유럽의 장원과 봉건제에서 도시 자본주의로의 변화를 이끄는 특수한 지역 조건만 찾지 말고, 우리는 특정한 역사 발전 단계에서 이 지역들이 위치한 합류점과 교차로로 통하는 다양한 길을 찾아야만 한다.

내 생각에 이러한 접근은 마르크스의 정신에 비추어 볼 때 완벽한 것으로 여겨지며, 필요하다면 마르크스의 원전에서 얼마간의 근거를 찾을 수도 있을 것이다. 이러한 접근은 자본주의로의 길을 따라 진보해 나간 사회들과, 자본주의가 침투하여 정복될 때까지 자본주의 방향으로 발전하지 못한 사회들의 공존을 더 쉽게 설명해 준다. 그러나 이러한 접근은 또한 자본주의 역사가들이 자본주의 체제의 진화 자체가 혼합된 진화임을 점점 더 인식하고 있다는 사실에 주목한다. 다시 말해 자본주의 체제의 진화는 기존의 자료(materials)를 활용하고, 그것에 적응하고, 이 자료에 의해 형성되고, 이 자료에 근거해서 확립된다. 노동 계급의 형성과 발전에 대한 최근의 연구는 이 점을 잘 설명해 주었다. 사실상 지난 25년 동안의 세계사가 그러한 뿌리 깊은 사회적 변화를 인정하게 된 이유 중의 하나는 이제까지 자본주의를 작동케 하는 본질적 부분이었던 전(前) 자본주의적 요소가 마침내 자본주의적 발전에 의해 상당히 침식당해서 그것이 한때 행했던 중대한 역할을 할 수 없다는 것이다. 여기서 내가 말하는 것은 가족 제도이다.

이제 이 이야기를 시작할 때 제시했던, 마르크스가 역사가에게 지니는 독특한 의미에 대한 설명으로 되돌아가 보자. 마르크스는 여전히 적절한 역사 연구의 본질적인 기초로 남아 있다. 왜냐하면 마르크스는 홀로 역사 전반에 대한 방법론적 접근을 정식화하고, 인간의 사회적 진화 과정 전체를 구상하여 설명하려고 시도했기 때문이다. 이러한 측면에서 마르크스는 막스 베버(Max Weber)보다 우월하다. 베버는 역사가에게 이론적 영향을 끼쳤던 점에서 마르크스의 유일하고 진정한 맞수였고, 많은 측면에서 마르크스를 보충하고 수정한 중요한 인물이다. 그럼에도 불구하고 마르크스에 근거한 역사는 베버의 이론을 추가하지 않고도 생각될 수 있지만, 베버의 역사는 마르크스를 취하지 않고서는, 또는 최소한 마르크스주의적 문제 제기를 출발점으로 삼지 않고서는 생각조차 할 수 없다. 인간의 사회적 진화 과정을 탐구하는 것은, 이에 대한 마르크스의 대답을 모두 받아들이지 않는다 해도, 마르크스가 질문한 형태로 묻는 것을 의미한다. 우리가 첫 번째 큰 질문 안에 함축되어 있는 두 번째 큰 질문에 대답하기를 원한다면, 마찬가지로 마르크스의 질문 형태로 묻는 것이다. 그 질문은 왜 이러한 진화가 균등하거나 단선적이지 않고 특히 불균등하고 상호 결합되어 있는가 하는 것이다. 제시할 수 있는 유일한 대안적 대답은 생물학적 진화(예를 들어 사회 생물학)의 관점에 들어 있다. 그러나 이것은 분명히 부적합하다. 마르크스는 마지막 말을 한 것이 아니라(전혀 그렇지 않았다), 첫 번째 말을 한 것이다. 우리는 마르크스가 시작했던 담론을 어쩔 수 없이 계속해야만 한다.

여기서 이야기하는 주제는 마르크스와 역사학이다. 따라서 오늘날의 마르크스주의 역사가가 어떠한 주요 주제를 다루는가 또는 다루어야만 하는가에 대한 것은 여기서 논의할 자리가 아니다. 대신 급히 관심을 기울여야 하는 두 개의 주제에 주목하면서 이야기를 마치고 싶다. 이미 첫 번째 주제는 언급했다. 그것은 사회나 사회 체제의 발전이 지니는 혼합적이고 결합된 성격, 즉 다른 체제와 과거와의 상호 작용이다. 인간은 "과거에서 직접 기초되고, 주어지고, 전해진 환경 아래에서" 역사를 만들 뿐 자신들이 환경을 선택하지는 못한다는 것이 마르크스의 유명한 공식적인 견해이다. 두 번째 주제는 계급과 계급투쟁에 관한 것이다.

우리는 최소한 자본주의의 역사에 대한 토론에서 두 개념 모두가 마르크스에게 필수 불가결한 것임을 안다. 그러나 우리는 또한 그 개념들이 마르크스의 저술에서 불충분하게 규정되어서 많은 논쟁을 야기했음을 알고 있다. 수많은 전통적 마르크스주의 역사 서술이 그것들을 해결하지 못했고, 그 때문에 어려운 상태에 놓이게 되었다. 한 예를 들어보기로 하자. '부르주아 혁명'은 무엇인가? 우리가 '부르주아 혁명'을 부르주아 계급이 '만든' 것으로, 즉 부르주아 사회 제도에 방해가 되는 구체제나 지배 계급에 대항하는 부르주아 계급의 권력 투쟁 대상으로 생각할 수 있을까? 또는 언제 우리가 부르주아 혁명을 이러한 식으로 생각할 수 있을까? 영국 혁명과 프랑스 혁명에 대한 마르크스주의적 해석에 대한 현재의 비판은, 주로 부르주아 계급이나 부르주아 혁명에 대한 그러한 전통적 이미지가 적절하지 않다는 것을 보여주었기 때문에 효과적인 것이다. 우리는 이것을 알아야만 한다. 마르크스주의자로서, 또는 확실히 역사에 대한 현실적인 관찰자로서, 우리는 그러한 혁명의 존재를 부인하거나, 또는 17세기 영국 혁명과

272

프랑스 혁명이 근본적인 변화를 일으켰으며 그 시대 사회들을 '부르주 아적으로' 새롭게 적응시켰다는 사실을 부인하는 비판자들을 따르지 않을 것이다. 그러나 우리는 우리가 의미하는 것을 보다 정확하게 생각해야만 할 것이다.

그러면 우리는 마르크스 사후 백 년 동안의 역사 서술에 대한 마르크스의 영향을 어떻게 요약할 수 있을까? 가장 중요한 네 가지 요점을 정리할 수 있겠다.

(1) 비사회주의 국가들에서의 마르크스의 영향력은 나의 생애 동안 (나의 기억으로는 50년 전까지 거슬러 올라간다) 이전보다 더, 그리고 아마 마르크스가 죽은 이후에 오늘날 역사가들 사이에서 의심할 여지 없이 더욱 커졌다. (공식적으로 마르크스의 사상을 수용했던 나라들의 상황은 비교될 필요도 없다.) 이 순간(1983년)에 지식인들 사이에서, 특히 프랑스와 이탈리아에서 마르크스로부터의 아주 광범위한 이탈이 진행되고 있기 때문에, 이것은 이야기할 필요가 있다. 마르크스의 영향력은 스스로 마르크스주의자라고 주장하는 일군의 역사가들(이들은 매우 많다)과 (프랑스의 브로델, 독일의 빌레펠트 학파처럼) 역사학에 대한 마르크스의 영향력을 인정한 일군의 역사가들에게서뿐만 아니라, (포스탠(M. M. Postan)처럼) 세계에 마르크스의 이름을 널리 알린 유명한 수많은 전(前) 마르크스주의 역사가들에게서도 드러난다. 더 나아가서, 마르크스주의자들이 주로 50년 전에 강조했고 지금은 주류 역사학의 일부가 되어버린 요소들이 많이 존재한다. 사실상 이것은 마르크스에서 기인한 것일 뿐만 아니라, 또한 마르크스주의가 역사 서술을 '근대화하는 데' 중요한 영향을 미쳤다.

(2) 적어도 오늘날 대부분의 나라에서는 마르크스주의 역사학이 서술되고 토론되기 때문에, 마르크스주의 역사학은 마르크스를 출발점으로 간주할 뿐 도착점으로 간주하지는 않는다. 나는 마르크스주의 역사

학이 마르크스의 텍스트와 반드시 다르다는 뜻으로 말하는 것은 아니다. 마르크스의 텍스트가 실제로 잘못되었거나 시대에 뒤떨어지게 된 경우라면 그렇다고 말할 준비를 해야 하지만 말이다. 이것은 동양 사회와 '아시아적 생산 양식'에 대한 마르크스의 견해에서, 그리고 원시 사회와 원시 사회의 진화에 대한 마르크스의 견해에서 분명하다. 마르크스주의 인류학자가 마르크스주의와 인류학에 대해 쓴 최근의 책에서 다음과 같이 지적한 것처럼 말이다. "원시 사회에 대한 마르크스와 엥겔스의 지식은 현대 인류학의 토대로서는 아주 불충분했다."[12] 나는 이 책이 반드시 유물론적 역사관의 주요 방침을 개정하거나 버리려고 한다는 뜻으로 말하는 것은 아니다. 비록 이 책이 필요한 경우에 이러한 주요 방침을 비판적으로 고찰할 준비가 되어 있긴 하지만 말이다. 나는 유물론적 역사관을 버리고 싶지 않다. 그러나 이제 마르크스주의 역사학은 명백하게 주를 달 가치가 있는 경우를 제외하고는 마르크스의 텍스트에 주를 달기보다는 차라리 마르크스의 방법을 사용한다. 우리는 마르크스 자신이 하지 못했던 것을 이제부터 해보려고 한다.

(3) 오늘날 마르크스주의 역사학은 다원적이다. 마르크스가 우리에게 남겨준 유산은 단 하나의 '올바른' 역사 해석이 아니다. 그러한 해석은 특히 1930년대나 그 이후부터 마르크스주의 전통의 일부가 되었지만, 적어도 사람들이 내용을 선택할 수 있는 곳에서는 더 이상 받아들일 수 없거나 마음에 들지 않는다. 이러한 다원화는 단점을 안고 있다. 그 단점은 역사를 쓰는 사람들보다는 역사를 이론화하는 사람들 사이에서 더 명확하게 드러나지만, 역사를 쓰는 사람들 사이에서도 드러난다. 그럼에도 불구하고, 우리가 이러한 단점이 장점보다 크다고 생각하든지 작다고 생각하든지 간에, 오늘날 마르크스주의 저작의 다

---

12) Maurice Bloch, *Marxism and Anthropology*(Oxford, 1983), 172쪽.

원화는 불가피한 사실이다. 확실히 다원화는 전혀 잘못된 것이 아니다. 과학은 공통된 방법에 근거한 상이한 견해들 사이의 대화이다. 과학은 서로 경쟁하는 견해들 중에서 어느 것이 틀렸고 어느 것이 그리 효과적이지 않은지 결정할 수 있는 방법이 없을 때엔 과학이 되지 않는다. 불행하게도 이것은 분명히 역사학에서 자주 있는 경우이기는 하지만, 마르크스주의 역사학에서만은 결코 그렇지 않다.

(4) 오늘날 마르크스주의 역사학은 그 밖의 다른 역사적 사고와 역사 연구에서 고립되어 있지 않고, 고립될 수도 없다. 이러한 서술은 이중적 측면을 지닌다. 한편으로 마르크스주의자들은 스스로를 마르크스주의자라고 주장하지 않거나, 반마르크스주의자인 역사가의 저작을 더 이상 배격하지 않는다. (자신들의 작업에 쓰이는 원사료의 경우는 제외하고.) 하지만 좋은 저작을 참고해야 한다 할지라도, 우리는 이데올로기주의자로 활동하는 훌륭한 역사가들을 비판하고 이들을 향해 이데올로기적 전투를 수행할 것이다. 다른 한편으로 마르크스주의는 역사학의 주요 흐름을 변화시켜서, 오늘날 저자가 자신의 이데올로기적인 입장을 광고하지만 않는다면, 그의 책이 마르크스주의자가 쓴 책인지 마르크스주의자가 아닌 사람이 쓴 책인지를 구별하는 것이 종종 불가능하게 되었다. 이것은 유감스러운 일은 아니다. 나는 어느 누구도 저자가 마르크스주의자인지 아닌지를 묻지 않는 때가 오기를 바란다. 왜냐하면 그때 마르크스주의자는 마르크스의 사상을 통해 이룩된 역사의 변혁에 만족할 수 있기 때문이다. 그러나 우리는 그러한 유토피아적 상황과는 아직 거리가 멀다. 20세기의 이데올로기 투쟁, 정치 투쟁, 계급투쟁, 해방 투쟁은 터무니없이 비유토피아적인 것들이었다. 가까운 장래에, 우리는 정치적 근거와 이데올로기적 근거에서 공격해 오는 사람들에게 맞서서 마르크스와 마르크스주의를 역사학의 안과 밖에서 옹호해야만 할 것이다. 그렇게 하면서 또한 역사학을 옹호하게

될 것이고, 세계가 어떻게 오늘날의 세계로 되었고, 인류가 어떻게 더 나은 미래로 진보해 나갈 수 있는가를 이해하는 인간의 능력을 옹호하게 될 것이다.

12

역사가 없는 사람들도 있을까

임금님이 벌거벗었다고 외친 안데르센 동화 속의 아이의 유명한 발견은 다른 명제를 내포하고 있다. 그것은 임금님은 옷을 입어야 했다는 명제이다. 그러나 어떤 종류의 옷을 입어야 하나? 평범한 사람의 상식만 가져도, 현재 유행하는 역사 서술에 대한 회의론에 구애받지 않고, '사회학과 역사학 자체가 현대 세계의 사회 체계가 탄생하게 된 과정을 평가할 수 있는, 그리고 우리 자신의 사회를 포함한 모든 사회를 분석적으로 이해하려고 노력하는 역사학'을 필요로 한다는 사실을 관찰할 수 있다. 그러한 역사학이 1400년경 이후의 지구 발전 전체를 실례로 제시하면서 구성될 수 있었던 방식을 개괄하기 위해서는, 많이 읽고 많은 용기를 가져야 하는 것은 말할 것도 없고, 고도로 훈련된

---

* 이것은 에릭 울프의 중요한 연구이며 앞 장에서 활용된 『유럽과 역사 없는 사람들(*Europe and the People without History*)』에 대한 더 자세한 토론이다. 이것은 ≪타임스 리터러리 서플러먼트 (*Times Literary Supplement*)≫ 28호(1983년 10월)에 게재되었다.

지성을 지닌 사람, 즉 매우 명석한 생각을 지닌 사람이 대단한 노력을 기울여야 한다. 에릭 울프(Eric Wolf)의 책은 확실히 그것을 목표로 하고 있다.

울프는 그러한 과제 수행에 아주 적합한 사람이다. 대부분의 영미권 인류학자와 달리, 울프는 '자신'의 종족이나 지역이 아니라 '농업에 종사하는 사람'이라는 주제로 알려져 있다. 그의 책 『농민(*Peasants*)』(1966)은 농민이라는 주제에 대한 최상의 입문서이고, 우리 시대의 혁명에 들어 있는 농민적인 요소에 대한 연구인 『20세기의 농민 전쟁(*Peasant Wars of the Twentieth Century*)』[1]으로도 널리 알려져 있다. 또 그는 자신의 연구 지역인 스페인계 중앙아메리카의 토지, 플랜테이션, 그리고 농민에 대한 저작을 냈을 뿐만 아니라, 이슬람의 기원과 민족 형성에 대한 저작도 출판했다. 그는 『숨겨진 변경(*Hidden Frontier*)』(1974)의 공저자이다. 이 책은 서로 이웃하고 있지만 인종적으로 다른 티롤 지역의 두 공동체에 대한 탁월한 역사인류학적 연구이고, 근대 민족성에 관심을 가진 학생들의 필독서이다. 그가 최초의 현대적 학제간 잡지인 ≪사회와 역사의 비교 연구(*Comparative Studies in Society and History*)≫에 오랫동안 관여했다는 것은 어쩌면 당연한 일이다.

울프가 반기를 든 인류학 전통은 인간 사회를 (즉 실제로 현지 조사와 논문의 주제가 되는 소규모 인구 집단을) 독립적이고 독자적으로 생산하는, 이상적인 자기 안정화 체제로 다루는 것이다. 하지만 어떠한 종족이나 공동체도 섬이 아니며 섬이었던 적도 없다. 또한 상호 연관된 과정이나 체제의 총체인 세계는 독립적인 인간 집단과 문화가 모여서 이루어진 것이 아니며 그렇게 이루어진 적도 없다. 변하지 않으며 스스로 재생산하는 것으로 보이는 것은 내부적 긴장과 외부적 긴

---

1) (옮긴이) Eric Wolf, 『20세기 농민 전쟁』(곽은수 옮김, 형성사).

278

장 간의 복잡한 과정을 부단히 극복한 결과일 뿐만 아니라, 종종 역사적 변화의 결과이기도 하다. 브라질 고무 붐의 충격을 받아, 여성이 결혼하면 시가(媤家)에 사는 부계제 사회로부터 남성이 결혼하여 처가에 사는 모계제적 요소와 부계제적 요소가 묘하게 결합된 사회로 변화된 아마존 지역의 문두루쿠(Mundurucú) 종족에게 일어났던 일은 아마도 19세기 민족지학자들이 만났던 수많은 종족들에게도 일어났을 것이다. 그리고 19세기 민족지학자들은 이러한 종족들을 공동체적 인간 실러캔스[2] 같은 '원시적' 선사 시대의 잔존물로, 또는 역사와 관계없는 잔존물로 간주했다. 그러나 역사 없는 사람들이나 역사 없이도 이해될 수 있는 사람들은 존재하지 않는다. 다른 사람들의 역사는 우리의 역사와 마찬가지로 (거주하고 있는 지구의 영역과 완전히 겹치는) 더 넓은 세계 속에 자리 매김하지 않으면 이해될 수 없으며, 확실히 지난 500년 동안의 서로 다른 유형의 사회 조직의 교차를 통하지 않고서는 이해될 수 없다. 각각의 사회 조직은 상호 작용으로 인해 변형된다.

이러한 접근법은 지구적 관점에서 현재의 역사에 관심을 가지고 있는 역사가에게 유리하다. 이러한 접근법에서 역사가들의 노력은 진정한 정당성을 얻는다. 역사가들은 가게에 진열된 자신들의 상품들을 아랍어나 일본어로 설명하려고 노력하거나 (이중으로 잘못 묘사된 '국제연합'의 정치 같은) 현대 정치의 이미지와 명백히 지구적인 현대 경제를 반영하려고 늘 노력한다. 이러한 노력은 또한 유럽 중심주의에 찬성하거나 반대하는 논의를 부적절한 것으로 만들어버린다. 15세기 이후로 세계를 변형시켰던 세력이 지리적으로 유럽이라는 사실은 명백하다. 유럽 이외의 여러 지역이 근대 세계를 다루는 교과서에서 어느 정도의 자리를 차지하고 있는가 하는 점은 그 지역에 속한 국가의 교

---

2) (옮긴이) coelacanth : 현존하는 중생대 강극어의 일종.

실이나 그 나라들의 문화 사절들을 제외하면 상대적으로 사소한 문제
이다. 중요한 것은 역사가 서로를 새롭게 만드는, 다양하게 구성된 (그
리고 지리적으로 구분되는) 사회적 실재의 상호 작용으로 이루어져 있
다는 것이다. 이븐 할둔의 베두인족과 정주민이 분리될 수 없는 것처
럼 유럽과 비유럽은 분리될 수 없다. 다시 말해 각자의 역사는 타자의
역사이다.

울프가 논의했던 대로, 사실상 지리적 상호 작용 형태는 단지 더 일
반적인 패턴의 특수한 측면일 뿐이다. 산업 사회 속의 노동 계급의 역
사나 "어떤 초시간적인 진화의 고원에 묶여 있는 듯한" 개념상의 전
통 사회에 자본주의가 미친 충격의 역사는 마찬가지로 같은 종류의
문제를 제기한다. '사실상 역사학의 두 분야는 오직 하나이다.' 아니
가장 일반적인 용어로 말한다면, 한 사회가 자본주의를 수출하든 수입
하든, 다시 말해 '중심부'에 속하든 '주변부'에 속하든지 간에 사회는
다양한 사회 배열을 발전시켜 왔으며 다양한 사회 배열에서 진화한다.
이런 의미에서 역사학에서 대우주와 소우주는 하나이다.

이러한 질서의 혼합을 어떻게 분석할 수 있을까? 울프의 『유럽과
역사 없는 사람들』의 주요 장점은 45쪽에 달하는 「참고 문헌」에 수집
된 1400년 이후 세계에 대한 문헌들을 비판적으로 종합하는 능력에
있는 것이 아니다. 다른 사람들도 전문 저격수에게 측면에서 저격될
위험을 무릅쓴다면 그만큼은 할 수 있다. 이 책의 장점은 유럽 자본주
의가 팽창하는 과정에서 그 결과 "유럽인과 대다수 세계 인구들이 상
호 작용하는 중요한 과정에서" "서로 다른 사회 체계와 문화적 이해"
속에서 "전략적으로 변화하기 쉬운 특징"을 파악하는 방법을 보여주
려 했다는 데 있다.

그러므로 이 같은 책에 대한 검증은 역사적 기록에 대한 실제 파악
을 받아들여야 하는지 그렇지 않은지 같은 문제는 아니다. 또한 울프

280

가 인정한 연구 결과물의 권위가 수정되거나 재해석되거나 하는 문제도 아니다. 예를 들어 울프가 인정한 자본주의 발전의 '장기 파동'이라는 개념이 유지될 수 없는 것으로 입증된다 할지라도, 문두루쿠에 대한 그의 자료가 잘못으로 드러난다 할지라도, 이 책의 매력은 적어지지 않을 것이다. 문제는 차라리 그의 분석적 접근 방식이 다른 접근 방식보다 우월한가 그렇지 않은가 하는 것이다.

이것은 불가피하게 마르크스주의적 역사 접근 방식에 대한 문제이다. 왜냐하면 울프는 명확하게 다음과 같은 두 근본 개념에 중심적인 위치를 부여하기 때문이다. 첫 번째 개념은 "자연, 사회적 노동, 사회 조직 사이의 상호 의존 관계의 복합"으로서의 생산이고, 두 번째 개념은 "자연을 인간의 필요에 따르도록 하는 데 사용된 생산 양식의 한정된 범위" 안에서 발생하는 문화나 이념 체계이다. 그에게 있어 "마음(mind)"은 "자신만의 독자적인 길을 따르는 것"이 아니다. 인간의 장기 진화나 사회 구성체들의 순서를 정하는 것은 (논의 과정에서 부수적으로 언급된 것을 빼면) 이 책의 목적에 적절하지 않다. 어떠한 '생산 양식' 속에라도 들어 있는 이러한 종류의 구조적 긴장과, 다양한 생산 양식들의 상호 과정에서 발생하는 구조적 긴장이 그의 문제와 관련이 있는지 없는지는 제쳐 두더라도 그는 사회의 발전하는 물질적 생산력과 기존의 생산 관계 사이의 유명한 '모순'에는 관심이 없다. 마르크스주의적 사고는 또한 다른 어떤 시대를 설명하는 데 분명히 사용되겠지만, 여기에선 지난 500년 동안의 "인간 집단의 지구적 상호 작용"을 설명하는 데 주로 사용된다.

전문적인 문제에 대해서 다양한 인류학 학파와 울프의 의견이 일치하지 않는 것은 전문가가 아닌 사람들에게는 별 관심사가 아닌 것처럼, 이론과 역사학에 관해 활발하게 전개되고 있는 국제 마르크스주의 논쟁 속에서 울프가 특수한 위치를 점하고 있다는 것도 전문가가 아닌 사람들에겐 주요 관심사가 아니다. 그가 자료와 근거를 거론하는 긴 「참고 문헌」은 이러한 문제들을 상당히 규명해 준다. 어떤 이는 울프의 주된 관심은 인과적 연관 관계가 아니라 단지 변이성과 결합에 있었다는 것에 주목할 수도 있다. 여기서 다양한 '생산 양식'에 대한, 다시 말해 "노동의 사회적 동원, 고용, 배분"에 대한 울프의 분석이 지니는 중심적 중요성이 나온다. 왜냐하면 생산 양식을 비교하게 되면 "정치적, 경제적 배열의 주요 변형들에 주목하게 되고, 그 결과 우리는 변형들의 영향력을 생생하게 볼 수 있을 뿐만 아니라", "종종 서로 다른 생산 양식 속에 들어 있는", 지구적 자본주의 발전의 "다양하게 변하면서 이동하는 지원"을 이해할 수 있다.

대강 세 종류로 나뉜 '생산 양식'은 울프의 목적과 직접적으로 관련되어 있다. 현명하게도 그는 생산 양식의 철저한 분류에는 아무런 관심도 보이지 않으며, 덧붙여서 말한다면 그것은 진화론적 단선론과 양립할 수 없는 그의 목적에 아주 적절하다. 이 세 양식은 "자본주의적 양식", "공납적 양식", "친족 질서적 양식"인데, 그중 어느 것도 '사회'라는 개념과 같지 않다. 왜냐하면 이것은 다른 수준의 추상에 속하고 다른 설명 범위를 지니고 있기 때문이다. 게다가 각각의 양식은 자신의 독자적인 "문화"나 상징적 우주를 낳는 경향이 있으며, 그 문화나 상징적 우주는 각각의 양식에 수반되는 "인간들의 근본적인 차이"를 다양한 방식으로 일반화시킨다고 울프는 주장한다.

'자본주의 양식'에 대한 울프의 분석 모델은 다소 고전적인 마르크스주의의 성격을 띤다. '공납적 양식'은 정치적이고 군사적인 수단에 의해 생산자로부터 공납을 거두는 체계들의 연속체이다. '공납적 양식'은 고도로 집중된 권력 체계에서부터 극도로 분산된 권력 체계에 이르기까지 형태가 매우 다양하고, 여러 가지 방식으로 수집하고 유통하고 분배한다. 고전적 마르크스주의 논쟁에서의 '봉건제'와 '아시아적 생산 양식'은, 비경제적인 방식으로 잉여를 추출하는 한 양식 속의 가능한 변형들로 간주된다. 울프의 주장에 따르면, 공납제 사회가 정치적으로, 상업적으로 상호 작용함으로써 구성된 보다 큰 영역은, 그 대응물로 '문명'이나 널리 통용되는 우주적 질서 모델을 지닌 이데올로기 영역을 가진다. 이러한 모델은 각각의 영역에서 중심적 위치에 있는 지배적 공납 사회에 의해 결정된다.

그러한 사회의 역사적 동력은 적어도 구세계에서는 (정확하게 분석된) 유목민의 성쇠와 밀접한 관계가 있지만, 또한 "해외 무역을 통한 잉여 이동 폭의 넓고 좁음"과도 밀접한 관계가 있다. 왜냐하면 아주 예외적인 경우(예를 들어 아마도 상업이 실질적으로 존재하지 않았던 잉카에서처럼, 모든 잉여가 생산된 곳에서 소비되는 경우)를 빼놓고는, 잉여 분배는 대개 사고파는 것과 사고파는 행위에 참여한 특정 집단에 부분적으로 의존하기 때문이다. 만약 공납적 권력이 의존하고 있는 상품과 서비스의 상업화로 인해 정치적 통치자나 군사적 통치자가 자신들의 '사회적 기득권'을 교체당할 위험이 없게 하려면, 공납적 양식에서 이러한 상업 행위는 통제가 필요하게 된다. 독립적 세력의 후원을 받는 서양 상인이 비유럽 사회를 침범했던 중세 유럽과 그 이후 같은 특정 상황에서, 그러한 통제는 어렵다. 그럼에도 불구하고 프랭크(A. G. Frank)나 월러스틴 같은 '세계 시장' 마르크스주의자와 베버에 반대해서, 울프는 상업과 전 자본주의 양식의 근본적인(basic) 공생을 주장한다. 자본주의는 산업화와 더불어서만 지배적인 것으로 되었다. 공납이나 친족이 생산을 지배하는 한, 상업 활동은 자동적으로 자본주의를 발생시키지 못한다. 비록 상업 활동이 '원산업(proto-industry)'에서처럼 직접 생산자를 시장에 의존하게 만들거나, 간접적으로 노예제를 확산시켜서, 이러한 방향으로 나아가기는 하지만 말이다. 울프의 견해에 따르면, "노예 노동은 결코 주요한 독립적인 생산 양식을 구성한 적이 없지만, 모든 양식에 노동을 제공하는 데 있어 부차적인 역할을 수행했다." 특히 자본주의가 해외로 팽창해 나가는 동안 자본주의에 노동을 제공하는 역할을 했다.

'친족 질서적 양식' 내의 친족 관계는 본질적으로 생물학적 혈통에 대한 사회적 통제 장치나 상징적 구성 체계가 아니라(비록 명백하게 이 두 요소 모두를 지니고는 있지만), 사회적 노동을 규제하고 사회적 노동에 접근하는 수단으로 여겨진다. 그러한 권리와 주장을 확립하는 방식은 매우 다양하다. (식량을 채집하는 '무리들' 내부에서처럼) 건장한 사람들이라면 누구에게나 자원이 널리 분배되고 이용될 수 있는 지역이, 그러한 권리와 주장을 확립하는 방식에 있어서 식물 재배나 동물 사육으로 자연이 변형되어 자원의 분배와 이용이 제약된 지역보다 더 단순하다.

두 번째 상황은 꽤 복잡한 사회적 노동 분업을 포함할 뿐만 아니라, 또한 실제 계보나 가상적인 계보를 통한 "사회적 노동에 대한 요구와 반대 요구의 초세대적 집적"과, 친족 관계의 범위를 파열시키려고 위협하는 불평등한 정치-사회적 질서 요소도 포함한다. 친족 관계에 의해 만들어진 특정 관계에서 노동을 분리하여 축적하거나 동원하는 다른 메커니즘이 존재하지 않는 한, 또 계급들 사이에서 연합과 대립이 존재하지 않고 지배자 계급이 될 가능성이 있는 사람들이 외부의 자원을 요구할 수 없는 한에서, 불평등한 정치-사회적 질서 요소는 유지될 수 있다. 그리고 친족 질서적 양식은 특히 "외국의 주민을 점령하여 통치하기 위해 귀족제가 싹트기 시작할" 때나 또는 추장에게 외부 자원을 제공함으로써 "친족 관계에 방해받지 않는, 그리고 친족 관계를 벗어난 추종자를 만들어주는" 공납적 사회나 자본주의 사회와 관계하게 되었을 때, '추장' 가문을 지배 계급으로 전환시킴으로써 국가 소유 사회로, 계급 사회로 변하는 것처럼 보인다. 울프는 이러한 주장을 보충하는 사례로, 유럽의 노예 사냥꾼이나 모피상과 자진해서 협력하려 했던 추장들의 악명 높은 태도를 든다.

“유럽”도, 다양한 형태의 전 자본주의 양식을 지닌 “역사 없는 사람들”도 서로가 없었다면 각자가 걸어온 방식대로 발전할 수 없었을 것이다. 그럼에도 그 관계는 양면적이고, 또한 명백히 비대칭적이었다. 울프는 유럽의 팽창과 그 팽창이 자본주의 발전에 대해 가지는 의미에 관한 방대한 문헌에는, 사소한 뉘앙스 말고는 덧붙일 것이 없었다. 울프가 비유럽 사회와 그 사회들이 자본주의의 충격에 적응하는 과정을 다루는 방식은 대부분의 독자들, 특히 전통 역사학 속에서 자란 독자들에 낯설게 여겨질 것이다. 1400년대의 세계에 대한 도입부의 연구는 강력하게 추천될 수 있다. 그 연구는 보통 사람들에 대한 (적어도 인문지리학적 의미에서) 탁월한 소개일 뿐만 아니라, 전원적인 유목 사회의 강점과 약점, 인도의 카스트 구조, 동아시아와 동남아시아에 대한, 또한 마찬가지로 (이해하기 쉽게 길게 다루어져 있는) 콜럼버스 이전의 아메리카에 대한 계몽적이고 비판적인 분석이다. 특히 인도에 대한 해석은 독창적이다.

울프가 유럽의 상업과 정복에 충격을 받은 사회의 변동에 대해 한 많은 이야기들은, 아프리카와 아메리카 인디언의 역사와 인종사에서 이루어진 최근의 놀랄 만한 진전을 이해하지 못하는 사람들에게는 새로울 것이다. 실제로 그 모든 것이 흥미롭다. 다음과 같은 아주 새로운 역사적 사실들이 발견되었다. 평원 인디언의 경우에서 볼 수 있는 (유럽에서 들어온 말과 총을 사용하는 보행 수렵 채집인과 유목민들에 의해 ‘불과 몇 년 만에’ 받아들여진) 확실한 ‘원시적’ 문화 통합, 유럽 모피 무역이 북아메리카 인디언인 휴런(Huron)족, 이로쿼이(Iroquois)족, 크리(Cree)족의 경제, 정치, 문화에 미친 영향, 그리고 러시아 모피 무역이 아시아와 아메리카에 미친 상이한 영향 등이 그것이다. 이러한 것들은 우리들에게 아주 새로운 시각을 열어주었다. 울프는 라틴아메리카에 대해 전문가적 식견이 있었기에 이런 작업을 할 수 있었다. 그의 인류학계 동료들은 분명히 곧 일부 인간 집단의 '역사화'라는 울프의 논지를 수용하게 될 것이다. 유명한 인류학적 연구들 중 몇몇은 인간 집단이라는 주제를 다루어오고 있었다.

울프의 『유럽과 역사 없는 사람들』이 가진 특별한 장점은 상호 작용, 상호 혼합, 상호 수정에 대한 집중이고, 이것은 동시에 그 책의 주된 약점이기도 하다. 왜냐하면 세계를 선사 시대에서부터 20세기 후반까지 이끌어온 동력의 본질을 이미 주어진 것으로 생각하기 때문이다. 이 책은 원인을 규명하는 책이라기보다는 연관들을 밝히는 책이다. 아니 차라리 울프는 자본주의의 발생과 발전의 문제를, 자본주의에 필수불가결한 상호 작용의 문제보다 본질적이지 않은 것으로 재사고했다. 의심할 여지 없이 이것은 인류학자보다는 역사가에게 더 적합한 과제이다. 자본주의의 발전에 대한 그의 설명 덕분에, 결코 마르크스주의자들에게만 한정되지 않은 논쟁이 최근에 다시 활기를 띠게 되었다. 이 책은 논쟁에 유익한 기여를 했고, 자본주의 발전에 대한 그의 설명도 상당한 가치를 지니고 있다. '왜 자본주의의 노동력은 다른 형태가 아니라 '자유 노동'의 형태로 발전하게 되었는가' 같은, 일반적으로 인식되지 않은 문제들을 그가 명확하게 지적했기 때문이다. 그 논쟁에 울프가 기여한 것 중 가장 흥미로운 것은 그의 주요 관심사와 아주 밀접한 관계가 있다. 그것은 노동력이 "아주 다양한 사회적, 문화적 배경으로부터" 보급되어 "다양한 경제적, 정치적 위계질서 속으로 편입"됨에 따라, "새로운 노동 계급이 창출되는 동시에 분열되는 지속적인 과정"에 대한 그의 주장이다. 오늘날 "이전보다 더 통합된 세계 속에서, 이전보다 더 다양한 프롤레타리아의 산포(diasporas)가 증가함을 목격하게 된다." 바로 이 문장, 즉 매우 인상적인 그 책의 마지막 문장은 암시적이고 여러 가지 해석이 가능한 결론을 내리고 있다.

　『유럽과 역사 없는 사람들』은 강력한 이론적 지성을 지닌 저자의 책이면서도, 사회적 현실에 대한 생생한 감각에 근거한 저작이기도 하다. 절제된 문체지만 정확하고 명료하게 설명할 수 있는 재능을 가진 울프의 분석 뒤에는, 빈과 대침체(Great Slump)에 의해 황폐화된 북부 보헤미아 노동 계급 공동체에서부터 미국과 제3세계의 농장과 농민에 이르기까지 저자가 경험한 개인적이고 지적인 역정이 깔려 있다. 모든 훌륭한 인류학자들처럼, 그는 '참여 관찰자'이다. 이 경우에 그의 주제는 세계사이다. 울프의 책 제목을 인용해서 말한다면, '동요하는 지구의 아들'만이 이런 책을 쓸 수 있을 것이다. 이 책은 중요한 책이고, 앞으로도 널리 논의될 것이다. 아직 마르크스 사후 100주년 기념일이 되지 않았지만(이 글을 쓸 당시의 시점에서 ── 옮긴이), 마르크스라는 훌륭한 사상가의 현존하는 영향력을 입증할 수 있는 것으로 이보다 더 독창적인 저작이 그전에 출판될 것인지는 의심스럽다.

13
영국 역사학과 아날 학파

나는 영국에서의 ≪아날≫ 수용에 대해서 한두 가지 말하고자 한다.
첫째, 영향력에 관해 이야기하자면 영국에 영향력을 미쳐왔던 것은
구체적으로 ≪아날≫이 아니라 프랑스 역사학 내의 새로운 물결이었
다. 물론 ≪아날≫은 이러한 새로운 물결의 한 부분이었고 페르낭 브
로델이 지니는 세 가지 의의 덕택에 점차 매우 중요한 부분이 되었다.
첫째, 브로델은 우리들 대부분이 매우 흥미롭게 읽었던 훌륭한 책의
저자로서, 책이 출판되자마자 바로 정의하기 어려운 방식으로 영향력
을 미쳐왔다(나는 이 점에서는 피터 버크(Peter Burke)와 다르게 생각한

---

* 1978년에 이매뉴얼 월러스틴은 뉴욕 주립대학 빙엄턴 분교에 '페르낭 브로델 센터'를 설립했고,
브로델이 이 대학을 방문했을 때 이 훌륭한 역사가와 ≪아날(*Annales : Economies, Sociétés, Ci-vilisations*)≫의 영향에 대한 콜로키엄을 조직했다. 브로델은 ≪아날≫ 창간자인 마르크 블로크와
뤼시앵 페브르를 계승했다. 프랑스 역사학이 영국 역사학에 미친 영향에 대해 쓴 이 글은 ≪리뷰
(*Review*)≫(1978년 겨울-봄호), 157~162쪽에 다시 게재되었다. 이 글은 12장과 14장 사이에 다
리가 될 것이다.

다). 둘째, 특정한 시기부터 그는 ≪아날≫의 발행자로서 우리에게서 명성을 떨쳤다. 그리고 세 번째가 가장 중요할 듯한데, 그는 지금은 사회과학고등연구원이 된 고등연구원(École Pratique des Haute Études)의 6부를 불과 한 세대 만에 프랑스 사회과학의 중심부이자 주요 발전소로 건설한 사람이다. 그는 그렇게 하면서 내가 프랑스 역사학 내의 새로운 물결이라고 부른 것의 대부분을 서서히 통합하면서, ≪아날≫과 아날 학파와 연관시켜 그 영향권 내에 들어가게 하였다.

내가 이런 얘기를 하는 것은 단지 페르낭 브로델에 대한 개인적인 오랜 우정을 표현하기 위해서가 아니라(내친김에 표현하고 싶기도 하지만), 사실상 우리가 프랑스 역사학 내의 더 큰 충격을 다룸에도 불구하고 ≪아날≫이 미친 충격에 대해 이야기하는 이유를 설명하기 위해서이다. 이를테면 폴란드에서는 라브루스(Ernest Labrousse)와 브로델이 동시에 언급된다고 들었다. 폴란드인의 눈으로 볼 때 이 사람들 사이에는 어떤 명확한 구분도 없는 것이다. 이것은 또한 영국에서도 대체로 사실이다. 어떤 면에서 보면 라브루스는 마르크 블로크와 대등한 영향력을 지녔고 뤼시앵 페브르보다는 더 영향력이 있었다. 또한 조르주 르페브르는 브로델만큼의 영향력을 지녔다. 우리들은 이들 모두를 한 프랑스 학파의 일부로 여겼으며, 그 학파를 찬양했고, 특히 영국에 있던 우리들 중 대부분은 그들의 저작을 가장 흥미로운 역사 서술로 생각했다. 그러나 물론 점차적으로 이러한 역사 서술은 ≪아날≫에 응집되고 집중되었다.

이것이 첫 번째 생각해야 할 점이다. 두 번째로 생각해야 할 점이 있다. 나는 ≪아날≫과 프랑스의 주요 역사가들이 영국에 늦게 수용되었다는 피터 버크의 말은 조금 과장이라고 생각한다. 나는 우리 중의 일부는, 최소한 케임브리지 대학에서는 이미 1930년대에 ≪아날≫을 읽었다는 이야기를 들었다고 생각한다. 더욱이 마르크 블로크가 케임브리지 대학에 와서 우리들에게 이야기했을 때 —— 나는 당시에도 중요하게 여겨졌고 실제로 중요했던 그 순간을 지금도 떠올릴 수 있다 —— 우리들은 그가 현존하는 가장 탁월한 중세 연구가라고 느꼈다. 내 느낌은 적중했다. 아마도 이러한 상황은 특히 마이클 포스탠[1]이 케임브리지 대학에 있었다는 이유도 얼마간 작용했던 것 같다. 포스탠은 당시 경제사 강좌를 맡고 있었고, 드물게 세계 시민적인 태도와 폭넓은 지식을 지닌 사람이었다. 그러나 또한 이러한 상황은 전에 이 대회에 참석했던 사람들이 언급했던 다른 현상, 즉 경제사를 통해 마르크스주의와 프랑스 아날 학파가 만났다는 기묘한 현상에 기인했다. 최초의 ≪아날≫이 내세웠던 표지 제목인 사회 경제사를 구실로 해서 마르크스주의와 아날 학파가 만난 것이다. 당시 젊은 마르크스주의자들은 자신들에게 의미 있고 자신들이 이용할 수 있는 유일한 공식적 역사는 경제사 또는 사회 경제사라고 생각하였다. 그러므로 마르크스주의와 아날 학파가 연결된 것은 경제사를 통해서였다.

≪아날≫ 집단과 영국 역사학 사이의 직접적인 영향과 관계는 피터 버크 세대까지는 주로 경제사나 사회 경제사를 통해 이루어졌다는 사실을 덧붙이고 싶다. 어쨌든 영국과 프랑스가 국제경제사대회협회(the International Economic History Congresses and Association)라는 조직을 통해 세계 경제사 조직을 오랫동안 공동 통치했고, 영국 경제사가들이 가장 공동 연구하기 수월하다고 생각했던 사람들, 즉 페르낭 브로델과 그의 동료, 제자, 학생들이 이 조직에서 프랑스를 대표했다.

내친김에 다른 사실을, 즉 초기에는 ≪아날≫과 마르크스주의자들

---

1) (옮긴이) Michael Postan(1898~1981) : 영국의 경제학자, 경제사학자. ≪경제사 평론(*Economic History Review*)≫의 주필을 지냈고, ≪케임브리지 유럽 경제사 (*The Cambridge Economic History of Europe*)≫를 편집했다. 한국어 번역본으로 『중세의 경제와 사회』(이연규 옮김, 청년사)가 있다.

사이에 어떤 관련이 있었다는 기묘한 사실들을 좀더 언급하고자 한다. 피터 버크가 말한 것처럼, 마르크스주의자들은 대개 자신들이 《아날》과 같은 편에서 싸운다고 생각했다. 비록 1950년대에 당파성이 강한 프랑스 공산당원들은 반동주의자들에게 협력했다며 우리들을 비판하기도 했지만 말이다. 그러나 정말 이상하게도 이러한 느낌은 영국 내에서 결코 주류가 아니었다. 그리고 이러한 상황은 이상한 것이다. 왜냐하면 역사적으로 마르크스주의자들은 비마르크스주의 학파들과 의견을 같이하거나 병행하려 하기보다는 분리하려 했고, 비마르크스주의 학파들과 자신들이 어떻게 다르고 왜 다른 학파들이 나쁜가를 지적하려 했기 때문이다. 그럼에도 포미앙(K. Pomian)이 언급하고 피터 버크가 확인했던 것처럼, 로드니 힐턴(Rodney Hilton)과 나 자신, 그리고 다른 사람들이 또한 확인할 수 있었던 것처럼, 각국의 마르크스주의자들과 《아날》 사이의 관계는 탐구할 만한 가치가 있는 여러 이유들 때문에 상당히 우호적이고 협력적이었다. 아마도 바로 이러한 이유 때문에, 우리는 《패스트 앤드 프레즌트》의 창간호에서 《아날》을 분명히 언급한 것이다. 그렇다고 다른 측면에서 우리들이 《아날》에게서 큰 영향을 받았다고는 생각하지 않는다. 우리들은 다른 종류의 일을 시도하고 있었지만, 그럼에도 여러분이 '대항 역사', 즉 반주류 역사라고 부를 만한 분야의 이 탁월한 선구자들에 대한 우리의 존경심을 드러내고자 했다. 물론 우리가 창간했을 당시에, 그들은 더 이상 반주류에 속하지 않았다. 당시 그들은 정복자였다. 그러나 그것은 다른 문제이다.

그럼에도 《아날》과 《아날》 집단이 피터 버크가 인정하려 했던 것보다 영국에 더 크고 중요한 영향력을 행사했거나 적어도 자극을 주었던 데에는 더 구체적인 이유들이 존재한다고 생각한다. 나에게 전후 프랑스는 우리가 근대 세계로의 발전에서 중요한 시기, 즉 16~17세

기의 경제라고 알고 있는 것을(월러스틴은 이에 대한 첫 번째 연구자라
로 할 수 있을 것이다) 지속적이고 체계적으로 탐구하려는 노력을 기
울였던 유일한 나라로 보였다. 물론 브로델의 탁월한 책은 자신의 관
심에 대한 단순한 기념비가 아니었다. 그는 어떤 의미로는 그것을 극
적으로 만들었다. 그러나 그가 유일한 사람은 아니었다. 프랑스에는
그 시기에 관심을 가졌던 다른 사람들이 많이 있었다. 예를 들어 피에
르 빌라르(Peirre Vilar)의 유명한 논문 「돈키호테의 시대(Le Temps de
Quichotte)」 같은 것 말이다. 또한 이 논문은 다른 방식으로 16세기 위
기론에 관심을 가졌다. 바로 ≪아날≫ 내에서 그리고 ≪아날≫을 통
해서 프랑스 역사학의 (여러분이 이렇게 말하길 원한다면, 지적인) 에너
지의 이러한 집중, 즉 16세기라는 역사적 국면은 가장 중요하고 의미
있는 표현을 발견했다. 이것은 의심할 여지 없이 16세기에 대한 페브
르와 브로델의 관심에서 기인했다.

이러한 관심은 비교적 새로운 것이었다. 1930년대의 원래의 ≪아날≫
은 이 주제에 대해 특별한 관심을 기울이지 않았다. 따라서 이러한 관
심이 출현했던 이유는 탐구할 만한 가치가 있을 것 같다. 나는 그것이
왜 마르크스주의자들 사이에서 관심의 대상으로 떠올랐는지 안다. 이
러한 관심은 확실히 1950년대 초에 모리스 도브의 『자본주의 발전 연
구』에 대한 논쟁 과정에서 출현했다.[2] 스위지(Paul Sweezy)와 도브의
유명한 논쟁은 본질적으로 우리가 15세기와 18세기 사이 어디에 서
있었는가, 즉 이 시기가 근대 세계의 경제 발전 과정에서 어떠한 의미
를 지녔는가에 관한 질문이었다. 그리고 우리들 중 많은 사람들이 이
러한 어려운 문제들을 탐구하면서 다른 관점에서 —— 브로델은 마르크

---

2) (옮긴이) Maurice Dobb, 『자본주의 발전 연구(*Studies in the Development of
  Capitalism*)』(이선근 옮김, 동녘), M. Dobb 외, 『자본주의 이행 논쟁』(김대환 편
  역, 동녘).

스주의자가 아니었다는 걸 강조하게 되는데, 그가 날 용서해 주길 바란다 —— 이 문제에 관심을 갖기 시작했던 프랑스 학자들에게 자연스럽게 이끌렸다. 19세기를 주로 연구했던 나도 17세기 위기론으로 잠시 관심을 옮겼고, 당시 내가 썼던 논문을 뒤돌아보면 ≪아날≫, ≪아날≫에 실린 논문과 브로델, 뫼브레(J. Meuvret) 같은 ≪아날≫ 출신의 학자들을 꽤 많이 참조했음을 발견하게 된다. 그때 어디에서 그런 것들을 참조할 수 있었겠는가? 그리고 확실히, 당시 그 문제가 토론되었을 때 휴 트레버로퍼(Hugh Trevor-Roper)가 그것은 전혀 새로운 것이 아니라고 말했던 것을 나는 기억한다. 프랑스 학자들은 그간 줄곧 다루어오던 문제였던 것이다.

트레버로퍼는 옳았다. 프랑스는 그 문제를 줄곧 다루어왔고, 그리고 트레버로퍼의 언급은 이 문제에 대한 관심이 단지 영국 역사학계의 한 학파에 한정되었던 것이 아니라 여러 학파들에게 영향을 미쳤음을 보여준다. 왜 그랬을까? 다시 한번 회고해 보면, 16~17세기가 근대 세계 발전에서 중대한 시기였음을 알 수 있지만, 왜 우리가 이 단계에 관심을 집중했는가는 여전히 어느 정도 모호한 상태로 남는 것 같다. 확실히 ≪패스트 앤드 프레즌트≫ 초기에, 우리들은 제출된 논문들 중에서 엄청나게 많은 논문들이 16세기와 17세기를 다루고 있음을 발견하였다. 말하자면 당시에는 16세기와 17세기가 뜨거운 쟁점이었다. 나는 마르크스주의와 ≪아날≫ 사이에 어떤 결합이 이루어진 것은 이러한 문제에 대한 열중을 통해서라고 생각한다. 이러한 문제는 분과 학문이 작동하는 모호한 방식으로, 적어도 장기적인 경제적, 사회적 과정에 흥미를 느꼈던 사람들에게 중심적 관심사가 되었고, 여기서 마르크스주의와 ≪아날≫은 접합점을 찾았다.

영국에서의 ≪아날≫ 수용 과정에 대한 역사와 기억을 살펴보는 것은 이만 끝내기로 하겠다. 이제 ≪아날≫이 지금 하고 있는 것, ≪아날≫이 하고 있거나 해야만 하는 것에 대해 몇 마디 이야기해 보기로 하자. ≪아날≫에게 그들이 무엇을 해야만 한다고 말하는 것은 우리들의 일이 아니다. 정말 나는 현재 ≪아날≫의 위기에 대해 많이 이야기하고 싶지는 않다. 이야기할 것이 너무 많아서 하나로 말할 수 없다고는 생각하지 않는다. 자크 르벨(Jacques Revel)은 ≪아날≫의 현재 위기를 한마디로 말했는데, 그것은 ≪아날≫이 하나의 언어가 아니라 여러 언어로 이야기하며, 그 언어들 사이에는 항상 완벽한 상호 명료성이 존재하지 않는다고 이야기한 피터 버크의 지적과 같았다. 어쨌든 이 탁월한 학술지는 중년의 위기를 겪고 있는 중이라고 생각된다. 그러나 이 위기의 정확한 본질에 대해선 따로 말할 기회가 있을 것이다.

그 대신 나는 망탈리테(mentalité)의 역사에 대한 피터 버크의 매우 흥미롭고 유익한 언급과 관련해서 말해 보고자 한다. 독자들이 이 주제를 뭐라고 부르는가는 사실상 중요하지 않다. 우리는 이 주제를 체계적으로 먼저 연구해 왔던 프랑스에게 우리가 빚졌음을 보여주기 위해 다시 한번 이 주제를 망탈리테의 역사라고 부른다. 하지만 그렇다 해도 실제로 프랑스 역사가들이 다른 역사가들보다 더 많이 망탈리테의 역사를 연구했다고 생각하지는 않는다. 확실히 ≪아날≫과 관련된 사람들의 기여는 매우 값진 것임에도 불구하고, '망탈리테'의 역사를 실제로 연구하는 영국 사람들이 ≪아날≫의 덕을 직접적으로 매우 많이 받았다고 믿지 않는다. 다만 중세사 분야는 예외인데, 왜냐하면 이 분야에서는 분명히 마르크 블로크가 근본적으로 중요하다고 여겨지기 때문이다. 하지만 적어도 중세 이후의 시대를 다루는 분야에서 가장 성공한 프랑스 역사가들 중 몇몇은, 점진적으로 ≪아날≫에 가까이 끌려가기는 하지만, ≪아날≫ 집단에 속해 있지 않다고 말할 수 있다. 예를 들어 미셸 보벨(Michel Vovelle)은 지금은 명백히 ≪아날≫에 속하는 사람이지만 처음에는 결코 ≪아날≫ 안이나 근처에서 시작했던 사람이 아니었다. 모리스 아귈롱(Maurice Agulhon)도 마찬가지였다는 것도 꼭 말해야 할 것이다. 이러한 사실은 마땅히 언급되어야만 한다. 《아날》 학파의 탁월한 힘 중 하나는 독창적인 기여를 한 그런 사람들을 모두 받아들일 수 있을 정도로 충분히 크다는 바로 그 사실에 있다고 생각한다. 확실히 영국에서, 르페브르의 『1789년의 대공포』는 보통 사람들의 역사, 민초들의 역사를 실제로 연구하는 우리 같은 역사가들의 관심을 망탈리테라는 문제로 유혹하는 데 이상할 정도로 중요한 역할을 했다.

그러나 이러한 외국의 영향력과 함께, 중요한 지역적, 국제적 영향력이 존재해 왔다. 그람시(A. Gramsci)를 포함하는 마르크스주의와 마르크스가 있었던 것이다. 첫째로 이것은 이념과 감정의 세계와 경제적 토대, 즉 사람들이 생산을 통해 살아가는 방식 사이의 절대적으로 본질적인 관계를 강조했다. 둘째, 여러분이 무엇이라고 생각하든지 간에, 결국 토대와 상부 구조라는 마르크스주의 모델은 토대뿐만 아니라 상부 구조도 중요시한다. 즉 이념도 중요시한다. 17세기 영국 혁명에 대한 논쟁에서 순수 경제 결정론자들에 반대하여 청교도 정신(Puritanism)의 중요성에 대해 변함없이 주장했던 크리스토퍼 힐(Christopher Hill)이 마르크스주의자라는 사실을 깨닫는 사람은 많지 않다. 힐은 청교도 정신을 사람들이 믿었던 중요한 것으로 보았지, 계급 구조나 경제 운동 위에 있는 시시한 것에 불과하다고 보지 않았다.

다시 한번 마르크스주의는 피터 버크가 강조했던 것, 즉 계급 구조, 권위, 통치자와 피통치자의 다양한 이해들, 그리고 더욱이 이념 영역에서의 통치자와 피통치자 사이의 관계 등의 결정적인 중요성을 주장했다. 이러한 마르크스주의적 요소에 더하여, 피터 버크가 말했던 이중적 영향력이 존재한다고 생각한다. 첫째, 레이먼드 윌리엄스(Raymond Williams)나 심지어 에드워드 톰슨(Edward P. Thompson) 같은 학자들

이 19세기의 고급문화와 중간 문화에 대한 저술에서 보여주었던 것
같은 준(準)인류학적 성격을 띤 자생적인 문화 연구 전통을 우리는 지
니고 있다. 그들은 이것을 망탈리테의 역사로 일반화시켰다. 그러나
더 특별하게, 피터 버크가 말했듯이 사회인류학의 중요성이 존재한다.
영국에서 사회인류학은 최소한 나를 포함한 몇몇 역사가들이 지속적
으로 관심을 가지고 도움을 받을 수 있었던 유일하고 중요한 사회과
학이었다. 에번스프리처드(E. Evans-Pritchard)뿐만 아니라 모든 부류
의 사람, 막스 글럭먼(Max Gluckman)과 그 주위의 사람들, 사회인류
학자들의 모든 부류가 어떤 의미에서는 우리들을 가르치고 자극했다.
비록 사회인류학적 모델을 전적으로 받아들였다고 생각하는 것은 아
주 소수의 역사가들뿐이지만 말이다. 우리들은 사회인류학적 모델들은
역사적 발전 과정에 대한 이해가 부족하다고 자주 비판해 왔고 지금
도 여전히 비판하고 있다. 그럼에도 불구하고 정신적 상호 작용을 포
함하여 사회적 상호 작용과 사회라는 개념은 엄청난 자극을 주었다.

그리고 이것이 내가 마지막으로 말하려는 요점으로 이끌어간다. 미
래의 망탈리테 연구는 최소한 몇몇 프랑스 동료들이 실제로 해왔던
연구와 다를 거라고 내가 느끼는 것은 아마도 이러한 (영국적 의미에
서의) 사회인류학적 편견 때문인 것 같다. 그것은 단순히 피터 버크가
말했던 망탈리테의 다름에 대한 연구가 아니다. 16세기의 사람들은 실
제로 우리와 아주 다르게 생각했다고 말하는 레비브륄(Lucien Lévy-
Bruhl)의 이중성을 신봉할 필요는 없다. 물론 다름에 대한 이러한 발
견은 중요하다. 예를 들어 에드워드 톰슨과 다른 학자들이 보여주려고
했던 것처럼 산업 혁명 이전에는 시간의 의미가 얼마나 달랐는가를
아는 것, 또 모제스 핀리(Moses Finley)가 고전을 분석하면서 지적하려
했던 것처럼 고대에는 역사의 의미가 얼마나 달랐는가를 발견하는 것
은 중요하다. 이것은 매우 중요하고, 우리가 이것을 발견할 때까지 우

리는 실제로 과거를 많이 다룰 수 없다.

그러나 나는 심층 구조에 대한 탐구, 특히 의식(la conscience)에 대한 탐구는 매우 유용하지 못하다고 생각한다. 내가 전적으로 이단적일지도 모르겠지만, 나는 역사가가 프로이트로부터 배울 것이 대단히 많다고 생각하지는 않는다. 프로이트는 역사에 대해 실제로 무언가를 쓸 때마다 항상 형편없는 역사가였다. 나는 프로이트의 심리학에 대해서는 아무런 의견도 갖고 있지 않다. 그러나 다른 곳보다 40여 년이나 늦게 프랑스에서 프로이트가 뒤늦게 발견된 것은 절대로 보탬이 되지 않았다고 생각한다. 그러한 뒤늦은 발견이 관심을 논리적 정합성으로부터 (의식 구조에 대해서는 말하고 싶지 않지만) 무의식의 구조나 심층 구조로 분산시키는 한, 나에게는 마이너스로 여겨진다. 그러한 발견은 체계를 무시한다. 망탈리테의 문제는 단순히 사람들이 다르다는 사실을 발견하는 문제가 아니라, 리처드 코브(Richard Cobb)가 훌륭히 해냈던 것처럼, 사람들이 어떻게 다른가를 밝히고 독자들이 그 차이점을 느끼게 만드는 문제이다. 그것은 다양한 행동, 사고, 느낌의 형태들을 서로 일관된 것으로 보기 위해 이러한 형태들 사이의 논리적 연관을 발견하는 것이다. 이를테면 왜 사람들이 유명한 도적들을 눈에 보이지 않는 불사신이라고 믿는가를 알아야만 한다. 우리들은 그러한 신념을 단순히 감정적인 반발이 아니라 사회에 대한, 믿는 사람들의 역할에 대한 하나의 통일적인 신념 체계의 일부로 보아야만 한다. 예를 들어 농민의 문제를 보기로 하자. 왜 농민들은 토지를 요구하는가? 왜 농민들은 그토록 토지만을 원하며, 자신들이 토지에 대한 어떤 법적, 도덕적 권리를 가졌다고 믿는가? 이러한 권리의 성격은 무엇인가? 이를테면 왜 농민들은 현대의 정치적 급진주의자들이 주장한 근거 같은 다른 근거에 의거하여 토지를 요구하라고 요청하는 사람들의 말에 귀 기울이지 않는가? 왜 농민들은 우리들이 보기엔 모순되는 (토지나 정의에 대한) 주장들을 동시에 하는가? 농민들이 우둔하기 때문은 아니다. 농민들이 더 알지 못해서도 아니다. 거기에는 어떤 일관성이 있다.

나는 망탈리테의 역사를 위해서는 발견이 아니라 분석이 필요하다고 생각한다. 내가 하고 싶은 것은 에드워드 톰슨처럼, 자신들이 더 잘 알고 있다고 생각하는, 즉 논리적이고 이론적인 논증이 무엇인지를 알고 있다고 생각하는 현대 역사가들의 겸손으로부터 양말 제조공(the stockinger)과 농민들뿐만 아니라 귀족과 과거의 왕들을 구해 내는 것만이 아니다. 내가 하고 싶은 것, 그리고 우리가 해야만 한다고 생각하는 것은, 망탈리테를 역사적 감정 이입이나 고고학이나 사회심리학의 문제로 보는 것이 아니라, 사람들이 자신들이 속한 계급 속에서 그리고 상층 계급이나 하층 계급에 대한 특정한 계급투쟁 상황 속에서 사회를 살아가는 방식과 일치하는 사상과 행동 체계에 내재된 논리적 일관성을 발견하는 문제로 보는 것이다. 나는 과거의 사람들을, 특히 이론의 선물인 과거의 가난한 사람들을 복원하고 싶다. 몰리에르 희극 속의 주인공처럼, 과거의 가난한 사람들은 줄곧 시가 아니라 산문으로 이야기해 왔다. 몰리에르 희극 속의 남자는 그러한 사실을 알지 못했던 데 비해, 가난한 사람들은 항상 알았다고 생각한다. 그러나 우리들은 그러한 사실을 알지 못했다. 나는 우리도 그 사실을 알아야만 한다고 생각한다.

14

서술적 역사의 부활

로렌스 스톤은 "서술적 역사(narrative history)"가 부활했다고 믿었다. 왜냐하면 "원인에 대한 거대한 물음", 즉 일반화를 목표로 삼는 "과학적 역사"가 쇠퇴했기 때문이다. 스톤이 생각하기에 이러한 상황은 본질적으로 경제 결정론적인 역사 설명 모델, 즉 제2차 세계 대전 이후에 지배적이었던 마르크스주의 설명 모델이나 다른 설명 모델에 대한 환멸에 기인한다. 이러한 상황은 또한 서구 지식인들의 이데올로기적 헌신의 쇠퇴, 정치적 행동과 결정이 역사를 형성할 수 있음을 가르쳐준 현대의 경험, 그리고 ('과학적' 지위를 주장하던 또 다른 역사인) '계량사'의 실패에도 기인한다.[1] 과감하게 단순화하면 두 가지 문제가 이 논의에 포함된다. 하나는 역사 서술에서 어떤 일이 일어났는가이

---

* 이 글은 ≪패스트 앤드 프레즌트≫ 편집위원회에서 오랫동안 함께 일했고 많은 논쟁을 제기했던 동료인 로렌스 스톤(Lawrence Stone)이 불러일으킨 서술적 역사의 부활 논쟁에 대한 나의 비판적 기고이다. 이 글은 ≪패스트 앤드 프레즌트≫ 86호(1980년 2월), 2~8쪽에 실렸다.

며, 다른 하나는 이러한 발전이 어떻게 설명되어야 하는가이다. '사실들'을 관찰하는 역사가들이 역사 속에서 늘 '사실들'을 선택하고 형성하고 아마도 왜곡하는 것은 흔한 일이기 때문에, 지적인 자서전은 말할 것도 없고 사실에 대한 나의 설명이나 두 문제를 다루는 스톤의 글에도 당파적 요소가 들어 있다.

모밀리아노가 일찍이 1954년에 언급했던 것처럼[2] 제2차 세계 대전 이후 20년 동안 역사에 대한 설명으로 '관념(ideas)'을 사용하는 정치사와 종교사가 급격히 쇠퇴하는 것을 보았고, 사회-경제적 역사와 '사회적 힘들'의 관점에서 역사를 설명하려는 시도로 주목할 만한 전환이 이루어졌음을 인정할 수 있다고 생각한다. 그것들을 "경제 결정주의"라고 부를 수 있든지 없든지 간에 이러한 역사 서술 경향은, 다른 이유에서 비롯되었다 해도 유럽의 동쪽에서 유력했던 것은 말할 것도 없고, 서유럽 역사 서술의 중심지에서도 유력해져 갔고 몇몇 나라에서는 지배적으로 되었다. 지금은 역사학계의 이방인이지만 지난날에는 역사학계의 내부자였던 자들의 주요 관심사에 비추어 보면 상당히 주변적이었던 주제들이 두드러질 정도로 다시 관심을 받아오고 있음을 인정할 수 있다. 비록 그러한 주제들이 결코 무시된 적은 없었지만 말이다. 결국 브로델은 지중해 지역뿐만 아니라 필리프 2세에 대해서도 썼으며, 르 루아 라뒤리가 1580년의 로마의 카니발에 대해 썼던 논문도 자신의 저서 『랑그도크의 농민』에서 간단하지만 통찰력 있게 설명한 카니발 에피소드에서 이미 예견된 것이다.[3] 1970년대의 마르크

---

1) Lawrence Stone, "The Revival of Narrative : Reflections on a New Old History", *Past and Present* 85(November 1979), 3~24쪽.

2) Arnaldo Momigliano, "A Hundred Years after Ranke" in A. Momigliano, *Studies in Historiography*(London, 1966), 108~109쪽.

3) Fernand Braudel, *La Méditerranée et le monde méditerranéen à l'époque de Philippe II*(Paris, 1960) ; Emmanuel Le Roy Ladurie, *Le Carnaval de Romans*

스주의 역사가들이 웨일스인 매덕[4]에 대한 전설 같은 급진적인 민족 신화의 역할에 대해 책 한 권을 썼다면, 크리스토퍼 힐은 이미 1950년대 초에 '노르만의 멍에' 신화에 대한 선구적인 논문을 썼던 것이다.[5] 그럼에도 불구하고 어떤 변화가 있었던 것 같다.

이것이 스톤이 (세부 줄거리들도 있지만 전체적으로 하나의 일관된 이야기 속에 기본적으로 자료를 연대순으로 나열하고 환경보다는 인물에 치중한다고) 규정한 '서술적 역사'의 부흥에 해당되는지 아닌지는 결정하기 어렵다. 왜냐하면 스톤은 의도적으로 계량적 조사를 피하면서, "역사학 전체로 볼 때 매우 적지만 이에 어울리지 않게 두드러지는 부분"에 집중했기 때문이다.[6] 그럼에도 불구하고 나이 든 역사학의 전위(前衛)들도 이제 더 이상 옛날식 '사건사'나 심지어 전기사조차 배격하거나 무시하거나 대항하지 않는다는 증거가 있다. 페르낭 브로델 자신도 대중적인 서술적 역사를 특출하게 전통적인 방식으로 서술한, 즉 프랑스 혁명 당시의 유명 인사와 이름 없는 사람들의 전기를 겹치게 서술함으로써 프랑스 혁명의 기원을 보여주려는 클로드 망세롱의 시도를 아끼지 않고 칭찬했다.[7] 그러나 한편으로 스톤이 조사한 변화된 관심을 지닌 역사학계의 소수파들이 실제로 서술적 역사로 바꿔 쓰지

(Paris, 1979); Emmanuel Le Roy Ladurie, *Les Paysans du Languedoc*, 2 vols (Paris, 1966), vol. 1, 394~399, 505~506쪽.

4) (옮긴이) Madog Ab Owain Gwynedd(?~?): 북웨일스의 왕 오웨인 귀네드의 아들로, 1170년대에 콜럼버스보다 먼저 아메리카를 발견했다는 전설적인 인물.

5) Christopher Hill, "The Norman Yoke" in John Saville ed., *Democracy and the Labour Movement: Essays in Honour of Dona Torr*(London, 1954), repr. in Christopher Hill, *Puritanism and Revolution: Studies in Interpretation of the English Revolution of the Seventeenth Century*(London, 1958), 50~122쪽.

6) Lawrence Stone, "Revival", 3, 4쪽.

7) ≪역사(*L'Histoire*)≫ 21(1980), 108~109쪽에 실린, Claude Manceron, *La Révolution qui lève, 1785~1787*(Paris, 1979)에 대한 브로델의 서평("Une Parfaite Réussite").

는 않았다. '골동품을 애호하는 경험주의자' 같은 영국 역사학계의 꼼꼼한 보수주의자나 신보수주의자들을 제쳐둔다면, 스톤이 인용하거나 참조하는 저작들 중에 순수한 서술적 역사는 거의 없다. 그들 모두에게 있어 사건, 개인, 심지어 과거의 특정한 분위기나 사고방식에 대한 회고는 그 자체가 목적이 아니라, 특정한 이야기나 인물을 훨씬 뛰어넘는 더 큰 문제를 밝히는 수단이다.

간단히 말해서, 인간 사회와 그것의 발전 문제를 일반화할 수 있다고 믿고 있는 역사가들은 때로는 자신들이 20~30년 전에 집중했던 문제들과 다른 문제들에 초점을 맞추기도 하지만 '원인에 대한 커다란 질문'에 계속 관심을 가진다. (스톤이 주로 관심을 가진) 그러한 역사가들이 "과거의 변화를 통일성 있게 …… 설명하려는 시도"[8]를 포기했다는 증거는 실제로 없다. 그 역사가들이 (또는 우리가) 그러한 시도를 '과학적'인 것으로 여길지는 당연히 우리가 '과학'을 어떻게 정의하는지에 달려 있다. 그러나 여기서 과학을 정의하는 문제를 다룰 필요는 없다. 더욱이 내가 상당히 의심스러워하는 것은 그러한 역사가들이 '어쩔 수 없이 불확정성의 원리를 지지한다고' 느끼는 점이다. 이것은 마르크스가 루이 나폴레옹에 대한 자신의 저술[9]이 유물론적 역사관에 어긋난다고 느꼈던 것 이상이다.

의심할 여지 없이, 그러한 시도를 버린 역사가가 있는가 하면 분명히 이데올로기적 현실 참여에 의해 부푼 열정을 가지고 그러한 시도와 씨름하는 역사가들도 있다. (마르크스주의가 지적으로 쇠퇴했는가 그렇지 않은가에 관계없이, 비록 참여자와 쟁점은 20년 전과 다를지라도, 서구 역사가들 사이에서 이데올로기적 논쟁이 상당히 줄어들었다고 보기는 어렵다.) 어쨌든 신(新)보수주의 역사학은 영국에서 두 가지 형태로

---

8) Lawrence Stone, "Revival", 19쪽.

9) (옮긴이) 마르크스의 『루이 보나파르트의 브뤼메르 18일』을 말함.

유행하는 것 같다. 첫 번째 형태는 '운명과 개성이라는 우연적인 변덕 이외의 다른 어떤 깊은 의미가 역사에 존재한다는 것을 암묵적으로 부인하면서 구체적인 정치적 서술에 몰두하는 골동 취미의 젊은 경험주의자' 형태이다.[10] 두 번째 형태는 문제에 대한 대답을 포함하여 '전통적 역사학의 거의 모든 측면'이 부적절한 것이 되는 과거의 층에 몰두한 시어도어 젤딘의 (그리고 리처드 코브의) 저서 같은 형태이다.[11] 그것을 아마도 반지성적 좌익 역사학이라고 부를 수도 있다. 그러나 이것은 아주 약간을 제외하고는 스톤이 관심을 가진 역사는 아니다.

　이처럼 역사학의 주제와 관심이 변했고 또 변하고 있다면 우리는 이러한 변화를 어떻게 설명해야 할까?

　그러한 변화의 한 요소인 '사회사'의 발전이 지난 20년 동안의 역사학의 주목할 만한 확장을 반영한다고 말할 수 있다. '사회사'는 인간 체격의 변화에서부터 상징과 의식에 이르는 모든 것을, 그리고 무엇보다도 거지에서부터 황제에 이르는 모든 사람의 삶을 담는, 형태가 정해지지 않은 그릇이다. 브로델이 관찰했던 것처럼, 이러한 '널리 알려지지 않은 전체사회사(histoire obscure de tout le monde)'는 '현재 모든 역사 서술이 다른 방식으로 지향하는 역사학'이다.[12] 어쨌든 여기에선 이러한 역사학의 방대한 팽창의 원인을 생각할 수 없다. 역사학의 방대한 팽창은 과거를 일관되게 설명하려는 시도와 반드시 모순되지는 않지만, 이러한 팽창이 역사 서술상의 기술적(技術的) 어려움을 크게 하는 것은 사실이다. 이러한 복잡성을 어떻게 표현할 수 있을까?

---

10) Lawrence Stone, 같은 글, 20쪽.

11) Theodore Zeldin, *France, 1848~1945*, 2 vols(Oxford, 1973~1977), trans. as *Histoire des passions françaises*(Paris, 1978) ; Richard Cobb, *Death in Paris*(Oxford, 1978).

12) Fernand Braudel, "Une Parfaite Réussite", 109쪽.

역사가들이 그것을 다양한 형태로 표현해 보는 것은 놀라운 일이 아니다. 여기에는 (『인간 희극(*la comédie humaine*)』을 무대에 올리려고 시도했던) 고대의 문학 기법에서 빌려온 표현 형태와 아주 나이 든 사람을 제외한 모든 사람들이 몰두하는 현대적인 시청각 매체로부터 빌려온 표현 형태도 포함된다. 스톤이 점묘법적 기술(技術)들이라고 부른 것은 적어도 부분적으로는 그러한 표현 기술상의 문제를 해결하려는 시도이다.

그러한 시도들은 '분석'에 포함될 수 없어서 (또는 분석에서 제거되어서) 스톤이 무시했던 역사학의 한 부분에, 즉 종합에 필요하다. 특정 시기 인간의 사상과 행동의 다양한 표현을 조화시키는 문제는 새로운 것도 이제까지 인식하지 못했던 것도 아니다. 제임스 1세 시대[13]를 기술하면서 베이컨(Francis Bacon)을 빼거나 그를 오로지 법률가, 정치가 또는 과학사나 문학사와 관련된 인물로만 다루는 영국사는 만족스럽지 않다. 심지어 가장 전통적인 역사가들조차도, 주로 정치-제도사로 구성된 텍스트에 과학, 문학, 교육에 대한 한두 장(章)들을 이것저것 추가하는 자신들의 해결책이 만족스럽지 않다는 것을 인정하고 있다. 그럼에도 불구하고 역사가의 정당한 관심 대상으로 인정되는 인간 행위의 범위가 더 넓어질수록 그것들 사이에 체계적 관계를 확립해야 할 필요성은 점점 더 명확하게 인식되고 종합은 더 어려워진다. 이것은 당연히 표현이라는 기술적 문제를 훨씬 뛰어넘는 것이면서도 또한 표현의 기술적 문제이기도 하다. 심지어 (스톤이 거부하는[14]) 토대와 상부 구조의 '3단계적 체계(three-tiered hierarchical)' 모델 같은 것에 계속 안내를 받아 분석에 임하는 사람들조차도 이 모델이 표현을 안내하기엔 부적절하다는 것을 발견하게 된다. 비록 일관된 연대기적 서

---

13) (옮긴이) 1603~1625년의 기간.
14) Lawrence Stone, "Revival", 7~8쪽.

술보다는 그래도 낫지만 말이다.

표현과 종합이라는 문제를 제쳐둔다면, 역사학이 변화한 더 실질적인 원인 두 가지가 또 제시될 수도 있다. 첫 번째 원인은 제2차 대전 후 몇 십 년 동안 '새로운 역사가들'이 거둔 승리 자체이다. 이러한 승리는 의도적인 방법론적 단순화에 의해, 다시 말해 ('사건사'에 반대하는, 즉 서술적 역사와 직접적으로 대립하는 프랑스 역사학계의 전투에서처럼 이따금) 전통적인 서술적 역사를 희생하면서 역사의 사회-경제적 토대와 결정 요소라는 것에 집중함으로써 이루어졌다. 한편에는 극단적인 경제 환원주의자들이, 다른 한편에는 사람이나 사건을 구조라는 장기 지속과 국면(conjoncture) 위에 있는 하찮은 잔물결로 무시하는 사람들이 있기는 했지만, 그러한 극단주의는 아날 학파나 마르크스주의자들 사이에서 보편적으로 공유되지 못했다. 아날 학파나 (특히 영국의) 마르크스주의자들은 사건이나 문화에 대한 관심을 결코 버린 적이 없으며, 또한 '상부 구조'를 항상 그리고 전적으로 '토대'에 의존하는 것으로 간주한 적도 없다. 그럼에도 불구하고 스톤이 강조한 브로델, 구베르(P. Goubert), 르 루아 라뒤리 등의 저작들이 승리를 얻게 됨으로써 이제까지 의도적으로 무시되어 왔던 역사의 측면들에 '새로운' 역사가들이 자유롭게 집중할 뿐만 아니라 또한 '새로운 역사가들'이 자신들의 의제(agenda)를 확립하는 것을 촉진했다. 저명한 아날 학파 역사가 르 고프는 몇 년 전에 "정치사는 정치사를 뒤로 밀려나게 했던 사회과학의 방법, 정신, 이론적 접근법을 빌려옴으로써 서서히 다시 살아났다"[15]고 지적했다. 사람과 정신, 이념과 사건에 대한 새로운 역사는 사회-경제적 구조와 경향에 대한 분석을 밀어내는 것이라기보다는 보완하는 것으로 간주될 수 있을 것이다.

---

15) Jaques Le Goff, "Is Politics Still the Backbone of History?" in Felix Gilbert and Stephen R. Graubard eds., *Historical Studies Today*(New York, 1972), 340쪽.

그러나 일단 역사가가 의제에 올라 있는 그러한 항목으로 전환한다면, 지질학자로서보다는 생태학자의 입장에서 '과거의 변화를 일관되게 설명하려는' 시도를 선호할 것이다. 역사가들은 계층화된 사회 구조 자체에 대한 연구보다는, 그 사회 구조를 구체화하고 예증해 주는 동시에 실제 역사의 복잡성과 상호 연관성에 집중하는 '상황'에 대한 연구로 시작하길 원할 수도 있다. 특히 이전의 저작들에 얼마간 기댈 수 있는 경우 더 그런 경향이 있다. 스톤이 인식하고 있는 것처럼, 이것 때문에 일부 역사가들은 발리 섬의 닭싸움을 '세밀하게 해석한(close reading)' 클리퍼드 기어츠의 저작을 높이 평가하게 된다.[16] 그 안에서는 단일 원인과 다원인 가운데 하나를 선택할 필요가 전혀 없다. 또한 어떤 모델에서는 역사적 결정 요소가 다른 요소보다 더 영향력 있다고 보는 관점과, 수직적임과 동시에 수평적으로 상호 관계를 인식해야 한다는 관점 사이의 갈등도 그 안에는 전혀 없다. 진즈부르그가 16세기 한 마을의 무신론자의 사례나 마법으로 인해 고발당한 프리울리아 지방의 한 농민 집단의 사례를 통해서 대중적 이데올로기를 연구한 예에서 보듯이, '상황'은 편리한 출발점일 수 있다.[17] 이러한 주제들도 역시 다른 방식으로 접근될 수도 있다. 아귈롱이 프랑스 시골 사람들이 어떻게 특정한 시간과 장소에서 가톨릭적 전통주의에서 전투적인 공화주의로 나아갔는지를 훌륭하게 연구한 예에서 보여주었듯이,[18] 상황은 다른 예에서는 필수적인 출발점일 수 있다. 여하튼 간

---

16) Clifford Geertz, "Deep Play : Notes on the Balinese Cock-Fight" in C. Geertz, *Interpretation of Cultures*(New York, 1973)(한국어 번역본 : 『문화의 해석』, 문옥표 옮김, 까치).

17) Carlo Ginzburg, *Il formaggio ed i vermi*(Torino, 1976)(한국어 번역본 : 『치즈와 구더기 ── 16세기 한 방앗간 주인의 우주관』, 김정하·유제분 옮김, 문학과지성사) ; Carlo Ginzburg, *I benandanti : ricerche sulla stregoneria e sui culti agrari tra Cinquecento e Seicento*(Torino, 1966).

에 역사가는 특정한 목적을 위해 상황을 출발점으로 선택할 것 같다.

그러므로 봉건 사회 전반에 대한 뒤비의 저서[19]와 부빈 전투라는 특수한 사건을 다룬 저서 사이에, 또는 에드워드 톰슨의『영국 노동 계급의 형성』과『휘그당원과 사냥꾼』사이에 피할 수 없는 모순 같은 것은 존재하지 않는 것처럼, 르 루아 라뒤리의『랑그도크의 농민』과『몽타유』사이에도 피할 수 없는 모순은 존재하지 않는다.[20] 망원경보다 현미경을 통해 세상을 보려는 시도가 새로운 것은 아니다. 같은 우주를 연구하고 있다는 사실을 인정하는 한, 소우주와 대우주 사이의 선택은 보다 적합한 기술을 선택하는 문제일 뿐이다. 중요한 것은 많은 역사가들이 현미경이 유용하다고 느낀다는 점이다. 그러나 이것은 그들이 망원경을 시대에 뒤진 것으로 배척한다는 것을 반드시 의미하지는 않는다. 스톤이 현명하게도 명료화시키지 않은 모호하고 포괄적인 용어인 망탈리테를 연구하는 역사가조차도 광범위한 조망을 유난히 회피하지는 않았다. 이것은 적어도 그들이 인류학자로부터 배운 한가지 교훈이다.

이러한 관찰들은 "역사적 담론의 본질에서의 광범위한 변화들"을 설명해 주는가?[21] 아마 그렇지 않을 것이다. 그러나 이러한 관찰들에

---

18) Maurice Agulhon, *La République au village*(Paris, 1970).

19) (옮긴이) Georges Duby, *L'économie rurale et la vie des campagnes dans l'Occident médiéval*(Paris, 1962).

20) Emmanuel Le Roy Ladurie, *Les Paysans du Languedoc* ; Emmanuel Le Roy Ladurie, *Montaillou, village occitan de 1294 à 1324*(Paris, 1976), trans. B. Bray as *Montaillou : Cathars and Catholics in a French Village, 1294~1324*(London, 1978) ; Georges Duby, *Le dimanche de Bouvines, 27 juillet 1214*(Paris, 1973)(한국어 번역본 :『부빈의 일요일』, 최생열 옮김, 동문선) ; E. P. Thompson, *The Making of the English Working Class*(London, 1963) ; E. P. Thompson, *Whigs and Hunters*(London, 1975).

21) Lawrence Stone, "Revival", 23쪽.

의하면, 스톤이 조사한 것들 중 많은 부분은, 과거의 역사적 기획이 파산하지 않고 다른 수단에 의해 계속 이어지고 있다고 설명하는 것일 수도 있다. 그러한 기획들을 파산한 것으로 또는 바람직하지 않은 것으로 여기는 역사가들도 있으며, 따라서 자신들의 담론 가운데 어떤 것은 지적으로 모호하고 어떤 것은 심각하게 고려되어야 하는 등 여러 가지 이유로 해서 자신들의 담론을 변화시키기를 바라는 역사가들이 있음을 인정해야 한다. '환경'에서 (여성을 포함하는) '인간'으로 옮아가거나, 단순한 토대-상부 구조 모델과 경제사는 충분하지 않거나 (그러한 접근 방식의 청산이 매우 근본적이기 때문에) 더 이상 충분하지 않다는 것을 발견했던 역사가들도 분명히 있다. 물론 '과학적' 기능과 '문학적' 기능은 서로 조화될 수 없다고 확신하는 역사가들도 있다. 그러나 역사학계의 현재의 유행이 전적으로 과거의 유행을 배격한 것으로 분석할 필요가 없고, 또 그러한 관점에서 분석될 수 없는 한 그렇게 분석되지도 않을 것이다.

우리 모두는 역사가가 나아갈 방향을 발견하고 싶어 한다. 스톤의 논문은 그러한 시도로 환영받아야 한다. 만족스럽지 않더라도 말이다. 그가 부인했음에도 불구하고, 그의 논문은 "역사 서술 경향에서 관찰된 변화"를 정리하고, 여기에 역사 서술 양식에서 좋은 것과 (특히) 그리 좋지 않은 것에 대한 가치 판단을 결합시킨다. 이것은 유감스러운 일이다. 왜냐하면 내가 '미결정의 원리'와 역사적 일반화에 대해 스톤과 의견을 달리하기 때문이 아니라, 그의 주장이 틀렸다면 그 주장에 기댄 "역사 담론의 변화"에 대한 진단 또한 부적절할 것이기 때문이다. 어떤 이는 발리나힌치로 가는 길을 묻는 여행자를 만난 신화 속의 아일랜드 사람처럼 멈춰서 생각한 뒤에 이렇게 대답하고 싶을 것이다. "제가 당신이라면, 저는 결코 여기에서 출발하지 않을 것입니다."

15

숲 속의 포스트모더니즘

에스파냐인들은 시마론(cimmarrón)이란 말을 신세계를 정복하여 정착한 뒤에 바로 사용하기 시작했는데, 이 말의 어원에 대해서는 논쟁이 많지만, 그것은 통제에서 벗어나 자연적인 자유로 복귀했던 수입된 유럽산 동물을 의미했다. 명백한 몇 가지 이유로, 그 말은 노예제 사회에서 주인의 세계 바깥에서 자유롭게 살아가는 탈주 노예들에게도 적용되었다. 노예 주인들은 그 말을 마론스(marrons)나 마룬스(maroons)로 바꿔 부르기도 했다. 카리브 해 해적들이, 공동체에서 추방되어 몇몇 섬에서 고립된 생활을 할 수밖에 없었던 선원들을 가리킬 때에도 이 말을 썼다는 사실은 자유가 안락한 것으로만 비치지 않았음을 알

---

* 이 글에서 나는 현재 유행하고 있는 몇몇 '포스트모더니즘적' 접근 방식의 역사적 유용성을 탐구하기 위해 수리남의 사라마카 지역에 대한 리처드 프라이스(Richard Price)의 매력적이고 중요한 연구를 이용하였다. 프라이스의 『알라비의 세계(*Alabi's World*)』에 대한 이 서평은 "숲의 탈출 노예"라는 제목으로 《뉴욕 리뷰 오브 북스(*New York Review of Books*)》(1990년 12월 6일자), 46~48쪽에 실렸다.

려준다.

　탈주 노예의 생활은 (아주 임시적인) 개인 도망자 형태이든지 또는 탈주 노예들이 모여 더 큰 공동체 형태를 이루었든지 간에 관계없이 불가피하게 노예 플랜테이션 사회의 산물이었다. 탈주 노예의 역사가 (특히 브라질이나 자메이카에서는) 무시되어 왔다고 말할 수는 없다. 그러나 탈주 노예의 생활에 대한 우리의 지식이 지난 20년 동안 어마어마하게 진척되었음은 의심할 여지가 없다. 1960년대와 1970년대의 '새로운 사회사'는 많은 사회사가들의 기술적이고 정치적인 관심을 확실하게 끄는 주제를 거의 빠뜨리지 않고 다루었다. 그 주제들은 이름 없는 민중, 흑인 해방, 그리고 반(反)제국주의나 최소한 제3세계에 대한 관심을 사회적 저항과 결합시켰고, 그러한 흥미로운 결과를 낳는 사회 인류학과 역사학의 연결을 이상적으로 보여주는 데 적합했다. 그리고 탈주 노예의 역사에 대한 새로운 관심은 수리남 지역으로 향하지 않을 수 없었다.

　왜냐하면 가이아나[1] 해안에 있으며 한때 네덜란드의 식민지였고 지금은 실망스러운 작은 독립 국가인 수리남에서는, 옛날부터 존재한 여섯 개의 탈주 노예 공동체가 유난히 많은 인종이 혼합된 얼마 안 되는 전체 인구의 10퍼센트나 차지하기 때문이다. 이러한 상황은 주목할 만하다. 왜냐하면 혼자서 탈주한 마지막 노예는 1960년대에 쿠바인 작가의 손을 빌려 자서전을 구술할 정도로 충분히 오래 살았음에도 불구하고,[2] 탈주 노예 공동체는 생존하는 데 어려움을 겪었기 때문이다. 노예들이 아프리카에서 도착한 직후에 가장 도망가기 쉬웠기 때문에, 자유로운 탈주 노예 공동체는 식민지 사회가 초기 단계였던 16~17세

---

1) (옮긴이) Guyana : 남아메리카 동북부에 있는 공화국.
2) Miguel Barnet ed., *The Autobiography of a Runaway Slave*(New York, 1968). 이 책의 원래 제목은 *Cimmarrón*(Havana, 1967)이었다.

기에 가장 쉽게 형성될 수 있었다. 브라질의 독립 공동체(quilombos) 가운데 가장 큰 팔마레스 공화국은 1690년대에 절정에 달했다가 곧바로 6년간의 전쟁으로 몰락했다. 때때로 식민지 지배자들이 탈주 노예의 독립을 인정하는 조약을 체결할 수밖에 없었던 많은 나라들에서조차, 탈주 노예 공동체는 거의 존속되지 못했다. 자신들의 자유를 인정하는 18세기 중엽의 조약을 구속력 있는 것으로 간주하는 어떤 자유로운 흑인 공동체가 오늘날 수리남 바깥에도 존재할지는 의심스럽다.

리처드 프라이스의 『탈주 노예 사회』는 유진 제노브즈의 『반란에서 혁명으로』의 한 장(章)과 함께 이 주제와 관련해서는 최고의 입문서이다.[3] 프라이스는 현재 탈주 노예 전반과 특히 수리남의 탈주 노예('숲 속의 니그로')나 자신이 여러 해 동안 전념했던 사라마카 공동체에 대한 권위자이다. 그는 이미 사라마카의 설립과 독립 전쟁에 대한 선구적 평가인 『첫 번째 시간 — 아프리카계 아메리카 흑인의 역사적 시각』[4]이란 유명한 책 속에서 이 공동체들에 대해 광범위하게 서술했다. 이 책은 기록들과 구전으로 전해진 '매우 단선적이고 인과적인 역사 감각'에 근거했는데, 이것들은 그들의 정체성의 중심을 이루었고 역사가들에게는 매력적인 대상이 되었다. 『알라비의 세계』는 사라마카 사회가 독립 후 정착했을 때의 이야기를 다루고 있는데, 40년 동안 사라마카의 최고 지배자였던 알라비(1740~1820)의 '생애와 시대'를 말하는 형태로 이야기를 이끌어나간다. 그러나 이 책은 독자들이 수리남 탈주 노예의 기원을 그려볼 수 있을 정도로 충분한 소개를 담고 있다. 왜냐

---

3) Richard Price ed., *Maroon Societies : Rebel Slave Communities in the Americas* (Baltimore, 1979) ; Eugene D. Genovese, *From Rebellion to Revolution : Afro-American Slave Revolts in the Making of the Modern World*(Baton Rouge, 1979).
4) Richard Price, *First Time : The Historical Vision of an Afro-American People* (Baltimore, 1983).

하면 사라마카 사람은 다음과 같이 말하기 때문이다. "우리가 선조들의 업적을 잊는다면, 어떻게 백인의 노예로 되돌아가지 않기를 바랄 수 있단 말인가?"

프라이스는 역사가와 사회인류학자에게 똑같이 중요한, 탈주 노예의 영웅적 투쟁 행위와는 완전히 별개인 주제를 하나 선택했다. 왜냐하면 탈주 노예 사회들은 근본적인 질문들을 제기했기 때문이다. 노예 수송선으로 실려 온 경험과 농장 노예 경험 이외에는 전혀 공통성이 없는 아주 다양한 기원을 가진 도망자들이 어떻게 우연히 모여서 조직화된 공동체를 형성할 수 있었을까? 더 일반적으로 말한다면, 어떻게 사회가 무(無)에서부터 세워질 수 있을까? 주변의 공생을 기묘한 방식으로 허용하고 있는 지배적 위치를 점한 사회와, 그 바깥에서 속박을 벗어난 전(前) 노예들이 사는 사회의 관계는 무엇인가? (프라이스가 다른 곳에서 지적했던 것처럼,[5] 탈주 노예 공동체는 고립적인 농민 생활로 단순히 도망쳐서 되돌아간 것이 아니라, 기묘한 방식으로 진행된 "일종의 서구화"이기 때문이다.) 정확하게 무엇이 대부분 아프리카에서 태어난 사람들로 이루어진 초기의 도피 공동체를 구대륙으로부터 이끌어낼 수 있었을까? 왜냐하면 만약 탈주 노예 공동체가 관찰자에게 아프리카인들의 공동체로 느껴진다면, 그리고 그 공동체 구성원들이 구세계에서는 아마도 지니지 않았을 (아마도 역사적으로 새로운 것인) 공통의 아프리카적 특성을 의식하고 있다고 느껴진다면, 그 공동체의 제도를 만드는 데 기여한 특정한 아프리카 식 모델이나 선례는 쉽게 추적하기 어렵게 될 것이기 때문이다.

불행하게도 저자는 그러한 문제들을 날카롭게 인식했음에도 불구하고 직접 대답하려고 시도하지는 않았다. 매력적이기는 하나 당혹스러운 이

---

5) Richard Price, *Maroon Societies*, 12쪽 주.

책은 사실상 귀머거리들의 대화, 대립, 문화적 충돌을 다루고 있을 뿐, 최소한 역사가 어떻게 서술되어야 하는가에 대한 프라이스의 견해와 더 전통적인 역사가와 인류학자들 사이의 견해 차이를 다루지는 않는다.

사라마카인들은 본질적으로 백인들의 가치, 특히 기독교를 배격하거나 적어도 받아들이지 않았는데, 이 책의 주인공인 알라비가 결국 기독교도가 되었기 때문에, 문화적 충돌이 알라비를 다루는 이 책의 핵심임이 틀림없다. 수리남의 "숲 속의 니그로" 중에서 기독교도들은 여전히 소수에 지나지 않는다. 또한 18세기 탈출 노예 생활에 대해 프라이스가 가진 정보의 대부분이 사라마카인들과 늘 접촉했던 유일한 백인인 모라비아교 선교사들이 쓴 상당한 양의 편지에서 나온 것이기 때문에, 두 종류의 문화적 오해가 이 책의 핵심에 존재한다. 첫 번째는 자신들의 주변에서 일어나고 있었던 일들을 이해하지 못했다 해도 그러한 실패는 영원히 가치 있는 일이었다는 모라비아교 형제자매들의 오해이다. 두 번째는 예수 그리스도의 고통에 대한 관능적인 (거의 에로틱한) 의식을 거행하는 모라비아교도 같은 18세기 경건파 열성 신도의 세계관이 전(前) 노예들의 세계관보다 현대 연구자들에게 더 이해하기 어렵다는 것이다. '그들 중' 선택된 사람들을 이해하려고 시도하는 것은 (성공적이지 못하지만) 모든 현장 인류학자들이 하려는 것이다. 하지만 가장 합리적인 현대인들이 서양 종교에 미치도록 열광하는 일탈자들을 바라보는 반응은 공통적으로 동정심에 이끌리는 동시에 반발하는 경향을 띠는 것 같다.

그러나 문화적 불확실성도 세 번째 방식으로 프라이스의 책을 구성하고 있다. 최근에 인류학-민속학은, 그리고 더 적은 타격을 받기는 했지만 역사학은 객관적 지식이나 통일된 해석의 가능성에 대한 의심, 다시 말해 이제까지 이해되어 온 연구의 정당성에 대한 의심에 의해 ("포스트모더니즘"이라는 막연한 이름 아래) 흔들리고 손상되었다. 그러

한 후퇴에 대해 제기되는 다양하고 갈등상태에 있는 정당화는 사회적
일 뿐만 아니라 인식론적이며 정치적인 것이다. (인류학은 남성에 의한
지배는 말할 것도 없이, "타자를 통합하려는 자민족 중심적 시도"이거나
또는 "서양 헤게모니 실천의 일부"인가?[6]) 그러나 그러한 정당화는 이
분야의 학자들에게는 꽤 골치 아픈 것이다. 일반적으로 『햄릿』이 입증
하고 "인류학의 문학적 전환"[7]이 확인해 주는 것처럼, 본래의 단호한
안색이 생각하는 창백한 빛으로 핼쑥해졌을 때 말은 여전히 행동을
충분히 대체할 수 있다. 그러나 '자칭 민속학적 역사가'나 리처드 프라
이스 같은 민속사가는 여전히 스스로에게 부과한 임무를 수행하지 않
으면 안 된다.

왜냐하면 논점을 교묘하게 회피하는 문학적 창작의 유행 용어들을 민
속학이나 역사학에 아무리 많이 적용한다 할지라도, "어떤 민속학적 서
술 프로젝트 속에서 허구가 행하는 기초 작업은 사실의 사실성(facticity)
을 보장해 주는 전체의 구성이기"[8] 때문이다. 간단히 말해서 그것은
허구도 아니고 허구일 수도 없다. 인류학적 기술(記述)도 "사실의 사
실성"을 받아들이는 한 '실증주의'라는 무시무시한 비난을 완전히 면
하기는 어렵다.

그러나 어떠한 '전체'든 '몇몇 자의적인 질서의 부과'로 귀결되지 않
는가? 프라이스는 많은 동료 인류학자들이 지금 따르고 있는 그러한
질서에 대한 공포를 공유하고 있음을 분명히 했다. 그러므로 그는 "조
직 원리로서의 종교, 경제학, 예술, 친족 관계 같은 현대 서양의 범주

---

6) 이 인용은 포스트모던주의자들의 가슴 아픈 회의에서 나온 것이다. "Critique
and Reflexivity in Anthropology", *Critique of Anthropology* 9/3(Winter 1989),
82, 83쪽.

7) 같은 글, 83쪽.

8) George G. Marcus, "Imaging the Whole : Ethnography's Contemporary Efforts
to Situate Itself", *Critique of Anthropology* 9/3(Winter 1989), 7쪽.

들을 피하고", 독자와 동료들에게는 유감스럽게도 "그러한 민족학적 노선에 따른 의논을 촉진하는" 색인도 만들지 않았는데, 왜냐하면 이러한 색인은 문화 상호 간의 이해를 치명적으로 어지럽힌다는 신념 때문이었다. 그는 분명 안전하다고 여겨진 두 가지 기본 원리로 자료를 체계화했다. 하나는 연대기적인 서사, 특히 자서전 형태의 단선적인 서사이고, 다른 하나는 일종의 다성적(多聲的) 서사이다. 다성적 서사란 원자료의 다양한 목소리가 저자의 목소리와 합쳐져 소리를 내는 것으로, 이 경우에 각각은 하나하나의 활자체에 의해 구분된다. 이보다 더 나아간 상대주의, 혹은 저자의 권위(서양적, 제국주의적, 남성적, 자본주의적 또는 무엇이든지 간에)에 대한 포기가 있을 수 있을까?

그 결과로 일반적으로 복원하기 어려운 개인들처럼 모호하고 기록이 남아 있지 않은 사람들의 과거를 복구하려는 훌륭한 노력이 나왔다. 그 결과는 또한 매우 유동적인 경험의 표현이다. 다시 말해 사람들이 프랑스의 우주 정거장에서나 미국 최대의 알루미늄 기업인 앨코아(Alcoa)에서 일하는 오늘날조차도 200~300년 전에 외부 침입자에 대해 무장 투쟁했던 기억에 자신의 정체성을 두고 현재도 여전히 그러한 무장 투쟁을 수행할 준비가 되어 있는 사람들의 경험인 것이다. 그러나 그것은 역사학과 인류학에 대한 원자료로서가 아니라 역사학이나 인류학으로서 얼마나 도움이 되는가? 그리고 그것은 프라이스 자신이 그렇게 관심을 가졌던 포스트모던적 요구에 얼마나 많이 부응할 수 있을까?

불가피하게도, 계획적인 다성적 서술은 아리아를 수반하는 것으로 드러났다. 이제 오로지 하나의 목소리와 하나의 개념, 즉 저자의 목소리와 개념만이 존재한다. 프라이스의 자료 중에서, 즉 도망친 "숲 속의 니그로"를 다루는 책임을 진 식민지 공무원들인 네덜란드의 "포스트홀더(postholder)"들은 혼자서는 아무것도 말하지 않는다. 그들은 『알라비의 세계』에서 주로 저자의 서술에 적합한 사건이나 시기를 위해서, 그리고 종종 그들의 좌절을 표현하기 위해서 인용되었다. 우리들은 대농장 주인이나 당국의 전략을 알지 못한다. 하지만 노예들이 대륙 농장 사회의 우림 속으로 탈출하는 것을 막기가 불가능하기 때문에, 다소간 논리적으로 나올 수 있는 정책은 조약을 맺어 배후지에 있는 탈주 노예 공동체의 독립을 인정하는 것이라고 추측하기란 어렵지 않지만 말이다. 그 조약의 내용은 이후에 도망쳐 온 노예들을, 보상금을 받는 대가로 그리고 탈주 노예 경제를 식민지와 묶어주는 해안 지대의 상품을 자유롭게 전달받는 대가로('공납') 다시 넘겨준다는 약속이다. 우리는 그러한 정책이 추진되었고 탈주 노예 공동체의 지도자들이 협정을 맺도록 설득당했다는 정보를 얻는다. 식민지 내 이주자들은 어떻게 이것이 작동되리라고 생각했을까? 우리는 다시 모르게 된다. 탈주 노예들이 따라주지 않는다고 심하게 불평하는 식민지 이주자들은 그러한 조정이 실제적으로 노예 탈출을 줄어들게 했다고 만족했을까? 그러한 조정이 노예들의 탈출을 감소시켰을까? 우리는 들은 바 없다.

다시 한번 모라비아교 형제들이 상당히 길게 자신들의 의견을 말하는데, 그들의 수다스러운 편지들은 저자에게 엄청나게 많은 옛날식의 민속학적 자료를 제공한다. 그들의 장점은 2백 년 전의 현장에 있었다는 점이다. 그러나 그들을 교정할 수 있는 능력을 지닌 프라이스와 달리, 그들은 자신들이 관찰하고 있는 것을 이해하지 못했다. 당시의 사라마카인들은 물론 정확하게 자신들의 의견을 말한다. 왜냐하면 저자는 그들에게 말을 건넸고, 자신들이 들은 이야기들을 통해 과거를 묘사하려는 그들의 시도를 기록했기 때문이다. 또한 프라이스는 사라마카인들이 자신들의 과거를 기록한 것도 전하고 있다. 그러나 저자가 제공하는 이야기의 배경과 주가 없다면, 이러한 말들은 훈련되지 않은 독자들에게는 거의 말해 주는 것이 없다고 말하는 것이 맞을 것이다.

왜냐하면 설령 우리가 사라마카인들은 그 텍스트를 쉽게 이해할 수 있다고 가정한다 할지라도, 그 텍스트는 우리식의 '역사 서술'이 아니라서 국내에서는 설명할 필요가 없는 것을 설명해야 하는 일이 다른 문화를 서술하는 작업의 속성이기 때문이다. 우리에게 말하는 유일한 목소리는 리처드 프라이스의 목소리뿐이다.

그러나 분명히 프라이스의 기획의 성격은 자기 분석으로서의 현지 조사 인류학에 대한 유행하는 주장('나는 이 책을 자서전 방식이 아니라 전기 방식으로 썼다'는 주장)과 동떨어져 있고, 자신이 다루고 있는 사람들의 투쟁과 우리의 투쟁은 결코 끝나지 않았다고 환기시키려는 탄복할 만한 의도와 동떨어져 있다. 한편으로 『알라비의 세계』는 "특히 초기 아프리카계 아메리카 흑인의 생활에 대한 민속학으로 의도되었다." 다른 한편으로, 프라이스는 "역사적 분석의 주요 목적은 과거 사람들의 생생한 실제를 …… 복원하는 것"이라는 견해와, 우리 중 대다수를 위해 역사적 분석을 소진시키지 않는 목적, 그리고 우리가 이야기하고 있는 수많은 '생생한 실제'의 작은 부분에 대한 합의가 먼저 이루어지지 않는다면 의미가 결여되는 진술을 공유하고 있다.

물론 그것은 절차나 소명에 대한 오래된 신념을 버리고 사회인류학을 받아들인 역사학의 어려움이다. 이 역사학은 특히 일종의 지적 모델들이 휩쓸어버린 문학 분야의 영원한 상(相)이 되기엔 부적절한 것이다. 연구자의 주제가 말로 표현할 수 없는 정체성 위기에 대한 공통 경험만으로 결합된 파편들로 해체될 위험은 그만두고서라도, 어떤 저작에 지적이고 설명적인 혹은 문학적인 구조를 부여하는 것은 매우 어려운 일이 되었다.[9]

이러한 어려움은 프라이스가 자신의 책을 본문과, 광범위해서 체계

---

9) 그러나 저자가 바르트(R. Barthes), 바흐친(M. Bakhtin), 데리다(J. Derrida), 푸코(M. Foucault) 등에 대한 언급을 의도적으로 피했다는 점은 축하받을 만하다.

적이지 않은 '본문 분량에 맞먹는 주(註)와 해설 부분'으로 나눈 데서 잘 드러난다. 여기서 주와 해설 부분은 대부분의 옛날식 역사가와 인류학자들의 관심의 90퍼센트를 차지한다고 말해도 좋을 것이다. 본문에 있는 참조들을 그냥 넘어간다 치더라도, 우리가 "추정상의 농장의 기원과 추정상의 모계 사회의 결합에서 그들 각각의 집단 정체성의 기원을 찾고", 그 정체성으로부터 어떻게 사라마카 사회를 구성한 집단과 씨족이 형성되었는지를 발견할 수 있는 것은 주에서이다. 탈주 노예 사회들에서 이러한 모계적 친족 구조가 발전하게 된 방식은 불분명하다. 그러나 프라이스는 왜 과거로 거슬러 올라가서 특정한 (종종 뒤늦게 도착한) 여성들을 새로운 씨족의 창시자로 선택했는가 하는 문제를 탐구한다. 젊은 사라마카인이 18세기 중엽에조차 "여덟 개나 되는 서로 다른 아프리카 집단의 피가 섞인 증조모"를 가졌을 정도의 한 사회의 필연적인 혼합주의를 또한 탐구하면서, 모든 사라마카인들이 상당한 정도로 공유하고 특정한 열성 신도들이 유지해 왔던 다양한 기원을 가진 아프리카 의식들이 공존했음을 조사하는 것도 본문이 아니라 주를 통해 이루어진다. 여기서 우리는 인구학, 정착, 분배, 그리고 (그런 환경에서는 당연하겠지만) 선형적(線形的)인 용어로 영토를 언급하는 사라마카 식 방법에 대한 정보를 얻는다. 이러한 용어로는 "상류로", "하류로", "내륙으로", "강 쪽으로" 등이 있다.

그 책은 주(註)만으로도 사라마카인들이 우림 속에서 어떻게 생계를 꾸려나갔는지, 어떤 곡물을 재배했는지, 어떠한 동물을 사냥했는지 (모라비아교도에 따르면 33종의 동물을 사냥했다), 의식을 치르는 중에는 어떤 동물을 사냥하지 않았는지(33종 중에서 25종의 동물을 사냥하지 않았다)에 대해 간접적인 정보보다 더 많은 것을 우리에게 제공한다. 그리고 그들이 어느 정도로 교역을 했는지, 무엇을 팔고(땅콩, 카누, 고무, 쌀) 무엇을 샀는지(소금, 설탕, 가재도구, 연장, 장신구, 불법

총)를 알려준다. '생생한 실제'에 대한 이런 선명한 측면들을 단지 학문의 도구로만 다루는 것은 이상해 보인다.

그러나 또다시 우리는 오직 주 안에서만 탈주 노예와 인디언의 복잡하고 모호한 관계를 발견할 수 있다. 탈주 노예들은 인디언들로부터 배후지에서 살아가는 법에 대해, 그리고 다양한 문제에 대해 아주 많은 것을 배웠지만, 저자가 생각하기에 이것들은 "교대로 서술하고 묘사하는 본문과 균형이 맞지 않는 경향이 있었던" 것이다. 프라이스의 이러한 서술 순서는 확실히 "이제까지의 시도 중에서 본문을 가장 풍부하게" 만들 수 있지만, 주요한 주제에 대한 중요한 공헌들을 읽기 복잡하게 만드는 것도 분명하다.

본문과 관련해서 일부 독자들은 스스로 다음과 같은 질문을 던질 수도 있다. (멀리 떨어져 있는 이국적인 장소에 대한 단순한 호기심 이외에) 저자 자신의 평가에 의하면, 역사적으로 흥미롭지도 않은 시대의 가이아나 변경 삼림 지대에 살면서 4천 명의 탈주 노예를 이끌었던, 그다지 모험적이지도 않고 영향력도 없던 일개 지도자에 불과한 사람에 대한 정교한 전기가 자신들의 관심을 계속 끌 수 있었던 것은 무엇 때문인가라고. 물론 저자에게는 그 이야기가 중요하다. 왜냐하면 그가 사라마카 문제에 대해 20년을 투자했기 때문이 아니라, 그렇게 투자함으로써만 이러한 공동체의 이례적인 역사적 기억을 보여줄 수 있었기 때문이다. 이러한 역사적 기억은 부분적으로는 비밀 의식 속에서 보전되어 온 구전 지식의 집성으로, 그것은 그들이 18세기의 사람, 사건, 관계들을 상세하게 생각해 낼 수 있게 해준다. 프라이스는 원자료와 비교함으로써 이러한 구전 지식이 의심의 여지가 없음을 보여주었고 그럼으로써 그의 작업 과정에 학문적 근거를 제공했다.

그러나 이러한 작업에 대해 저자는 만족하겠지만, 독자들은 이러한 작업의 도움을 받아 자신의 말과 판이하게 다른 실존적 단어들을 통찰할 수 있을까? 그리하여 실존적 단어로 짜인 문장의 뜻을 불러낼 수 있을까? 명확하지 않다. 문화와 세기를 뛰어넘어 우리가 그들을 이해하려 할 경우 노예제와 비노예제에 대한 탈주 노예의 태도가 중요하다. (내 계산에 따르면, 프라이스가 "자유"라고 번역한 단어는 인용된 모든 사라마카 텍스트에서 단 한 번만 나타났고, 이 사라마카 텍스트는 그 시대와 관련된 모든 문서 자료의 80퍼센트에 해당된다고 이야기된다.) 문제는 복잡하고 모호하다. 우리의 가정과 그들의 가정은 단지 한 점에서만 연결된다. 두 가정은 모두 백인이 소유한 노예의 지위는 노예 주인이 제약받지 않고 처분할 수 있는 가축 같은 살아 있는 재산('동산')의 일부였다는 데 동의하는 것 같다. 때로는 그들 자신이 백인이 붙여준 '노예'라는 딱지를 받아들였고 때로는 농장에서 도망친 노예를 분명 잡아다 돌려주었던 탈주 노예들이, 모든 동산 노예들을 늘 이론적으로 받아들일 수 없는 것으로 간주했는지 또는 단지 어떤 절대적인 종속 상태만을 거부했는지는 여기에서조차 명확하지 않다. 여기서 절대적 종속 상태란 예를 들어 노예 소유주가 권력을 행사할 때 지나치게 잔인한 방식이나, 다른 방식으로 암묵적으로 받아들여진 "도덕적으로 허용된" 권력의 한계까지 넘어버린 경우이다. 그러나 이 책은 당연히 그 주제에 대한 많은 「참고 문헌」을 싣고 있기는 하지만, 주의 깊은 독자라도 사라마카인들이 노예제, 사람과 토지의 소유 같은 문제들을 어떻게 보았던가에 대해 프라이스의 서술을 통해 이해할 수 있을지는 알 수 없다. 그가 선택한 전개 방식을 통해서는 이해할 수 없다.

그러나 당연하게도, 메이틀런드(F. W. Maitland)에서 조르주 뒤비에 이르는 분석적인 중세사가들은 적어도 사라마카만큼 멀리 떨어져 있는 시대와 사회에 대해서 이러한 작업을 종종 해왔다. 그들은 포스트 모더니즘의 요구를 인식하지는 못하지만, 과거는 다른 식으로 일이 진행되는 다른 나라이고, 과거에 대한 최고의 해석자조차 여전히 편견에 젖은 이방인으로 남아 있다 해도 우리가 반드시 과거를 이해해야만 한다는 사실을 완벽하게 인식하고 있다. 프라이스 연구의 특성과 감성을 바탕으로 판단해 보면, 프라이스는 구축보다는 해체에 적합한 기획에 의해 방해받지만 않는다면 이 위대한 중세사가들의 뒤를 따를 수 있는 완전한 능력을 지녔다.

그럼에도 『알라비의 세계』는 오해들을 생생하게 전달해 준다. 숲 속의 흑인들은 모든 백인들이 부자는 아니라는 사실을 어떻게 그리고 왜 이해할 수 없었을까. 사라마카인들이 정신력에 대한 자신들의 실용 지향적이고 도구적인 견해를 기독교에 적용했던 경우에는, 기독교가 전혀 설득력을 가질 수 없었다. 죄를 짓지 않은 사람이라면 인간의 죄 때문에 부활했던 그리스도가 분명 필요하지 않다고 그들은 결론지었기 때문이다. 어쨌든 어떤 사람이 죄인이라면, 신은 오래전에 그 죄인에 대해 무언가를 했을 것이다. "여기에 있는 사람들은 매일 기도한다. 이 사람들이 신을 너무 괴롭히기 때문에 신은 화가 나 있지 않을까?" 사라마카인들은 건전한 통계학적 감각으로 모라비아교도들을 관찰하면서 "기독교도들은 자신들보다 더 자주 아프다"는 것을 알았다. 그것은 예수를 믿으라고 설득할 수 있는 근거가 아니었다.

(우연히 수리남의 노예 고문을 비난했던) 볼테르는 사라마카의 상황을 많이 이해하지는 못했을 테지만, 이러한 측면에서는 사라마카인들을 칭찬했을 것이다. 18세기 독일 시인이 말한 "보라, 우리 야만인들이 결국 더 좋은 인간이다"라는 구절[10]을 입증하기 위해 노력했던 이성과 계몽의 시대에 살았던 다른 관찰자들도 마찬가지였을 것이다.

자신의 운명에 아주 만족하는 사람을 보는 것은 큰 기쁨이다(라고

---

10) (옮긴이) 조이메(Johann Gottfried Seume, 1763~1810)의 「야생인(Der Wilde)」에 나오는 구절.

어떤 전직 선교사가 썼다). 그들은 자신이 노동한 대가를 즐기며 미움이라는 독을 경험한 바 없다.

그렇지만 사정은 더 복잡했다. 『알라비의 세계』를 통해 안락한 세상에서 살던 이 독립적이고 자신에 차 있으면서 관대하고 자부심 강한 남녀들과 친하게 된 후에야 프라이스가 의미하고자 한 것을 알 수 있다.
그러나 프라이스의 기법이 성공적으로 불러일으킨 기묘하고 "생생한 실제"를 지닌 어떤 사람들에 대한 최종적인 생각은 보류하자. 그 사람들은 바로 모라비아교도들이다. 모라비아교도들은 종종 "지옥을 맛보는 것"과 같은 상태에서 미개한 이교도들에게로 다가왔다. 숲 속 생활에 대해 준비되어 있지 않고 경험이 없는 상태였기 때문에, 거추장스러운 유럽식 의상을 입은 정직하고 이해력이 부족한 독일 재단사, 제화공, 리넨 직공들은 파리처럼 고통을 받다가 죽어갔다. 그들은 전갈과 아메리카표범 사이에서, 상처를 입어 피 흘리면서 십자가에 못 박힌 예수를 설교하면서 몇 달이나 몇 주 정도 버티다가 순교하곤 했다. 모라비아교도들은 전적으로 탈주 노예에 의존했지만, 백인을 좋아하지 않는 탈주 노예들은 그들을 놀리거나 때로는 처형하기도 했다. 그들은 자신들이 연주하는 음악에 맞춰 흑인들이 춤을 출 때에 불안을 느껴야 했다. 슈만 형제의 『사라마카-독일어 사전』을 아홉 달에 걸친 고통 끝에 편찬했던 영웅적인 과제를 수행한 것 말고는, 그들의 모든 노력은 실패했다. 하지만 모라비아교도의 계승자들은 여전히 그곳에 있으며, 사라마카인들을 알려고 할 때 유일한 통로는 여전히 모라비아교의 계승자들이다.
탈주 노예들이 모라비아교도들을 이해하기 힘들었던 만큼 우리도 모라비아교도들을 이해하기 힘들다. 그러나 자신들의 방식대로 자신이 무엇을 위해 살아야 하는지를 알았던 사람들에 대한 경탄은 참을 수 없다.

16 ❙

아래로부터의 역사

조르주 뤼데라는 탁월한 선구자를 갖고 있는 민중사(grassroots history), 다시 말해 아래로부터 보는 역사 또는 보통 사람들의 역사는 더 이상 광고할 필요가 없다. 그러나 민중사는 이와 관련된 몇몇 기술적 (技術的) 문제들에 대한 반성에서 여전히 도움을 받을 수 있다. 민중사와 관련된 기술적 문제들은 전통적인 역사학의 기술적 문제보다 아마 더 어렵고 흥미로운 문제일 것이다. 이 글에서는 그러한 몇몇 문제들을 반성해 보려 한다.

그러나 주요 주제로 넘어가기 전에, 민중사가 최근에 유행하게 된 이유들에 대해 물어보기로 하자. 다시 말해, 글을 처음 읽고 쓰기 시

---

* 이 글은 나의 친구이자 동료이고 협력자였던 고(故) 조르주 뤼데(George Rudé)를 기념하는 1985년의 기념 논문집에 기고하기 위해 쓴 것이다. 이 글은 프레데리크 크란츠(Frederick Krantz) 가 엮은 『아래로부터의 역사 —— 민중의 저항과 민중 이데올로기에 대한 연구(*History from Below : Studies in Popular Protest and Popular Ideology*)』(Oxford, 1988), 13~28쪽에 게재되었다. 또 뤼데가 가르쳤던 몬트리올에 있는 콩코르디아 대학에서 강연할 때에도 사용했다.

작한 시대부터 19세기 말까지 당대의 연대기 기록자들이나 학자들이 쓴 대부분의 역사는 왜 기록 대상이 된 그 국가에 살았던 대다수 주민들에 대해선 거의 이야기하지 않았는지를, 그리고 "누가 일곱 개 성문을 지닌 테베 시를 건설했는가"라는 브레히트(B. Brecht)의 질문이 전형적인 20세기식 질문이 되는 이유에 대해 물어보기로 하자. 이 질문은 우리들로 하여금 (최근까지 역사학의 대표적인 주제였던) 정치학의 본질과 역사가의 동기라는 문제에 대해 생각하게 한다.

과거에 대부분의 역사는 통치자의 영광 그리고 아마도 실용적 용도를 위해 저술되었다. 정말로 여전히 이러한 기능을 지닌 역사가 있다. 최근에 다시 유행하고 있는 신빅토리아 시기 스타일의 두꺼운 정치가 전기를 읽는 것은 대중들이 아니라는 건 확실하다. 소수의 전문 역사가와 논문을 쓰기 위해 이 전기들을 살펴봐야만 하는 학생들을 제외하면, 누가 이러한 전기를 읽는지는 명확하지 않다. 나는 이런 책들을 대히트작으로 올려놓은 의심스러운 베스트셀러 목록을 볼 때마다 적잖이 당혹스럽다. 확실히 교육받은 정치가들은 이러한 책들을 팝콘처럼 먹어치운다. 물론 이것은 당연하다. 이러한 책들은 자신과 같은 사람들에 대해, 그리고 자신이 종사하고 있는 일에 대한 내용을 담고 있을 뿐만 아니라, 또한 좋은 책이라면 자신이 무언가를 배울 수 있는 그 분야의 저명인사들에 대한 내용을 담고 있을 것이기 때문이다. 확실히 해럴드 맥밀런[1]이 솔즈베리[2]나 멜버른[3]을 어떤 의미에서는 동시

---

1) (옮긴이) Harold Macmillan(1894~1986) : 영국의 정치가. 1924년 보수당 하원으로 정치에 입문. 이후 식민지 차관, 외무상, 재무상을 거쳐 1957~1963년에 수상을 역임했다.

2) (옮긴이) Robert A. T. G.-C. Salisbury(1830~1903) : 영국의 정치가. 1853년 보수당 하원으로 정치에 입문. 이후 인도 사무상(相)과 외상을 거쳐 19세기 후반에 몇 차례 수상을 지냈다.

3) (옮긴이) William Lamb Melbourne(1779~1848) : 영국의 정치가. 아일랜드 상

대인으로 보았던 것과 마찬가지로, 로이 젱킨스[4]는 자신이 여전히 애스퀴스[5]와 같은 세계에 살고 있는 것으로 생각한다.

19세기 후반에 이르기까지 대부분 지역에서의 역사를 보면, 실제로 지배 계급 정치가들은 대개 지배당하는 대중의 의견은 가끔씩만 참조하면서 일을 추진했다. 대규모의 사회 혁명이나 봉기 같은 매우 예외적인 경우를 제외하고는, 이것은 당연시되었다. 이것은 지배당하는 대중이 현실에 만족했다거나 그들이 고려될 필요가 없다는 것을 의미하지는 않는다. 그것은 관계의 조건들이 어떤 범위 내에서 불만을 받아들일 수 있도록 조정하는 방식으로, 다시 말해 가난한 사람들의 행동이 일반적으로 사회 질서를 위협하지 않도록 조정되었다는 것을 의미할 뿐이다. 더욱이 지배당하는 대중들은 대부분 상층의 정치가 영향을 미치는 수준 이하에 —— 예를 들어 전국 차원이 아니라 지방 차원에 —— 고정되어 있었다. 거꾸로, 보통 사람들은 이 대부분의 시기에 자신들의 종속성을 받아들였고, 대체로 투쟁을 자신들이 직접 접촉하고 있는 억압자들과 싸우는 것에 한정시켰다. 19세기 이전의 농민들과 왕이나 황제 사이의 정상적인 관계에 대한 안전한 일반화가 하나 있다면, 그것은 농민들이 왕이나 황제를 자명하게 정당한 존재로 간주했다는 것이다. 왕이나 황제가 토지를 소유한 젠트리나 특정한 이름이 붙은 귀족

(相)을 지내고, 이어 내상(內相)과 수상을 역임했다. 선거법 개정을 둘러싸고 노동자 계급의 운동을 철저하게 탄압했던 것으로 유명한 보수적 정치가였다.

4) (옮긴이) Roy Jenkins(1920~) : 영국의 정치가. 1848년에 하원으로 선출되어 1964~1970년과 1974~1976년에 노동당 정부에 참여했다. 그는 북대서양조약기구와 유럽공동체 참여를 강하게 지지했다. 1981년에는 노동당을 탈당하여 사회민주당(the Social Democratic Party)을 만들었고, 1987년 이후에는 상원의 사회자유민주당(the Social Liberal Democratic Party)의 지도자가 되었다.

5) (옮긴이) Hebert Henry Asquith(1852~1928) : 영국의 정치가. 전형적인 자유주의자로 알려져 있다. 1908년 이후 자유당 내각을 조직하여 많은 사회 정책을 비롯하여 '의원법'을 성립시켜 상원의 거부권을 제한했다.

들이 꾸미는 일을 알기만 한다면, 왕이나 황제는 그들이 농민들을 억압하는 일을 멈추게 했을 것이다. 그래서 왕이나 황제는 어떤 점에선 농민들의 정치 세계의 외부에 존재했으며, 농민들도 왕이나 황제의 외부에 존재했다.

물론 이러한 일반화에도 예외는 존재한다. 나는 중국이 주요한 예외라고 생각한다. 왜냐하면 심지어 왕조 시기의 중국에서도 농민 봉기는 지진이나 유행병처럼 이따금 발생하는 일시적 현상이 아니라, 왕조를 뒤엎을 수 있었고 또 뒤엎을 수 있다고 기대되었던 현상이었기 때문이다. 그러나 대개는 그렇지 않았다. 그 결과 민중사는 보통 사람들이 주요한 정치적 결정과 사건을 이루는 불변 요소가 되는 계기에서부터만 전통적인 방식으로 서술되는 역사(주요한 정치적 결정과 사건의 역사)와 관련을 갖게 된다. 이것은 혁명같이 예외적인 대중 동원의 시기뿐만 아니라 모든 또는 대부분의 시기에도 해당된다. 그러나 이러한 상황은 전반적으로 18세기 말에 거대한 혁명들이 일어난 시기까지는 발생하지 않았다. 하지만 실제로는 한참 뒤까지도 이러한 상황은 중요하지 않았다. 부르주아 민주주의의 가장 대표적인 제도, 즉 일반 남성 투표권에 의한 선거 —— 여성 투표는 한참 뒤에야 실시되었다 —— 조차도 19세기 후반이 될 때까지는 미국 바깥에서는 예외적인 것이었다. 대중 소비 경제 역시 적어도 유럽에서는 20세기의 현상이다. 그리고 사람들의 의견을 알아내는 대표적인 기술인 표본 추출에 의한 시장 조사와 그 결과인 여론 조사는 역사학의 기준에 비추어 보면 믿기지 않을 정도로 최근의 현상이다. 사실상 이 기술들은 1930년대의 산물이다.

그러므로 전문 연구 분야로서의 보통 사람들의 역사는 18세기 대중 운동의 역사와 함께 시작된다. 내가 생각하기에는 민중사의 위대한 창시자는 미슐레(Jules Michelet)이다. 왜냐하면 미슐레 저술의 핵심에는 프랑스 대혁명이 놓여 있기 때문이다. 그리고 그 후로 프랑스 혁명의 역사는 특히 사회주의가 자코뱅주의를, 그리고 마르크스주의가 계몽사상을 다시 활성화시킨 이후로, 이러한 종류의 역사를 시험하는 시험장이 되어왔다. 바로 이 프랑스 혁명과 관련된 최근의 저서들이 다루는 주제 대부분을 미리 연구한 한 명의 역사가가 있다면, 그는 조르주 르페브르(Georges Lefebvre)일 것이다. 그의 『1789년의 대공포』[6]는 출간된 지 40년 후에 영어로 번역되었는데[7] 지금도 여전히 주목받고 있다. 더 일반적으로 이야기한다면 민중사의, 즉 르페브르뿐만 아니라 마르크 블로크의 주제 대부분과 심지어 방법까지도 확립했던 것은 프랑스 지배 계급의 역사가 아니라 프랑스 민중의 역사에 몰두한 프랑스의 역사 서술 전통 전체였다. 그러나 다른 나라들에서 실제로 민중사 분야가 번성하기 시작한 것은 제2차 세계 대전 이후였다. 마르크스주의가 사실상 민중사에 충분히 기여할 수 있게 된 1950년대 중반에야 비로소 민중사의 실질적인 진보가 시작된 것이다.

마르크스주의자, 또는 더욱 일반적으로는 사회주의자들은 노동 운동이 성장하면서부터 민중사에 흥미를 가지기 시작했다. 그리고 이것이 보통 사람들의, 특히 노동 계급의 역사를 연구하도록 매우 강하게 자극하기는 했지만, 어떤 측면에서는 사회주의자 역사가들의 눈을 매우 효과적으로 가리기도 했다. 왜냐하면 자연히 사회주의자 역사가들은 그냥 보통 사람들이 아니라, 노동 운동의 선구자로 간주될 수 있는 보통 사람들을 연구하는 경향이 있었기 때문이다. 즉 보통 노동자가 아니라 차티스트 운동가, 노동조합주의자, 노동 운동의 투사들을 연구한 것이다. 그리고 사회주의자 역사가들은 노동자들의 투쟁을 지도했고, 노동자들을 진정한 의미에서 '대표했던' 운동과 조직의 역사가 보통 사람들의 역사 자체를 대신할 수 있다고 상정하려는 유혹도 당연

---

6) (옮긴이) Georges Lefebvre, 『1789년의 대공포』(최갑수 옮김, 까치).
7) (옮긴이) 1932년에 프랑스어 판이 출간되었고 1973년에 영역본이 나왔다.

히 받았다. 그러나 사실은 그렇지 않다. 1916~1921년에 아일랜드 혁
명의 역사는 아일랜드공화국군, 시민군, 아일랜드수송노동조합, 또는
신페인 당의 역사와 동일시될 수 없다. 독자들이 민중들에게 얼마나
많은 일들이 있었는가를 알려면 이 시기의 더블린 슬럼 생활을 다룬
오케이시[8]의 위대한 희곡을 읽어야만 한다. 좌파들은 1950년대가 되어
서야 비로소 편협한 접근 방식에서 해방되기 시작했다.

 민중사가 어떻게 시작되었고 처음에 어떤 어려움들을 겪었든지 간
에, 민중사는 이제 이륙했다. 보통 사람들의 역사를 뒤돌아보면서, 우
리는 보통 사람들의 역사가 이제까지 한 번도 지니지 못했던 정치적
중요성을 그것에 부여하려 할 뿐만 아니라, 전반적으로는 과거의 알려
지지 않은 측면을 탐구하려 한다. 그리고 이러한 과정은 기술적(技術
的)인 문제들을 낳기 마련이다.

 모든 종류의 역사가 기술적인 문제를 갖고 있지만, 이 분과 역사들
대부분은 해석할 때 이러한 기술적 문제들을 불러일으키는, 이미 만들
어진 원자료가 존재한다고 가정한다. 독일인 교수와 다른 나라의 교수
들이 19세기에 발전시킨 고전적 역사학은 이러한 가정들을 당시 유행
하던 과학적 실증주의와 아주 쉽게 일치하도록 만들었다. 이러한 종류
의 학문적 문제는 문학사처럼 아주 오래된 몇몇 분야에서는 여전히
지배적이다. 단테를 연구하기 위해서는 단테의 수고(手稿)를 매우 정
교하게 해석해야만 하고, 수고가 다른 것으로부터 필사된 것일 때는
어떤 부분이 잘못되었는지를 정밀하게 조사해서 알아내야만 한다. 왜
냐하면 단테의 텍스트는 중세의 수고와 대조해서 나온 것이기 때문이

---

8) (옮긴이) Sean O'Casey(1880~1964) : 아일랜드의 극작가. 소년 시절부터 육체노
 동자로 일하여 노동 운동에 투신하거나 반영(反英) 독립 운동에 가담하였다. 「주
 노와 공작」(1924), 「쟁기와 별」(1926) 등의 작품으로 아일랜드를 대표하는 작가가
 되었다.

다. 훼손된 수많은 인쇄 판본 이외에는 수고를 남기지 않았던 셰익스피어에 대해 연구한다는 것은 셜록 홈스 같은 명탐정이 되어 17세기 초의 인쇄업을 연구하여 추리해야 한다는 것을 의미한다. 그러나 어떤 경우에도 우리가 연구하고 있는 주제의 주요한 부분에 대해선, 즉 그것이 단테나 셰익스피어의 작품이라는 것은 별로 의심하지 않는다.

미리 준비된 민중사 자료가 존재하지 않는 한, 지금 민중사는 그러한 주제와 다르고, 확실히 대부분의 전통적 역사와도 다르다. 때때로 미리 준비된 자료와 만나는 행운이 있는 것도 사실이다. 그처럼 많은 현대 민중사가 프랑스 혁명에 대한 연구에서 출현했던 이유 중 하나는 이 역사적인 대사건이 혁명 이전에는 거의 같이 일어나기 힘들었던 두 가지 특징을 결합시킨다는 점에 있다. 첫째, 프랑스 혁명은 중요한 혁명이었기 때문에 이전에는 자신의 가족과 이웃 외에는 거의 관심을 보이지 않던 엄청난 수의 사람들을 갑자기 활동적으로 만들었고 공공 생활에 눈을 돌리게 하였다. 그리고 둘째, 프랑스 혁명은 잘 작동되는 거대한 관료제를 이용하여 수많은 사람들을 상세하게 기록하였다. 동시에 그것들을 프랑스의 국립 문서고와 지방 문서고들 속에 역사가들이 이용하기 편하게 분류하여 정리, 보관해 놓았다. 르페브르에서 코브(Richard Cobb)에 이르는 프랑스 혁명사가들은 1790년대의 프랑스인을 탐구하기 위해 프랑스 교외를 여행하는 즐거움과 어려움을 생생하게 기록하였다. 그중엔 주로 즐거움을 기록한 것이 많았다. 왜냐하면 역사가가 앙굴렘이나 몽펠리에에 도착해서 기록 보관소의 정확한 자료를 얻게 되면, 사실상 거의 모든 먼지투성이의 옛 문서 묶음은 (16세기나 17세기의 알아보기 힘든 필적과 달리 아름답게 쓰여 쉽게 읽을 수 있는) 황금 알을 품고 있었기 때문이다. 그러므로 프랑스 혁명을 다루는 역사가는 운이 좋다. 예를 들면 영국 혁명을 다루는 역사가보다 더 운이 좋다.

대부분의 경우에 민중사가들은 자신들을 미리 기다리고 있는 것이 아니라 자신들이 찾는 것만을 발견한다. 민중사에 쓰이는 대부분의 원자료는 어떤 사람이 질문을 던지고 나서 어떠한 방식으로든 이 질문에 대답하려고 결사적으로 노력한 덕분에 비로소 원자료로 인정되어 왔다. 우리들은 자료를 연구하기만 하면 질문과 대답은 자연스럽게 나온다고 믿는 실증주의자는 될 수 없다. 우리가 의문이 생겨 자료를 들추어낼 때까지는 일반적으로 자료는 존재하지 않는다. 요즘 번창하고 있는 역사인구학 분야를 예로 들어보자. 이 분야는 사람의 출생, 결혼, 사망이 16세기 전후부터 교구 기록부에 기록되었다는 사실에 의존한다. 이것은 오래전부터 알려진 일이다. 실제로 수많은 교구 기록부가 계보학자들의 편리를 위해 다시 인쇄되었다. 하지만 그들은 기록부에만 관심을 가졌을 뿐이다. 그러나 사회사가들이 교구 기록부에 접근하게 되고 이 기록들을 분석하는 기법이 발전됨에 따라, 엄청난 발견들이 이루어질 수 있었다. 이제 우리는 많은 것들을 발견할 수 있다. 17세기 사람들이 어느 정도 산아 제한을 했는지, 기근이나 다른 대재해로 고통을 받았는지, 다양한 시기에 따라 평균 수명은 어떠했는지, 남자와 여자가 재혼할 가능성은 어떠했는지, 남자와 여자들은 얼마나 늦게 또는 일찍 결혼했는지 등이 그것들이다. 1950년대 이전에는, 인구 조사가 실시되지 않았던 시기의 이러한 사실들에 대한 모든 질문들은 다만 추측할 수밖에 없었다.

우리의 질문으로 인해 새로운 자료 원천이 드러나게 되면, 이것 자체가 (어떤 때는 너무 많고 어떤 때는 너무 적은) 상당한 기술적 문제들을 야기하는 것은 사실이다. 역사인구학자는 많은 시간을 점점 더 복잡해지는 전문적 분석 방법에 쓰게 되고, 이것이 바로 역사인구학자들이 출판하는 많은 연구물들에 이제는 다른 역사인구학자들만 흥미를 갖게 된 이유이다. 또 연구와 결과 사이의 시간 격차가 유난히 길어진다. 우리는 수많은 민중사가 금방 연구 결과를 내지 못하면서도, 정교하고 시간을 많이 잡아먹으며 비용이 많이 드는 과정을 요구한다는 사실을 알아야만 한다. 민중사는 강바닥에서 다이아몬드를 줍는 것이라기보다는, 대규모의 자본 투자와 높은 수준의 기술을 요구하는 현대의 다이아몬드 광산이나 금광에 더 가깝다.

다른 한편으로, 어떤 종류의 민중사 자료는 아직도 충분한 방법론적 생각을 활성화하지 못했다. 구술사(oral history)가 좋은 예이다. 녹음기 덕분에 수많은 구술사 작업이 지금 진행되고 있다. 그리고 녹음된 기록 대부분은 수고를 보상받을 정도로 충분히 흥미롭거나 충분한 감정적 호소력을 지니고 있다. 그러나 내 입장에서 보면, 우리가 수고를 필사하는 과정에서 일어날 수 있는 오류에 대해 아는 만큼 기억하는 과정에서 일어날 수 있는 오류를 알아서 제거할 때까지는 구술사를 결코 적절하게 이용할 수 없을 것이다. 인류학자와 아프리카사 역사가들은 구전(口傳)을 통한 세대 간의 사실 전달을 연구하기 시작했다. 예를 들어 우리들은 특정한 정보가 다소간 정확하게 전달될 수 있는 것(예를 들면 계보학)은 몇 세대까지인지를, 그리고 역사적 사실의 전달 과정에서 늘 연대기적으로 겹치는 현상을 야기하는 경향이 있음을 알고 있다. 개인적인 예를 들어보면, 티스베리, 월트셔와 그 주변에서 일어났던 1830년의 노동자 봉기는 오늘날 1817년과 1830년에 동시에 일어났던 사건으로 기억된다.

그러나 오늘날 대부분의 구술사는 개인적인 기억이고, 개인적 기억은 사실을 보존하는 데 있어서 대단히 믿을 수 없는 매개물이다. 요점은 기억이 기록이 아니라 선택적인 심리 과정이고 그 선택은 어떤 범위 내에서 조금씩 끊임없이 변하고 있다는 것이다. 오늘날 돌이켜 보면, 내가 케임브리지 대학 학부생으로서 나의 삶을 기억했던 것은 내가 서른 살이나 마흔다섯 살 때 기억했던 것과 다르다. 그래서 내가 지루해 하는 사람들을 위해 구술 자료를 전통적인 형태로 집성하지 않는다면(우리들은 모두 전쟁 시의 경험을 이렇게 처리하는 사람들을 잘 알고 있다), 그 기억은 내일이나 내년에 계속 달라질 것이다. 바로 그때 구술 자료를 판단하는 우리의 기준은 거의 전적으로 직감에 의존하거나 아예 존재하지 않는다. 그 기준은 옳을 수도 있고 그를 수도 있다. 물론 우리는 또한 구술 자료를 어떤 검증할 수 있는 독립적 자료원과 대조해 볼 수 있고, 그러한 자료원에 의해 확증되면 받아들일 수도 있다. 그러나 그러한 사실이 우리가 결정적인 문제를 더 쉽게 해결하도록 도와주지는 않는다. 즉 구술 자료를 검증할 것이 전혀 존재하지 않을 때 우리가 무엇을 믿을 수 있는가를 알아야 한다는 것이다.

나이 든 귀부인과 신사들의 회상을 담은 테이프의 신뢰성을 검토하는 데 있어 구술사의 방법론은 전혀 중요하지 않다. 민중사의 중요한 측면 중 하나는 보통 사람들이 대사건들이라고 기억하는 것과, 그들보다 더 나은 사람들이 기억해야만 한다고 생각하는 것 혹은 역사가들이 일어났다고 확증할 수 있는 것은 다르다는 사실이다. 그리고 보통 사람들이 기억을 신화로 전환시킨다면 그러한 신화는 어떻게 형성되는가 하는 문제도 중요하다. 영국 사람들은 1940년 여름[9]에 실제로 어떻게 느꼈는가? 정보부의 기록은 우리들 대부분이 지금 믿고 있는 것과는 약간 다른 그림을 보여준다. 우리는 어떻게 원래의 느낌이나 신화의 형성을 재구성할 수 있을까? 우리는 그것들을 분리할 수 있을까? 이것들은 대수롭지 않은 문제들이 아니다. 내 생각엔, 이러한 문제들은 과거에 대한 질문들에 대답한 녹음테이프의 수집과 해석을 요구할 뿐만 아니라 실험도 요구한다. 만약 필요하다면 심리학자들과 협

---

9) (옮긴이) 제2차 세계 대전은 1939년 9월 독일군이 폴란드를 침략하자, 이에 영국과 프랑스가 대독일 전쟁을 포고하면서 시작되었다. 이후 독일이 영국 본토를 공습하고 프랑스가 항복한 것이 1940년 6월의 일이다.

력할 수도 있을 것이다. 여기에는 방법론, 가정, 그리고 더 임의적인 것들이 관련된다. 만약 내일 총선이 실시된다면 어떻게 투표할 것인지를 사람들에게 물었을 때 그에 대한 답변이 보여주는 자유당과 사회민주당의 연립 정부에 대한 월별 지지 곡선은, 이러한 특정한 문제에 대해 사람들이 대답하는 방식과 투표 의지가 정치의 중요한 변수라는 가정 외에는 정치적 행위에 대해서 아무것도 알려주지 않는다. 이 지지 곡선은 사람들이 실제로 정치에 대해 어떻게 결심하는가와 관련된 모델에 근거해 있지 않고, 사람들의 정치적 행위를 조사한 것도 아니다. 단지 어떤 가정된 상황하에서의 특정한 정치적 행위에 대한 현재의 견해를 조사한 것일 뿐이다. 그러나 우리가 소급적인 여론 조사 같은 것을 발견할 수만 있다면, 사람들이 실제로 생각했거나 실제로 행동했던 것을 조사하는 것이 될 것이다.

때때로 사람들의 의견을 실제로 알아내기만 하면 이런 작업을 할 수 있다. 예를 들면 하나크는 전선에 있는 병사와 주고받은 검열된 편지들을 철저히 분석하여 합스부르크 제국의 다양한 민족들이 제1차 세계 대전에 대해 갖고 있던 의견을 분석해 냈으며,[10] 쿨라는 19세기 후반에 이민 간 친척이 폴란드 농민에게 보냈는데 차르의 경찰이 가로챘던 편지 묶음들을 출판했다.[11] 그러나 이러한 경우는 드물다. 왜냐하면 과거에 대부분의 사람들은 전반적으로 제대로 읽고 쓰지 못했기 때문이다. 따라서 우리는 대개 사람들의 행동에서 생각을 추리해 낸다. 다른 말로 하면, 우리는 도망침으로써 이의를 표현하는 행위가 투

---

10) (옮긴이) Peter Hanak, *Der Garten und die Werkstatt. Ein kulturgeschichtlicher Vergleich Wien und Budapest um 1900*(Wien, 1992). 쇼르스케(Carl E. Schorske)의 「서문」이 실린 영역본은 *The Garden and the Workshop*(Princeton · New Jersey, 1998).

11) (옮긴이) Witold Kula, *Writing Home : Immigrants in Brazil and the United States 1890~1891*, edited and translated by Josephine Wtulich(New York, 1986).

표함에 투표하는 것만큼이나 효과적인 의견 표현 방법이라는 레닌의 현실주의적인 발견에 근거하여 역사학 작업을 하고 있다. 물론 때때로 우리는 의견과 행동의 중간에 서기도 한다. 마르크 페로는 1917년 2월 혁명 첫 주에 페트로그라드로 보내진 전보와 결의안을 분석하여 러시아에서의 전쟁과 혁명에 대한 다양한 집단들의 태도를 조사하였다.[12] 그것은 대중 집회 이전의 것으로, 노동자-농민-병사 소비에트나 당명이나 당의 성격을 지닌 단체들에게 보낸 것이 아니었다. 수도에 결의안을 보낸다는 것은 정치적 행위이다. 물론 대혁명 초기에는 이런 일이 다른 시기보다 더 자주 일어난 경향이 있었지만 말이다. 그러나 전보의 내용은 의견이고, 이를테면 노동자, 농민, 병사들 사이의 의견 차이는 중요하다. 농민들은 청원하기보다는 더 자주 '요구했다.' 농민들은 노동자들보다 더 전쟁에 반대했고, 노동자들 또한 농민보다 자신감에 차 있지 않았다. 병사들은 전쟁에 전혀 반대하지 않았으나 장교들에 대해서는 불평했다 등등.

그러나 상당히 많은 원자료들이 특정한 의견을 함축하고 있음이 분명한 행위들을 단순히 기록한 것이다. 그 자료들은 거의 늘 역사가가 마음속에 갖고 있던 질문을 어떠한 식으로든지 물어서 탐구해 낸 결과이다. 또한 그 자료들은 일반적으로 아주 확실하다. 예를 들어 당신이 프랑스 혁명이 프랑스 내의 군주제주의자의 감정에 어떠한 영향을 미쳤는가를 발견하고자 한다고 가정해 보자. 마르크 블로크는 프랑스와 영국의 왕이 기적을 일으킬 수 있다는 여러 세기 동안 널리 퍼져 있던 신념을 조사하면서, 1774년 루이 16세의 대관식에 2,400명의 연주창(連珠瘡) 환자들이 왕의 손길로 '연주창(King's evil)'을 치료받기 위해 왔음을 지적했다.[13] 그러나 샤를 10세가 1825년에 랭스에서 옛 대관

---

12) (옮긴이) Marc Ferro, 『1917년 10월 혁명 —— 러시아 혁명의 사회사』(황인평 옮김, 거름).

의식을 부활시켰고, 주변의 의견에 설득당해서 마지못해 왕의 치료 의
식도 부활시켰을 때엔 단지 120명의 사람들만이 모습을 나타냈다. 혁
명 전의 마지막 왕과 1825년의 왕 사이에, "왕을 둘러싼 어떤 신성함
이 존재한다"는 셰익스피어의 신념은 프랑스에서 사실상 사라졌다. 그
러한 것이 발견되었다는 주장은 없다.

전통적인 종교적 신념의 쇠퇴와 세속적 신념의 발흥도 유언장과 비
문을 분석하면 이와 비슷하게 조사할 수 있다. 존슨(Samuel Johnson)
박사는 자신의 비석에 새길 비문을 쓰면서 맹세하는 사람은 없다고
말했지만, 사람들이 다른 때보다 죽음을 앞두고 자신의 진정한 종교적
견해를 표현하게 된다는 것이 더 진실이기 때문이다. 그리고 이것뿐만
이 아니다. 보벨은 18세기 프로방스 지역의 계층화된 위계 사회에서
종교적 믿음이 쇠퇴하는 모습을, 사람들이 유언장에서 신앙을 고백하
는 빈도와 (종교적 색채를 띤 장례식이 아니라 —— 옮긴이) "자신의 지
위와 조건에 따라 매장되는 방식을 택하는" 빈도를 계산함으로써 매
우 훌륭하게 밝혀냈다.[14] 종교적 매장의 빈도는 18세기 내내 점진적이
지만 분명하게 줄어들었다. 그러나 프로방스 지역의 유언장에 나타나
는 성 마리아에게 기원하는 빈도의 쇠퇴보다 더 급속하게 쇠퇴하지는
않았던 것은 아주 흥미로운 현상이다.

이제 전통적인 종교에 대한 태도 변화를 발견하는 다른 방식, 즉 장
례에서 세례로 방향을 돌려보자. 가톨릭 국가에서는 대부분 성인(聖
人)들의 이름을 따라서 이름을 짓는다. 실제로 반(反)종교 개혁 시기

---

13) (옮긴이) Marc Bloch, *Les Rois thaumaturges : Etude sur le caractère surnaturel
attribué à la puissance royale, particulièrement en France et en Angleterre*(Strasbourg,
1924).

14) (옮긴이) M. Vovelle, *Piété baroque et Déchristianisation : Les attitudes devant la
mort en Provence au XVIIIe siècle*(Paris, 1973).

부터는 압도적으로 많은 사람들이 성인의 이름을 따서 이름을 지었고, 성인의 이름이 이름의 유일한 모델이었기 때문에 이러한 지표는 또한 우리에게 종교 개혁과 반종교 개혁 시기의 보통 사람들이 기독교에 귀의하거나 재귀의하는 것에 대해 어떤 것을 이야기해 줄 수 있다. 그러나 19세기부터 일부에선 순수하게 세속적인 이름들이 일반화되기 시작했고, 때로는 의도적으로 비기독교적인 이름이나 심지어 반기독교적 이름을 짓는 것도 부분적으로 일반화되기 시작했다.

한 피렌체 역사가는 의도적으로 세속적인 자료에 근거하여 지은 성(이를테면 이탈리아 오페라나 문학에 근거하여 지은 스파르타코 같은 성)의 빈도를 자세히 조사하기 위해 자신의 아이에게 이탈리아 토스카나 지역의 전화번호부를 조사하도록 시켰다. 이 조사는 세속적인 성은 특히 이전에 사회주의보다는 아나키즘의 영향을 받았던 지역과 관련되어 있음을 드러냈다. 그래서 우리는, 아마도 다른 근거에서도 또한 마찬가지겠지만, 아나키즘이 단순한 정치 운동 이상이었으며, 그리고 적극적인 개종의 특징들, 즉 아나키즘 투사의 생활 방식 전체의 변화라는 특징을 지니는 경향이 있음을 추리할 수 있다. 영국에서 이름의 사회사와 이름의 이데올로기사가 탐구되었다는 것은 있을 법한 일이다. (≪타임≫의 알림난에 실린 이름을 매년 계산하는 신사들을 제외한다면.) 그러나 그런 연구가 있었다 하더라도 나는 본 적이 없으며, 최소한 역사가들이 이러한 연구를 했는지는 의심스럽다.

그래서 어느 정도의 재주만 부린다면, 시인이 가난한 사람들의 단순한 연보라고 불렀던 것(출생, 결혼, 사망을 사실 그대로 기록했거나 이와 관련된 것)은 놀라울 정도로 많은 정보를 산출할 수 있다. 그리고 모든 사람들은 세이렌이 어떠한 노래를 불렀는지를 (토머스 브라운[15]

---

15) (옮긴이) Thomas Browne(1605~1682) : 17세기 영국의 의사이자 저술가. 대표적인 작품으로 *Religio Medici*(1642)와 *Vulgar Errors*(1646) 등이 있다. 그는 신, 자

경이 했던 것처럼) 추측하는 방법뿐만 아니라 그러한 노래들에 대한 몇몇 간접적인 기록을 실제로 발견하려는 역사가의 게임을 해볼 수 있다. 수많은 민중사는 옛 쟁기의 흔적 같은 것이다. 옛 쟁기는 여러 세기 전에 들판을 갈았던 사람과 더불어 영원히 사라진 것처럼 보일 수 있다. 그러나 모든 항공 사진사는 알고 있다. 어떤 각도에서 비춰 보면 오랫동안 잊혀온 밭두둑과 밭고랑의 희미한 흔적을 여전히 관찰할 수 있음을.

그럼에도 불구하고 단순한 재주만으로는 더 이상 나아갈 수 없다. 모호한 사상을 이해하기 위해서 그리고 모호한 사상에 대한 우리의 가정을 검증하거나 반증하기 위해서 필요한 것은 통일된 그림이나 모델이다. 왜냐하면 우리의 문제는 좋은 자료 하나를 발견하는 것 따위가 아니기 때문이다. 그러한 것들 중 최상의 자료들조차, 이를테면 출생, 결혼, 사망에 대한 인구학적 자료들조차도 단지 사람들이 행동하고, 느끼고, 생각했던 것 중에서 어떤 영역들만 조명할 뿐이다. 우리가 일반적으로 해야만 하는 것은 매우 다양한 종류의 조각난 정보들을 종합하는 것이다. 그리고 이렇게 말할 수 있다면, 우리는 조각 그림 맞추기 퍼즐을 스스로 만들어야 하며, 그리고 그것은 그러한 정보가 어떻게 서로 맞게 되어 있는지를 이해하는 것이다. 이것은 내가 이미 강조했던 것, 즉 민중사가는 구식 실증주의자일 수 없다는 주장을 다른 방식으로 되풀이한 것이다. 그는 자신이 찾고자 하는 것을 어느 정도 알아야만 하며, 그럴 경우에만 비로소 자신이 찾아낸 것이 자신의 가정과 꼭 맞는지 맞지 않는지를 인식할 수 있게 된다. 그리고 만약 맞지 않는다면 다른 모델을 생각하려고 노력해야 한다.

연 그리고 인간의 신비에 대해 성찰했고, 대중적 신앙과 미신을 교정하려고 시도했다. 또한 서양의 고대에도 관심이 많아서 이 과정에서 세이렌의 노래를 자신의 입장에서 재해석하기도 했다.

그러면 모델은 어떻게 구성해야 하나? 물론 꽤 강력한 요소들, 즉 지식, 경험, 실제 주제를 충분히 넓고 구체적으로 아는 것 등이 존재한다. 이러한 것은 명백하게 쓸모없는 가정들을 제거할 수 있도록 해준다. 터무니없는 사례를 들어보자. 런던에서 학외 학습자에게 수여되는 문학사를 취득하려는 아프리카 사람이 랭커셔 지방의 산업 혁명에 대한 질문을 받자, 랭커셔 지방은 목화를 재배하는 데 적합했기 때문에 면 산업이 발전했다고 대답했던 적이 있다. 마침 우리는 그렇지 않다는 사실을 알고 있고, 그러므로 그 아프리카 사람이 이야기한 것은 터무니없는 것이다. 비록 나이지리아의 칼라바르에서는 그렇지 않더라도 말이다. 마찬가지로 기본적인 정보만 알고 있었더라면 피할 수 있었던 터무니없는 대답들이 많이 있다. 예를 들면, 우리가 19세기 영국에서 '장인(artisan)'이라는 용어가 거의 숙련 임금 노동자를 묘사하기 위해서만 사용되었으며, '농민(peasant)'이라는 단어는 일반적으로 농업 노동자를 의미했다는 사실을 알지 못한다면, 19세기 영국의 사회 구조를 파악하는 데 있어서 몇 가지 근본적인 실수를 하게 된다. 그러한 대실수는 계속 있었다. 예를 들어 유럽 대륙의 번역자들은 '직인(journeyman)'이라는 용어를 끈질기게 '일용 노동자(day-labourer)'로 번역했다. 그리고 17세기 사회에 대한 수많은 토론이 '서번트(servant)'나 '자영농(yeoman)'의 정확한 공통된 의미를 모르는 바람에 절름발이가 되고 말았다. 과거에 대해 반드시 알아야만 할 것들이 분명히 존재한다. 이것들을 알아내는 데 시간을 들이지 않는 대부분의 사회학자들은 나쁜 역사가가 될 수밖에 없다.

우리는 또한 역사가의 최대 위험, 즉 시대착오를 피하기 위해서 상상력을 (되도록이면 정보와 함께) 필요로 한다. 실제로 빅토리아 시대의 성(性)에 대한 태도를 대중적으로 다루는 글들은, 성에 대한 빅토리아 시대의 태도는 현재 우리들이 갖고 있는 태도와 다르다는 사실

338

을 이해하지 못해서 곤란을 겪는다. 격식을 벗어난 소수 집단을 제외한 모든 빅토리아 시기의 사람들이 성에 대해 우리와 똑같은 태도를 지녔다고 가정하는 것은 명백히 잘못이다. 그들은 성을 억압하거나 감추려고만 했다. 그러나 이것을 상상을 통해 이해하려는 것은 아주 힘들며, 또한 성은 거의 변하지 않는 것으로 여겨지고 우리 모두가 자신은 성에 대한 전문가라고 생각하기 때문에 더욱더 어렵다.

그러나 지식과 상상력만으로는 충분하지 않다. 우리가 구성하거나 재구성할 필요가 있는 것은 (이상적으로 말하면) 일관적이며 (편의적으로 말하면) 지속적인 행위나 사상의 체계이다. 그리고 어떤 의미에서 우리가 그 상황에 대해서 아주 많이 알지는 못해도 그 상황의 사회적 기본 전제들, 제한 요소, 과제를 안다면 추리할 수 있는 체계가 필요하다. 예를 하나 들어보기로 하자. 페루의 인디언 농민 공동체들은 자신들이 권리를 가졌다고 느꼈던 땅을 특히 1960년대 초에 점거했을 때, 고도로 규격화된 방식으로 거의 일정하게 일을 추진하였다. 즉, 공동체 전체의 남자들은 아내, 아이들을 데리고 가축, 도구들을 지니고서 북이나 뿔피리, 다른 악기의 반주에 맞추어 집결한다. 특정한 시각, 일반적으로 새벽에 그들은 모두 경계선을 넘고 담을 무너뜨리면서 자신들이 주장하는 영토 한계까지 나아가자마자, 새로운 경계선에 가능한 가까운 곳에 작은 오두막을 짓고 가축을 방목하고 땅을 파기 시작한다. 이상하게도, 농민들은 다른 시기, 다른 장소에서 다른 땅을 점거할 때에도, 예를 들어 남부 이탈리아의 경우에서도 이와 똑같은 형태를 취한다. 왜 그럴까? 다른 말로 하면, 이처럼 고도로 규격화되고 분명히 문화적으로 결정되지 않은 행위들은 어떠한 가정에 근거해서 이해할 수 있을까?

다음과 같이 이야기한다고 가정해 보자. 첫째, 점거는 집단적이어야 한다. 왜냐하면 우선 땅은 공동체에 속하기 때문이고, 또 공동체의 모든 구성원은 희생을 최소화하는 데 개입해야 하고 공동체가 위험을 무릅쓴 사람과 무릅쓰지 않은 사람들 사이의 논쟁으로 분열되는 것을 막는 데 몰두해야 하기 때문이다. 왜냐하면 어쨌든 그들은 법을 어기는 것이고, 혁명이 성공하지 않는다면 (그들의 요구가 실제로 인정된다 할지라도) 처벌받을 것이 분명하기 때문이다. 우리는 이것을 사실로 입증할 수 있을까? 우선 희생 최소화의 중요성을 상당할 정도로 지지해 주는 증거들이 존재한다. 예를 들어 메이지(明治) 유신 이전 일본의 농민 봉기에서는 전통적으로 수많은 마을들이 봉기에 참여하도록 '강요'당했는데, 이것은 마을 기관이 봉기 참여에 대해 공식적으로 평계 댈 수 있음을 의미한다. 조르주 르페브르는 1789년의 프랑스 마을들에 대해서 이와 비슷하게 지적하였다. 모든 사람들이 "미안하지만 참여할 도리밖에 없었어"라고 이야기할 수 있다면, 당국은 반란에 대해 내려야만 하는 처벌을 한정시킬 공식적 구실을 가질 수 있게 된다. 왜냐하면 농민들이 당국과 함께 살아야만 하는 것과 마찬가지로, 당국도 농민들과 같이 살아가야만 하기 때문이다. 한쪽이 통치하고 다른 쪽이 종속된다는 사실은 통치자가 피통치자를 고려할 필요가 없음을 뜻하지는 않는다.

지금 공동체 전체를 동원하는 가장 익숙한 방법은 무엇인가? 그 방법은 마을 축제나 그와 비슷한 것, 즉 집단적 의례와 집단적 오락을 결합한 것이다. 그리고 물론 토지 점거도 다음과 같은 두 측면을 모두 지닌다. 토지 점거는 마을에 속한 토지를 개간하는 것이기 때문에 매우 진지하고 의례적인 사건이지만, 동시에 오랫동안 마을에서 발생했던 사건들 중에서 가장 흥미로운 사건이기도 하다. 그래서 봉기와 관련되어 마을 축제적 요소가 존재함이 틀림없다는 것은 자연스러운 일이다. 여기에서 음악이 나왔고, 또한 이 음악은 사람을 동원하고 모으는 데 기여한다. 우리는 이러한 것을 사실로 입증할 수 있을까? 우선 우리는 나들이옷을 입은 사람들, 특히 젊은 사람들을 농민식으로 동원하는 것에 대한 증거를 많이 가지고 있다. 그리고 우리는 폭음하는 지역에서 소비하는 맥주량에 대한 증거도 가지고 있다.

왜 그들은 새벽에 침입하는가? 아마도 다른 편을 불시에 습격해서 낮에 정착하려는 확실한 군사적 이유 때문인 것 같다. 그러나 왜 그들은 지주나 경찰에 저항하지 않고, 오두막을 짓고 가축, 도구와 함께 정착하려 하는가? 실제로 그들은 경찰이나 군대에 심각하게 저항하려고 한 적이 거의 없다. 왜냐하면 그들은 자신들이 너무 약해서 저항할 수 없다는 사실을 아주 잘 알고 있기 때문이다. 농민들은 극좌파 봉기자들이라기보다는 현실주의자이다. 그들은 대항하게 되면 누가 누구를 죽일지 너무나도 잘 알고 있다. 그리고 더 중요하게는, 그들은 도망칠 수 없는 것은 누구인지도 잘 알고 있다. 그들은 혁명이 일어날 수 있음을 알고 있지만, 또한 특정한 마을에 묶여 있는 자신들만으로는 성공할 수 없다는 사실도 알고 있다. 그래서 보통 집단적인 토지 점거는 한번 시도해 보는 방식으로 진행된다. 마을에 침투되어, 시대가 변화하고 있다고 마을 사람들을 확신시키는 어떤 정치적 상황이 일반적으로 존재한다. 이때 평상시의 수동적 전략이 적극적인 행동으로 바뀔 수도 있게 된다. 그들이 옳다면 아무도 그들을 땅에서 내쫓지 않을 것이고, 그들이 틀렸다면 분별 있게 물러나서 적당한 때가 오길 기다려야 한다. 그러나 그럼에도 불구하고 그들은 토지를 요구해야 할 뿐만 아니라, 또한 실제로 토지 위에서 살고 토지 위에서 노동해야 한다. 왜냐하면 토지에 대한 그들의 권리는 부르주아적 소유권이 아니라 자연 상태의 로크적 소유권에 더 가깝기 때문이다. 다시 말해 그것은 자기 자신의 노동과 자연 자원을 섞는 것에 달려 있다. 우리는 이것을 사실로 검증할 수 있을까? 충분히 검증할 수 있다. 우리는 이른바 '노동 원칙'이라는 농민의 신념에 대해 19세기 러시아로부터 아주 많은 것을 배워서 알고 있다. 그리고 우리는 현재 진행 중인 논의들을 실제로 알 수 있다. 이를테면 1848년 혁명 이전에 나폴리의 남쪽에 있는 클리엔토 지역에서는 '농민들은 매년 성탄절이 되면 농업 노동을 할 권리를 주장하며 토지 위로 갔고, 그럼으로써 자신들의 권리 소유에 대한 이상적인 원칙을 지키고자 했다.' 당신이 토지에서 일하지 않는다면, 토지를 정당하게 소유할 수 없다.

다른 예를 들 수도 있다. 정말로 나는 다른 문제들에 대해 사회인류학자들로부터 배운 구성을 시도한 적이 있다. 이를테면 의적(義賊)에 대한 사회적 문제는 고도로 규격화되어 있기 때문에 이런 형태의 분석에 적합했다.

그것은 세 개의 분석 단계를 수반한다. 첫째, 우리는 의사가 증후군이라고 부르는 것을 확인해야 한다. 증후군이란 곧 모든 '징후' 또는 맞추어져야 할 그림 맞추기 퍼즐의 조각들, 혹은 최소한 충분히 존재하고 있어서 계속 일어나는 징후들이다. 둘째, 우리는 이러한 모든 형태의 행위를 이해하는 모델을 세워야 한다. 즉 이러한 다른 종류의 행위들의 조합을 특정한 합리성의 도식에 따라 서로 조화되게끔 만드는 일련의 전제들을 발견하는 것이다. 셋째, 그러고 나서 우리는 이러한 추정을 확증할 수 있는 독립된 증거가 존재하는지를 발견해야만 한다.

현재 이러한 단계들 중에서 가장 다루기 힘든 부분은 첫 번째 단계이다. 왜냐하면 첫 번째 단계는 역사가의 선입견, 사회에 대한 자신의 이론, 때때로 자신의 육감, 본능이나 자기반성에 의존하고 있고, 역사가는 일반적으로 자신이 첫 번째 선택을 어떻게 내려야 할지가 자신의 마음속에서도 분명치 않기 때문이다. 적어도 나는, 내가 하고 있는 것을 의식하려고 열심히 노력했음에도 불구하고 의식하지 못했다. 예를 들어 사람들은 어떠한 근거에서 일반적으로 역사에 대한 호기심을 끄는 주(註)로만 취급되는 다양한 사회 현상들을 골라내고, 어떠한 근거에서 의적, 도시의 폭동, 특정 비밀 결사, 특정한 종류의 천년 왕국설의 신봉자들이나 다른 분파 등을 (여러분이 정치 출현 이전의 정치라고 부를 수 있는) '원초적 반란' 부류에 속하는 것으로 분류하는가? 내가 처음에 그렇게 했을 때,[16] 나는 실제로 몰랐다. 왜 나는 인지할 수 있었던 (그러나 그중 일부는 확실히 인지하지 못했던) 다른 수많은 것들 중에서, 농민 운동에서 복장이 중요하다는 사실에 주목했을까? 나는 복장을 계급투쟁의 상징으로 보았다. 그 예로 시칠리아에서 '테 없는 모자파(caps)'와 '테 있는 모자파(hats)' 사이에서 적대감이 발생했던 것과, 볼리비아 농민 봉기에서 도시를 점령한 인디언들이 도시민들에게 바지를 벗고 농민(즉 인디언)의 옷을 입도록 강요한 것을 들 수 있다. 반란의 상징 자체로서의 복장에 대한 예로는, 1830년의 농업 노동자가 자신들의 요구 사항을 가지고 젠트리에게로 행진하기 위해 나들이옷을 입었던 것을 들었다. 거기서 나는 그들이 노동, 즉 일반적인 억압 상태가 아니라 휴일과 오락이라는 자유의 상태에 있음을 지적했다. (초기 노동 운동에서조차 파업과 휴일의 개념은 명확하게 분리되지 않았음을 기억하라. 광부들은 파업할 때 '놀았고', 1839년의 총파업을 위한 차티스트들의 계획은 '국경일'을 위한 계획이었다.) 나는 (나 자신의 인식이 편향되어 있음을 — 옮긴이) 모르고, 이러한 무지는 위험하다. 무지는 내 가 지금 갖고 있는 가정을 모델에 적용하거나 중요한 것을 빠뜨리는 것을 알아차리지 못하게 만들기 때문이다.

분석의 두 번째 단계도 또한 다루기 힘들다. 왜냐하면 사실들을 가지고도 자의적인 모델을 쉽게 구성할 수도 있기 때문이다. 물론 (많은 구조주의적 모델들처럼 아름다운 모델들과 달리) 그 모델이 시험 가능

---

16) (옮긴이) Eric Hobsbawm, *Primitive Rebels : Studies in Archaic Forms of Social Movement in the 19th and 20th Centuries*(Manchester, 1959)를 말하는 것이다. 『원초적 반란』(진철승 옮김, 온누리)이라는 한국어 번역본이 있다.

한 것이라면 큰 문제는 되지 않는다. 문제는 그것이 증명하려고 하는 것이 모호한 경우이다. 어떤 행위가 어떤 가정을 이치에 맞게 만든다는 것은, 그 행위가 분별 있다는 즉 합리적으로 정당화될 수 있다는 것과는 다르다. 이러한 과정에서 가장 큰 위험은 모든 행위를 똑같이 '합리적인 것으로' 평가하는 것이다. 현지 조사를 하는 많은 인류학자들이 이 함정에 빠졌다. 지금도 그런 과정들이 남아 있다. 예를 들어, 군 당국이 착한 정신박약자라고 증명했던 용감한 병사 슈베이크[17]의 행동은 조금도 정신적 결함이 있는 것이 아니었다. 그것은 의심할 여지 없이 그 상황에서는 자신을 방어하기 위한 가장 효과적인 형태였다. 억압 상태에 놓인 농민의 정치적 행위를 몇 번이나 연구하다 보면, 우리는 어떠한 혁신도 받아들이기를 거부하는 것과 어리석은 행위의 실제적 가치를 발견하게 된다. 농민의 최대 자산은, 많은 경우에 여러분은 농민들에게 어떤 일을 하도록 시킬 수 없다는 것이다. 대체로 전통 농민 의상에 어울리는 것에는 변화가 없다. (그러나 물론 이 농민들 중 상당수는 어리석은 체한 것이 아니라, 실제로 어리석다는 사실을 잊지 말자.) 때때로 어떤 상황에서는 합리적이었던 행위라도, 변화된 상황에서는 더 이상 합리적이지 않을 수 있다. 그러나 뚜렷한 목적을 이룰 수 있는 효과적인 수단이라는 측면에서는 전혀 합리적이지 않지만, 이해는 될 수 있는 수많은 종류의 행동 또한 존재한다. 이러한 경우로 명백히 오늘날 서양에서 나타나는 점성술과 마녀, 일탈적인 다양한 종교에 대한 신념, 그리고 비합리적인 신념 등에 대한 믿음의 부활이나 또는 가장 일반적인 예로 많은 사람들이 차를 몰 때 사로잡히는 광기 같은 특정한 형태의 폭력적 행위를 들 수 있다. 민중사가들은 자신의 판단을 포기하지 않으며 포기해서도 안 된다.

---

17) (옮긴이) 체크 작가 하셰크(Jaroslav Hašek)의 소설에 나오는 주인공.

이러한 시도들을 하는 목적은 무엇인가? 그것은 과거를 단지 발견하는 것이 아니라 과거를 설명하는 것이고, 그렇게 하면서 현재와 연결시켜 주는 것이다. 단지 이제까지 알려지지 않은 것을 밝히면서 우리가 발견한 것을 즐기려는 엄청난 유혹이 역사학에 존재한다. 그리고 보통 사람들의 많은 삶들과 생각들은 훨씬 더 알려져 있지 않기 때문에, 이러한 유혹은 민중사에서 더 크다. 그리고 우리들 대부분은 자신들을 과거 속의 알려지지 않은 보통 남성과 (더 알려지지 않은) 여성과 같은 존재로 여기기 때문에 민중사는 더욱더 강한 유혹에 빠진다. 나는 이러한 것을 탓하고 싶지는 않다. 그러나 호기심, 감상적인 생각, 골동품에 대한 관심의 즐거움만으로는 충분하지 않다. 그러한 민중사 중 잘 쓰인 것은 훌륭하게 읽히지만, 그것이 전부다. 우리가 알기 원하는 것은 무엇뿐만 아니라 왜이다. 17세기 서머싯에 있는 청교도 마을에서, 또는 월트셔에 있는 빅토리아 시대 빈민법 협회에서, 사생아를 낳은 소녀들은 아이 아버지가 결혼할 의도를 가졌다는 근거가 있다면 죄인이나 '훌륭하지 못한' 사람으로 취급되지 않았다는 사실을 아는 것은 흥미로운 일이며, 생각할 거리를 제공한다. 그러나 우리가 실제로 알고 싶은 것은 왜 그러한 믿음을 지녔으며, 그 믿음이 그 공동체의 나머지 다른 가치 체계(또는 이것이 한 부분을 이루는 더 큰 사회)와 어떻게 조화되었으며, 왜 그러한 믿음이 변하거나 변하지 않았는지 등이다.

현재와의 연결 또한 명백하다. 왜냐하면 과거가 변해서 어떻게 현재로 되었는가에 대해 이해하게 되면 우리는 현재와 아마도 미래의 어떤 것을 이해할 수 있다는 사실은 그만두고라도, 현재를 이해하는 과정은 과거를 이해하는 과정과 많은 공통점을 지니기 때문이다. 오늘날 모든 계급에 속한 사람들의 행위 대부분은 사실상 과거 보통 사람들의 삶의 대부분처럼 알려져 있지 않고 기록도 없다. 일상생활의 발전 과정을 모니터하는 사회학자와 다른 사람들은 항상 지식의 원천 너머를 추적하고 있다. 우리 시대와 사회의 구성원으로서 스스로 무엇을 하고 있는지 잘 알고 있는 우리들조차도 우리 모두가 (심지어 자신들을 사회 체계 밖에 존재한다고 간주하는 사람들도) 바라는 질서 있는 사회 체계라는 것의 이미지를 창출하는 데 우리의 행동과 신념이 하는 역할을 의식하지 못할지도 모른다. 아니면 그러한 사회 체계의 변화에 타협하려는 시도를 말로 표현하는 데 우리의 행동과 신념이 어떠한 역할을 할지 의식하지 못할지도 모른다. 오늘날 가족 관계에 대해 서술하고, 이야기하고, 실천한 것들 중 많은 부분은 분명히 진단이라기보다는 징후의 영역에 속한다.

그리고 과거에 우리의 과제 중 하나는 보통 사람들의 생활과 생각을 밝히는 것이고 그것들을 에드워드 톰슨이 말하는 "후세의 거대한 겸손"으로부터 구해 내는 것이었던 것처럼, 현재 우리의 문제도 또한 무엇이 사실이고 해답은 무엇인지 자신들은 모두 안다고 생각하고 그것들을 사람들에게 부과하려는 사람들의 주제넘은 가정을 벗겨버리는 것이다. 우리는 사람들이 원했던 좋은 사회 혹은 참을 만한 사회가 무엇인지를, 그리고 (사람들은 실제로 알지 못하기 때문에) 결코 그것과 똑같은 것은 아니라도 사람들이 그 사회로부터 필요로 하는 것을 발견해야만 한다. 그것은 쉬운 일이 아니다. 왜냐하면 얼마간은 사회가 어떻게 움직여야 하는가에 대한 널리 퍼져 있는 가정을 제거하기가 어렵기 때문이고, 그 가정 중 (가장 자유주의적인 가정 같은) 몇 개의 가정은 거의 도움이 되지 않는 지침이기 때문이다. 또 부분적으로는 우리는 무엇이 (정당하지 못한 사회라 할지라도) 사회를 실제 생활에서 작동하도록 만드는가에 대해 사실상 모르기 때문이다. 20세기까지, 내가 알고 있는 모든 국가들은 여러 세기 동안 인류에게 그렇게까지 어렵지는 않았던 문제, 즉 인간 공동체인 동시에 노동하는 도시를 어떻게 건설해야 하는가라는 문제를 신중하게 계획을 통해 해결하려 했지만 성공하지 못했다. 그것은 우리를 주저케 한다.

민중사가들은 사회가 어떻게 변하는가 뿐만 아니라 사회가 어떻게 작동하고 언제 작동하지 않는가를 발견하는 데 많은 시간을 보낸다. 그럴 수밖에 없다. 왜냐하면 민중사가들의 주제인 보통 사람들이 사회의 거의 대부분을 구성하기 때문이다. 민중사가들은 자신들이 자신들의 문제에 대한 대답이나 사실들에 대체로 무지하다는 사실을 인식하고 있으며, 이러한 엄청난 장점을 가지고 시작한다. 또한 민중사가들은 역사학에 의지하는 사회과학자들에 비해 역사가로서의 근본적인 장점을 지닌다. 즉 우리가 과거에 대해서 얼마나 모르고 있는지, 과거를 발견하는 것이 얼마나 중요한지, 그리고 전문 분야의 힘겨운 작업이 그 목적을 위해 필요하다는 것 등을 알고 있는 것이다. 또한 민중사가들은 세 번째 장점을 지닌다. 민중사가들은 보통 사람들이 원했던 것과 필요로 했던 것은, 그들보다 더 나은 사람들이나 더 영리하고 더 영향력 있는 사람들이 보통 사람들이 가져야 한다고 생각했던 것과 늘 달랐다는 사실을 안다. 이것은 역사학이 가지는 충분히 겸손한 자격이다. 그러나 겸손함은 무시될 수 있는 덕이 아니다. 우리가 사회에 대한 모든 답을 알지 못하고 대답을 발견하는 과정도 단순하지 않다는 사실을 때때로 깨닫는 것이 중요하다. 현재 사회를 계획하고 운영하려는 사람들은 아마도 이 말을 들으려 할 것 같지 않다. 하지만 사회를 변화시키고 궁극적으로는 사회의 발전을 계획하려는 사람들은 반드시 경청해야 한다. 이들 중 일부나마 이 말을 새겨듣는다면, 그것은 부분적으로 뤼데 같은 역사가의 작업 덕분일 것이다.

17

흥미로운 유럽사

대륙이 대륙으로서의 역사를 지닐 수 있을까? 정치와 역사와 지리를 혼동하지 말자. 특히 자연적인 지리 단위가 아니라 단지 지구 위의 대륙 각 부분들에 대해 인간이 붙인 이름에 불과한 지도첩 속의 대륙 형태 때문에 혼동하지 말자. 더욱이, 이러한 대륙의 이름들에는 단순한 지리적 의미 이상의 의도가 들어 있는데, 그것은 처음부터, 다시 말해 구세계의 대륙들이 처음으로 이름을 얻었던 고대 이후로 명확하다.

아시아를 생각해 보라. 내가 틀리지 않다면, 1980년 이후로 미국의 인구 조사는 현재 아메리카 흑인들이 선호하는 명칭인 '아프리카계 아메리카인'과 유사한 분류인 '아시아계 아메리카인'이라는 분류 항목을

---

* 이 글은 유럽과 유럽의 역사에 대한 독일어 강의를 피셔타셴부흐(The Fischer Taschenbuch) 출판사의 후원하에 영어로 옮긴 것이다. 이 출판사는 1996년 뮌헨에서 열린 독일 역사학자 대회에 즈음하여 새로운 유럽사 시리즈에 착수했다. 독일어 강의는 1996년 10월 4일에 ≪디 차이트 (*Die Zeit*)≫에 게재되었고 (더 길어진) 영어 번역은 여기에 처음으로 실린 것이다.

추가해서 주민들이 선택할 수 있게 했다. 아마도 아시아계 아메리카인은 아시아에서 태어난 아메리카인이거나 아시아계 혈통의 아메리카인일 것이다. 그러나 (아시아 쪽에 있는 이스라엘은 말할 것도 없고) 터키에서 온 이민을 캄보디아, 한국, 필리핀이나 파키스탄에서 온 이민들과 똑같이 아시아라는 항목으로 분류하는 것은 어떤 의미가 있는가? 터키의 주민들은 아시아라는 지리적 사실로 자신들이 상기되길 원하지 않음에도 불구하고 말이다. 실제로 이 집단들은 공통점이 없다.

우리가 '아시아적'이란 분류를 더 면밀하게 살펴보면, 그것은 지도에 대한 것보다 우리들에 대해 더 많은 것을 말해 준다. 이를테면 이 분류는 과거에 '동방(East)'이나 '오리엔트(Orient)'로 알려졌던 지역에서 기원하는 일부 인류에 대한 아메리카인의 태도나 더 일반적으로는 서구인의 태도를 어느 정도 설명해 준다. 서양의 관찰자들과 이후의 정복자, 통치자, 이주자, 기업가들은 자신들에게 확실히 맞설 수 없었던, 그러나 존중받을 만한 가치가 있거나 또는 최소한 18세기와 19세기의 기준에 따랐을 때 진지하게 고려될 가치가 있는 확립된 고대 문화나 정치체에 분명히 속했던 사람들의 공통분모를 찾았다. 그 주민들은 당시의 용어로는 '미개인'이나 '야만인'이 아닌 다른 범주, 특히 다른 것들 중에서도 서양인에 대한 열등함으로 특징지어진 '동양인(Orientals)'이라는 범주에 속했다. 팔레스타인 사람인 에드워드 사이드는 자신의 영향력 있는 책 『오리엔탈리즘』에서 '동양'에 대한 유럽적 오만의 전형적인 논조를 훌륭하게 집어내었다. 비록 이 책이 동양학 분야에 종사하는 서양인의 태도가 지니는 복잡함을 과소평가한 측면이 있지만 말이다.[1]

다른 한편으로 '아시아적'이란 용어는 오늘날 이차적이고 지리적으

---

1) Edward Said, *Orientalism*(London, 1978)(한국어 번역본 : 『오리엔탈리즘』, 박홍규 옮김, 교보문고).

로 더 제한된 의미를 지닌다. 싱가포르의 리콴유(李光耀)가 '아시아적 길'과 '아시아적 경제 모델', 즉 서양의 경영 전문가와 이론가들이 기꺼이 채택했던 주제를 공표했을 때, 우리는 아시아 전체가 아니라 지리적으로 제한된 공자(孔子)의 유산이 경제에 미친 영향에 관심을 가진다. 간단히 말해서, 우리는 마르크스가 시작했고 막스 베버가 발전시켰던, 특정 종교와 이데올로기가 경제 발전에 미친 영향에 대한 오랜 논쟁을 계속하고 있는 것이다. 자본주의의 엔진에 연료를 채웠던 것은 전에는 프로테스탄티즘이었다. 하지만 오늘날 칼뱅은 퇴장하고 공자가 입장했다. 왜냐하면 서구 자본주의에서 프로테스탄트적 덕성은 더 이상 찾아볼 수 없기 때문이고, 동시에 동아시아의 경제적 승리가 중국, 일본, 한국, 타이완, 홍콩, 싱가포르, 베트남 등 유교 전통 국가에서 발생했거나 중국 기업가들의 국외 이주[2]에 의해 이루어졌기 때문이다. 이런 일이 일어난 오늘날 아시아는 기독교를 제외하고는 공산주의의 잔존물을 포함한 모든 세계 신앙의 본부를 안고 있다. 그러나 유교 문화가 없는 아시아 지역은 베버 논쟁의 최근 추세에 들어맞지 않는다. 그런 지역들은 이러한 아시아에 속하지 않는다.

물론 아시아의 서쪽 연장 부분은 유럽으로 알려져 있지 않다. 모든 사람이 알고 있듯이, 유럽은 지리적으로 동쪽 경계선을 가지고 있지 않으며, 그러므로 유럽 대륙은 오로지 지적인 구성물로만 존재한다. 전통적인 학교 지도상의 구분선은 다른 언어보다도 독일어 기억술로 아주 쉽게 기억될 수 있는 우랄 산맥, 우랄 강, 카스피 해, 카프카스이고, 이러한 구분선은 정치적 결정에 근거해 있다. 브로니슬라프 게레메크가 최근에 상기시켜 주었듯이, 18세기에 타티슈체프(V. Tatishchev)가 우랄 산맥이 유럽과 아시아를 나눈다고 지적했을 때,[3] 그는 모스크바

---

2) (옮긴이) 화교 기업가를 말함.
3) Bronislaw Geremek, in *Europa-aber wo liegen seine Grenzen?*, 104th Bergedorfer

공국과 그 계승자를 아시아에 할당했던 고정관념을 의식적으로 깨뜨리려 했던 것이다. '경계 구분은 지리학자와 역사가의 결정과, 협정의 승인을 요구한다.' 물론 우랄 산맥의 역할이 무엇이든지 간에, 그리스인이 '야만인'이라고 규정했던 사람들과 유럽인(즉 순수 그리스인) 사이의 최초의 경계선은 흑해 북쪽의 대초원 지대를 가로질렀다. 남부 러시아는 지금 자동적으로 유럽에 포함된 다른 많은 지역보다도 훨씬 오랫동안 유럽의 일부였다. 그러나 지리학자들은 유럽의 지리적 분류에 대해, 예를 들어 아이슬란드와 스피츠베르겐⁴⁾에 대해 19세기 후반까지 논의하기도 했다.

물론 유럽이 구성된 개념이라는 것이 과거에 유럽이 존재하지 않았다거나 현재 존재하지 않는다는 것을 의미하지는 않는다. 고대 그리스인이 이름을 붙인 이후로, 유럽은 항상 존재했다. 단지 유럽은, 지리학으로 위장된 정치 강령의 고전적인 예인 '중앙유럽'처럼 그렇게 탄력성 있는 개념은 아니지만, 바뀌기 쉽고 나뉠 수 있는 유연한 개념이다. 예를 들어 현재 모든 중앙유럽 지도에는 체크 공화국의 영토와 그곳에 인접한 유럽 부분만 나타나 있다. 그러나 이것들 중 몇몇은 이베리아 반도를 제외한 전 유럽 대륙에 맞닿아 있는 것이다. 그러나 '유럽'이라는 개념의 탄력성은 (모든 지도가 실용적인 목적 때문에 우랄 산맥을 경계선으로 받아들일 때처럼) 지리적이라기보단 정치적이고 이데올로기적이다. 냉전 기간 동안 미국의 '유럽사' 분야는 주로 서유럽을 다루었다. 1989년 이후에야 '유럽사'는 "유럽의 정치적, 경제적 지리가 변화함에 따라"⁵⁾ 중앙유럽과 동유럽까지 확대되었다.

Gesprächskreis, 10 and 11 July 1995(Hamburg, 1996), 9쪽.

4) (옮긴이) 노르웨이령 소발바르 군도 중 가장 큰 제도.

5) John R. Gillis, "The Future of European History", *Perspectives : American Historical Association Newsletter* 34/4(April 1996), 4쪽.

최초의 유럽 개념은 두 가지 대립에 근거했다. 하나는 페르시아 전쟁 시 페르시아 제국의 진출에 대항하는 그리스인의 군사적 방어였고, 다른 하나는 러시아 남부의 대초원 지대 위에서의 그리스 '문명'과 스키타이 '야만인'들과 만남이었다. 우리들은 이후의 역사에 비추어 보았을 때 이것을 대립과 차별화의 과정으로 볼 수 있다. 그러나 이러한 과정을 상호 공생과 융합으로 해석하는 것도 아주 쉬운 일일 것이다. 로스토프체프(M. I. Rostovtsev)의 『러시아 남부의 이란인과 그리스인(*Iranians and Greeks in Southern Russia*)』에 뒤이어 나온, 훌륭한 책 『흑해』[6]에서 닐 애셔슨이 상기시켜 주는 것처럼, 확실히 이러한 과정은 아시아, 그리스, 그리고 다뉴브 강을 따라 하류로 흘러가는 서유럽의 영향력 사이의 교차점에서 "매우 진기하고 흥미로운 혼합 문명"을 낳았다.

마찬가지로 고전 고대 시기 지중해 문명 전체를 혼합 문명으로 보는 것도 논리적일 것이다. 무엇보다도 지중해 문명은 후에 제국 이데올로기와 국가 종교를 수입했듯이 문자도 근동과 중동으로부터 수입했다. 확실히 유럽, 아시아, 아프리카라는 현재의 구분은 그리스인들이 세 대륙 모두에서 번창했던 시기에는 아무런 의미도 없었다. (그리스인들은 비극적인 20세기가 되어서야 비로소 이집트, 소아시아, 폰틱 산맥[7] 지역에서 마침내 추방되었다.) 적어도 현재와 같은 의미는 없었던 것이다. 영토가 세 대륙에 걸쳐 있고 유용한 것이면 어디에서 온 것이든 받아들일 준비가 되어 있던 분열되지 않은 로마 제국의 전성기에 그러한 구분이 무슨 의미를 가질 수 있었을까?

야만인들의 이주와 침입은 새로운 것이 아니었다. 동아시아로부터 지중해에 이르는 문명 지대에 있는 모든 제국들은 이 야만인 지역들

---

6) Neil Ascherson, *Black Sea*(London, 1995).

7) (옮긴이) 흑해 남쪽에 있는 산맥.

과 인접해 있었다. 그러나 로마 제국은 붕괴 후 지중해 서쪽과 동쪽의 야만인 지역을 다룰 수 있는 통치자나 제국을 전혀 남기지 못했다. 그 시점부터 우리는 카프카스 산맥과 지브롤터 해협 사이의 역사를 동쪽, 북쪽, 남쪽에서 쳐들어오는 정복자들에 대항하는 천 년간의 싸움으로 보는 것이 가능하다. 아틸라[8]부터 위대한 쉴레이만 대제[9]에 이르기까지, 또는 심지어 1683년 투르크족의 2차 빈 포위 공격에 이르기까지의 싸움으로 말이다.

나폴레옹에서부터 시작하여 1920년대와 괴벨스(P. J. Goebbels)의 범유럽 운동을 거쳐 유럽경제공동체 시기까지 '유럽 이념'의 핵심을 형성했던 이데올로기, 즉 지리적 유럽 대륙의 일부를 일부러 배제하는 유럽 개념이 샤를마뉴(Charlemagne)라는 상징에 호소하려 했다는 것은 놀라운 일이 아니다. 그 샤를마뉴는 적어도 이슬람 등장 이후로 침입자들이 들어오지 않았던 유럽 대륙의 일부만 통치했고, 따라서 동방에 대항하는 "서양의 전위이자 구원자"라고 주장할 수 있었다. 이 표현은 오스트리아 대통령 카를 레너(Karl Renner)가 1946년에 근거 없이 추측된 오스트리아의 "역사적 사명"을 찬양하면서 사용한 말이다.[10] 샤를마뉴는 사라센인들과 동쪽의 야만인들과 싸워 국경선을 늘렸던 정복자였기 때문에, 냉전 시대의 용어를 사용한다면 '봉쇄 정책'에서 '반격 전술'로 나아갔다고 보일 수도 있다.

사실상 그 시기에는 고전적으로 교육받은 소수의 성직자 집단 외에는 아무도 '유럽'의 관점에서 생각할 수 없었다. 사라센인들과 야만인들에 대한 서양 최초의 진정한 반격은 카롤링거 왕조 찬양자들이 붙

---

8) (옮긴이) Attila(?~453): 훈족의 왕.

9) (옮긴이) Süleyman Kanuni(1494~1566): 오스만 제국의 술탄.

10) Gernot Heiss and Konrad Paul Liessmann eds., *Das Millennium : Essays zu Tausend Jahren Österreich*(Wien, 1966), 14쪽에서 인용.

인 '유럽 왕국'이라는 이름이 아니라 (로마) 기독교의 이름으로 수행되었다. 이슬람에 대항하는 남동유럽과 남서유럽의 십자군과 발트 해 연안의 이교도에 대항하는 북동부의 십자군들이 내세웠던 것처럼 말이다. 심지어 유럽인들이 16세기에 지구를 진정으로 정복하기 시작했을 때조차도, 신세계 정복자들의 이데올로기 속에서 에스파냐의 재정복 운동의 십자군 이데올로기를 쉽게 인식할 수 있다. 유럽인들은 17세기 이전까지는 자신들을 신앙인으로 인식했을 뿐 유럽인으로 인식하지 못했다. 17세기 말 유럽인들이 동쪽 주요 제국들의 힘에 도전할 수 있었을 때, 이교도들의 진정한 신앙으로의 개종은 더 이상 이데올로기적으로 복식 부기와 경쟁할 수 없었다. 경제적, 군사적 우위는 유럽인들이 근대라는 문명의 운반자로서 아니라 집단적인 인간의 전형이라는 측면에서 다른 모든 사람들보다 우월하다는 신념을 당시에 강화시켰다.

'유럽'은 천 년 동안 수세에 놓여 있었다. 그 후 500년 동안 유럽은 세계를 정복했다. 이렇게 관찰하면 유럽사는 세계사에서 분리될 수 없다. 경제사가, 고고학자, 과거 일상생활의 짜임새(일상생활사)를 연구하는 사람들에게 오랫동안 명백했던 것을 이제는 일반적인 것으로 받아들여야 한다. 지도 제작과 관련되어 규정된 유럽사라는 이념 자체도 지중해의 남부와 동부 연안을 북부 연안과 영원히 분리시켰던 이슬람의 등장 덕분에 가능했다. 성격이 변덕스럽거나 어떤 이데올로기를 지닌 경우가 아니라면, 고전 고대 시기를 다루는 역사가가 로마 제국의 북지중해 지역만을 다루는 역사를 쓰겠다고 주장할 수 있을까?

그러나 유럽을 세계의 다른 지역과 분리하는 것은 어떤 이데올로기적인 '유럽' 개념으로부터 지리적인 유럽 대륙의 부분들을 배제하는 관행보다는 덜 위험하다. 최근 50년을 지나면서 우리는 유럽 대륙에 대한 그러한 재정의는 역사가 아니라 정치와 이데올로기에 속했음을 배워야만 했다. 냉전이 끝날 때까지 이것은 너무나 명백했다. 제2차 세계 대전 이후에, 아메리카인들에게 유럽은 "'서양 문명'이라고 불리는 것의 동쪽 경계"를 의미했다.[11] '유럽'은 소련이 통제하는 지역의 국경선에서 멈추었고, 유럽 정부들의 비공산주의, 또는 반공산주의에 의해 유럽이 규정되었다. 자연히, 잔존한 유럽에 긍정적인 내용을 부여하기 위해 이를테면 유럽을 민주주의와 자유의 영역으로 묘사하는 것 같은 시도들이 이루어졌다. 그러나 이러한 묘사는 1970년대 중반 이전까지는 유럽경제공동체에게조차 받아들이기 어려운 것으로 보였다. 왜냐하면 1970년대 중반에야 에스파냐, 포르투갈, 그리스 등 남부 유럽의 명백한 권위주의 국가들이 사라졌고, 그리고 분명히 민주주의적이기는 하지만 '유럽적'인 것으로 보기에는 의심스러운 영국이 마침내 유럽경제공동체에 가입하였기 때문이다. 오늘날 유럽에 대한 정치 강령식의 정의는 더 이상 작동하지 않는다는 것은 더욱 명백하다. '유럽'을 하나로 결합시켰던 존재인 소련은 더 이상 존재하지 않는다. 또 지브롤터 해협과 블라디보스토크 사이에 존재하는 모든 체제들이 예외 없이 민주주의와 자유 시장 경제에 대한 충성을 선언했다는 사실도 이러한 체제들의 다양성을 숨기지는 못한다.

그러므로 단일한 정치 강령적 '유럽'을 추구하는 것은, 이제까지 해결되지 않았고 앞으로도 해결될 것 같지 않은 문제에 대한 끝없는 논쟁만을 야기할 뿐이다. 그러한 문제는 유럽연합을 어떻게 확장할 것인가, 즉 그 역사를 통해서 볼 때 경제적으로 정치적으로 문화적으로 이질적이었던 대륙을 어떻게 다소간 동질적인 하나의 실체로 전환시킬 것인가라는 문제이다. 단일한 유럽이 존재했던 적은 결코 없었다. 차이점들을 유럽사에서 제거할 수는 없다. 이데올로기가 '유럽'에 지리적 의상이 아니라 종교적 의상을 입히려 했을 때조차도, 차이점은 항상

---

11) J. R. Gillis, "Future of European History", 5쪽.

존재해 왔다. 사실상 유럽은 적어도 이슬람의 발흥과 신세계 정복 사이에 있는 기독교 대륙이었다. 그러나 결코 사이가 좋지 않은 적어도 두 종류의 기독교가 유럽 대륙에서 서로 대립했고, 그리고 16세기 종교 개혁으로 인해 다양한 다른 기독교 분파들이 더해졌을 때조차 개종하지 않은 이교도는 여전히 존재했다. 어떤 사람들에게 (일반적으로 폴란드와 크로아티아 출신이 아닌 사람들도 종종) 로마 가톨릭교와 그리스 정교회를 가르는 경계선은 "오늘날조차 지구상의 문화적 구분 중 가장 영속적인 것 중의 하나"이다.[12] 지금도 북아일랜드는 피비린내 나는 유럽 내 종교 전쟁의 전통이 죽지 않았음을 입증한다. 기독교는 유럽사의 뿌리 깊은 부분이지만, 보다 전형적인 유럽적 개념, 이를테면 '민족'이나 '사회주의'가 유럽 대륙을 통일시키는 힘이 아니었던 것처럼, 기독교도 유럽을 통일시키는 힘은 아니었다.

유럽을 대륙이 아니라 클럽으로, 즉 클럽의 위원회가 적합하다고 공인한 후보자만 받아들이는 클럽으로 간주하는 전통은 거의 '유럽'이라는 이름만큼이나 오래되었다. '유럽'이 끝나는 지점은 자연히 각자의 입장에 달려 있다. 모든 사람이 알고 있는 것처럼, 메테르니히에게 있어 '아시아'는 빈의 동쪽 출구에서 시작되는 것이었고, 이 관점은 19세기 말에도 여전히 "야만적-아시아적" 헝가리인들을 비난하는 빈의 ≪라이히포스트(*Reichpost*)≫에 실린 글들 속에서 메아리치고 있다. 헝가리 수도 부다페스트의 주민들에게 진정한 유럽의 경계선은 헝가리 사람들과 크로아티아 사람들 사이를 명확하게 가로지르는 것이었으며, 크로아티아의 투지만 대통령에게는 크로아티아 사람들과 세르비아 사람들 사이를 마찬가지로 명확하게 가로지르는 것이었다. 의심할 여지 없이 자부심 강한 루마니아 사람들은 자신들을 후진적인 슬라브 사람들 사

---

12) B. Geremek, *Europa*, 9쪽.

이로 유배당한 순수한 유럽인이자 정신적으로는 파리 시민으로 본다. 비록 동유럽의 부코비나에서 태어난 오스트리아 작가인 그레고르 폰 레초리(Gregor von Rezzori)가 그들을 자신의 책 속에서 "마그리브인",[13] 즉 '아프리카인'으로 보았음에도 불구하고 말이다.

그러므로 지리적 구분은 진정한 구분이 아니다. 그렇다고 꼭 이데올로기적인 구분이 진정한 구분인 것도 아니다. 이데올로기적 구분은 자신을 '잘난 사람'으로, 즉 지적, 문화적, 심지어 생물학적으로 항상 이웃보다 높은 집단에 속하는 자라고 여기는 사람들에 의해 규정되었듯이 피부로 느끼는 우월감과 속으로 움츠러드는 열등감으로 구분한다. 구분은 반드시 인종적인 것도 아니다. 다른 곳과 마찬가지로 유럽에서도, 문명과 야만을 가르는 가장 보편적으로 인정된 경계선은 부자와 빈자 사이, 다시 말해 사치와 교육과 외부 세계에 접근할 수 있는 사람들과 그렇지 못한 사람들 사이를 가로지르는 것이었다. 결과적으로 가장 분명한 이 같은 분리가 가로지른 것은 사회와 사회 사이가 아니라 주로 도시와 농촌 사이였다. 물론 농민들은 의심할 여지 없는 유럽인들이었다. 누가 농민들보다 더 토착적이었겠는가? 그러나 19세기의 낭만주의에 물든 지식인, 민속학자(folklorists), 사회과학자들이 고풍의 가치 체계를 자주 찬양하거나 심지어 이상화했을 때조차도, 그들이 얼마나 자주 농민들을 후진성과 고립 덕택으로 현재까지 보존된 문화의 초기 단계, 결과적으로 더 원시적인 단계의 '잔존물'로 취급했는가? 지식인들이 1888년과 1905년 사이에 동유럽의 여러 도시들에서 개관했던 새로운 민족지 박물관에 속해 있어야 하는 사람은 도시 사람들이 아니라 시골 사람들이었다(바르샤바, 사라예보, 헬싱키, 프라하, 리보프(렘베르크), 베오그라드, 상트페테르부르크, 크라쿠프 등).

---

13) (옮긴이) Maghribians : 북아프리카 북서 지역, 곧 모로코, 알제리, 튀니지, 때로는 리비아를 포함하는 지방에 거주하는 사람들.

그럼에도 불구하고, 유감스럽게도 경계선이 민족들과 국가들 사이를 자주 가로질렀다. 유럽의 모든 나라에서, 어떤 변경 건너편에 있는 야만스러운 이웃들 또는 최소한 기술적으로나 지적으로 지체된 주민들을 경멸하는 사람들이 있었다. 유럽 대륙 위에서의 일반적인 문화적, 경제적 경사면은 파리와 그 인근인 일 드 프랑스와 프랑스 북동부의 샹파뉴 지역에서부터 동쪽이나 남동쪽으로 기울어졌고, 그러므로 달갑지 않은 이웃들, 특히 러시아인들을 '아시아적'인 것으로 분류하기 쉽게 만든다. 그러나 북쪽에서 남쪽으로의 경사면도 잊어서는 안 된다. 그 경사면이 에스파냐인들에게 의미하는 것은 그들이 '실제로는' 유럽보다는 아프리카에 속했다는 것이다. 이것은 북부 이탈리아의 주민들이 로마 남쪽의 동료 시민들을 경멸할 때도 사용했던 견해이다. 10세기와 11세기에 유럽을 약탈했던, 그리고 배후에는 북극의 얼음만 있는 북쪽의 야만인들만이 다른 대륙 사람이라고 돌려질 수 없었다. 어쨌든 그들은 부유하고 평화로운 스칸디나비아인으로 변모했고, 그들의 야만적 특성은 바그너의 살벌한 신화[14]와 독일 민족주의 속에만 살아남아 있다.

그럼에도 불구하고, 다른 대륙으로 경사져 흘러가는 유럽 문화의 정점은 유럽 전체가 야만의 영역에 속하지 않게 되었을 때, 그제야 볼 수 있었다. 14세기 후반까지도, 위대한 이븐 할둔 같은 높은 수준의 문명 지역의 학자들은 기독교 유럽에 거의 흥미를 보이지 않았다. 그는 "그곳에서 어떤 일이 일어나는지는 오직 신만이 아신다"라고 말했는데, 이미 2세기 전 톨레도의 하급 법관인 사이드 이븐 아흐마드(Sa'id ibn Akhmad)는 북쪽의 야만인들에겐 배울 것이 없다고 확신했다. 북쪽의 야만인들은 사람이라기보다는 짐승에 가깝다는 것이었다.[15]

---

14) (옮긴이) 바그너의 오페라 「니벨룽겐의 반지」를 말한다.

15) M. E. Yapp, "Europe in the Turkish Mirror", *Past and Present* 137(November

그러한 나라들에서 문화적 경사는 확실히 반대 방향으로 기울어져 있었다.

그러나 바로 여기에 유럽사의 역설이 놓여 있다. 바로 이러한 역사적 유턴(U turn)이나 중지가 유럽사의 특징이다. 유럽의 긴 역사 전체에 걸쳐서, 동아시아에서부터 이집트까지 펼쳐져 있는 높은 수준의 문화 벨트는 모든 침략, 정복, 대변동에도 불구하고 야만주의로의 지속적인 퇴보를 경험하지 않았다. 이븐 할둔은 역사를 초원의 유목민과 정착 문명 사이의 영원한 투쟁으로 보았다. 그러나 이 투쟁에서 유목민은 때때로 승리하기는 했지만 승리자가 아니라 계속 도전자로 남았다. 몽고인과 만주인 지배하의 중국 그리고 중앙아시아에서 온 모든 정복 침입자들로 들끓었던 페르시아는 그 지역의 높은 문화의 등대로 남았다. 이집트와 메소포타미아도 파라오, 바빌로니아인, 그리스인, 로마인, 아랍인이나 투르크인의 지배를 받든지 말든지 그 지역의 높은 문화의 등대로 남았다. 대초원 지대와 사막 출신의 사람들에 의해 천 년 동안 침략당했음에도 불구하고, 구세계의 모든 위대한 제국은 한 가지 예외만 제외하고 모두 살아남았다. 오로지 로마 제국만이 영원히 파괴되었다.

만약 소박한 수준의 정원 관리와 꽃 재배에서도 느껴질 정도로 문화적 연속성이 붕괴되지 않았다면,[16] '르네상스', 이를테면 천 년 동안 잊혔지만 우월하다고 여겨진 문화적, 기술적 유산으로 되돌아가려는 시도는 필요하지도 않고 상상할 수도 없었을 것이다. 중국에서, 모든 응시자들이 기원전부터 끊이지 않고 매년 치러진 과거를 보기 위해 암기해야만 하는 고전으로 누가 되돌아갈 필요가 있었겠는가? 마르크스를 포함한 서양의 철학자들의 잘못된 신념, 즉 역사 발전의 동력은

1992), 139쪽.

16) Jack Goody, *The Culture of Flowers*(Cambridge, 1993), 73~74쪽.

아시아나 아프리카가 아니라 오로지 유럽에서만 발견될 수 있다는 신념은 다른 문명의 지적이고 도시적인 문화의 연속성과 서양사의 불연속성 사이의 이러한 차이에서 부분적으로 기인한다.

그러나 오로지 부분적으로만 그렇다. 왜냐하면 15세기 말부터 세계는 의심할 여지 없이 유럽 중심적으로 되었고, 20세기까지 그랬기 때문이다. 오늘날의 세계를 명나라와 무굴 황제, 맘루크들[17]로부터 구분하는 모든 것은 유럽에서 시작되었다. 과학과 기술이, 경제, 이데올로기와 정치, 또는 공적 생활과 사적 생활의 제도와 관습 등과 같은 모든 것이 그렇다. 지구 전체를 포괄하는 인간의 커뮤니케이션 체계로서의 '세계'라는 개념조차도 유럽의 서반구 정복과 자본주의적 세계 경제 체제의 출현 이전에는 존재할 수 없었다. 이것이 유럽의 상황을 세계사 안에 고정시키고, 유럽사의 문제를 규정하고, 그리고 유럽이라는 특수한 역사를 필수적인 것으로 만든다.

그러나 이것은 또한 유럽사를 매우 독특하게 만든다. 유럽사의 주제는 지리적 공간이나 인간 집단들이 아니라 과정이다. 유럽이 자신을 변환시키지 못하고 그럼으로써 세계를 변환시키지 못했다면, 단일하고 통일적인 유럽사 같은 것은 존재할 수 없었을 것이다. 왜냐하면 '동남 아시아'가 (최소한 유럽 제국 시대 이전에는) 개념과 역사로서 존재하지 않았던 것처럼, '유럽'도 마찬가지였기 때문이다. 자신을 유럽으로 의식하는 그리고 유럽이라는 지리적 대륙과 어느 정도 일치하는 '유럽'은 오로지 근대에 이르러서야 출현하였다. 유럽이 더 이상 투르크에 맞서는 '기독교'로 방어적으로 규정될 수 없었을 때, 그리고 반대로 기독교 신앙들 사이의 갈등이 국가 정책의 세속화, 근대 과학과 학문의 문화에 쫓기어 퇴각했을 때만이, 그런 '유럽'은 출현할 수 있다. 그러

---

17) (옮긴이) Mamlūk : 중세 이슬람 국가들의 통제권을 장악했던 노예 군인.

므로 17세기의 어느 시기인가부터 새롭고 자의식적인 '유럽'이 세 가지 형태로 출현했다.

첫 번째 형태의 '유럽'은 국제적 국가 체제로 출현했다. 이 체제 속의 국가 외교 정책은 종교적 신앙으로부터 떨어져 있는 "국가 이성"이 규정하는 영원한 '이해관계'에 의해 결정되도록 되어 있다. 18세기를 거치는 동안 국제적 국가 체제는 러시아를 포함함으로써 나중에 "열강"이라고 불리게 된 사실상의 과두 체제 형태를 띠었고, 유럽은 실제로 근대 국가의 경계를 확립하였다. 20세기까지 유럽은 전적으로 유럽적인 '강대국들' 사이의 관계에 의해 규정되었다. 그러나 이러한 국가 체제는 존재하지 않게 되었다.

두 번째 형태의 '유럽'은 지리적 경계, 언어, 국가에 대한 충성, 의무나 개인적 신앙을 넘어선 집단적인 건축물, 즉 지적 활동, 과학 그리고 학문의 모든 영역을 포괄하는 근대 학문(Wissenschaft)을 건설하는 데 참여한 학자들이나 지식인들의 (이제는 그런대로 괜찮은) 공동체로 이루어졌다. '학문(Science)'은 이러한 의미에서 유럽 문화의 영역에서 출현하였고, 20세기 초까지 실질적으로 러시아 서부의 카잔과 아일랜드의 더블린 사이의 지역에 한정되었다. 동시에 유럽 대륙의 남동쪽 부분과 남서쪽 부분과의 격차도 분명히 있었지만. 그러므로 우리가 오늘날 살고 있거나 적어도 우리 중 일부가 죽어간 '지구촌'을 만든 것은 '유럽촌'이었다. 그러나 오늘날 지구촌은 유럽을 삼켜버렸다.

세 번째 형태의 '유럽'은 특히 19세기 동안 주로 교육, 문화, 이데올로기의 도시적 모델로 출현하였다. 비록 그 모델이 처음부터 해외의 유럽 이주자 공동체에도 수출될 수 있는 것으로 보였음에도 불구하고 말이다. 19세기에 존재했던 대학, 오페라 하우스, 공공 박물관과 도서관들을 세계 지도 위에 표시해 보면 분명해질 것이다. 유럽에서 기원한 이데올로기의 19세기 분포 상황을 보여주는 지도도 그럴 것이다.

(제1차 세계 대전 이후로) 정치 운동이면서 국가 보존 운동으로서의 사회민주주의는 제2(마르크스-사회민주주의)인터내셔널이 유럽적이었던 것과 마찬가지로 거의 전적으로 유럽적이었으며, 유럽적으로 유지되었다. 1917년 이후의 제3인터내셔널의 마르크스주의 공산주의는 유럽적이지 않았다. 19세기 민족주의, 특히 언어적 형태의 민족주의는 오늘날조차 유럽 밖에서는 발견하기 힘들다. 비록 주로 신앙 고백적이거나 인종적인 편견을 지닌 다양한 민족주의가 불행하게도 최근 몇 십 년 동안 구세계의 다른 지역들 속으로 스며든 것으로 드러나지만 말이다. 이러한 이념들은 18세기 계몽사상까지 거슬러 올라갈 수도 있다. 적어도 여기서, 우리는 가장 지속적인 그리고 특히 유럽적인 지적 유산을 발견한다.

그러나 이러한 모든 것들은 유럽사의 주요 특징이 아니라 부차적인 특징들이다. 역사적으로 동질적인 유럽은 존재한 적이 없으며, 동질적인 유럽을 기대하는 사람들은 잘못된 길 위에 서 있는 것이다. 우리가 '유럽'을 어떤 식으로 규정하든지 간에, 유럽의 다양성, 즉 유럽을 구성하는 요소들의 발전과 몰락, 공존, 변증법적 상호 작용은 유럽의 존립에 근본적인 것들이다. 이 다양성이 아니고는 근대 세계를 창조하고 통제하게 된 발전을, 그것이 다른 곳이 아닌 유럽에서 성숙한 과정을 통해 이해하고 설명하는 것은 불가능하다. 서양이 어떻게 동양에서 벗어났는가, 즉 자본주의와 근대 사회가 어떻게 그리고 왜 유럽에서만 완전히 발전했는가를 묻는 것은 유럽사에 대한 근본적인 물음들을 묻는 것이다. 그것들이 없으면, 유럽 대륙의 역사를 다른 대륙의 역사와 구별할 필요가 없을 것이다.

그러나 바로 이러한 물음들은 우리들에게 역사와 이데올로기 사이의, 더 정확하게 이야기하면 역사와 문화적 편견 사이의 황무지를 상기시킨다. 왜냐하면 역사가들은 유럽에서만 발견될 수 있는, 유럽 문화를 다른 것들과 질적으로 다르게 만들고 따라서 더 우월하게 만드는 특수한 요소들을 찾으려는 옛 습관을 포기해야만 하기 때문이다. 그러한 특수한 요소들의 예로는 유럽적 사고의 독특한 합리성, 기독교적 전통, 로마의 재산법 같은 고전 고대 시기에서부터 내려온 이런저런 특수 항목 등을 들 수 있다. 첫째, 심지어 체스라는 의심할 여지 없는 동양 게임의 세계 챔피언들이 모두 예외 없이 서양 사람들이었을 때 서양인들이 우월한 것처럼 보였던 반면, 이제 우리 서양인은 더 이상 우월하지 않다. 둘째, 유럽에서 자본주의를, 과학과 기술의 혁명을, 그리고 그 밖의 나머지를 야기했던 작업 방식에는 특별히 '유럽적인' 것 또는 '서양적인' 것이 전혀 없음을 우리는 이제 알고 있다. 셋째, 우리는 이제 시간상의 전후 관계를 인과 관계와 혼동하려는 유혹을 피해야만 한다는 사실을 알고 있다. 일본이 유일한 비서양권 산업 사회였을 때, 역사가들은 일본의 발전의 독특성을 설명해 줄지 모르는 유럽과의 유사성을, 이를테면 일본 봉건제 구조 속에서 유사성을 찾기 위해 일본사를 철저히 조사하였다. 이제는 성공적인 비서구적 산업 경제들이 많이 존재하므로 그러한 설명의 부적절성은 곧 눈에 띄게 되었다.

그럼에도 불구하고 유럽사는 여전히 독특하다. 마르크스가 관찰했던 것처럼, 인류의 역사는 우리가 그 안에서 같이 살아가고 있는 자연에 대한 통제를 발전시켜 온 역사이다. 만약 이러한 역사를 곡선으로 그려본다면 그것은 두 차례의 급격한 상승 곡선을 보일 것이다. 첫 번째 상승 곡선은 농업, 야금술, 도시, 계급, 문자를 초래했던 것으로 고든 차일드(V. Gordon Childe)가 "신석기 혁명"이라고 부른 것이다. 두 번째 상승 곡선은 근대 과학, 기술, 경제를 초래했던 혁명이었다. 아마도 첫 번째 상승은 세계 여러 곳에서 다양한 정도로 독립적으로 발생한 것 같다. 두 번째 상승은 오로지 유럽에서만 일어나서 몇 세기 만에 유럽을 세계의 중심으로 만들었고 소수의 유럽 국가들을 지구의 주인으로 만들었다.

인도의 외교가이자 역사가인 파니카르(Sardar Panikkar)가 "바스코 다 가마의 시대"라 부른 이 시대는 이제 끝났다. 우리는 더 이상 유럽 중심적이지 않은 세계 속의 유럽사에 대해 무엇을 해야 할지 더는 정확히 알지 못한다. 존 길리스를 다시 인용하면, "유럽은 공간적 그리고 시간적 중심성을 상실해 버렸다."[18] 세계사 속에서 유럽사가 수행한 특별한 역할을 부인하려는 잘못되고 헛된 시도를 하는 사람들이 있는 반면, 다른 사람들은 현재 생겨나고 있는 것 같은 "요새화된 유럽"이라는 생각 뒤에서 바리케이드를 치고서, 유럽이 아닌 대서양 건너편을 기꺼이 인정하려 한다. 유럽사의 방향은 무엇이어야 하는가? 콜럼버스 이후 최초의 포스트-유럽 세기가 끝나는 시점에서, 우리는 역사가로서 유럽의 미래를 지역사로서 그리고 지구사의 일부로서 다시 생각할 필요가 있다.

---

18) J. Gillis, "Future of European History", 5쪽.

역사로서의 현재

모든 역사는 다른 색깔의 옷을 입은 현대사(contemporary history)라고 이야기되어 왔다. 우리 모두가 알고 있는 것처럼, 이 말 속에는 대단한 내용이 들어 있다. 위대한 테오도르 몸젠[1]은 새로운 독일 제국에 대해 생각하는 1848년 혁명의 아들이자 독일 국민자유당원으로서 로마 제국에 대해 저술했다. 우리는 율리우스 카이사르의 뒤에 비스마르크의 그림자가 드리워져 있음을 알아차릴 수 있다. 로널드 사임[2]도 마찬가지이다. 그가 쓴 카이사르의 뒤에는 파시스트 독재자의 그림자가 드리워져 있다. 그럼에도 불구하고 이 시기의 모든 역사가들이 그럴 수밖에 없었던 것처럼 고전 고대 시기, 또는 십자군, 또는 튜더 왕조

---

* 나의 생애와 거의 대부분 일치하는 시기를 다루는, 『극단의 시대 —— 단기 20세기의 역사, 1914~1991』를 출판하려 할 때 쓴 이 글은 1993년 런던 대학의 크레이턴 강의에서 발표했다. 이 글은 "역사로서의 현재 —— 자기 자신의 시대의 역사를 서술하기"라는 제목의 팸플릿으로 런던 대학에서 출판되었다.

시기의 영국을 서술한 저작이 20세기의 산물이 되는 것과, 자신의 시대의 역사를 쓰는 일은 별개의 것이다. 자신의 시대의 역사를 쓰는 것에 대한 문제와 가능성이 이 장의 주제이다. 나는 이러한 문제들 중에서 주로 세 가지를 고려할 것이다. 첫 번째는 역사가 자신의 출생 시기, 더 일반적으로 말하자면 세대 문제이다. 두 번째는 과거에 대한 역사가의 관점이 역사가 진행됨에 따라 어떻게 변화하는가의 문제이다. 세 번째는 우리 모두가 공유하는 시대의 가정에서 어떻게 벗어날 수 있는가의 문제이다.

나는 대부분의 경력을 19세기를 전문하는 역사가로서 보냈기 때문에 (전문적이지 않은 자리에서는 그렇지 않았지만) 최소한 전문적인 저술에서는 1914년 이후의 세계를 의도적으로 피했던 사람으로서 말한다. 에드워드 그레이[3] 경이 말한 것처럼, 나의 등불 역시 사라예보 사건 또는 1차 사라예보 위기 —— 이제 우리는 이렇게 부르도록 교육받아야 한다 —— 이후에 꺼져버렸다. 1차 사라예보 위기는 프랑스의 미테랑(F. Mitterrand) 대통령이 프란츠 페르디난트(Franz Ferdinand) 대공 암살 78주기인 1992년 6월 28일에 사라예보 시를 방문함으로써 그 사실을 세계에 환기시키려 했던, 1914년의 사건이다. 그러나 슬프게도 내가 이야기할 수 있는 한, 내 연배의 교육받은 유럽인에게는 명백한 그 사실을 알아차린 기자는 단 한 명도 없었다.

---

1) (옮긴이) Theodor Mommsen(1817~1903) : 독일의 저명한 역사가이자 작가. 노벨 문학상을 탄 대저 『로마사』를 비롯하여 『라틴 명문 전집』, 『로마 헌법』, 『로마 형법』 등의 저서를 남겼다.

2) (옮긴이) Ronald Syme(1903~1989) : 영국의 저명한 로마사가. 『로마 혁명(*The Roman Revolution*)』이 유명하다.

3) (옮긴이) Edward Grey(1862~1933) : 영국의 정치가. 제1차 세계 대전이 시작될 때 "유럽에서 등불이 꺼져가고 있다. 우리 생애에는 다시 그 빛을 볼 수 없을 것이다"라는 유명한 말을 남겼다.

그럼에도 나는 여러 가지 이유에서 단기 20세기[4]의 역사를 마침내 쓰기로 했다. 이 시기는 사라예보에서 시작해서 (우리가 지금 슬프게 인식하고 있는 것처럼) 사라예보에서 끝나거나[5] 더 정확하게 말하면 소련의 사회주의 체제가 붕괴하고 결과적으로 유럽의 동쪽 절반이 붕괴하는 시기에 끝난다. 이 결심이 나로 하여금 자기가 살아온 시대의 역사를 쓰는 것에 대해 생각하도록 한 것이다. 왜냐하면 1917년에 태어난 나의 일생은 내가 지금 쓰려고 하는 시기와 실제로 일치하기 때문이다.

하지만 '자기 자신의 생애'라는 용어 자체는 논점을 교묘하게 회피하는 것이다. 이 말은 한 개인의 삶의 경험은 또한 집단적인 경험이라는 것을 가정한다. 모순된 말이지만, 어떤 점에서 이것은 명백한 진실이다. 우리들 대부분이 우리 생애에서 세계사나 민족사의 획기적인 사건을 인식한다고 해도, 우리 모두가 그 사건을 경험했기 때문에 인식하는 것은 아니다. 심지어 우리 중 일부가 실제로 그러한 획기적인 사건을 행했거나 실제로 보았다고 할지라도 말이다. 우리가 그 사건들이 획기적인 것이라고 인식하는 것은 그것을 획기적인 사건으로 보는 합의를 받아들이기 때문이다. 그러면 그러한 합의는 어떻게 형성되는가? 그 합의는 우리가 영국인이나 유럽인이나 서양인의 관점에서 가정하는 만큼 실제로 일반적인가? 세계의 모든 지역 각각의 역사에서 동시

---

4) (옮긴이) 홉스봄은 20세기를 1914~1991년으로 파악하기 때문에 "단기(短期)"라고 부른다. 마찬가지로 "혁명의 시대(1789~1848)"와 "자본의 시대(1848~1875)"와 "제국의 시대(1875~1914)"로 이루어진 19세기는 "장기(長期) 19세기"라고 부른다.

5) (옮긴이) 홉스봄이 20세기의 끝으로 보는 1990년대 초에는 사회주의가 붕괴하는 과정에서 유고 연방이 해체되면서 유고 내전이 일어났다. 사라예보는 이 유고 내전의 격전지이다. 따라서 홉스봄은 여기서 사라예보를 사회주의 체제 몰락의 주요한 상징 중 하나로 묘사한 것으로 보인다.

에 획기적인 것이 되는 시기는 아마도 많아야 여섯 개를 넘지 않을 것이다. 1914년조차 그 시기에 속하지 않는다. 제2차 세계 대전이 끝났던 때와 1929~1933년의 대공황은 그 시기에 속하겠지만 말이다. 여러 민족사 중에서는 특히 두드러지지 않지만, 단지 세계적인 반향을 불러일으켰기 때문에 그러한 것에 포함되어야 하는 사건들도 있다. 러시아 10월 혁명이 그러한 사건이다. 만약 그러한 합의가 존재한다면, 그 합의는 얼마나 오랫동안 지속되고, 얼마나 변화하기 쉽고, 부식되기 쉽고, 변형되기 쉬운가? 그리고 어떻게 또는 왜? 나는 이러한 문제들 중 몇 가지를 뒤에서 살펴보려 한다.

그러나 만약 우리가, 우리를 위해 구성되었고 우리 자신의 경험을 끼워 맞추는 이러한 현대사의 틀을 제쳐둔다면, 그 경험들은 우리 자신의 경험들이다. 모든 역사가는 자신만의 인생 경험을 지닌다. 이것은 개인의 횃대와 같아서 역사가는 거기에 걸터앉아 세계를 내려다본다. 아마도 그 횃대는 같은 상황에 처한 다른 사람들과 공유될 테지만, 20세기 말의 60억 인구 중에서 그러한 동료 집단의 수는 통계적으로 미미하다. 나 자신의 횃대는 특히 1920년대 빈에서 보낸 어린 시절과 영국, 특히 1930년대 케임브리지대학에 다니던 시절에 만들어졌다. 1920년대는 히틀러가 베를린에서 부상하던 시기인데, 이 시기는 나의 정치적 입장과 역사에 대한 관심을 결정해 주었고, 1930년대의 케임브리지대학 시기는 이 두 가지 모두를 확실하게 굳혀 주었다. 아마도 주로 이러한 것들 때문에, 나는 나와 역사적 해석을 공유하면서 같은 분야에서 —— 예를 들면 19세기 노동사 —— 작업하는 다른 역사가들의 시각과도 다른 시각을 가진 것 같다. 심지어 나와 그 역사가가 동일한 문제에 대해 동일한 결론을 내릴 때조차도 말이다. 조금이라도 분석적인 자기반성을 해본 역사가라면 모두 자기 방식대로 같은 느낌을 받을 것이다. 그리고 고전 고대 시기나 19세기가 아니라 자기 자신의 시대에 대해 쓰려고 할 때엔, 이러한 시대 경험이 불가피하게 우리가 현시대를 바라보는 방식을, 그리고 우리 모두가 자신의 관점과 관계없이 호소해야만 하고 받아들여야만 하는 증거를 평가하는 방식까지도 형성해 준다. 분노하면서 총을 쏴본 적이라곤 전혀 없는 아주 평범한 군인으로 복무했던 내가 제2차 세계 대전에 대해 써야만 한다면, 나와는 다른 전쟁 경험을 지닌 내 친구들과 어느 정도 사건들을 다르게 볼 것이 틀림없다. 그 예로 이탈리아 전투에서 탱크 부대 지휘관으로 복무했던 에드워드 톰슨이나 보이보디나와 리구리아에서 파르티잔과 싸웠던 아프리카인 역사가 베이질 데이비드슨(Basil Davidson)을 들 수 있다.

같은 연배와 배경을 지닌 역사가들의 경우에도 이렇다면, 세대 간의 차이는 사람들을 깊숙이 갈라놓을 정도로 충분히 크다. 내가 베를린에서 히틀러가 독일 수상이 되던 그날을 기억할 수 있다고 미국 학생들에게 이야기하면, 그들은 마치 내가 그들에게 1865년에 링컨 대통령이 암살되었던 포드 극장에 있었다고 말한 것처럼 나를 쳐다본다. 그들에게는 이 두 사건 모두 아주 옛날의 사건인 것이다. 그러나 내게 1933년 1월 30일[6]은 여전히 나의 현재의 일부를 이루는 과거의 일부이다. 그날 누이와 함께 학교에서 집으로 걸어가면서 신문의 헤드라인을 보았던 소년은 지금도 여전히 내 안 어딘가에 있다. 지금도 꿈처럼 어렴풋이 그 장면이 떠오른다.

나이에 따른 이러한 차이는 역사가에게도 적용된다. 존 챔리(John Chamley)의 『영광의 종말 처칠 —— 정치적 전기(*Churchill, the End of Glory : A Political Biography*)』에 대한 논쟁은 이 사실을 극적으로 보여 준다. 논의는 사실들, 심지어 처칠이 정치가와 전략가로서 판단할 수

---

6) (옮긴이) 히틀러가 수상에 임명된 날.

있기엔 가진 자료가 너무 적었다는 사실에 대한 것도 아니다. 이러한 사실은 오랫동안 심각하게 논의되지 않았다. 그것은 체임벌린이 히틀러의 독일에 저항하고자 했던 사람들보다 더 옳았는지 그렇지 않았는지에 관한 것만도 아니다.[7] 그것은 또한 1940년대 영국에서 살았던 경험들에 관한 것이다. 챔리 박사 연배의 사람들은 이러한 경험을 가질 수 없었다. 우리 역사에서 예외적이었던 순간을 직접 체험한 운 좋은 사람들 가운데 처칠이 (영국 사람 전체가 아니라) 대부분의 영국 사람들이 당시 느꼈던 것을 말로 표현했다는 사실을 의심했거나 지금 의심하는 사람은 극히 드물다. 독일군의 침입을 막기에는 아주 적합하지 못한 영국 동부 해안의 몇몇 방어 시설을 건설하려 했던 노동 계급 부대의 공병대원이었던 나는 당시에 그것을 의심하지 않았다. 당시 나를 사로잡았던 것은 우리는 계속 싸워나갈 것이라는, 보병 제1연대 소속 560 야전 공병 중대 동료들이 지녔던 자동적이고 생각이 없는, 절대적인 가정이었다. 우리는 의무감에서나 자발적으로 지도자들을 따른 것이 아니었다. 싸우지 않을 선택권은 생각조차 할 수 없었다. 의심할 여지 없이 이러한 선택권에 대한 생각은, 영국이 프랑스 함락 이후에 깨달은 절망적인 상황을 너무 모르고 생각이 없어서 인식하지 못하는 사람이나 하는 것이었고, 그 절망적인 곤경은 노퍽 지역의 신문 판매원이 유일한 정보원이었던 추방된 젊은 지식인에게조차 명확해 보였다. 우리가 그 순간을 "영국 최고의 시간"[8]이라고 부르든지 부르지 않든지 관계없이, 그 순간에 대한 어떤 소박한 장엄함이 존재한다는 것

---

7) (옮긴이) 체임벌린은 독일에 대해 유화 정책을 폈고, 이는 히틀러의 요구를 모두 들어준 뮌헨 협정으로 나타났다.

8) (옮긴이) "최고의 시간(Finest Hour)"은, 독일군의 공격으로 최악의 위기를 맞이한 1940년 6월 하원에서 연설하던 처칠이 저항의 의지를 다지기 위해 역설적으로 표현한 것으로, 그가 쓴 『제2차 세계 대전』 중 한 권의 제목이기도 하다.

은 내게도 명확해 보였다. 엄청났다. 그리고 이것이 전쟁이었다(*C'était magnifique — et c'était la guerre*).[9] 그리고 처칠은 그것을 말로 표현했다. 그래도 나는 그곳에 있었다.

그것은 체임벌린의 전기를 쓴 챔리가 유화 정책을 주장했던 사람의 주장을 부활시킨 것이 잘못이라는 사실을 의미하지는 않는다. 유화주의자의 주장을 부활시키는 것은 챔리 같은 30대 역사가들에게는 아주 쉬운 일이지만, 전쟁 세대의 역사가들에게는 (그렇게 하는 것은 말할 것도 없이) 머릿속에 떠올리는 것조차 불가능하다. 유화주의자들은 당시 상황을 파악하고 있었다. 그것은 우리의 목적이 체임벌린의 목적이나 핼리팩스[10]의 목적이 아니었기 때문에 1930년대의 젊은 반(反)파시스트들이 인식하지 못했던 요소이기도 했다. 처칠도 사용했고 유화주의자들도 표현했던 용어인 대영 제국의 유지라는 점에서 보면 유화주의자들은 처칠보다 실정을 더 잘 파악하고 있었다. 한 가지만 빼고 말이다. 즉 처칠은 위대한 동시대인인 샤를 드골(Charles de Gaulle)처럼 존엄성, 자부심, 자기 존경의 상실은 전쟁에서의 패배와 제국의 상실보다 더 나쁠 수 있음을 알았다. 우리는 오늘날의 영국을 되돌아볼 때 이것을 알 수 있다.

우리 세대가 기록 보관소에 가지 않고서도 알고 있는 것처럼, 유화주의자들은 틀렸고, 처칠은 히틀러와의 타협은 불가능하다는 사실을 인식했다는 점에서만 옳았다. 무솔리니조차 그랬던 것처럼, 합리적 정치의 관점에서 세력 정치라는 검증된 냉소적인 규칙에 따라 게임을

---

9) (옮긴이) 이것은 1854년 프랑스 육군사령관 피에르 보스케(Pierre Bosquet)가 "엄청나다. 그러나 이것은 전쟁이 아니다(C'est magnifique, mais ce n'est pas la guerre)"라고 말한 것을 흉내 낸 말이다.

10) (옮긴이) Edward F. L. Wood, 1st earl of Halifax(1881~1959) : 영국의 정치가. 체임벌린의 친구로 히틀러를 만나 영국은 독일의 팽창 정책을 저지하지 않겠다는 뜻을 밝혔고, 후에 외무 장관이 되어 본격적으로 유화 정책을 폈다.

하는 것은 히틀러의 독일이 다른 나라와 같은 '강대국'이라는 가정하에서만 뜻을 이룰 수 있었다. 그러나 히틀러의 독일은 달랐다. 한때는 스탈린을 포함한 1930년대의 거의 모든 사람들이 그러한 타협이 이루어질 수 있다고 믿었다. 결국 추축국과 싸워서 승리하게 될 대연합이 형성된 것은 항쟁주의자들이 유화주의자들을 이겼기 때문이 아니라, 독일의 침공이 1938년에서 1941년 말 사이에 미래의 연합국들을 뭉치도록 강제했기 때문이다. 1940~1941년에 영국이 직면했던 것은 승리에 대한 전망이 거의 없는 상태에서 맹목적으로 마지막까지 저항하는 것과 '합리적인 조건'으로 타협적 강화를 체결하는 것 사이의 선택이 아니었다. 왜냐하면 그때까지도 히틀러의 독일과 그러한 강화를 체결하는 것은 가능하지 않았음을 기록들은 보여주기 때문이다. 마지못해 또는 최선의 것으로 여겨졌던 것은 페탱의 프랑스라는 조금 더 면목을 세우는 입장이었다.[11] 기록 보관소에서 이와 반대되는 어떠한 견해가 발견되든지 간에, 처칠이 정부를 떠맡았다는 사실은 자명하다. 사람들은 강화가 나치 지배의 완곡한 표현에 지나지 않는다고 생각했다.

　1940년을 기억할 수 있는 사람들만이 이러한 결론에 도달하게 될 것이라고 말하고 싶지는 않다. 그러나 젊은 역사가가 그러한 결론에 도달하려면 상상력을 발휘하려는 노력, 즉 자신의 삶에 근거한 신념을 잠시 중단하려는 의지와 많은 열성적인 연구 작업이 필요하다. 그러나 우리들에게는 필요하지 않다. 물론 나는 1940년에 싸움을 계속한 결과에 대한 챔리 박사의 평가가, 1940년대 상황에 대한 그의 평가만큼이나 틀렸다는 것을 보여주려는 게 아니다. 증거는 일어났던 것에 대한 것이고, 가정된 상황은 일어나지 않았던 것에 대한 것이기 때문에, '만

---

11) (옮긴이) 1940년 독일군의 맹공에 몰린 프랑스의 레노(Paul Reynaud) 정부가 총사퇴하자 부총리였던 필리프 페탱(Philippe Pétain) 원수는 독일과 휴전한 뒤 비시에 나치의 괴뢰 정부를 세우는데, 이것이 이른바 '비시 정부'이다.

약 그 일이 일어나지 않았다면 어땠을까?'라는 반(反)사실적 대안에 대한 논의는 증거에 의해 해결될 수 있는 것이 아니다. 그러한 논의는 정치나 이데올로기에 속하지 역사학에는 속하지 않는다. 나는 챔리가 옳다고 생각하지 않지만, 그러한 논의는 이 글 안에 포함되지 않는다.

　부디 나를 오해하지 않았으면 한다. 나는 젊은 역사가에 맞서 20세기의 나이 든 역사가의 입장을 지지하는 것이 아니다. 나는 젊었을 때, 1914년 이전 페이비언 협회에서 활동했던 생존자들과 그들이 활동했던 시대에 대해 인터뷰하면서 역사가로서의 경력을 쌓기 시작했다. 내가 배웠던 첫 번째 교훈은 내가 그들이 기억할 수 있었던 것보다 인터뷰 주제에 대해 더 많이 알지 못했다면 그들은 인터뷰할 가치가 없었다는 사실이었다. 두 번째 교훈은 독자적으로 검증할 수 있는 사실에 비추어 보면 그들의 기억은 틀릴 수 있다는 사실이었다. 세 번째 교훈은 오래전에 형성되어 고정되어 버린 그들의 생각을 바꾸려는 것은 헛일이라는 사실이었다. 20대와 30대 역사가들도 분명 오래된 자료들을 다룰 때 역시 이러한 경험을 한다. 그리고 오래된 자료 중에는 원칙상 나이 든 시민인 역사가들도 포함된다. 그럼에도 불구하고 우리 나이 든 역사가들은 몇 가지 장점을 갖고 있다. 20세기의 역사에 대해 쓰기 시작한 사람들에게 있어 특별한 노력 없이 사건들이 얼마나 많이 변해 왔는지를 안다는 것은 적지 않은 장점이다. 지난 30~40년은 역사가 기록된 이래로 가장 혁명적인 시기였다. 세계가, 다시 말해 지구상에서 살고 있는 남성과 여성의 삶이 그렇게 짧은 시간 내에 그렇게 근본적으로, 극적으로, 놀랍게 변화된 적은 결코 없었다. 예전에 어떠했는지를 본 적이 없는 세대가 이것을 직관적으로 파악하기는 어렵다. 한때 시칠리아 도적단 줄리아노의 일원이었다가 감옥에서 20년을 보낸 뒤에 팔레르모 근처의 고향으로 돌아왔던 사람이 한번은 나에게 방향감각을 잃고 상실감에 빠져 이렇게 말한 적이 있었다. "예전에 포도밭이 있던 곳에, 지금은 궁전(palazzi)이 자리 잡고 있어요." (그는 부동산 개발업자들의 커다란 아파트를 말하는 것이었다.) 확실히 그가 옳았다. 그가 태어난 고향은 이제 어디에서도 찾아볼 수 없다.

과거를 회상할 정도로 충분히 나이 든 사람들은 이러한 변화를 당연한 것으로 받아들이지 못한다. 젊은 역사가들은 특별한 노력을 기울여야 알 수 있을 때, 나이 든 사람들은 특별한 노력 없이 '과거는 다른 나라이다. 거기서는 일들이 다른 식으로 이루어진다'는 것을 안다. 이것은 과거와 현재 모두에 대한 우리 판단과 직접적인 관련이 있을 수도 있다. 예를 들어 나는 독일에서 히틀러의 출세 과정을 체험한 사람으로서 옛 나치가 길모퉁이에서 오늘날의 네오나치와는 전혀 다르게 행동했음을 안다. 한 가지 예를 더 들면, 요즘 터키인과 다른 이민자들의 거처에 대해 아주 자주 그러는 것처럼, 1930년대 초에 젊은 나치가 특별한 명령도 받지 않고 유대인 집을 습격해서 집과 함께 유대인들을 불태웠던 사건에 대한 기록이 존재하는지 의심스럽다. 현재 이러한 짓을 하는 젊은이들이 히틀러 시대의 상징을 사용할 수도 있지만, 그것은 다른 정치 현상을 의미한다. 역사적 이해의 출발이 과거의 다름에 대한 이해이고 역사가의 가장 큰 죄가 시대착오라고 한다면, 우리 나이 든 역사가들은 우리의 수많은 단점들을 상쇄하는 든든한 장점을 가지고 있는 게 된다.

그러나 우리가 나이 든 사람들에게 젊은 사람들을 능가하는 장점을 부여하든 말든, 어떤 측면에서 볼 때 세대 변화는 20세기 역사의 서술과 실천 모두에 분명 중요하다. 제2차 세계 대전을 직접 경험했던 세대가 사라진 다음 (프랑스와 이탈리아에서 뚜렷했던) 레지스탕스와 전쟁에 대한 역사적 관점의 변화뿐만 아니라 그 나라의 정치에서 (조용히 진행되기는 했지만) 중요한 변화가 보이지 않았던 나라는 없다. 이것은 더 일반적으로 이야기하면 민족사의 대격동과 정신적 상흔에 대한 기억에도 적용된다. 나는 이스라엘에서 민족주의 신화와 논쟁에 지배당하지 않는 이스라엘 역사는 건국 후 40년 만인 1980년대 중반에 가서야 출현했다는 것, 또 아일랜드인이 쓴 아일랜드 역사가 1960년대에야 페니언단 신화와 아일랜드 자치안을 반대한 연합론자의 반(反)신화 모두로부터 실제로 해방될 수 있었던 것은 우연이 아니라고 생각한다.

첫 번째 관찰과는 거꾸로인 나의 두 번째 관찰을 보기로 하자. 이 두 번째 관찰은 역사가의 나이나 역사가의 관점이 그 시대에 미치는 영향력을 다루는 것이 아니라, 그 시대가 지나면서 나이에 관계없이 역사가의 시각에 미치는 영향력을 다룰 것이다.

나는 1961년에 있었던 해럴드 맥밀런과 케네디 대통령의 대화로 시작할까 한다. 맥밀런은 소련은 "활기찬 경제를 지녀서 곧 물질적 부의 경쟁에서 자본주의 사회를 앞지를 것"이라고 생각했다. 그러나 그 말이 지금에 와서 아무리 터무니없게 여겨진다 하더라도, 1950년대 말에는 이러한 견해를 지녔거나 어쨌든 무시하지는 않았던 정보에 밝은 사람들이 많이 있었다. 특히 소련이 우주 기술에서 미국을 이겼다는 사실을 입증한 이후엔 더 그랬다.[12] 1960년대에 20세기의 역사를 집필하고 있었던 역사가가 그러한 견해를 받아들이는 것은 불합리한 일이 아니었을 것이다. 우리의 지혜는 우리가 필연적으로 1961년의 경제학자보다 소련의 경제를 더 잘 이해한다는 데 있는 것이 아니라, 시간의 경과로 인해 우리가 역사가의 궁극적인 무기, 즉 통찰력을 가지게 되었다는 데에 있다. 이 경우에 통찰력은 올바르다. 그러나 또한 잘못될 수도 있다. 예를 들어 많은 관찰자들, 특히 역사적 실제보다는 시장

---

12) (옮긴이) 1957년 10월 4일 무인 위성 스푸트니크 1호의 발사와, 1961년 4월 12일 가가린을 태우고 발사된 최초의 유인 우주선 보스토크 1호의 발사 소식은 미국인들에게 큰 충격을 주었다.

이론을 더 잘 이해하는 경제학자들은 일반적으로 1989년 이후로 소련과 이와 비슷한 경제 체제를 채택했던 지역은 완전히 파산한 지역으로 생각한다. 하지만 그것은 그들이 소련과 소비에트 블록의 붕괴 이후에 관찰을 시작했기 때문이다. 실제로 1980년대까지 소련과 이와 비슷한 경제 체제들은 주민들에게 상품과 서비스를 제공하는 기술과 능력 모두에서 자본주의 경제보다 확실히 열등했고 삐걱거리는 소리를 내면서 천천히 파산해 가고 있기는 했지만, 자기 방식대로 작동하는 경제 체계였다. 그것들은 붕괴 직전에 있지는 않았다. 실제로 평생 공산주의에 대한 비판자였고 1980년대 후반에는 1년 동안 모스크바에서 살기도 했던 나의 친구 겔너(Ernest Gellner)는, 소련이 자신들만으로 이루어진 일종의 소행성처럼 세계의 다른 부분으로부터 완전히 고립될 수 있었다면, 브레주네프 체제하의 소련의 주민들은 자신들이 러시아의 초기 세대보다 더 편안한 생활을 누렸다는 데에 동의했을 거라고 말했다.

여기서 문제가 되는 것은 단지 역사가나 다른 어떤 사람의 예언 능력이 아니다. 과거 40년 동안의 세계사 속에서 발생한 극적인 사건들 중에서 예언되거나 심지어 기대된 사건들마저도 거의 없는 이유는 당연히 토론해 볼 만한 가치가 있다. 나는 20세기 역사에 대한 예언 능력이 제2차 세계 대전 이후로 확실히 더 낮아졌다고 생각한다. 1918년 이후에는 또 다른 세계 전쟁과 심지어 불황조차도 매우 자주 예언되었다. 그러나 제2차 세계 대전 이후에, 경제학자들은 거대한 세계적 벼락 경기인 '30년간의 황금시대'를 예언했는가? 아니다. 경제학자들은 경기 침체를 예언했다. 그러면 경제학자들은 1970년대 초 황금시대의 종말을 예언했던가? 아니다. 경제협력개발기구(OECD)는 계속적인, 심지어 더 가속화되는 연간 5퍼센트의 경제 성장을 예언했다. 그들은 '공황'이란 단어를 사용하지 않았던 반세기 동안의 금기를 깰 정도로 심각한 현재의 경제 혼란을 예언했는가? 별로 예언하지 못했다. 그들은 제1차와 제2차 세계 대전 사이에 이용할 수 있었던 것보다 훨씬 더 진보된 모델을 기초로 해서, 가장 복잡하고 정교한 기계에 의해 광속으로 처리되는 전례 없이 어마어마한 자료의 입력을 기초로 해서 예언을 했으며, 하고 있는 중이다. 정치적 예언의 경우엔 심지어 아마추어와 비교해 보아도 더 낫지 않다. 그러나 여기서 이러한 실패의 본질과 방법론적 의미를 고려하진 않겠다. 내가 강조하고자 하는 요점은 심지어 기록된 과거조차 뒤이어 진행되는 역사에 비추어 보면 변한다는 것이다.

입증해 보기로 하자. 1989~1991년의 사건을 어떤 뜻으로 해석하든지에 관계없이, 소련과 소련 블록의 붕괴로 세계사의 한 시기가 끝난다는 사실을 부인하려는 사람은 거의 없다. 역사의 한 페이지가 넘어간 것이다. 이렇게 된 사실만으로도 20세기의 모든 살아 있는 역사가들의 시각을 바꾸기에 충분하다. 왜냐하면 그것은 하나의 시간 진로를 자기 자신의 구조를 지닌, 그리고 일관성이나 비일관성을 지닌 한 역사적 시기로, 즉 나의 친구 아이번 베런드(Ivan Berend)가 그렇게 불렀듯이 "단기 20세기"로 전환시켰다. 우리가 누구든지 간에, 우리는 시간의 흐름에 마침표를 찍게 한 1989~1991년 이전에 보았던 방식과는 완전히 다르게 20세기 전체를 볼 수밖에 없다. 우리가 19세기로부터 물러서 있을 수 있는 것처럼 20세기로부터도 물러서 있을 수 있다고 말하는 것은 어리석은 짓이다. 그러나 적어도 우리는 20세기를 전체적으로 볼 수는 있다. 한마디로 말해서, 1990년대에 쓴 20세기의 역사는 그 전에 쓴 어떤 20세기의 역사와도 질적으로 차이가 있음에 틀림없다.

더 구체적으로 살펴보기로 하자. 내가 19세기에 관해 썼던 세 권의 책을 완성하거나 보완하기 위해 20세기에 대한 책을 쓰도록 5년 전에 처음 요청받았을 때, 나는 단기 20세기를 두 쪽으로 된 그림으로 볼 수 있다고 생각했다. 단기 20세기의 전반부, 즉 1914년부터 제2차 세계 대전 직후까지는 명백히 파국의 시대였고, 그 시대에 19세기 자유주의적 자본주의 사회의 모든 측면이 붕괴되었다. 이 시기는 사회 혁명과 구제국의 붕괴를 수반할 세계 전쟁의 시기였고, 세계 경제가 파국에 이른 시기였으며, 거의 모든 곳에 있는 자유민주주의 제도가 와해되거나 패배한 시기였다. 단기 20세기의 후반부, 즉 1940년대 후반 이후부터는 정반대였다. 이 시기는 자유주의 자본주의 사회가 다양한 방식으로 개혁되었고 전에 없이 번창할 정도로 회복되었던 시기였다. 그리고 나는 (참 길었던) 20세기의 3/4분기(1950~1975년) 세계 경제의 예외적이고, 선례가 없고, 비할 데 없는 대도약은 20세기 풍경의 특징이 ── 관측자들은 이 특징을 세 번째 천년의 중심적인 부분으로 보려 할 것이다 ── 될 것이라고 생각했고, 지금도 그렇게 생각한다. 하지만 그때에도 사회주의 경제 체제를, 자본주의에 대한 지구적인 규모의 경제적 대안은 아닐지라도 ── 1980년대에 사회주의 체제의 열등함이 뚜렷하게 나타났다 ── 자본주의 파국 시기의 산물로 보는 것은 가능했다. 그러나 1980년대에 이르러 사회주의 경제 체제는, 1930년대에 많은 사람들에게 대안으로 보였던 것과는 반대로, 자본주의에 대한 지구적 대안으로 생각되지 않았다. 사람들은 비록 자본주의의 미래가 불확실해 보여도, 더 이상 사회주의를 중심적인 것으로 생각하지 않았다. 다시 한번, 모든 사람은 세계 경제의 대도약이라는 황금시대가 1970년대 초에 끝났음을 인식하였다. 경제사가들은 20~30년의 경제적 붐과 이에 뒤따른 같은 기간 정도의 더욱 불확실한 시기로 이루어진 이러한 장기 주기에 아주 익숙하다. 이러한 장기 주기는 최소한 18세기까지 거슬러 추적될 수 있고, 콘드라테프 장기 주기로 가장 잘 알려져 있다. 그것은 거의 설명이 불가능하며, 지구적 차원의 이러한 변화는 항상 꽤 실제적으로 정치적 결과와 이데올로기적 결과를 낳는다. 하지만 이것이 전반적인 묘사도 하지 못할 정도로 극적인 것처럼 보이지는 않는다. 독자들은 1980년대 후반이 선진 자본주의 세계에서 실질적으로 경기가 활성화된 시대였음을 생각해 낼 수 있을 것이다.

20세기의 역사를 쓰겠다고 마음먹은 지 2년도 지나지 않아서, 이처럼 두 부분으로 형성된 20세기를 다시 생각해야 할 필요성이 분명해졌다. 한편으로는 소련이 예기치 않게 파국적인 경제적 결과를 빚으면서 붕괴되었다. 다른 한편으로는 서양 경제 자체가 1930년대 이후에 최고로 가혹한 고통을 당하고 있음이 점차 명확해졌다. 1990년대 초에는 심지어 일본도 흔들렸고, 경제학자들은 오래전인 1940년대에 그랬던 것처럼 다시 인플레이션보다는 대량 실업을 걱정하기 시작했다. 모든 형태, 모든 규모의 정부들은 이제 이전보다 더 큰 경제학자 집단에 의해 충고를 받고는 있지만 다시 한번 자신들이 무엇을 해야 할지 모르거나 무기력하다는 것을 깨달았다. 결국 콘드라테프의 유령이 다시 한번 닥쳤다. 동유럽의 정치 체제가 사라졌지만, 선진국과 제3세계의 비(非)공산권 정치 체제의 안정성도 더 이상 당연시될 수 없다는 사실이 드러났다. 간단히 말하면, 이제 단기 20세기의 역사는 세 부분으로 이루어진 그림 혹은 샌드위치에 가까운 것으로 보인다. 다시 말해, 두 개의 주요한 위기 시대를 갈라놓고 있는 상대적으로 짧은 황금시대로 말이다. 우리는 아직 두 번째 위기의 결과를 알지 못한다. 그것은 다음 세기 역사가들의 몫이다.

처음에 출판사에 개요를 제출했을 때, 나는 상황을 이러한 방식으로 보지 못했다. 더 훌륭한 역사가는 그렇게 볼 수 있었을지 몰라도, 나는 그렇지 못했다. 다행히도 나는 꾸물거리는 버릇이 있어서 바로 이때부터 미루어 놓았던 것을 쓰기 시작했다. 변한 것은 내가 알고 있는 1973년 이후의 세계적인 사건들이 아니라, 지난 20년을 새로운 관점에서 보지 않을 수 없게 만든 1989년 이후 동양과 서양에서 일어난 갑작스러운 사건의 동시 발생이었다. 내가 이러한 나의 경험을 열거한 것은, 독자들이 이러한 관점에서 20세기를 보도록 설득하려는 것이 아니라, 극적인 시기를 2~3년간 체험하는 것이 한 역사가가 과거를 보는 방식에 어떠한 영향을 미치는가를 보여주기 위해서이다. 50년 동안 역사를 쓴 역사가는 20세기를 이와 같은 관점에서 볼 수 있을까? 아무도 모른다. 그건 내가 걱정할 문제는 아니다. 그러나 역사가들은 아마도 이제까지 견뎌내며 겪었던 것처럼 비교적 짧은 역사적 기후 변동에는 좌우되지 않을 것이다. 이것은 자기 자신의 시대를 쓰는 역사가가 가진 딜레마이다.

이제 20세기의 역사를 쓰는 세 번째 문제, 즉 우리 모두가 공유하는 시대의 가정에서 어떻게 벗어날 수 있는가를 생각해 보자. 그것은 모든 세대의 역사가들에게 영향을 미치지만 불행하게도 역사적 사건에 비추어 보면 재해석이 그리 빨리 이루어지지는 않는다. 좋게 생각하면 역사적 변화에 부식되지 않는 점도 있지만 말이다. 그것은 내가 앞에서 언급했던 역사적 합의라는 문제를 다시 생각하게 한다. 여기서 나는 우리 시대에 대해 우리가 갖고 있는 관념의 전반적인 패턴, 즉 우리가 관찰할 때 주어지는 그 패턴을 말하는 것이다. 우리는 종교 전쟁의 세기를 살았고, 이것은 역사가를 포함한 우리 모두에게 영향을 미쳤다. 종교 전쟁의 세기라는 용어는 20세기 사건들을 선과 악, 그리스도와 적그리스도의 투쟁으로 다루는 정치가의 단순한 수사가 아니다. 1980년대 독일의 역사가 논쟁(Historikerstreit)[13]이나 "역사가의 전투"는

---

13) (옮긴이) 독일 현대사에서의 나치즘의 위상과 관련된 역사가 논쟁은 1986년 초여름에서 시작되어 1989년 독일 통일 전까지 약 3년 동안 격렬하게 진행되었다. 역사가 논쟁의 핵심은 나치즘을 당시의 맥락 속에서 이해하느냐 비판하느냐의 문제였다. 핵심적인 대립은 놀테(Ernst Nolte)와 하버마스(Jürgeu Habermas)의 글

나치 시기를 독일사의 일부로 보아야 하는지에 관한 것이라기보다는, 차라리 독일사 내의 기묘한 악몽 같은 삽화로 보는 것이었다. 나치 시기가 악몽이라는 데 대해 실제로 동의하지 않는 역사가는 없었다. 역사가 논쟁은 나치 독일에 대해 총체적으로 비난하지 않는 역사적 태도가 극히 악명 높은 체제를 부흥시킬 위험은 없는지 또는 적어도 그 체제의 범죄를 완화시킬 위험은 없는지에 대한 것이었다. 일상생활의 수준에서 우리 중 많은 사람들은 축구장 난봉꾼이 된 젊은 사람들이 옛 나치의 역십자 문장과 SS라는 나치 친위대 문신을 한 것을 보면 더 소름끼치고 무서워한다. 반대로, 일부러 이러한 복장과 장식을 하는 하위문화는, 이러한 상징을 말 그대로 지옥의 표시로 보는 사회의 보수적 기준을 총체적으로 배격한다는 선언으로서 그렇게 하는 것이다. 내가 이 글을 쓰고 있는 동안에도 어떤 사람들은 오늘날에서조차 여전히 그 상징들을 '나치를 사랑한다는' 표시로 해석할 것이며, 따라서 나는 그렇지 않다고 말해야 한다는 느낌을 강하게 받는다.

종교 전쟁의 위험은 전쟁이 끝났는데도 세계를 제로섬(zero-sum) 게임의 관점에서, 즉 병존할 수 없는 양분된 세계로 계속 보려는 데에 있다. 70여 년에 걸친 세계적 규모의 이데올로기적 갈등은 세계 경제를 사회주의 경제와 자본주의 경제로, 즉 국가 주도의 경제와 개인에 기초한 경제로 나누고 이 둘 중 하나를 선택하는 것을 거의 제2의 천성으로 만들었다. 우리가 두 진영의 대립을 정상적인 것으로 간주한다면, 자유주의적 자본주의와 스탈린의 공산주의가 나치 독일의 위협에

에 잘 나타나 있다. 역사가 논쟁을 시작한 놀테는 「사라지지 않는 과거」에서 유대인 학살 같은 범죄가 이미 소련에도 존재했음을 거론함으로써 나치의 범죄를 상대적으로 희석시키면서, 나치즘을 야만적인 소련 공산주의의 위협에 대응하는 방어적인 것으로 이해해야 한다고 주장하였다. 이에 대해 하버마스는 아우슈비츠가 나치 범죄의 절정이며, 나치의 상대화는 결국 나치의 명예 회복으로 귀결되기 때문에 나치에 대한 어떠한 상대화도 허용할 수 없다고 비판하였다.

맞서 공동 전선을 폈던 1930년대와 1940년대는 이례적인 시기로 보일 것이다. 어떤 의미에서 이 1930년대와 1940년대는 20세기 역사에 분명 중요한 중심 시기였을지 몰라도 나에게는 여전히 이례적인 시기로 보인다. 왜냐하면 자유주의적 자본주의를 구출하여 재정립하도록 도와주었던 것은 소련의 희생과 선구적인 거시적 경제 계획과 관리라는 개념이었기 때문이다. 혁명에 대한 두려움은 자본주의가 그렇게 하도록 자극했고 그것은 자본주의에 이롭게 작용했다.

그러나 20세기의 이러한 중간 시기는 2093년의 역사가들에게는 아주 이상하게 보이지 않을까? 2093년의 역사가들이 20세기를 되돌아본다면 그들은 사회주의 국가들이 서로 간에 군사 행동을 벌였고 비사회주의 국가들도 서로 군사 행동을 벌였음에도 불구하고, 자본주의와 사회주의 사이의 상호 적대감 선언이 양 진영 사이에 사실상의 전쟁을 야기하지는 않았음을 관찰하게 될 것이다.

만약 화성에서 온 관찰자가 우리 세계를 살펴보게 된다면 그는 실제로 그렇게 두 부분으로 나누는 것을 선택할까? 화성인은 미국, 남한, 오스트리아, 브라질, 싱가포르, 아일랜드의 사회적 상황과 정치적 상황을 똑같은 표제하에 분류할까? 개혁의 압박 속에서 붕괴한 소련 경제가 붕괴하지 않은 게 분명한 중국 경제와 같은 것으로 분류될 수 있을까? 만약 우리가 그러한 관찰자의 입장에 설 수 있다면, 세계 각국의 경제 구조를 프로크루스테스[14]의 두 침대에 끼워 맞추는 것보다 더 쉽게 맞출 수 있는 패턴들을 한 다스는 더 발견할 수 있을 것이다. 그러나 우리는 다시 한번 시간의 힘에 좌우된다. 만약 상호 배타적인 이항 대립을 버리는 것이 지금 가능하다 하더라도, 그것을 가장 효과

---

14) (옮긴이) 프로크루스테스(Procrustes)는 엘레우시스에 살던 노상강도인데, 여행자를 잡아 침대에 눕혀보아 침대보다 키가 큰 사람은 다리를 자르고 작은 사람은 잡아 늘였다고 한다.

적으로 대체할 수 있는 대안은 아직 명확하지 않다. 다시 한번 결정권
은 21세기에 남겨두어야 할 것이다.

나는 현대사가들의 가장 명백한 한계, 즉 특정한 자료에 접근하기
어렵다는 사실에 대해서는 별로 말할 것이 없다. 왜냐하면 이것은 현
대사가가 안고 있는 문제들 중에서 가장 작은 문제로 여겨지기 때문
이다. 물론 우리는 그러한 자료가 필수적인 경우를 생각할 수 있다.
블레츨리에 있는 유명한 암호 해독 설비에 대해 글을 쓰는 것이 1970년
대에 허용될 때까지는, 제2차 세계 대전사의 많은 부분은 분명히 불확
실하거나 심지어 틀릴 수밖에 없었다. 그럼에도 불구하고 자신의 시대
를 다루는 역사가는 이런 점에서 16세기를 다루는 역사가보다 더 낫
다고 할 수 있다. 최소한 좀더 빠를 수도 있고 늦을 수도 있겠지만,
대부분의 경우 우리는 무엇을 이용하게 될지를 안다. 반면에 과거 기
록과의 격차가 영원히 존재한다는 것은 거의 확실하다. 어쨌든 무한한
규모의 관료 체제로 조직된, 상세히 기록하며 끝없이 조사하는 우리
시대 속에 살고 있는 현대사가가 안고 있는 근본 문제는 일차 자료의
부족이라기보다는 오히려 다루기 힘들 정도로 일차 자료가 많다는 것
이다. 이제는 최후의 대형 문서고 대륙이었던 소련 블록의 공공 기록
들도 연구자에게 개방되었다. 우리가 마지막으로 불평할 것이 있다면
그것은 자료의 부적절함이다.

자신의 시대의 역사를 쓰는 어려움을 다루는 글의 끝 부분에서, 내
가 이처럼 적당히 격려하면서 끝내려 한다는 점이 아마도 독자들에게
위로가 될 것 같다. 물론 독자들은 이것으로는 내가 앞서 말한 회의주
의를 거의 상쇄할 수 없다고 느낄 것이다. 그러나 나는 오해받고 싶지
않다. 나는 내 시대의 역사를 실제로 쓰려 했던 사람으로서 이야기하
는 것이다. 나는 자신의 시대의 역사를 쓰는 것이 얼마나 불가능한가
를 보여주려 한 사람으로서 이야기하는 것이 아니다. 그러나 20세기의

대부분을 헤쳐 나왔던 사람들의 근본 경험은 오류와 놀람이다. 전혀 기대하지 않은 것은 아닐지라도 거의 기대하지 않은 사건들이 발생했다. 우리 모두 판단과 기대에서 한 번 이상 잘못을 저질렀다. 물론 이러한 사건의 진행 과정에 놀랐지만 동시에 기쁨을 느낀 사람들도 있다. 그러나 아마도 더 많은 사람들은 실망했고, 그들의 실망은 초기의 희망이나 1989년 같은 도취감 때문에 더욱 심해지곤 했다. 우리의 반응이 무엇이든지 간에, 우리가 잘못했다는 것, 즉 우리가 적절하게 이해할 수 없었다는 것을 알게 된 것은 우리 시대의 역사에 대한 우리의 반성의 출발점이어야 한다.

이러한 발견이 특히 도움이 될 수 있는 경우들이 존재한다. 아마 내 경우도 거기에 포함될 것이다. 나는 내 인생의 많은 부분, 아마 내 의식적인 삶의 대부분을 확실하게 좌절되었던 희망, 명백히 실패한 이상에 바쳤다. 그것은 10월 혁명이 개시한 공산주의였다. 그러나 패배만큼 역사가의 정신을 또렷하게 해주는 것도 없다. 나와는 매우 다른 신념을 지닌 오랜 친구의 말 몇 마디를 인용함으로써 결론을 맺고자 한다. 그 친구는 헤로도토스와 투키디데스에서 마르크스와 베버에 이르는 모든 역사적 혁신자들의 성과를 설명하기 위해 다음과 같은 관찰을 적었다.

승리의 편에 있는 역사가는 단기적인 성공을 장기적으로 소급되는 목적론의 관점에서 해석하려 들기가 쉽다. 패배자는 그렇지 않다. 패배자의 주요한 경험은 모든 것들이 희망했던 것이나 계획했던 것과 다르게 발생했다는 것이다. …… 패배자들은 왜 자신들이 생각했던 것은 일어나지 않고 다른 어떤 것이 발생했는지 설명해야 할 필요를 더 크게 느낀다. 이것은 중기적 원인과 장기적 원인에 대한 연구를 자극할 것이다. 이 연구는 예기치 않은 일의 발생을 설명하고 …… 더 지속적인 통찰력을 낳고······ 결국 더 큰 설명력을 낳는다. 단기적 관점에서 보면 역사는 승리자에 의해 만들어질 수 있다. 하지만 장기적 관점에서 보면, 역사 이해의 증대는 패배자로부터 나왔다.

대략적으로 묘사하기는 했지만 코젤렉(Reinhard Koselleck) 교수는 정곡을 찔렀다. (전후 독일의 역사 서술을 알고 있는 나로서는, 그가 패배의 경험 그 자체만으로 좋은 역사학을 보장하기에 충분하다고는 주장하지 않았음을 덧붙여야겠다. 그래야 코젤렉에게 정당할 것이다.) 아직까지 코젤렉이 부분적으로나마 옳다면, 이번 밀레니엄의 종말은 훌륭하고 혁신적인 수많은 역사를 고무할 것이다. 왜냐하면, 20세기가 끝날 때 세계는 승리한 사상가들보다는 아주 다양한 이데올로기의 배지를 단 패배한 사상가들로 가득 찰 것이기 때문이다. 특히 오래된 기억을 가질 정도로 충분히 늙은 사상가들로 말이다.
코젤렉이 옳은지 그른지 지켜보기로 하자.

19
우리는 러시아 혁명사를 쓸 수 있을까

나는 아이작 도이처(Isaac Deutscher)에게 경의를 표하기 위해 이 주제를 선택했다. 그의 저작 중 가장 오래 읽히는 것은 러시아 혁명사의 고전이 된 트로츠키의 생애이다.[1] 우선 이 글의 제목에서 제기한 이 질문에 먼저 대답하자면 분명히 "그렇다"는 것이다.

그러나 이것은 여전히 다음과 같은 더 광범위한 질문의 여지를 남겨 놓는다. 우리는 오늘날이나 1945년에 볼 수 있는 역사뿐 아니라 물론 러시아 혁명도 포함하여 언제나 어떤 것에 대한 완결된 역사를 쓸 수 있는가? 역사가들이 특히 사실과 허구의 차이를 확립하기 위해 연구하는 객관적인 역사적 실제가 존재함에도 불구하고, 여기에서 할 수 있는 분명한 대답은 "아니다"이다. 여러분들이 제2차 세계 대전 당

시 히틀러가 러시아 군인들로부터 벗어나서 파라과이로 피란했다고
믿는 것은 자유이다. 그러나 그것은 사실이 아니다. 여전히 모든 세대
들은 과거에 대해 특히 새로운 질문들을 던지며 앞으로도 계속 그럴
것이다. 그리고 근대 세계의 역사를 다룰 때 우리는 거의 무한하게 축
적되어 있는 공적, 사적 기록을 다루고 있다는 사실을 기억해야 한다.
미래의 역사가들이 우리가 생각하지 못했던 기록들을 살펴서 무엇을
발견할지는 현재 추측할 수조차 없다. 프랑스 혁명 기록 보관소는 역
사가들을 200년 동안 바쁘게 만들었지만, 점점 덜 바쁘게 할 기미는
전혀 없다. 히말라야 산처럼 쌓인 소련 기록 보관소의 문서 자료는 이
제 막 오르기 시작했을 뿐이다. 따라서 완결된 역사란 불가능하다. 하
지만 진지한 행위로서의 역사는 가능하다. 왜냐하면 역사가들은 자신
들이 이야기하는 것에 대해, 자신들이 토론하는 문제에 대해, 심지어
는 의미 있는 토론을 충분히 거친 뒤 의견을 수렴해서 나온 많은 대
답들에 동의할 수 있기 때문이다.

20세기 러시아사라는 분야에서 이것은 오랫동안 거의 불가능했다.
이제 소련의 종말은 불가피하게 모든 역사가들이 러시아 혁명을 보는
방식을 변화시켰다. 왜냐하면 그들은 살아 있는 사람이 아니라 죽은
사람의 전기를 쓰는 작가처럼 다른 각도에서 러시아 혁명을 지금 볼
수 있고, 사실상 보아야만 하기 때문이다. 물론 소련사를 쓰는 역사가
들의 정열이, 한때 가톨릭과 프로테스탄트 학자들 사이에서 매우 심각
한 문제가 되었던 프로테스탄트 종교 개혁사를 쓰는 오늘날 역사가들
의 열의 없는 체온으로까지, 또는 마틴 맥기니스의 데리와 이데올로기
적인 한 아일랜드 술꾼이 나에게 "프로테스탄트 위스키"라고 일러주

---

1) (옮긴이) *The Prophet Armed : Trotsky, 1879~1921, The Prophet Unarmed :
Trotsky, 1921~1929, The Prophet Outcast : Trotsky, 1929~1940*를 말한다. 첫 번
째 저서는 『트로츠키』(신홍범 옮김, 두레)로 번역되어 있다.

었던 술의 본고장인, 페이즐리 목사의 부시밀스[2]를 빼놓고 1688년 혁명에 대해 쓰는 역사가들의 열의 없는 체온으로까지 떨어지려면 분명히 많은 시간이 걸릴 것이다. 구소련과 사회주의 체제를 계승한 국가들에서 러시아 혁명사는 여전히 이런 정신 속에서 저술되었으며, 이것이 새로운 원자료를 제외하면 거기에서 좋은 역사가 나오지 않는 이유이다. 심지어 소련 바깥에 있는 우리들 대부분도 여전히 감정과 편파성에 너무 사로잡혀 있어서 자본주의와 공산주의 사이의 냉전을 30년 전쟁을 보는 것처럼 보지 못한다. 왜냐하면 두 체제는 실제로 전장에서 싸운 적이 없기 때문이다.

다른 것이 존재한다. 우리는 소련을 만든 혁명에 대해서는 판단을 내릴 수 있지만, 소련의 종말에 대해서는 아직 판단을 내릴 수 없으며, 그리고 이것은 확실히 역사적 판단에 영향을 미칠 것이다. 구체제의 종말이 몰아넣은 구소련의 보통 사람들의 파국은 아직도 끝나지 않았다. 구소련의 보통 사람들에게 강요된, 구체제로부터 자본주의로의 갑작스럽고 혁명적인 도약은 소련 경제를 제2차 세계 대전이나 러시아 혁명이 했던 것보다 더 많이 붕괴시켰고, 그래서 소련 경제의 회복은 1920년대와 1940년대보다 더 지체되고 있다. 소련 전체에서 일어나는 현상에 대한 우리의 평가는 여전히 임시적이다. 그럼에도 불구하고 우리는 이제 이렇게 질문할 수 있다. 오늘날 러시아 혁명사가들은 정당하게 무엇에 대해 동의할 수 있는가? 우리는 질문해야만 하는 러시아 혁명사 속의 몇몇 문제들에 대해, 그리고 연구 규칙과 증거에 의해 확실하게 입증될 수 있는 러시아 혁명사 속의 몇몇 요소들에 대해 합의할 수 있는가? 그럼으로써 심각한 논쟁을 넘어설 수 있는가?

---

2) (옮긴이) 맥기니스(Martin McGuinness)는 신페인당의 주요 인물이고, 페이즐리 (Ian Paisley) 목사는 북아일랜드 종파 분쟁에서 개신교를 이끈 호전적인 지도자이다. 데리와 부시밀스는 모두 역사적인 사건이 일어났던 아일랜드의 지명이다.

우리의 문제는 해결하기 가장 힘든 그러한 질문들이 역사적 증거와 비증거의 일반적인 범주 밖에 놓여 있다는 것이다. 왜냐하면 그 질문들은 그렇게 되었을지도 모를 일에 대한 것이기 때문이다. 소련이 존속했던 기간 중엔 많은 부분이, 닫힌 기록 보관소의 문과 거짓말이거나 절반만 진실인 관료의 증언 뒤에 숨겨져 있어서 실제로 접근하기가 불가능했지만, 이젠 정보를 이용할 수 있기 때문에 실제로 발생했던 것 중의 많은 부분이 알려졌다. 조각난 자료를 독창적으로 사용하는 방법이나 그럴듯한 추측이 아무리 교묘했다고 하더라도, 이것이 구소련 시기의 굉장한 양의 문헌이 이제 쓰레기로 버려질 수밖에 없는 이유이다. 우리는 더 이상 그러한 독창성이나 추측을 필요로 하지 않는다. 예를 들어 로버트 컨퀘스트(Robert Conquest)의 『대공포(*The Great Terror*)』는 기록 보관소의 자료가 개방되었다는 단순한 이유만으로 더 이상 러시아 혁명에 대한 주요 성과로 여겨지지 않을 것이다. 비록 이러한 자료가 모든 논의를 없애지는 않겠지만 말이다. 컨퀘스트의 그 책은 스탈린 시기의 테러를 평가한 주목할 만한 선구적 노력으로 읽히겠지만, 그 책이 조사하려고 했던 끔찍한 사실들을 취급한 것으로서는 어쩔 수 없이 구식이 될 것이다. 간단히 말해서, 결국 컨퀘스트의 책은 소련의 역사에 대해 이야기한 것이라기보다는 소련사 서술에 대해 이야기해 준 것으로 읽힐 것이다. 더 좋고 더 완벽한 자료를 이용할 수 있을 때, 그 자료들은 빈약하고 완벽하지 못한 자료들을 대체해야 한다. 이것만으로도 소련사에 대한 역사 서술이 변할 것이다. 하지만 그 자료들이 우리의 모든 질문에 대답해 줄 수 있는 것은 아니다. 특히 체제가 완전히 관료화되기 이전인 소비에트 초기, 즉 소비에트 정부와 당이 실제로 자신들의 영토에서 진행되고 있던 일에 대해 많이 알지 못했던 시기에 관한 질문들에는 대답해 주지 못한다.

한편 20세기 러시아사에 관한 가장 치열한 논쟁은 일어났던 일이 아니라 일어났을지도 모를 일에 대한 것이었다. 여기 그 몇 가지 예가 있다. 러시아 혁명은 불가피했는가? 차르 체제는 스스로를 구할 수 있었을까? 1913년에 러시아는 자유주의적 자본주의 체제로 나아가는 중이었는가? 혁명이 발생한 후에 대해선 엄청나게 더 많은 일련의 반(反)사실적 가정들을 볼 수 있다. 만약 레닌이 러시아로 돌아올 수 없었다면 어떤 일이 벌어졌을까? 10월 혁명이 일어나지 않았을까? 10월 혁명이 일어나지 않았다면 러시아에서 어떤 일이 일어났을까? 마르크스주의자들의 의문점은 더 많았다. 무엇이 볼셰비키로 하여금 사회주의 혁명이라는 명백히 비현실적인 강령을 갖고 권력을 쥐겠다고 결정하게 만들었는가? 볼셰비키들은 권력을 장악해야만 했나? 유럽 혁명, 즉 볼셰비키들이 기대하고 있었던 독일 혁명이 정말 일어났더라면 어떤 일이 벌어졌을까? 볼셰비키들은 내전에 패배할 수 있었을까? 내전이 없었더라면 볼셰비키 당과 소비에트 정치는 어떻게 발전했을까? 내전에서 승리했을 때 신경제정책(NEP)하에서 시장 경제로 돌아가는 것에 대한 대안이 있었는가? 레닌이 계속해서 전격적으로 활동할 수 있었다면 어떤 일이 일어날 수 있었을까? 목록은 끝이 없다. 나는 단지 레닌의 사망 시기까지의 몇 가지 명백한 반사실적 질문들을 들었을 뿐이다. 이 글의 목적은 이러한 질문들에 대답하는 것이 아니라, 작업하는 역사가의 관점에 그러한 질문을 집어넣으려는 것이다.

그러한 질문들은 일어나지 않았던 것에 관한 것이기 때문에 일어났던 것에 관한 증거를 기초로 해서는 대답할 수 없다. 그러므로 우리는 명확하게 다음과 같이 이야기할 수 있다. 1917년 가을에 볼셰비키가 주요 수익자가 되는 거대한 대중적 급진화의 물결이 임시 정부를 위축시켰지만, 그냥 권력을 줍기만 하면 될 정도는 아니었다. 우리는 이것에 대한 좋은 증거를 가지고 있다. 10월 혁명이 일종의 음모 쿠데타에 불과하다는 생각은 더 이상 설득력을 지니지 못할 것이다. 이것을 알려면 독자들은 ≪맨체스터 가디언(*Manchester Guardian*)≫의 특파원인 필립스 프라이스(Philips Price)가 볼가 지역을 몇 주간 여행하고 난 다음에 쓴 보고서를 읽기만 하면 된다. 여담이지만, 나는 러시아에 대해 잘 알면서 유창한 러시아어를 구사하는, 그리고 그 시기에 러시아의 핵심부를 여행했던 다른 외국인 관찰자를 알지 못한다. 그는 "관찰해 본 결과 이 지역은, 전 유럽을 포괄하는 사회 혁명을 여전히 꿈꾸는 극단적인 광신자들이 최근에 비조직적이기는 하지만 어마어마한 수의 추종자들을 획득했다"고 썼다. 그러나 야로슬라프에서 보낸 이 기사가 맨체스터에 도착했을 때엔 이미 볼셰비키가 권력을 장악한 뒤였다. 그래서 그 신문은 "어떻게 극좌파 사회주의자들이 지배할 수 있게 되었는가"라는 제목으로 1917년 12월에 기사를 실었다. 그러나 그 기사는 실제로는 10월 이전에 보내진 것이었다.

그러나 물론 대안에 대한 질문은 이런 식으로 해결될 수 없다. 예를 들어 볼셰비키가 권력을 장악할 결정을 하지 않았더라면, 또는 다른 사회주의 당이나 사회주의 혁명 당들과의 폭넓은 연합을 주도하면서 권력을 장악하려고 했다면 어떤 일이 벌어졌을까? 우리는 어떻게 알 수 있을까? 예를 들어, 프라이스는 앞의 기사에서 당시 존재했던 전쟁에 대한 거대한 증오, 즉 "혁명의 혼란한 사회 대중"을 결합시킨 것이, "러시아 영토의 일부를 상실한다 할지라도 그리고 혁명이 획득한 정치적 자유를 걸고서라도 전쟁을 끝내 줄……나폴레옹을, 평화적인 독재자를 낳을 것"이라는 가능성을 제시했다. 우리는 이와 같은 것이 일어났음을 안다. 지금 되돌아보면, 러시아가 어쩔 수 없이 이런저런 방법을 모색하여 전쟁에서 곧 벗어날 것이라는 점을 추측했다는 점에서 그가 확실히 옳았음을 알 수 있다. 그러나 그는 또한 러시아가 전쟁에서 벗어나게 되면 혁명이 서로 투쟁하는 작은 단위들로 해체되고, 이러한 상황은 혁명의 패배를 초래할 것이라고 생각했다. 이러한 상황은 일어나지 않았지만, 능력 있는 당시의 관찰자에게는 이러한 상황도 꽤 일어날 법한 일로 여겨졌다. 그 상황은 일어나지 않았기 때문에, 역사가들조차 그 상황에 대해선 추측할 수밖에 없다.

그러나 우리는 어떻게 정확하게 추측할 수 있는가? 그리고 몇몇 그러한 추측의 요점은 무엇인가? 반사실에도 최소한 각기 다른 세 가지 종류가 있다는 사실이 문제다. 첫 번째 종류의 반사실은 매력적이기는 하지만 분석적으로는 쓸모가 없다. 레닌이나 또는 그 문제와 관련하여 스탈린을 들어보자. 이 한 사람이 없었더라면 러시아 혁명사는 확실히 매우 달랐을 것이다. 물론 일반적으로 정치적이고 이데올로기적인 알맹이 없는 말들에도 불구하고, 개인들이 늘 역사에 크게 영향을 미쳤던 것은 아니다. 예를 들어, 미국엔 1865년 이후로 암살이나 다른 방식으로 임기를 마치지 못하고 죽은 대통령이 일곱 명이나 있었다. 그러나 세기적 관점에서 봤을 때 그러한 사태는 미국 역사의 형성에 큰 영향을 주었던 것 같지는 않다. 하지만 한편으로, 개인들은 레닌이나 스탈린의 경우처럼 또는 말기 소련의 경우처럼 종종 영향을 미친다. 어떤 전 CIA 국장은 BBC와 한 인터뷰에서 핼리데이(Fred Halliday) 교수에게 다음과 같이 이야기했다. "저는 1982년에 안드로포프(Yury Andropov)가 권력을 잡았을 때 그가 열다섯 살만 더 젊었더라면 소련은 지금까지 존재했을 것이라고 믿습니다. 비록 계속 경제적으로 몰락하고 기술적으로 더 불리해지기는 했겠지만…… 그러나 어쨌든 존속했을 겁니다."[3] 나는 그의 의견에 동의하고 싶지 않지만, 이러한 주장은 아주 그럴듯해 보인다. 하지만 그렇게 말해 버리면 더 이야기할 게 없게 된다. 여러분은, 긍정적이든지 부정적이든지 간에 개인이 그처럼 극적인 영향력을 미칠 수 있는 역사적 상황을 분석할 수 있다. 앨런 불록

---

3) Fred Halliday, *From Potsdam to Perestroika : Conversations with Cold Warriors* (London, 1995).

(Alan Bullock)이 히틀러와 스탈린의 생애를 동시에 조사했던 것처럼,[4] 우리는 히틀러와 스탈린이 개인적인 권력을 강화하려 했던 방식을 조사할 수 있다. 비록 레닌은 명백히 하지 않았지만 스탈린은 분명히 개인적인 권력을 강화하려고 했다. 우리는 국내에서 절대적인 권력을 지닌 그러한 개인들이 이룩할 수 있는 것의 한계를 입증할 수 있고, 또는 그러한 개인들의 목적과 정치가 그들 개개인의 특색을 드러내는 것이 아니라 어떠한 방식으로 그들이 처한 시대, 장소, 상황을 특징 있게 드러내는지 조사할 수 있다.

예를 들어, 여러분은 소련의 국가 계획에 의한 매우 급속한 산업화 계획 속에 다소간 가혹할 여지가 존재했다고 아주 그럴듯하게 논증할 수 있다. 그러나 소련이 당시 그러한 계획에 전념했다면, 수백만 명이 아무리 순수하게 참여했다 하더라도,[5] 스탈린보다 덜 잔인하고 가혹한 사람이 소련을 이끌었다 할지라도, 그 계획은 수많은 강제를 요구했을 것이다. 또는 다시 한번 독자들은 모세 레빈(Moshe Lewin)의 주장에 동조하여 스탈린이 전권을 쥐고 있었다고 해도 팽창해 가는 관료 기구, 즉 소련이 필연적으로 전환될 수밖에 없는 체제에 대한 통제권을 지닐 수 없었다고 주장할 수 있다. 오직 공포, 즉 일시적이지만 전능한 관리들에게는 죽음에 대한 공포만이 그들이 독재자에게 복종하고 독재자를 관료적 거미줄로 붙들지 않는다는 것을 보장할 수 있었다. 또는 다시 한번, 여러분은 특정한 역사적 배경이 주어진다면 독재자들의 행위조차 옛날 방식을 따르는 것임을 보여줄 수 있다. 스탈린과 마

---

4) (옮긴이) Alan Bullock, *Hitler and Stalin : Parallel Lives*(New York, 1992).

5) 예를 들면 Jochen Hellbeck ed., *Tagebuch aus Moskau 1931~1939*(Munich, 1996)에 서 보인 것을 들 수 있다. 이 책은 고르바초프 이후 이용 가능하게 된 개인들의 일기 등과 같은 보통 러시아 사람들의 비공식적 기록에 대한 가치 있는 사례들을 담고 있다.

오쩌둥은 모두 자신들이 절대 황제의 계승자였음을 알았고, 따라서 적어도 상당한 정도로 황제를 본받았다. 그리고 그들은 자신들이 국민들에게 이렇게 보일 거라는 것을 분명히 알고 있었다. 그러나 여러분이 그러한 모든 사실을 그리고 더 많은 것을 이야기했다고 해도, 역사적 대안에 대한 질문에는 여전히 대답하지 못했다. "레닌이 1918년까지 스위스에서 나올 수 없었다면 상황이 달라질 수 있었을 것"이라거나 또는 기껏해야 "상황이 매우 달라질 수 있었을 것이다"나 "크게 달라지지는 않았을 것이다" 등이 여러분이 이야기해 본 것 전부이다. 여러분들은 허구의 세계로 빠지지 않고는 더 이상 나아갈 수 없다.

두 번째 종류의 반사실은 러시아 혁명사에서 이데올로기적 논쟁이라는 눈가리개를 떼어내도록 도와준다는 이유만으로도 조금 더 재미있다. 차르 체제의 몰락을 예로 들어보자. 진지한 관찰자라면 어느 누구도 1900년 이전에조차 차르 체제가 20세기 한참 뒤까지 생존하리라고 기대하지 않았다. 러시아 혁명은 보편적으로 예언되었다. 마르크스 자신은 1879년에 "커다란 그리고 가까운 장래에 일어날 러시아 안의 붕괴를 기대한다. 그리고 그 붕괴는 오래된 나쁜 조직이 감당하기 어려운, 위로부터의 개혁을 통해 시작될 것이고 그 조직의 전복을 야기할 것이라고 생각한다"고 말했다.[6] 그리고 마르크스의 견해를 빅토리아 여왕의 딸에게 보고했던 한 영국 정치인은 이러한 견해가 "얼토당토않은 소리는 아니다"라고 생각했다. 회고해 보면 차르 체제가 1905년의 제1차 러시아 혁명 이후에 생존할 기회는 적었으며, 제1차 세계 대전 발발 이전에 실질적으로 죽은 상태였다는 것은 거의 부인하기 어려운 것 같다. 또한 당시 많은 사람들은 한순간이라도 달리 생각하지 않았다. 제1차 세계 대전과 볼셰비키가 불시에 다가와서 러시아를 파

---

6) Karl Marx and Friedrich Engels, *Collected Works*(London, 1976), vol. 24, 581쪽.

산시켰을 때, 차르 체제하의 러시아가 순조롭게 자유주의적 자본주의 사회로 되어가는 과정에 있었다는 이론에 대해 심각하게 고민할 필요는 없다. 반(反)마르크스주의적 논의가 없었더라면, 그 이론은 결코 심각하게 취급되지 않았을 것이다.

그런데 자유주의자들조차도 자신 있게 자유주의적, 민주주의-의회주의적 러시아가 차르 체제 몰락 이후에도 존재할 가능성이 많았다는 주장을 하지 않았다. 많은 자유주의자들은 유망한 러시아 자유민주주의의 목을 자른 것은 바로 레닌주의의 반란뿐이라고 믿고 싶어 한다. 확신이 없으면서도 그렇게 믿는다. 내친김에 여러분에게 상기시키고 싶은 것은, 10월 혁명 이후에 바로 이루어진 단 한 번의 합리적인 자유선거에서, 제헌의회 구성원 중 부르주아 민주주의자들은 5퍼센트를 차지했고 멘셰비키가 3퍼센트를 차지했다는 사실이다.

한편 공산주의자들도 자신들만의 '만약 그렇게 되었으면 어떻게 되었을까'라는 신화를 가지고 있다. 예를 들어 나의 세대는 온건한 사회민주주의 지도자들이 1918년의 독일 혁명을 배반했다는 이야기를 들으면서 자랐다.[7] 에베르트(Friedrich Ebert)와 샤이데만(Philipp Scheidemann)의 무리가 잠재적으로 사회주의적이고 프롤레타리아적인 독일 혁명을 좌절시켰고, 소비에트 러시아는 고립되었으며, 그래서 마르크스와 엥겔스가 희망했던 논리적 발전이 일어나지 않았다는 것이다. 즉 러시아 혁명이 사회주의 경제를 건설할 여건이 갖추어진 나라들에서 프롤레

---

7) (옮긴이) 에베르트와 샤이데만으로 대표되는 독일 사민당의 온건파 지도자들은 1919년 11월 9일 이후 권력을 장악하고 공화국을 선포했다. 이후 온건 사회주의자들과 급진 사회주의자들 사이에 갈등이 심해졌다. 에베르트가 이끄는 온건 사회주의자들은 자신들을 비판하는 급진 사회주의자들을 기존의 낡은 질서의 힘에 의존하여 억압했다. 이 과정에서 급진 사회주의 계열의 지도자 로자 룩셈부르크와 카를 리프크네히트가 암살되었다. 이후 급진 사회주의자들은 온건 사회주의자들을 혁명의 배반자라고 불렀다.

타리아 혁명을 유발하지 못했다는 것이다.

이제 이러한 신화는 한 가지 중요한 측면에서 자유주의화된 차르 체제에 관한 신화와 다르다. 1917년 이전의 어떠한 현실적인 관찰자도 차르 체제가 자신의 문제를 해결하는 것은 고사하고 생존할 거라고도 기대하지 않았다. 1917~1918년에는 마르크스와 엥겔스의 시나리오가 상당히 가능성이 있는 것으로 보였다. 나는 다른 곳에서 레닌이 1920년에 가서야 더 잘 알게 되었을 것이라고 논의한 적이 있지만, 독일과 러시아의 혁명가들이 1917~1919년에 이러한 희망을 가졌던 것을 비난하지는 않는다. 왜냐하면 1918~1919년의 몇 주나 심지어 몇 달 동안은 러시아 혁명이 독일로 확산되는 것이 가능할 것으로 보였기 때문이다.

그러나 그렇지 않았다. 나는 오늘날 이것에 대한 역사적 합의가 존재한다고 생각한다. 제1차 세계 대전은 대전에 참가한 모든 사람들을 뿌리째 흔들어놓았고, 1917~1918년의 혁명은 무엇보다도 특히 패전국들에서 벌어진 유례없는 대학살에 대한 반란이었다. 그러나 유럽의 일부와 러시아에서 그 반란은 반란 이상이었다. 그것들은 사회 혁명, 즉 가난한 자들이 국가, 지배 계급, 현상 유지를 거부한 것이었다. 나는 독일이 유럽의 혁명적 지구에 속한다고는 생각하지 않는다. 적어도 나는 독일 내의 사회 혁명이 1913년에 가능하다고 여겨졌다고는 생각하지 않는다. 차르와는 달리, 전쟁이 없었더라면 독일 황제의 독일은 자신의 정치적 문제들을 해결할 수 있었을 것이라고 나는 믿는다. 이것은 전쟁이 예상되지 않은 그리고 피할 수 없는 사건이라는 것을 의미하지 않는다. 그것은 또 다른 문제이다. 물론 온건한 사회민주주의 지도자들은 사회주의자도 혁명가도 아니었기 때문에, 독일 혁명이 혁명적 사회주의자들의 손아귀로 떨어지는 것을 막길 원했다. 사실상 그들은 독일 황제의 제거조차 원하지 않았다. 그러나 그것은 요점이 아니다. 독일판 10월 혁명 같은 사건이나 그와 같은 어떤 것도 진지하게 지지받지 않았으며 그러므로 배신당할 필요도 없었다.

나는 레닌이 독일 혁명에 기대를 건 것은 잘못이라고 생각하지만, 레닌이 1917년이나 1918년에 이 점을 알 수 있었다고는 생각하지 않는다. 러시아 혁명은 독일 혁명과 똑같아 보이지 않았다. 이런 점이 역사적 회고가 당시의 가능성에 대한 평가와 다른 지점이다. 만약 우리가 레닌처럼 결정을 내려야 할 동기를 가졌다면, 우리는 우리가 이해한 대로 당리 본위로 행동했을 것이다. 그리고 레닌이 그런 식으로 본 것은 당연하다. 그러나 과거는 지나갔고, 그 시합은 다시 재연될 수 없으며, 따라서 우리는 더 명확하게 사건들을 이해할 수 있다. 독일 혁명은 러시아 혁명이 이룬 성과를 감소시키지는 않았다. 러시아 혁명은 후진적이고 곧 심하게 파괴될 나라에서 사회주의를 건설할 운명이었다. 비록 나는 오를란도 피게스(Orlando Figes)의 의견에 여전히 공감하고 있지만 말이다. 그는 레닌은 1918년에 유럽의 다른 곳으로 확산되어 가는 혁명에 대한 생각을 이미 포기했다고 논하고 있다. 이와 반대로 나는, 소련 지도부가 러시아의 국내 기지를 위태롭게 할 정도로 준비가 되어 있지는 않았지만, 피델 카스트로(Fidel Castro)나 체 게바라(Che Guevara)가 했던 것처럼 국제 혁명에 몇 년 동안 계속 전념했다는 사실을 기록 보관소 자료들이 보여줄 것이라고 추측한다. 내가 그렇게 이야기한다 해도, 소련 지도부는 종종 쿠바인들처럼 해외 상황을 너무 모른 채 많은 환상에 젖어 그렇게 전념했을 것이다.[8]

레닌은 볼셰비키가 패배할 것이라고 확신했다 할지라도, 아일랜드인들이 "부활절 봉기" 원칙이라고 부르는 것에 근거하여 동궁(冬宮)으로 돌진하려 했을 것이라고 나는 생각하고 싶다. "부활절 봉기" 원칙은 패

---

8) Richard Gott의 「콩고에 있는 게바라(Guevara in the Congo)」에 대한 평가는 *New Left Review* 220(December 1996), 3~35쪽을 보시오.

배한 파리 코뮌이 했던 것처럼 미래에 영감을 주는 것이다. 여전히, 권력을 장악하고 사회주의 강령을 선언하는 것은 볼셰비키들이 유럽 혁명을 기대할 때에만 의미가 있었다. 아무도 러시아가 혼자 힘으로 혁명을 할 수 있다고 믿지 않았다. 그래서 10월 혁명은 도대체 이루어져야만 했을까? 그리고 만약 그렇다면 어떤 목적을 지니고? 이것은 당시 가능하다고 여겨졌던 대안을 실제로 다루는 세 번째 종류의 반사실의 문제이다. 실제로 문제는 다른 누군가가 케렌스키(A. F. Kerensky)의 임시 정부를 인계받을 것인가 아닌가가 아니었다. 케렌스키 임시 정부는 이미 죽었다. 누가 인계받아야 하는가의 문제도 아니었다. 왜냐하면 볼셰비키가 인계받을 위치에 있는 유일한 세력이었거나 동맹에서 지배적인 파트너였기 때문이다. 문제는 어떻게 하느냐였다. 볼셰비키 정부나 다른 어떤 중앙 집권적 러시아 정부가 살아남을지가 전혀 명확하지 않다는 가정 속에서, 계획적으로 봉기할 것이냐 아니냐의 문제, 봉기 시기를 다가오는 소비에트 대회 전으로 잡을 것이냐, 대회 기간 동안으로 잡을 것이냐, 아니면 대회 후로 잡을 것이냐의 문제, 폭넓은 연합을 결성해서 할 것이냐 다른 방식으로 할 것이냐의 문제, 어떠한 목적을 가지고 할 것이냐의 문제 등의 방법에 관한 것이었다. 그리고 이러한 모든 쟁점에 대해서 당시에 볼셰비키와 다른 세력들 사이에서뿐만 아니라 볼셰비키 내부에서도 현실적인 토론이 있었다.

그러나 이 점을 기억해야 한다. 우리가 지금 역사가로서 예를 들어 카메네프가 레닌에 비해 옳았다고 생각한다면,[9] 1917년 10월에 볼셰비키들을 설득하고 있는 카메네프의 기회를 실제로 평가하고 있는 것이

---

9) (옮긴이) 카메네프(Lev Borisovich Kamenev)는 1901년 러시아 사회민주노동당에 입당하여 볼셰비키로서 제1차 러시아 혁명에서 활동했다. 그는 1917년 러시아 2월 혁명 이후에 레닌의 4월 테제를 반대하고, 1917년 10월 혁명과 관련해서 레닌의 무장 봉기 주장을 반대했다.

아니다. 우리는 오늘날 그러한 상황에 놓인 자신들을 발견하게 된다면, 그의 견해를 택할 것이라고 말하고 있는 것이다. 우리는 지금이나 미래의 게임에 대해서 이야기하고 있지, 더 이상 득점 결과가 바뀔 수 없는 1917년의 게임에 대해서 말하고 있는 것이 아니다. 그리고 다시 한번, 이를테면 만약 볼셰비키들이 사실상 단일 정당으로 정부를 맡지 않았더라면 더 좋았을 것이라고 우리가 현재의 시점에서 판단하여 결론을 내린다면, 지금 우리는 정확히 무엇을 말하고 있는 것인가? 우리는 당시에 또는 긴 안목으로 보면 러시아의 절망적인 상황을 다루는 데 연립 정부가 실제로 더 좋았을 거라고 말하는 것인가? 하지만 나는 전혀 그렇지 않았을 거라고 생각한다. 그렇지 않으면, 우리는 2월 혁명이 다른 방식으로 발전되어 갔으면 좋았을 것이라고 고르바초프에게 말하는 것인가? 혁명에서 민주주의적 러시아가 출현했더라면 더 좋았을 것이라는 것은 대부분의 사람들이 동의하는 바이다. 그러나 그것은 우리의 정치적 이념에 대한 진술이지 역사에 대한 것은 아니다. 1917년에는 10월이 2월의 뒤에 왔다. 역사는 일어났던 일에서부터 시작해야만 한다. 나머지는 추측이다.

그러나 이 단계에서 우리는 추측을 버리고 혁명 중인 러시아의 실제 상황으로 되돌아가 보자. 아래에서부터 분출된 커다란 대중 혁명들은 어떤 면에서는 '자연적인 현상'이다. 1917년 러시아 혁명은 아마 역사에서 발생한 그러한 혁명들 중에서 가장 경외케 하는 사례일 것이다. 대중 혁명들은, 특히 러시아에서처럼 국가와 민족 제도의 상부 구조가 사실상 해체되었을 때엔 지진이나 거대한 홍수와 같다. 그 혁명들은 거의 통제 불가능하다. 우리는 볼셰비키나 다른 어떤 사람의 목적, 의도, 장기 전략, 실천에 대해서 다른 마르크스주의자들이 비판하는 관점에서 러시아 혁명에 대해 생각하는 것을 멈추어야 한다. 왜 그러한 혁명이 실제로 무너지거나 패배하지 않았고, 그렇게 쉽게 혁명을 완수할 수 있었을까? 처음에 새로운 체제는 권력을, 다시 말해 무력이라는 확실하고 중요한 수단을 전혀 소유하지 못했다. 새로운 소련 정부가 페트로그라드와 모스크바 밖에서 가졌던 실질적인 유일한 자산은 러시아 사람들이 듣고자 했던 것을 명확하게 말해 주는 능력이었다. 레닌이 목적으로 삼았던 것은, 그리고 결국 레닌이 당 내에서 하고 싶은 대로 했던 것은 적절하지 못했다. 레닌은 "즉각적인 생존에 필요한 결정과 즉각적인 재앙의 위험을 초래할 결정 사이에서 매일매일 선택하는 것 이외엔 다른 전략이나 관점을 지닐 수 없었다. 당장 결정을 내리지 않으면 혁명이 끝날 수도 있고 더 이상의 결과를 고려할 수도 없는 상황에서, 누가 혁명의 장기적인 결과에 대해 생각할 여유가 있었겠는가?"[10] 미리 결정된 것은 아무것도 없었다. 사태는 언제든지 잘못될 수 있었다. 1921년에야 비로소 체제가 상시적인 것에 의지할 수 있었고, 형편없는 국가로 전락한 러시아를 평가할 수 있었고, 몇 달이나 몇 주 단위가 아니라 몇 년 단위로 생각하기 시작할 수 있었다. 이 시기에 러시아의 미래 일정이 어느 정도 규정되었지만, 그것은 레닌을 포함한 마르크스주의자들이 혁명 전에 러시아에 대해 상상했던 어떤 것과도 멀리 떨어진 것이었다. 정통적인 소련의 신조와 반공산주의 음모 이론 모두, 혁명을 위로부터 통제당하고 지도받은 것으로 생각했다. 레닌은 더 잘 알고 있었다는 것이다.

그러면 어떻게 10월 혁명이 살아남게 되었는가? 첫째, 볼셰비키가 붉은 깃발 아래에서, 그리고 오해하기 쉽긴 하지만 소비에트라는 이름으로 싸웠기 때문에 승리했다. 나는 여기서 오를란도 피게스의 훌륭한 저서 『인민의 비극(*A People's Tragedy*)』에[11] 전적으로 동의한다. 결국

---

10) Eric Hobsbawm, *The Age of Extremes*(London, 1994), 64쪽.
11) Orlando Figes, *A People's Tragedy : The Russian Revolution 1891~1924*(London, 1996).

러시아 농민과 노동자들은 자신들이 생각하기에 토지를 빼앗아가고, 차르, 지주, 이른바 "부르주이(boorzhooi, 부르주아지)"를 복귀시키려 했던 백군보다 차라리 적군을 선택했다. 그들은 대부분의 러시아인들이 원했던 혁명을 위해 싸웠다. 그리고 기억할 것은, 러시아 대중이 러시아 혁명을 만들었으며 첫 10년 동안 러시아의 운명을 결정했다는 것이다. 다시 말해 러시아 혁명은 러시아 대중이 원했거나 찬성하지 않았던 것에 의해 결정되었다는 것이다. 이러한 상황을 끝낸 것은 스탈린 체제였다.

둘째, 볼셰비키들은 차르 체제 이후에 전국적 규모의 정부를 구성할 수 있는 유일한 잠재력이었기 때문에 생존했다. 1917년의 대안은 민주주의 러시아나 독재 러시아 중에서 양자택일하는 것이 아니라, 러시아나 무(無) 중에서 선택하는 것이었다. 여기서 중앙 집중화된 레닌주의적 볼셰비키 당 조직은, 즉 당원의 활동을 훈련시켜서 사실상의 새로운 국가를 건설하기 위한 목적으로 구성된 조직은 비록 차르 체제 아래에서보다 더 큰 자유를 희생하더라도 필수적이었다. 만약 볼셰비키가 없었더라면 아무도 없었을 것이다. 실제로 러시아 혁명의 적들까지도 부인하지 못하는 러시아 혁명의 몇몇 성과 중 하나는 제1차 세계 대전에서 패배한 다민족 제국인 합스부르크 제국과 오스만 제국과 달리 러시아가 분열되지 않았다는 것이다. 10월 혁명이 러시아를 두 대륙에 걸친 다민족 국가로 구해 냈다. 우리는 소련이 내전 기간과 내전 후에 비정치적인 러시아인, 심지어 우익 성향의 애국적 러시아인들에게 행했던 호소를 계속 과소평가하고 있다. 그렇게 과소평가한다면, 우리는 경제 5개년 계획 시기에 그 수는 적지만 영향력 있는 러시아 이민자들, 민간인, 군인들이 돌아온 이상한 현상을 어떻게 설명해야 하는가? (물론 그중 일부는 돌아온 것을 나중에 후회했을 것이다.)

셋째, 볼셰비키들은 자신들의 주장에 대한 호소가 순전히 러시아적인 것이 아니었기 때문에 생존했다. 외국 열강들은 여러 가지 이유 때문에 내전에 참여한 다양하고 상호 적대적인 백군을 마지못해 지원했던 것 같다. 그러나 제1차 세계 대전이 끝난 후 외국 열강들은, 자국의 병사들이 노동자 혁명으로 알고 있는 체제에 전혀 반대하지 않았기 때문에 주력 군대를 내전에 투입할 수 없었다. 또한 터키는 볼셰비키들을 영국과 프랑스의 제국주의 반대하는 세력으로 보았기 때문에, 볼셰비키들은 전쟁 후에 자카프카지예[12]에 대한 지배를 본질적으로 회복했다. 패배한 독일조차 볼셰비즘에 대한 면역을 자신했기 때문에 볼셰비키들과 타협할 준비를 했다. 어쨌든 1920년에 붉은 군대가 폴란드의 공격을 무찌르고 바르샤바 쪽으로 휩쓸어갔을 때, 독일의 제크트(Hans von Seeckt) 장군은 몰로토프-리벤트로프 조약[13]의 비밀 조항에 들어 있는 1939년의 폴란드 분할과 놀라울 정도로 유사한 안을 제시하기 위해 엔베르 파샤[14]를 보냈다. 하지만 바르샤바 입구에서 붉은 군대가 패배하자 이러한 제안은 무효화되었다.

그러나 나는 10월 혁명의 국제적 충격과 관련해서 마지막 요점을 이야기하려 하는데, 이것은 또한 나의 결론이기도 하다. 러시아 혁명은 사실상 두 개의 서로 뒤섞인 역사를 포함하고 있다. 그것은 러시아

---

12) (옮긴이) Zakavkazye : 카프카스 산맥의 남쪽 카스피 해와 흑해 사이에 있는 지역. 트랜스코카시아라고도 한다.

13) (옮긴이) 1939년에 독일과 소련 사이에 비밀리에 체결된 상호 불가침 조약. 제2차 세계 대전 이후 그 조약과 함께 조인되었던 비밀 추가 의정서가 공표되었는데, 그 내용은 독일과 소련 두 나라가 발트 해 연안의 국가들과 폴란드에서의 두 나라의 세력 범위를 정하고, 발칸에서의 소련의 정치적 우월성을 독일이 인정한다는 것이었다.

14) (옮긴이) Enver Pasha(1881~1922) : 오스만 투르크 제국 말기의 군인, 정치가. 제1차 세계 대전 당시 육군 대신이었으나, 사실상의 독재자로서 독일과 오스트리아의 편으로 참전했다. 패전 후 독일로 망명했고, 이후 투르키스탄으로 가서 볼셰비키와 반혁명군과의 조정을 시도했지만 반혁명군에게 체포되어 뒤에 암살되었다.

혁명이 러시아에 대해 미친 충격과 세계에 대해 미친 충격이다. 우리는 이 둘을 혼동해서는 안 된다. 세계에 미친 충격이 없었더라면, 소수의 전문 역사가 말고는 아무도 러시아 혁명에 관심을 가지지 않을 것이다. 미국 밖에서는, 영화 「바람과 함께 사라지다」의 무대가 남북 전쟁이라는 것 말고는 남북 전쟁에 대해 아는 사람들이 별로 많지 않다. 그럼에도 불구하고 미국의 남북 전쟁은 1815년과 1914년 사이에 발생했던 최대의 전쟁인 동시에 미국사에서 발생했던 단연 최대의 전쟁이었다. 따라서 제2차 미국 혁명 같은 것이라고 주장될 수 있다. 남북 전쟁은 미국 내에서는 많은 의미가 있지만, 미국 밖에서는 매우 작은 의미만 지닐 뿐이다. 왜냐하면 남북 전쟁은 미국의 남쪽 국경선을 벗어난 다른 나라에서 발생했던 일들에 대해선 아주 적은 영향만을 미친 것이 분명하기 때문이다.

한편 러시아사와 20세기 세계사 모두에서 러시아 혁명은 우뚝 솟아 있는 현상이다. 그러나 이와 똑같은 현상은 없었다. 러시아 혁명은 러시아 국민에게 무엇을 의미했는가? 러시아 혁명은 러시아를 차르 체제하에서 이룩된 그 어떤 것과도 비교되지 않을 정도로 국제 열강들 중 정상의 위치로 올려주었고 그에 따른 높은 위신을 주었다. 스탈린은 표트르 대제만큼 확실하게 러시아 역사에서 영속적으로 주요한 위치를 지닌다. 러시아 혁명은 많은 부분에서 후진적인 러시아를 근대화했다. 그러나 러시아 혁명의 업적, 그중에서도 제2차 세계 대전에서 독일을 무찌른 능력이 대단하긴 했지만 인간의 희생이 엄청났다. 더 발전할 가망이 없는 경제는 쇠약해질 운명이었고, 러시아 혁명의 정치 체제는 실패했다. 일반적으로 인정되듯이, 옛 소련을 기억할 수 있는 대부분의 주민들에게 옛 소련 시기의 상황은 분명 현재 그 지역에 살고 있는 국민들이 지금 겪고 있는 것보다 훨씬 더 나아 보일 것이고, 앞으로도 상당히 오랫동안 그럴 것이다. 그러나 역사적인 대차 대조표를 작성하기엔 아직 너무 이르다.

우리는 현재 여러 사회주의 국가의 국민들과 구(舊)사회주의 국가의 국민들이 10월 혁명이 자신들의 역사에 미친 충격에 대해 나름대로 판단을 내리도록 놔두자.

우리는 소련이 세계의 나머지 부분에 대해서 어떤 의미를 지니는지에 대해 단지 간접적으로만 알고 있다. 제2차 세계 대전 기간과 이전의 시기에, 소련은 구식민지 세계와 전 유럽에서 해방 세력이었다. 확실히 소련은 1933년과 1945년 사이를 제외한 20세기 대부분 시기에 미국과 모든 보수적인 자본주의 체제들에게 최대의 적이었다. 소련은 (그럴 만하지만) 자유주의자와 의회 민주주의자들이 몹시 싫어했던 체제였던 동시에, 1930년대부터 산업 세계의 좌익에서 부자들을 을러서 정치적으로 가난한 사람들을 우선적으로 고려하도록 만들었던 체제로 인식되었다. 소련 시기의 가장 끔찍한 모순은 소련 국민이 체험한 스탈린과 소련 외부에서 해방 세력으로 보인 스탈린이 같은 사람이라는 사실이다. 스탈린은 다른 사람들에 대해 압제자였기 때문에, 적어도 부분적으로는 어떤 사람들에게는 해방자였다.

역사가들은 그러한 인물과 그러한 현상에 대해 합의할 수 있을까? 나는 가까운 미래에 어떻게 그런 합의에 도달할 수 있을지 모른다. 러시아 혁명은 프랑스 혁명처럼 계속해서 판단을 분열시킬 것이다.

20

야만주의 —— 사용자 안내

　나는 이 글의 제목을 "야만주의 —— 사용자 안내"라고 붙였지만, 독자들에게 야만인이 되는 법을 가르쳐주려고 그렇게 한 것은 아니다. 우리들 중 야만인이 되려는 사람은 아무도 없다. 야만주의는 아이스 댄싱처럼 배워서 터득해야 하는 기술 같은 것이 아니다. 여러분이 고문 기술자나 다른 어떤 비인간적인 행위의 전문가가 되고 싶지 않다면 말이다. 그것은 차라리 특수한 사회적, 역사적 맥락 속에 있는 삶의 부산물, 즉 아서 밀러가 『세일즈맨의 죽음』에서 이야기한 것처럼 영토에 딸려 있는 어떤 것이다. '세상 물정에 밝다(street-wise)'는 말은 사람들이 문명의 규칙 없이 한 사회에 실제로 적응하는 것을 지칭하기 때문에 내가 더 많이 쓰려고 하는 표현이다. 이 말을 이해해 가면서, 즉 조부모나 부모의 기준에 맞추어서, 혹은 나만큼 나이가 들었다

---

* 이 글은 1994년에 런던의 셀도니언 극장에서 열린 국제사면위원회 강연의 원고로 쓴 것이다. 나중에 ≪뉴 레프트 리뷰≫ 206호(1994), 44~54쪽에 게재되었다.

405

면 젊은이들의 기준에 맞추어서, 우리는 비문명적인 사회생활에 적응해 왔다. 우리는 비문명적인 사건에 익숙해졌다. 나는 우리들이 다양한 비문명적인 사건 사례에 여전히 무감각해질 수 있음을 말하는 게 아니다. 반대로, 평소와 다른 무시무시한 어떤 사건들에 주기적으로 충격을 받는 것이 일상 경험의 일부가 되었다는 뜻이다. 이러한 상황은 우리가 우리의 (또한 확실히 나의) 부모들이 비인간적인 상황하의 삶이라고 생각했던 것에 얼마나 일상적으로 익숙해졌는지를 숨기는 역할을 한다. 나의 사용자 안내가 이러한 일들이 어떻게 일어나게 되었는가를 이해하는 안내였으면 한다.

여기에서는 야만주의가 약 150년 동안 쇠퇴하다가 20세기 대부분의 시기에 증가했고, 여전히 이러한 증가가 끝날 기미가 보이지 않음을 논의하려 한다. 나는 이러한 맥락에서 '야만주의'가 두 가지 사실을 의미한다고 이해한다. 첫째, 모든 사회가 자기 사회 구성원들의 관계를 규정하는, 그리고 작게는 자기 사회의 구성원들과 다른 사회의 구성원들의 관계를 규정하는 규칙과 도덕적 행동 체계의 분열과 파괴이다. 둘째, 나는 더 구체적으로 우리가 18세기 계몽사상의 기획이라고 부르는 것, 즉 인류의 합리적 진보 —— 생명, 자유, 행복에 대한 추구, 즉 평등, 자유, 박애 등 —— 에 헌신하는 국가 제도에서 구체화된 도덕적 행동 기준과 그러한 규칙의 보편적 체계의 확립에 대한 반전을 의미한다. 이러한 두 가지 야만주의 모두가 현재 일어나고 있고, 우리의 생활에 대해 서로 간의 부정적 효과를 강화시키고 있다. 그러므로 인간의 권리 문제에 대해 나의 주제가 갖는 관계는 명확하다.

첫 번째 형태의 야만화, 즉 전통적인 통제가 사라질 때 발생하는 야만화를 명료하게 해보자. 마이클 이그나티예프(Michael Ignatieff)는 최근에 자신의 저서 『피와 소유(*Blood and Belonging*)』에서 1993년의 쿠르드족 게릴라 중 총기를 소지한 사람과 보스니아 검문소에서 총기를 소지한 사람 사이의 차이를 적어놓았다. 그는 국가가 없는 쿠르드족 사회에서 사춘기를 맞은 모든 남자아이들이 총을 지닌다는 사실을 자세히 파악했다. 무기를 갖는다는 것은 한 소년이 더 이상 아이가 아니고 성인 남성처럼 행동해야만 함을 의미한다. "따라서 총의 문화에서는 책임, 절제, 비극적 의무를 강조한다." 총은 필요할 때 발사하는 것이었다. 반대로, 1945년 이후 발칸인들을 포함한 대부분의 유럽인들은 국가가 합법적인 폭력을 독점하는 사회에서 살았다. 국가가 붕괴했을 때엔 그러한 독점도 무너졌다. "일부 젊은 유럽인 남성들에게, 〔이러한 붕괴에서〕 결과된 혼란으로 …… 모든 것이 허용되는 자극적인 낙원으로 들어갈 기회가 생겼다. 이 사실에서 검문소의 반(牛)성적, 반(牛)포르노적 총기 문화가 비롯되었다. 젊은 사람들은 자신의 수중에 있는 남을 죽일 수 있는 권한을 장악했을 때 억누를 수 없는 자극적 스릴을 느꼈고", 그것을 무기력한 사람들을 위협하는 데 사용했다.[1]

나는 세 대륙의 내전에서 최근 저질러진 수많은 잔학 행위들이 첫 번째 형태의 분열을 반영한다고 생각한다. 그것은 20세기 후반의 특징이 되어버렸다. 그러나 이에 대해서는 뒤에서 한두 마디만 언급하려고 한다.

나는 두 번째 형태의 야만화에 관심이 있다. 나는 우리가 어둠 속으로 가속적으로 몰락하는 것을 막는 몇 안 되는 것 중의 하나가 18세기 계몽사상으로부터 물려받은 가치 체계라고 믿는다. 이러한 가치 체계는 이 순간에 유행하는 견해가 아니다. 그래서 계몽사상은 피상적이고 지적으로 순진한 것에서부터 서양 제국주의에 지적인 기초를 제공한 과거의 고위층 백인의 음모 같은 것까지 넓게 퍼져 있다. 계몽사상은 그 모든 것일 수도 있고 아닐 수도 있다. 그러나 또한 계몽사상은

---

1) Michael Ignatieff, *Blood and Belonging : Journeys into the New Nationalism* (London, 1993), 140~141쪽.

지구 위에 사는 모든 인간들에게 적합한 사회를 건설하려는 모든 열망을 위한, 그리고 모든 인간의 인간적인 권리를 역설하고 보호하는 유일한 토대이다. 어쨌든 우리가 여전히 역사학도의 입장에서 부르고 있는 "계몽 절대주의자"의 정부가, 그리고 같은 지적 계보에 속하는 혁명가, 개혁가, 자유주의자, 사회주의자, 공산주의자들 모두가 압도적으로 또는 전적으로 계몽사상의 영향을 받으면서 18세기부터 20세기 초까지 일어났던 문명의 진보를 이룩했다. 계몽사상에 대한 비판자들은 그러한 진보를 이룩하지 못했다. 물론 진보가 물질적이고 도덕적으로 이루어졌다고 가정되었을 뿐만 아니라 실제로 존재했던 이런 시대는 끝났다. 그러나 우리가 야만주의의 몰락을 단순히 기록하는 것이 아니라 판단하게 해주는 유일한 기준은 오래된 계몽사상의 합리주의이다.

1914년 이전의 시대와 우리 시대 사이의 차이의 폭을 설명해 보자. 나는 더 심각한 비인간적인 상황을 체험했던 우리들은 19세기를 격분시켰던 사소한 부정의에 오늘날 별로 충격을 받지 않는다는 사실에 대해 길게 쓰고 싶지 않다. 이를테면 프랑스에서 있었던 잘못된 재판(드레퓌스 사건)[2]이나 독일군이 알자스의 한 마을에서 하룻밤 동안 20명의 시위자를 감금한 사건(1913년의 차베른 사건)[3] 등을 들 수 있다. 나

---

2) (옮긴이) 19세기 말 프랑스에서 유대인 대위 드레퓌스(Alfred Dreyfus)의 간첩 혐의를 둘러싸고 정치적으로 큰 물의를 빚은 사건. 1894년 10월 드레퓌스 대위가 독일 대사관에 군사 정보를 팔았다는 혐의로 체포되어 비공개 군법 회의에서 종신 유형을 선고받았다. 별다른 증거가 없었음에도 그가 유대인이라는 이유로 이러한 판결을 받자 가족은 진범을 고발했고, 에밀 졸라를 비롯한 사회 여론이 들끓어 자유주의적 지식인과 사회당, 급진당이 가담한 드레퓌스파와, 국수주의자와 교회, 군부가 결집한 반(反)드레퓌스파로 대립하게 되었다. 1898년 여름에는 군부가 제시한 증거가 날조로 판명되고 재심에서도 유죄가 선고되는 등 갈등 상황이 지속되었지만 결국 드레퓌스 측의 승리로 끝났다. 이 사건은 제3공화정을 위기에 빠뜨렸고, 좌파 세력의 결속을 촉진하는 계기가 되었다.

는 독자들에게 행동의 기준을 상기시키고 싶다. 나폴레옹 전쟁 이후에 글을 쓰면서, 클라우제비츠(Carl von Clausewitz)는 문명국가의 무장 군대가 전쟁 포로들을 죽이지 않거나 나라들을 파괴하지 않는 것을 당연시했다. 하지만 영국이 참가했던 최근의 전쟁들, 포클랜드전과 걸프전은 이것이 더 이상 당연시되지 않음을 보여준다. 『브리태니커 백과사전』 11판은 다음과 같이 말하고 있다. "문명화된 전쟁은 가능한 한 적의 무장력을 무력화시키는 데 한정되어야 한다. 그렇지 않게 되면 전쟁은 당사자 중 하나가 전멸할 때까지 계속될 것이다." 그리고 여기서 숭고한 18세기 계몽사상의 아들이자 국제법 전문가인 바텔(E. de Vattel)은 이렇게 말한다. "이러한 실천이 유럽 국가들 내에서 관습이 되어간 데에는 훌륭한 이유가 있다." 그러나 이러한 실천은 이제 더 이상 유럽이나 다른 곳에서 관습이 아니다. 1914년 이전의 반란군과 혁명군은 비전투원이 아니라 전투원과 전쟁을 치러야 한다는 견해를 공유했다. 러시아 황제 알렉산드르 2세를 살해했던 러시아 단체인 '인민의 의지(Narodnaya Volya)'의 정치 강령은 명확하게 "정부를 공격하는 전투 바깥에 있는 개인과 집단들은 중립적인 존재로 취급될 것이며, 그들의 신체와 재산은 침해하지 않아야 한다"라고 서술했다.[4] 이와 비슷한 시기에 프리드리히 엥겔스는 (자신이 전적으로 동감을 표시했던) 아일랜드 페니언단 회원들이 웨스트민스터 사원에 폭탄을 설치함으로써 무고한 국외자들의 생명을 위태롭게 하자 그들을 비난했

---

3) (옮긴이) 프로이센-프랑스 전쟁의 결과 독일에 병합된 알자스 지방의 차베른에서 일어난 군대와 주민의 충돌 사건. 1913년 11월 알자스의 주민과 특히 이 지방 출신 징집병에 대한 장교의 모욕적인 언동에 항의하는 시위운동이 일어나자, 이 도시의 연대사령관은 계엄령을 선포하고 많은 주민을 병영에 감금했다. 이 사건은 프로이센 군국주의에 대한 국민 반발의 증대를 보여주는 것이었다.

4) Wolfgang J. Mommsen and Gerhard Hirschfelf, *Sozialprotest, Gewalt, Terror* (Stuttgart, 1982), 56쪽.

다. 엥겔스는 무장 투쟁 경험을 지닌 노혁명가로서 민간인이 아니라 전투원에 대해서 전쟁을 수행해야 한다고 느꼈다. 오늘날 이러한 제한은 전쟁을 수행하는 정부만큼이나 혁명가와 테러리스트들도 인식하지 못한다.

나는 지금 부지불식중에 야만화로 빠지는 경향에 대해 간단한 연대기를 제시하려고 한다. 야만화의 주요 단계는 네 단계이다. 그것은 제1차 세계 대전, 1917~1920년의 붕괴로부터 시작되어 1944~1947년에 이르는 세계 위기의 시대, 40년간의 냉전 시대, 그리고 마지막으로 1980년대와 그 후로 세계 대부분의 지역에서 발생하는 문명의 전반적 붕괴를 들 수 있다. 앞의 세 단계 사이에는 명백한 연속성이 존재한다. 각각의 단계에서 배운 인간에 대한 인간의 잔학한 행위는 뒤의 단계에 전수되었고, 그럼으로써 야만주의를 새롭게 진전시키는 토대가 되었다. 세 번째 단계와 네 번째 단계 사이에는 직선적인 연관은 존재하지 않는다. 1980년대와 1990년대의 붕괴는 히틀러의 계획과 스탈린의 테러처럼 야만적이라고 인식될 수 있는, 핵전쟁 경쟁을 정당화하는 논의처럼 미쳤다고 생각할 수 있는, 또는 마오쩌둥의 문화 혁명처럼 야만적인 동시에 미쳤다고 생각할 수 있는 인간 의사 결정자의 행동에서 기인하지 않는다. 이 붕괴는 의사 결정자가 통제가 불가능해진 세계에 대해 무엇을 해야 할지를 더 이상 모른다는 사실에서, 그리고 1950년 이후로 사회와 경제의 폭발적인 변형이 인간 사회의 행동을 지배하는 규칙들을 전례가 없을 정도로 붕괴시키고 분열시켰다는 사실에서 기인한다. 그러므로 세 번째 단계와 네 번째 단계는 서로 겹쳐 있고 상호 작용한다. 오늘날 인간 사회들은 붕괴되고 있다. 그러나 오늘날의 인간 사회에서 공공 행위의 기준은 초기의 야만화 시기가 끝어내렸던 수준에서 유지되고 있다. 그 기준이 다시 높아진다는 중요한 징조는 아직까지 없다.

410

제1차 세계 대전이 야만주의로 전락하게 된 데에는 몇 가지 이유가 존재한다. 첫째, 제1차 세계 대전은 이제까지의 역사 기록 중에서 가장 잔학한 시대를 열었다. 브레진스키(Zbigniew Brzezinski)는 최근에 1914년과 1990년 사이의 '대량사(megadeaths)'로 인한 희생자가 1억 8천 7백만 명이라고 산정했고, 추정이긴 하지만 이 수치는 과장이 아니다. 이 수치는 1914년 세계 인구의 약 9퍼센트에 해당한다고 추정된다. 우리는 죽이는 것에 익숙해져 있다. 둘째, 오로지 더욱더 무제한적으로 적을 대량 학살할 수 있다는 이유만으로 정부가 강제로 국민들을 동원하여 자행한 베르됭과 이프르의 대량 학살 같은 엄청난 희생은 사악한 선례가 되었다. 셋째, 총력적 국가 동원 전쟁이라는 개념 자체가 문명적인 전쟁의 중심 기둥, 즉 전투원과 비전투원 사이의 구분을 산산이 부수었다. 넷째, 제1차 세계 대전은 어쨌든 민주적 정책이라는 조건하에서 전 인구에 의해 수행된, 아니 전 인구의 적극적인 참여로서 치러진 유럽에서의 첫 번째 주요 전쟁이었다. 구식 외교관들이 보았던 것처럼 전쟁들이 단지 국제적 파워 게임 속에서 발생한 부수적 사건으로 여겨질 때엔, 유감스럽게도 민주 정체로는 전쟁 동원이 어렵고, 직업 군인들이나 프로 권투 선수들처럼 전쟁을 수행하지도 않는다. 직업 군인들에게 전쟁이란 직업적 규칙에 따라 전쟁을 수행하는 한 적을 미워할 필요가 없는 행동이다. 경험이 말해 주는 것처럼, 민주주의는 악마화된 적을 필요로 했다. 냉전 경험이 보여주었던 것처럼, 이것은 야만화를 촉진했다. 마지막으로, 제1차 세계 대전은 전례 없는 규모의 사회적, 정치적 붕괴, 그리고 사회 혁명과 반혁명으로 끝이 났다.

이러한 붕괴와 혁명의 시대가 1917년 이후의 30년을 지배했다. 20세기는 다른 무엇보다도 1947년까지 수세에 몰리면서 후퇴했던 자본주의적 자유주의와, 서로 파괴하려고 했던 공산주의와 파시스트 운동 사이의 종교 전쟁 시대였다. 실제로 자유주의적 자본주의에 대한 유일한 진정한 위협은 심장부 지역에서는 (1914년 이후의 자체 붕괴를 제외하면) 우익으로부터 왔다. 공산주의나 사회주의 혁명은 1920년과 히틀러의 몰락 사이의 기간에 아무 곳에서도 체제를 전복하지 않았다. 그럼에도 재산과 사회적 특권을 위협하는 공산주의는 파시즘보다 더 두려운 대상이었다. 이러한 상황은 문명적 가치를 복귀시키는 데 도움이 되지 않았다. 전쟁이 남긴 무자비함과 폭력이라는 검은 침전물을 많은 인간 집단이 경험했고, 그것에 애착심을 가졌기 때문에 더욱 그렇다. 그러한 인간 집단 중의 많은 사람들이 내가 1914년 이전에는 실제 선례를 발견할 수 없는 혁신에 필요한 인력, 즉 정부가 아직 공식적으로 행할 준비가 되어 있지 않은 더러운 작업들을 처리했던 독일의 의용군(Freikorp), 블랙앤드탄(Black-and-Tan), 스콰드리스티(squadristi) 같은 준(準)공무원 또는 묵인된 폭한, 살인 부대 등을 제공했다. 어쨌든 간에 폭력은 늘어나고 있었다. 하버드 대학의 역사학자 프랭클린 포드 (Franklin Ford) 같은 사람은 전쟁 후에 엄청나게 늘어난 정치적 암살을 오랫동안 주목해 왔다. 1920년대 후반 바이마르 독일과 오스트리아에서 벌어진 조직화된 정치적 적대자들 사이의 피비린내 나는 시가전이 1914년 이전에도 있었다는 선례를 나는 알지 못한다. 선례가 있었다 하더라도 대부분 사소한 것들이었다. 1921년의 벨파스트 폭동과 전투는 그 소란스러운 도시에서 19세기 전 기간에 걸쳐 살해된 사람들보다 더 많은 428명을 살해했다. 초기의 이탈리아 파시스트 정당처럼 구성원의 57퍼센트가 늙은 군인들로 이루어진 경우도 있었지만, 그럼에도 시가전 전투원들이 꼭 전쟁을 좋아하는 늙은 군인인 것은 아니었다. 1933년 나치 돌격대원들 가운데 4분의 3은 참전해 본 적이 없는 젊은이들이었다. 전쟁, 같은 제복(악명 높은 색깔 있는 셔츠)과 총기 소지는 지금 소외된 젊은이들에게 하나의 모델이 되고 있다.

나는 1917년 이후의 역사는 종교 전쟁의 역사가 되어버렸다고 넌지시 말했다. 1950년대 프랑스의 알제리 반폭동 정책이라는 야만주의를 지도했던 한 프랑스 장교는 "종교 전쟁 이외의 진정한 전쟁은 존재하지 않는다"라고 썼다.[5] 그럼에도 종교 전쟁의 당연한 결과인 잔인성을 더욱 잔인하고 비인간적인 것으로 만드는 것은 선(善)(서구 열강)의 대의가 악(惡)의 대의와 대결할 때였다. 악의 대의명분을 대표하는 사람들은 흔히 완전한 인간성을 주장하다 거부당했던 사람들이었다. 사회 혁명, 그리고 특히 식민지 혁명은 출생이나 성취에 의해 자연히 불평등해진 사회에서 상층민들이 하층민들에 대해 당연히 느끼는 우월성, 말하자면 신이 부여했거나 섭리에 의해 인정받은 우월성이라는 의미에 도전했다. 대처 수상이 우리에게 상기시켜 준 것처럼, 계급 전쟁은 일반적으로 하층보다는 상층의 심한 증오와 함께 수행되는 경우가 많다. 선천적으로 영속적인 (특히 피부색으로 드러나는) 열등함을 지닌 사람들이, 반란은 말할 것도 없고 평등을 주장해야 한다는 사실은 이들보다 선천적으로 우월한 사람에게는 모욕 그 자체였다. 만약 상층 계층과 하층 계급 사이의 관계가 정말 이러했다면, 인종들 사이의 관계에서는 더욱더 사실이었을 것이다. 군중들이 인도인이 아니라 영국인이나 심지어 아일랜드인이었다면 또는 장소가 인도의 암리차르가 아니라 영국의 글래스고였다면, 다이어 장군이 1919년에 군중에게 총을 발사하라고 부하들에게 명령해서 379명을 살해했을까?[6] 분명히 그

---

5) Walter Laqueur, *Guerrilla : A Historical and Critical Study*(London, 1977), 374쪽.

6) (옮긴이) 1919년 4월 13일 영국 군대가 인도인 시위 군중에게 총격을 가해 수많은 사상자를 낸 사건. 1919년 인도의 영국 식민지 정부는 제1차 세계 대전 당시의 비상 대권을 질서 파괴 행위들에 확대 적용할 것을 골자로 한 로울라트 법을 제정했다. 이 조치에 항의하여 펀자브 주의 암리차르에서 약 1만 명에 달하는 시위대들이 영국군 준장 레지날드 E. H. 다이어가 지휘하는 군대와 충돌했다. 한 공식 보고서에 따르면 이 군중들에 대한 군대의 발포로 379명이 사망하고 약 1,200명이

렇지 않았을 것이다. 나치 독일의 야만주의는 러시아인, 폴란드인, 유대인, 서유럽인에 비해 인간 이하로 여겨진 다른 민족들에 대해 훨씬 심하게 적용되었다.

　그럼에도 자신들을 ‘선천적으로’ 우월하다고 추정하는 사람들과 ‘선천적으로’ 열등하다고 추정되는 사람들 사이의 관계에 내포되어 있는 잔혹성은 다만 신과 악마 사이의 대립에 잠재된 야만화에 박차를 가해 주었을 뿐이다. 왜냐하면 그러한 묵시록적 대결에는 오로지 하나의 결과 —— 총체적인 승리나 총체적인 패배 —— 만 존재할 수 있기 때문이다. 악마의 승리보다 나쁜 것은 없었다. 냉전 시대의 표현인 “빨갱이가 되느니 죽는 게 낫다”는 말은 글자 그대로의 의미에서 보면 불합리한 진술이다. 그러한 투쟁에서는 목적이 필연적으로 어떠한 수단이라도 정당화시킨다. 악마를 무찌르는 유일한 방법이 악마적인 수단에 의존하는 것이라면, 우리는 악마적 수단을 택해야만 했다. 그렇지 않다면 왜 가장 점잖고 문명화된 서구 과학자들이 자신들의 정부를 강요하여 원자 폭탄을 만들게 했겠는가? 상대편이 악마적이라면, 우리는 상대편이 설사 지금은 그렇지 않다 할지라도 앞으로 악마적 수단을 사용할 것이라고 가정해야만 한다. 나는 아인슈타인이 히틀러에 대한 승리를 최종적인 악으로 간주했다는 점에서 잘못을 범했다고 논의하려는 것이 아니라, 서로 간에 야만주의를 필연적으로 가속화시키는 그러한 대립의 논리를 명확히 하려고 할 뿐이다. 그것은 냉전의 경우에 더 명확하다. 냉전에 이데올로기적 근거를 제공했던 케넌(George K. Kennan)의 유명한 1946년의 ‘장문의 전보(Long Telegram)’에서 보이는 주장은 영국 외교관들이 19세기 내내 러시아에 대해 항상 다음과 같이 이야기했던 것과 다르지 않았다. “우리들은 필요하다면 무력

부상을 당했다고 한다. 이 사건은 인도와 영국 사이를 결정적으로 벌려놓았으며 마하트마 간디의 불복종 운동의 시발점이 되었다.

시위를 통해서 러시아를 봉쇄해야만 한다. 그렇지 않으면 러시아는 콘스탄티노플과 인도 국경으로 나아갈 것이다." 그러나 영국은 19세기 동안 이 문제에 대해 거의 냉정을 잃지 않았다. 외교, 즉 비밀 요원들 사이의 '큰 게임', 심지어 간헐적인 전쟁은 신의 묵시와 혼동되지 않았다. 하지만 러시아의 1917년 10월 혁명 이후에는 혼동되었다. 파머스톤(Lord Palmerston)은 부인했을 것이다. 내 생각으로는, 결국 케넌 자신이 일을 벌였다.

베르사유 조약(1919)과 히로시마 원자 폭탄 투하(1945) 사이에 문명이 쇠퇴하게 된 이유는 쉽게 파악할 수 있다. 제1차 세계 대전과 달리 제2차 세계 대전은 19세기 문명과 계몽사상의 가치를 특히 부인했던 교전국들에 의해 일방적으로 수행되었다는 사실을 보면 자명하다. 우리들은 많은 사람들이 회복되기를 기대했던 19세기 문명이 제1차 세계 대전으로부터 회복되지 못했던 이유를 설명할 필요가 있을지도 모른다. 그러나 우리는 19세기 문명이 회복되지 못했음을 안다. 19세기 문명은 파국의 시대에 들어갔다. 파국의 시대란 사회 혁명이 뒤이어 발생했던 전쟁의 시대, 제국 종말의 시대, 자유주의적 세계 경제가 붕괴된 시대, 입헌 민주주의 국가의 지속적인 쇠퇴의 시대, 파시즘과 나치즘의 시대이다. 특히 우리가 이 시기가 모든 야만주의의 최대의 교실인 제2차 세계 대전으로 끝났다고 생각할 때, 문명의 쇠퇴는 놀라운 일이 아니다. 그러니 이제 파국의 시대를 건너뛰어 우울하고 기묘한 현상, 즉 제2차 세계 대전 이후 서양에서의 야만주의의 진전에 대해 살펴보기로 하자. 파국의 시대와 전혀 다르게, 20세기의 3/4분기는 적어도 핵심적인 "선진 시장 경제" 국가들에서는 개혁되고 복구된 자유주의적 자본주의가 승리한 시대였다. 자유주의적 자본주의는 견고한 정치적 안정과 전대미문의 경제적 번영을 가져다주었다. 그럼에도 불구하고 야만화는 계속되었다. 적절한 예로 고문이라는 혐오스러운 주제를 다루어보기로 하자.

내가 여러분에게 이야기할 필요도 없이, 1782년부터 여러 시기에 걸쳐 고문은 공식적으로 문명국가의 사법 절차에서 제거되었다. 이론상 고문은 더 이상 국가의 강제 기구에서 묵인될 수 없었다. 고문에 반대하는 입장은 강해서 고문을 폐지했던 프랑스 혁명이 끝난 후에도 부활되지 못했다. 전과자였다가 왕정복고 때 경찰서장으로 변신했고, 발자크 소설에 등장하는 인물인 보트랭의 모델이기도 했던, 유명했던 아니 악명 높았던 비도크(François Vidocq)는 일 처리에 있어 망설임이 없는 사람이었지만 고문은 하지 않았다. 하지만 도덕적인 진보에 저항했던 전통적 야만주의의 한쪽에서는, 이를테면 군 감옥이나 이와 비슷한 기관들 내에서는 야만주의가 완전히 사라지지 않았거나 어쨌든 야만주의의 기억은 사라지지 않았다고 추측할 수도 있다. 내가 충격을 받은 것은 1967~1974년에 그리스 장교들이 사용한 고문의 기본 형태가 사실상 옛 터키 식 고문인 바스티나도(bastinado), 즉 발바닥 때리기에서 나온 변형이었다는 사실이다. 그리스는 어떤 지역도 거의 50년 동안 터키 지배를 받지 않았는데도 말이다. 우리는 또한 정부가 파괴분자들과 싸우는 곳, 이를테면 차르의 비밀경찰인 오흐라나(Okhrana) 같은 곳에서는 문명적인 방법의 사용이 지연되었다고 생각할 수도 있다.

양차 세계 대전 사이에 이루어진 고문의 진보는 주로 공산주의 체제와 파시스트 체제하에서 이루어졌다. 계몽사상에 얽매이지 않았던 파시즘은 고문을 최대한 실행했다. 볼셰비키들은 자코뱅 당원들처럼 공식적으로는 오흐라나가 사용했던 방법을 폐지했지만, 거의 바로 비상위원회 체카[7]를 설립했다. 체카는 혁명을 방어하기 위한 싸움에서 아무런 제약도 느끼지 않았다. 그러나 1939년에 스탈린이 작성한 회람

---

7) (옮긴이) Cheka : 초기 소련의 비밀경찰 기관. 국가보안위원회(KGB = NKVD)의 전신이다.

전보는 제1차 세계 대전 이후에 "NKVD〔체카의 후신〕 운영 과정에서 물리적 압력을 가하는 방법의 응용"이 1937년에야 비로소 공식적으로 정당화되었음을, 다시 말하면 스탈린 체제 대공포의 일부로 정당화되었음을 암시해 준다. 사실상 물리적 압력을 가하는 방법은 특정한 경우에만 강제되었다. 이러한 방법은 1945년 이후에 소련의 위성 국가들로 수출되었다. 그러나 우리는 나치 점령 체제에서 그러한 행동을 경험했던 경찰들이 이러한 새로운 체제 내에 존재했다고 생각할 수도 있다.

그럼에도 불구하고, 나는 서양의 고문이 소련의 고문에서 많이 배웠거나 모방했다고는 생각하고 싶지 않다. 정신 조작 기술은 한국 전쟁 때, 저널리스트들이 정신 조작 기술을 보고 일명 "세뇌(洗腦, brain-washing)"라고 이름 붙였던 중국의 고문 기술에서 비롯되었을 수도 있지만 말이다. 거의 확실히 그 모델은 파시스트적 고문이었고, 특히 제2차 세계 대전 동안 독일이 저항 운동을 진압하기 위해 사용했던 고문이었다. 우리는 심지어 강제 수용소로부터도 서슴없이 배우려 해야 한다. 우리가 클린턴(W. J. Clinton) 행정부의 폭로 덕택으로 지금 알고 있는 것처럼, 미국은 제2차 세계 대전 바로 직후부터 1970년대까지 상당한 기간 동안, 사회적으로 열등한 가치를 지녔다고 느껴지는 사람들을 뽑아 체계적으로 방사선을 쏘이는 실험을 했다.

이러한 실험들은 나치의 실험과 마찬가지로 의사들이 수행했거나 모니터했다. 유감스럽지만 의사라는 직업을 가진 사람들은 모든 나라들에서 고문 실행에 아주 자주 참가했다고 말해야만 한다. 특히 한 미국인 의사는 이러한 실험들이 혐오스러워서 자신의 상관에게 그 실험들에서 "부헨발트[8] 같은 냄새"가 난다고 항의했다. 유사성을 인식했던

---

8) (옮긴이) Buchenwald : 독일의 나치 집단 수용소. 무장 나치 친위대 위생학연구소의 한 부서인 티푸스와 바이러스 연구부가 여기에 있어 수용자들을 대상으로 바

사람은 그만이 아니었을 것이다.

이 강연을 개최한 국제사면위원회를 예로 들어보기로 하자. 여러분이 알고 있는 것처럼, 이 조직은 주로 정치범과 양심수들을 보호하기 위해 1961년에 설립되었다. 이 조직에 종사하는 훌륭한 사람들은 설마 고문을 사용하지 않을 거라고 기대했던 나라들에서도 정부 또는 거의 위장하지 않은 정부 기관들이 체계적으로 고문을 사용했던 사실을 처리해야만 할 때 놀라움을 금치 못했다. 아마도 앵글로색슨 지방주의만이 그들의 놀라움을 설명해 줄 수 있을 것이다. 프랑스 군인이 1954~1962년의 알제리 독립 전쟁기에 행했던 고문은 오랫동안 프랑스 내에서 정치적 소란을 야기했다. 그래서 국제사면위원회는 고문에 대해 많은 노력을 집중해야만 했고, 고문에 대한 국제사면위원회의 1975년도 보고서는 지금도 여전히 중요하다.[9] 이러한 현상과 관련해 두 가지 사실이 두드러졌다. 첫째로, 민주주의를 채택한 서양에서 고문이 체계적으로 행해졌다는 사실이 새로웠는데, 1930년대 이후 아르헨티나 감옥 안에서는 전기가 흐르는 소몰이 막대기를 사용하는 이상한 선례가 나타나기까지 했다. 두 번째 두드러진 사항은 그 현상은 이제 순수하게 서양적인 현상, 어쨌든 유럽에서 발생한 현상이었다는 점이다. 국제사면위원회는 "정부가 제재를 가했던 스탈린주의적 고문 관행은 끝났다. 몇몇 예외가 있기는 하지만…… 과거 10년 동안 외부 세계에서는 동유럽에서 고문이 있었다는 보고를 접했던 적은 없었다"고 보고했다. 이것은 아마도 처음에 보았던 것보다 그리 놀라운 사실이 아닐 것이다. 러시아 내전이라는 사활을 건 투쟁 이후로, 소련 내에서 (러시아 형벌 생활의 일반적인 잔인성과는 별도로) 고문은 국가 안보를 유지하는 데

이러스 감염과 백신 효과에 대한 생체 실험을 했다.

9) Amnesty International, *Report on Torture*(London, 1975).

418

기여하지 못했다. 소련의 고문은 여론 조작을 위한 재판과 비슷한 형태의 관제 연극 같은 다른 목적에 기여했다.

소련에서 고문은 쇠퇴했고 스탈린 체제와 함께 몰락했다. 공산주의 체제가 취약하다고 입증되었지만, 심지어 유명무실해도 제한적으로 무력적 강제를 사용하는 것이 1957년부터 1989년까지 공산주의 체제를 유지하는 데 필요했다. 다른 한편으로, 1950년대부터 1970년대 후반까지의 시대가 서양 고문의 전형적인 시기였다는 사실은 더 놀랄 만한 일이다. 서양의 고문은 이제까지 깨끗한 기록을 지녔던 몇몇 라틴아메리카 국가들(적절한 예로 칠레와 우루과이), 남아프리카, 그리고 성기에 전기 고문을 가하지는 않았지만 심지어 북아일랜드와 지중해 인근의 유럽에서 1970년대 전반기에 절정에 도달했다. 나는 서양의 공식적 고문 곡선이 부분적으로는 국제사면위원회의 노력 때문에 그때 이후로 실질적으로 하강 곡선을 그었다는 사실을 덧붙여 말해야만 한다. 그럼에도 불구하고, 찬탄할 만한 1992년도 『세계 인권 안내서』는 국제사면위원회가 조사했던 104개국 중에서 64개국에서 고문이 행해지고 있음을 기록하고 있고 오직 15개 국가에서만 전혀 고문이 행해지고 않고 있다고 평가했다.

이러한 우울한 현상을 어떻게 설명해야만 하는가? 영국콤프턴위원회(the British Compton Committee)에서 발표되었듯이, 고문 관행에 대한 공식적인 합리화는 이러한 현상을 전혀 설명해 주지 못했다. 이 위원회는 1972년 북아일랜드에 대해 상당히 모호하게 보고했다. 이 위원회는 "가능한 빨리 정보를 얻는 데 작전상 고문이 필요했음"에 대해 언급했다.[10] 그러나 이것은 어떠한 해명도 아니다. 이것은 정부가 야만주의에 양보했다는 사실, 즉 전쟁 포로는 이름, 계급, 군번 이상을 말

---

10) 같은 책, 108쪽.

할 의무가 없다는 관례를, 그리고 작전상의 필요가 아무리 급박하다 하더라도 전쟁 포로들을 고문해서 더 많은 정보를 얻어내서는 안 된다는 관례를 정부가 더 이상 받아들이지 않았다는 사실을 다른 방식으로 말하는 것에 불과했다.

나는 여기에는 세 가지 요인들이 포함되어 있다고 추정한다. 1945년 이후 서양의 야만화는 냉전의 광기라는 배경에서 발생했다. 냉전 시대는 훗날의 역사가들에게는 16세기와 17세기의 마녀 사냥만큼 이해하기 어려울 것이다. 나는 다음과 같은 이례적인 전제만 지적하고, 서양의 야만화에 대해선 더 이상 말하고 싶지 않다. 그 전제는 전체주의적 전제 정치에 의해 금방이라도 전복될 수 있는 서양 세계를 지키겠다고 생각한 그 순간에 바로 핵에 의한 대량 학살을 거리낌 없이 시작할 수 있다는 사실 자체만으로도 충분히 기존에 수용된 모든 문명적 기준을 훼손할 수 있다는 것이다. 두 번째로, 서양의 고문은 무엇보다도 식민지 권력을 행사하는 과정에서 확실히 상당한 규모로 발전했다. 프랑스 무장 군대는 인도차이나와 북아프리카에서 제국을 지키려는 불운한 시도의 일부로서 고문을 자행했다. 나치 독일과 그 협력자들에 의한 억압을 최근에 경험했던 한 국가가 국가의 무력으로 열등한 인종을 탄압하는 것은 최악의 야만화일 것이다. 프랑스의 사례를 추종하면서, 나중에 다른 곳에서 경찰이 아니라 주로 군대가 체계적으로 고문을 자행했던 사실은 아마도 중요할 것이다.

쿠바 혁명과 학생 운동의 급진화를 추종하면서, 1960년대에 제3의 요소가 이러한 상황에 들어왔다. 그것은 자발적인 소수 집단이 의도적인 행동으로 혁명적인 상황을 만들어내려고 시도하는 새로운 폭동 운동과 테러 운동의 등장이었다. 그러한 집단의 본질적인 전략은 양극화였다. 적 체제가 더 이상 통제될 수 없다는 사실을 입증하거나 상황이 더 안 좋은 곳에서는 적 체제를 자극하여 전반적인 억압을 유발하거나 하여, 이제까지 수동적이었던 대중들이 반란을 지원하도록 유도하는 것이 그 집단의 바람이었다. 이 두 가지 모두 위험한 것이었다. 두 번째 변형태는 테러와 반테러를 서로 가속화시키는 공개 초대장이었다. 매우 분별 있는 정부만이 두 번째 변형태의 유혹에 저항할 수 있다. 왜냐하면 영국조차 북아일랜드 사태 초기에는 냉정을 유지하지 못했다. 몇몇 체제는, 특히 군사 체제는 이 유혹을 견뎌내지 못했다. 국가의 군사력이 야만주의 비교 경쟁에서 승리할 가망성이 높았다는 사실은 말할 필요도 없다. 국가 세력은 실제로 승리했다.

그러나 불길한 비현실적인 분위기가 이러한 지하 전쟁을 둘러싸고 있었다. 계속 진행 중인 식민지 해방 투쟁과 중앙아메리카에서의 투쟁을 제외하면, 그 싸움은 양쪽이 주장했던 것보다 덜 위태로웠다. 다양한 좌익 테러 조직들의 사회주의 혁명은 의사일정에 올라 있지 않았다. 봉기로 현존 체제를 무찌르고 전복시킬 실제 기회는 별로 없었고, 그렇다고 알려져 있었다. 반동주의자들이 진정으로 두려워하는 것은 총을 든 학생들이 아니라, 칠레의 아옌데(Salvador Allende)와 아르헨티나의 페론(Juan Perón) 지지자들처럼 선거를 통해 승리할 수 있는 대중 운동이었다. 총을 든 사람들은 선거에서 승리할 수 없었다. 이탈리아의 예가 보여주는 것은, 유럽 최강의 봉기 세력인 붉은 여단이 존재할 때조차도 일상적인 정치가 그 이전처럼 거의 대부분 계속될 수 있다는 사실이었다. 그러므로 새로운 봉기자들이 야기한 주요 성과는 무력과 폭력의 전반적인 수준을 몇 단계 끌어올릴 수 있게끔 해준 것이었다. 1970년대는 이전에 민주주의 국가였던 칠레에 고문, 살인, 테러를 남겨 놓았고, 칠레의 목적은 전복당할 위험이 없는 군사 체제를 보호하는 것이 아니라 가난한 사람들에게 겸손한 행위를 가르치고 야당과 노동조합으로부터 안전한 자유 시장 경제 체제를 정착시키는 것이었다. 콜롬비아나 멕시코처럼 천성적으로 피를 갈구하는 문화가 아니라 상대적으로 평화로운 브라질에서, 1970년대는 버림받은 아이들과 "반사회적인 사람들"을 소탕하는 수단인 경찰 암살대라는 유산을 남겼다. 1970년대는 서양의 거의 모든 곳에 '반봉기' 신조를 남겨 놓았다. 나는 그 신조를 다음과 같이 자신의 관찰을 서술한 작가의 몇 마디로 요약할 수 있다. "불만은 언제나 존재한다. 그러나 저항은 오로지 자유민주주의 체제나 옛날식의 비효율적인 권위 체제에 대항할 때에만 성공하게 된다."[11] 간단히 말해서, 1970년대의 도덕은 야만주의가 문명보다 더 효율적이라는 것이었다. 이러한 도덕은 지속적으로 문명의 구속력을 약화시켰다.

마지막으로 현시대로 가보자. 20세기의 특징적인 형태인 종교 전쟁은 공적 야만성이라는 토대를 남겨 놓았음에도 불구하고 이제 어느 정도 지나갔다. 우리는 옛날 의미의 종교 전쟁으로 복귀하고 있음을 스스로 느낄 수도 있다. 그러나 문명의 후퇴에 대한 더 자세한 설명은 잠시 제쳐두기로 하자. 민족 갈등과 내전이라는 현재의 소란을 이데올로기적 현상으로 간주해서는 안 된다. 특히 공산주의나 서양 보편주의나 또는 다르게 표현될 수 있는 용어들에 의해 아주 오랫동안 억압당했던 원시적 세력의 재출현으로 간주되어서는 안 된다. 이런 용어들에는 독자적 정치를 지지하는 투사들이 현재 자기 이해에 걸맞게 표현한 은어가 포함될 수 있다. 나는 그러한 소란이 이중적인 붕괴에 대한 반응이라고 본다. 하나는 기능 국가, 즉 홉스가 이야기한 무정부 상태로 몰락하는 것을 감시하는 모든 효과적인 국가들로 대표되는 정치 질서의 붕괴이다. 다른 하나는 세계 대부분에 대한 낡은 사회관계의 틀, 즉 뒤르켐의 아노미 현상이 일어나지 않도록 막아주는 모든 틀의 붕괴이다.

---

11) Water Laqueur, *Guerrilla*, 377쪽.

나는 현재의 내란의 공포는 이러한 이중적 붕괴의 결과라고 믿는다. 조상들로부터 전해져 온 기억이 아무리 오랫동안 헤르체고비나와 크라지나 산맥 속에 존재했다 하더라도, 내란은 고대 야만으로의 복귀는 아니다. 공산주의 독재의 강압 때문에 보스니아 공동체들이 서로 맹렬하게 싸우지 않았던 것은 아니다. 그들은 서로 평화롭게 살았고, 최소한 유고슬라비아 도시 인구의 50퍼센트나 그 정도는, 얼스터 같은 확실한 인종 차별적인 사회나 미국의 인종 공동체에서도 받아들이기 어려울 정도로 서로 다른 종족과 결혼했다. 만약 영국이 유고슬라비아가 그랬던 것처럼 얼스터에서 포기했다면, 25년 동안 약 3,000명 이상의 사망자가 생겼을 것이다. 더욱이 이그나티예프가 매우 잘 표현했던 것처럼, "위험한 계급"이라는 전형적인 현대적 형태, 즉 사춘기에서부터 결혼 적령기 사이의, 뿌리를 잃어버린 젊은 남성이 주로 이러한 전쟁의 잔학 행위를 자행했다. 이러한 젊은 남성들에게는 일반적으로 인정된 규칙이나 효과적인 행동 제약이 더 이상 존재하지 않는다. 심지어 전통적인 사내다운 투사 사회 속에서 일반적으로 인정되는 폭력 규칙조차 존재하지 않는다.

그리고 이것은 물론 폭발적으로 붕괴하는 세계 체제 주변부의 정치 질서와 사회 질서를 느리게 가라앉는 선진국 사회 핵심부와 결합한 것이다. 더 이상 행동에 대한 사회적 지침을 지니지 않은 사람들이 두 지역 모두에서 이루 말할 수 없는 일들을 저질렀다. 대처 수상이 얼마간 묻어버리고자 했던 오래된 전통적 영국은 관습과 풍습이라는 엄청난 힘에 근거했다. 사람들은 '해야 하는' 일이 아니라 행해졌던 일을, 다시 말해 '행해진 일'을 했다. 그러나 우리는 '행해진 일'이 무엇인지 더 이상 알지 못한다. 오직 '자기 자신의 일'만 존재할 뿐이다.

이러한 사회적, 정치적 해체 상황하에서, 우리는 어쨌든 문명의 쇠퇴와 야만주의의 성장을 기대할 수밖에 없을 것이다. 그럼에도 상황을 더욱 나쁘게 만드는 것, 즉 의심할 여지 없이 미래의 상황을 더욱 나쁘게 만드는 것은 계몽사상의 문명이 야만주의에 대항하여 세웠던, 그리고 내가 이 글에서 대강 묘사하려고 했던 방어 시설을 지속적으로 철거하는 것이다. 가장 나쁜 것은 우리가 비인간적인 것에 익숙해져 버렸다는 사실이다. 우리는 용납할 수 없는 것을 용납하도록 배웠다.

총력전과 냉전은 야만성을 받아들이도록 우리들을 세뇌해 왔다. 더 나쁜 것은, 총력전과 냉전이 야만성을 돈 버는 일 같은 더 중요한 일에 비교해서 중요하지 않은 것으로 보이게 만들었다는 사실이다. 19세기 문명의 마지막 진보의 하나, 즉 생화학전의 금지에 대한 이야기로 결론을 짓기로 하자. 생화학 무기의 실제적 작전 가치는 낮다. 따라서 생물학 무기와 화학 무기는 본질적으로 공포를 주기 고안된 것이다. 생물학 무기와 화학 무기는 실제적인 보편적 합의에 의해 제1차 세계 대전 이후 1928년부터 실시될 예정이었던 1925년 제네바 의정서에 따라 금지되었다. 그 금지는 제2차 세계 대전을 거치면서 에티오피아를 제외한 모든 곳에서 존속했다. 사담 후세인(Saddam Hussein)이 1987년에 금지를 모욕적으로 그리고 도발적으로 파기했다. 사담 후세인은 독가스탄으로 자기 나라 시민들 수천 명을 살해했다. 누가 저항했는가? 왜 그렇게 거의 분노하지 않았는가? 그것은 부분적으로는 그러한 비인간적인 무기에 대한 절대적인 반대가 오랫동안 방기되어 왔기 때문이다. 그러한 무기를 먼저 사용해서는 안 되지만, 만일 상대방이 사용한다면 물론 사용해야 한다는 맹세 정도로 생화학 무기에 대한 절대적인 배척이 완화되었다. 미국을 선두로 40개 이상의 국가들이 화학전에 반대하는 1969년 국제연합 결의안에서 이러한 입장을 취했다. 생물학전에 대한 반대는 더 강하게 유지되었다. 생물학전 수단은 1972년 협정하에서 완전히 파괴되어야만 했다. 그러나 화학전 수단은 그렇지 않았다. 우리는 독가스에 완전히 무감각해졌다고 말할 수 있을지도 모르겠다. 가난한 나라들은 지금 독가스를 원자 무기에 대항할 무기로 간주하고 있다. 여전히 독가스는 소름 끼치는 것이었다. 그럼에도 영국과 자유민주주의 세계의 다른 나라들은, 자기 나라들의 사업가들이 후세인에게 더 많은 이라크 시민들을 가스로 중독시키는 장비를 포함한 더 많은 무기를 팔도록 할 때 저항하기는커녕 침묵했고, 최선을 다해 시민들을 무지의 어둠 속에 놓이게 했다는 것을 여러분에게 상기시켜야겠다. 그런 나라들은 후세인이 정말 참을 수 없는 어떤 일을 저지를 때까지는 분노하지 않았다. 내가 후세인이 어떠한 일을 저질렀는지를 여러분에게 상기시킬 필요는 없다. 여러분이 다 잘 알고 있듯이 후세인은 미국의 사활적 이해가 걸렸다고 생각하는 유전 지대를 공격했다.

21

특수사만으로는 충분하지 않다

1

역사가들이 처한 곤경에 대해 토론하기 전에 먼저 구체적인 경험을 이야기하는 것이 가장 좋을 것 같다. 1944년 초여름에, 독일군은 아펜니노 산맥[1]의 이른바 고딕 라인을 따라 진군해 오는 연합군을 막을 수 있는 더 강한 방어선을 세우기 위해 이탈리아 북쪽으로 후퇴했다. 이때 독일군은 수많은 대량 학살을 저질렀으며, 그때마다 그것은 지방 도적(즉 파르티잔) 활동에 대한 보복이라며 정당화했다. 50년 후, 당시 생존자들의 기억과 저항 운동을 다루는 향토사가의 기억에 그때까지 남

---

* 이 글은 최근의 몇몇 ('포스트모던적') 지적 유행이 가진 상대주의에 이의를 제기한다. 이 글은 오랫동안 파리현대사연구소(the Paris Institut pour l'Histoire du Temps Présent)의 소장으로 있는, 내 친구 베다리다(François Bédarida) 교수가 ≪디오게네스≫ 42/4(1944)를 위해 편집한 역사학 특별호를 위해 쓴 것이다. 이 글은 "보편성에 대한 탐구와 특수성에 대한 탐구 사이에 선 역사가"라는 제목으로 ≪디오게네스≫에 게재되었다.

아 있었던 아레초 지역 몇몇 마을의 학살 사례를 근거로 하여 제2차 세계 대전 시의 독일 학살 기억에 대한 국제 대회가 열렸다.

그 대회에는 동유럽, 서유럽, 미국 등 다양한 나라에서 역사가와 사회과학자들뿐만 아니라, 마을의 생존자, 옛 저항 투사, 그리고 그 밖에 관련되어 있는 사람들도 참가했다. 175명의 남자들이 치비텔라 델라 키아나 지역에서 부인과 아이들로부터 격리된 후 사살되어서 집과 함께 불태워진 지 50년이 지난 후에도, 순수하게 '학문적인' 주제는 존재할 수 없었다. 그러므로 그 대회가 대단히 긴장되고 거북한 분위기 속에서 개최되었다는 것은 놀랄 만한 일이 아니었다. 모든 사람들은 정치적으로 중요한, 심지어 실존적인 긴급한 문제가 걸려 있음을 인식하고 있었다. 그 대회에 참석한 모든 역사가들은 역사와 현재의 관계에 대해 호기심을 갖지 않을 수 없었다. 어쨌든 이탈리아는 불과 몇 주 전에 1943년 이후 최초로 파시스트를 포함하는 정부를 선출한 상태였고, 공산주의 반대 운동과 1943~1945년의 저항 운동은 민족 해방 운동이 아니었으며 어쨌든 현재와 관계가 없으므로 잊어야만 할 먼 과거라는 주장에 그들은 관심을 쏟았다.

모든 사람들이 불편해 했다. 저항 운동과 대량 학살 시대의 생존자들은 (모든 시골 사람들이 알고 있듯이) 침묵한 채로 있는 것이 가장 좋다고 생각했던 일들이 세상에 드러나는 것에 불편해 했다. 그러나 과거의 갈등을 애써 잊어버리려는 암묵적인 합의가 있었더라도 시골 생활이 어떻게 1945년 이후에 '정상 상태'로 돌아갈 수 있었겠는가? (한 미국인 역사가는 자신의 크로아티아인 부인이 살았던 이스트리아[2]의 한 마을에 있었던 이러한 선택적 침묵의 메커니즘에 대해 통찰한 논문을

---

1) (옮긴이) 이탈리아 반도를 종주하는 산맥.
2) (옮긴이) 아드리아 해 북단에 튀어나온 반도.

발표했다.) 옛 파르티잔들과 토스카나의 철저한 좌익 지역의 여론은 이탈리아 공화국이 히틀러와 무솔리니에 대한 저항 운동의 전통을 공식적으로 배격하자 확실히 불편함을 느꼈다. 그들은 저항 운동이 이탈리아의 기초를 이룬다고 생각했기 때문이다. 아마 주로 좌익 성향인 젊은 구술사가들은 그 대회를 준비하는 과정에서 마을 사람들과 인터뷰하거나 재인터뷰하던 중에 다음과 같은 사실을 발견하고 충격을 받았다. 한 독실한 가톨릭 마을의 주민들은 대량 학살을 자행한 독일인을 비난하는 것이 아니라, 파르티잔에 합류함으로써 자신들의 고향을 무책임하게 재앙으로 몰아넣었던 마을의 젊은이들을 비난한 것이다.

나머지 역사가들은 나름대로의 이유로 불편해 했다. 대회에 참석한 독일 역사가들은 자신들의 아버지나 할아버지가 1944년에 했거나 하려다 실패했던 행위 때문에 괴로워하는 게 분명했다. 사실상 이 대회가 대량 학살의 기억에서 비롯되어 조직되었음에도 불구하고, 이탈리아인이 아닌 모든 역사가와 심지어 몇몇 이탈리아인 역사가들은 대량 학살에 대해 결코 들은 적이 없었다. 이것은 역사적 생존과 역사적 기억의 명백한 자의성을 떠올리게 한다. 왜 어떤 경험은 더 커다란 역사적 기억 속의 일부가 되었는데, 어떤 경험은 그 수가 많아도 역사적 기억 속의 일부가 되지 못할까? 러시아 측 참가자들은 나치의 잔학 행위를 집중적으로 연구하는 것은 스탈린 시기의 테러에 대한 관심을 분산시키는 방편이었다는 신념을 숨기지 않았다. 제2차 세계 대전사를 연구하는 전문가라면 자기가 어떤 나라에서 태어났든지 간에, 대량 학살 사건이 발생한 지 50년이 지난 지금은 다음과 같은 문제를 회피할 수 없다. 즉 아레초 지역 인구의 1퍼센트가 넘는 무고한 사람들에 대해 그 해 봄에 자행된 학살이, 며칠 뒤나 몇 주 내에 그 지역에서 철수할 계획이었던 독일군의 비교적 작은 군사적 공세였다고 정당화될 수 있는지 아닌지의 문제였다.

428

　그 대회의 주제 자체, 즉 잔학 행위는 냉정하게 심사숙고하기가 불가능했다. 올바르게도 참가자들의 관심은 그 지역의 미시사에 한정되지 않았고, 더 범위를 넓혀 인종 학살이라는 더 큰 잔학 행위에 쏠렸다. 또한 인종 학살을 연구하는 지도적인 역사가들 몇 명이 참석했고, 그러한 일은 어떻게 기억되는지, 또는 기억될 수 있는지 등 더 넓은 문제에 대해 생각하게 되었다. 그럼에도 불구하고 생존자와 사망자의 자식들이 1944년의 그 끔찍한 날에 대해 구성한 추억담을 들으면서 우리가 한때 파괴되었던 마을의 재건된 광장 위에 서 있었을 때, 우리는 우리식의 역사가 그들식의 역사와 모순될 뿐만 아니라 특정한 방식으로 그것을 파괴했음을 어떻게 알지 못했을까? 그 대량 학살이 일어난 지 며칠 뒤에 영국군이 작성한 대량 학살에 대한 조사 문건 사본을 마을 읍장에게 선물했던 역사가들과 그것을 받았던 읍장 사이에 오간 커뮤니케이션의 성격은 무엇이었을까? 한쪽에게 그것은 일차 문서 자료였고, 다른 한쪽에게는 마을의 기억에 대한 담론을 강화시켜주는 것이었다. 우리 역사가들은 그 기억 담론이 부분적으로 신화적 성격을 띠고 있음을 쉽게 알아차렸다. 그럼에도 그 기억에 대한 이야기는, 대량 학살로 인해 유대인 전체가 정신적 상처를 입었듯이 치비텔라 델라 키아나의 사람들도 심하게 받았던 정신적 충격과 타협하면서 나온 방식이었다. 증거와 논리에 의해 검증될 수 있는 보편적 커뮤니케이션을 위해 고안된 우리의 역사학이, 본질적으로 그 사람들에게만 속해 있는 그들의 기억에 적절할까? 그 마을 사람들은 그 기억을 몇 십 년 동안 자기들끼리만 간직하기 위해 (우리는 공유할 수 없는 예민한 감각에서) 이웃 마을의 대량 학살에 대한 상세한 조사도 자신들의 과거가 아니라는 이유에서 거절했다. 도대체 우리의 역사는 그들의 역사와 공통점이 있을까?

　간단히 말해서, 역사에서 보편성과 특수성(identity)의 대립, 그리고 과거와 현재와 마주하는 역사가의 입장을 이보다 더 극적으로 표현할 수 있는 경우는 없을 것이다.

그럼에도 불구하고 이 대립은, 역사가들에게 있어 보편성은 반드시 특수성을 이긴다는 것을 입증해 주었다. 그러한 일이 일어났을 때, 한 역사가는 이 두 가지를 모두 보여주었다. 그 대회의 조직자는 어릴 적 독일군들이 그의 아버지를 끌어내 학살했을 때 어머니와 함께 있던 아이로서 치비텔라 마을의 광장에 서 있었다. 그는 여전히 마을의 일부였다. 그는 옛날 가족들이 살던 집에서 그 여름을 보냈다. 그와 그를 따르는 사람들에게 그 대량 학살은 우리들은 가질 수 없었던 기억과 의미를 가진다는 사실을, 또는 그가 그런 경험이 없는 다른 연구자들과는 다르게 문서고의 기록을 읽을 거라는 사실을 부인할 수는 없다. 그럼에도 그는 역사가로서 이러한 개인적인 개입을 배제한 다른 역사가들과 똑같은 방식으로, 즉 오로지 역사학의 규칙과 기준만을 적용함으로써 그 마을이 스스로 구성했던 기억담에 정면으로 부딪혔다. 그 마을의 이야기는 그의 기준과 우리의 기준에, 즉 보편적으로 인정된 역사학의 기준에 의해 검증을 받아야만 했다. 이러한 기준에 의하면, 이 마을의 기억, 기억의 제도화, 그리고 과거 50년 동안의 기억의 변화는 역사의 일부지만, 그 마을의 이야기는 역사가 아니었다. 그 마을의 이야기는 그것이 기억담 속에서 타협하려 했던 1944년 6월 사건과 마찬가지로 역사학의 연구 주제였다. 오로지 이 측면에서만 연구될 때 그 "〔치비텔라 마을의〕 특수한 문화"는 대량 학살을 다루는 역사가들의 역사에 적합하게 되었다. 그 밖의 다른 측면에서 그것을 다루는 것은 역사학에 부적절했다.

간단히 말해서, 역사적 연구와 이론적 반응이 다룰 수 있는 문제들과 관련해서는, 치비텔라 마을의 특수한 문제를 중요하지 않거나 흥미롭지 않다고 생각하는 학자들과 실존적으로 중심적인 문제로 받아들이는 역사가들 사이에 사실상 차이는 존재하지 않았고 존재할 수도 없었다. 사람들은 참석한 모든 역사가들이 나치의 잔학 행위에 관한 질문들의 공식화에 동의하기를 반드시 기대했던 것은 아니었지만, 참석한 모든 역사가들은 그러기를 희망했다. 모든 역사가들은 이런 질문들에 대답하는 절차, (대답이 증거에 의존하는 한) 대답하는 데 필요한 이용 가능한 증거의 본질, 관련된 사람들이 독특하고 전달할 수 없는 방식으로 경험했던 사건들의 비교 가능성 등에 동의했다. 거꾸로, 자신이나 자신이 속한 공동체의 경험을 이러한 절차에 따라 제공하려 하지 않았거나 그런 검증의 결과를 받아들이기를 거부했던 사람들은, 역사가들이 아무리 그들의 동기와 감정을 존중했다 할지라도 역사학의 영역 바깥에 존재했다. 참석한 역사가들 사이에 실질적인 문제에 대한 인상적인 합의가 사실상 이루어졌다. 그것은 참가자들이 다양한 감정의 갈등 때문에 겪었던 혼란 상태와 뚜렷하게 대조되었다.

2

　전문적인 역사가들의 문제는 자신들의 주제가 사회적, 정치적으로 중요한 기능을 가진다는 것이다. 이것들은 역사가들의 작업에 의존한다. 역사가가 아니라면 누가 과거를 발견하고 기록하겠는가? 그러나 동시에 역사가들은 자신들의 전문적 기준에 맞지 않는다. 이러한 이중성은 우리 주제의 바탕에 놓여 있다. ≪역사 평론(*Revue Historique*)≫의 발행자들이 창간호 「서문」에서 다음과 같이 말했을 때 그들은 그것을 의식하고 있었다. "우리의 주요 관심사가 될 프랑스의 과거를 연구하는 것은 오늘날 국가적으로 중요한 문제이다. 이 연구를 통해서 프랑스가 필요로 했던 통일성과 도덕적 힘을 복원할 수 있을 것이다."[3]

물론 그들은 무엇보다도 진리에 대한 탐구를 통해 조국에 봉사하려는 자신만만하고 적극적인 마음을 지녔다. 그럼에도 불구하고 '엄격한 과학적 절차'와 '수사적 구성' 사이를 철저히 구분하는 것은 《역사 평론》의 창간자들에게는 가장 핵심적인 것이었던 데 비해 학문적이지 않은 사람들은 이러한 구분으로 고민하지 않았다. 이들은 역사가들이 생산하는 상품이 필요해서 그것을 이용하는 사람이다. 그리고 이들이 이 상품의 최대 시장이자 정치적으로 결정적인 시장을 구성하는 사람들이다. '좋은 역사'라는 것에 대한 그들의 기준은 '우리에게 좋은 역사'이다. 다시 말해 '우리 나라', '우리의 주장', 또는 단지 '우리의 감정을 만족시키는' 것이 '좋은 역사'이다. 그들이 좋아하든지 좋아하지 않든지 간에, 전문 역사가들은 그들이 사용하거나 오용하는 데 쓰이는 원자료를 생산한다.

프랑스 혁명사의 서술이 계속 입증해 주는 것처럼, 역사가 현대 정치에 꼼짝없이 묶여 있다는 것은 오늘날 아마도 큰 어려움은 아니다. 왜냐하면 적어도 지적인 자유가 있는 나라에서는 역사가들이 역사학의 규칙 안에서 논쟁하기 때문이다. 게다가 첨예한 이데올로기로 무장한 전문 역사가들의 논쟁에 관련되어 있는 많은 문제들은 역사가가 아닌 사람들에게는 거의 알려져 있지 않고 별 흥미도 끌지 못하는 문제이다. 그러나 모든 인간, 집단, 제도들은 과거를 필요로 하지만, 그 과거는 단지 이따금씩만 역사 연구에 의해 밝혀진 과거이다. 신화에 역사라는 옷을 입혀 과거에 닻을 내린 특수한 문화의 대표적인 사례는 민족주의이다. 르낭(Ernest Renan)은 이것에 대해 백 년도 더 전에 다음과 같이 말했다. "역사를 망각하는 것, 심지어 역사를 잘못 파악하는 것이야말로 민족 형성에 있어서 본질적인 부분이고, 이것이 바로

---

3) G. Monod and G. Fagniez, "Avant-propos" in *Revue Historique* 1/1(1876), 4쪽.

역사 연구의 진보가 종종 민족을 위협하게 되는 이유이다." 왜냐하면 민족은 아주 오랫동안 존재해 온 체하지만 사실은 역사적으로 보면 새로운 실체이기 때문이다. 따라서 민족주의적 역사 해석은 불가피하게 시대착오, 생략, 맥락에 맞지 않는 설명, 그리고 극단적인 경우에는 거짓말로 이루어진다. 좀더 작은 범주에서 이것은 옛것이든 새것이든지 간에 모든 형태의 특수사(identity history)에 대해서도 사실이다.

학문적 역사가 성립되기 이전의 과거에는, (보헤미아의 경우와 같은) 역사 문서의 위조, 고대에 대한 서술, 그리고 (제임스 맥퍼슨의 '오시안[4]과 같은) 찬란한 스코틀랜드 민족 서사시 제작이나 또는 웨일스의 경우처럼 고대 바드[5]의 의식을 표현하기 위해 완전히 꾸민 작품을 극장 무대에 올리는 것 같은 순전한 역사 날조를 거의 막을 수 없었다. (바드 의식은 여전히 그 작은 나라의 문화 축제나 매년 열리는 전국 시 낭송 대회의 절정을 이룬다.) 하지만 인정된 거대한 학문 공동체의 검증을 받는다면 날조는 더 이상 가능하지 않다. 초기 역사학의 많은 부분이 그러한 날조에 대한 반박과 그러한 날조에 근거하여 형성된 신화의 해체로 이루어져 있다. 훌륭한 영국 중세 연구가인 호레이스 라운드(J. Horace Round)는 노르만 침입자에서부터 혈통이 시작된다고 주장하는 영국 귀족 가문의 족보가 가짜라고 사정없이 분석함으로써

---

4) (옮긴이) Ossian : 아일랜드의 전사 시인. 그의 시는 핀과 핀의 전투 부대 피아나 에이레안(Fianna Eireann)의 영웅담인 페니언 전설을 다루고 있다. 오시안이라는 이름은 1762년 스코틀랜드의 시인 제임스 맥퍼슨이 오이신(Oisin)의 시들을 '발견해' "핑갈(Fingal)"이라는 제목의 서사시로 출판하고 이듬해 『테모라(Temora)』를 출판함으로써 유럽 전역에 알려지게 되었다. 이들은 3세기경의 게일어 원본을 번역한 것으로 추정된다. 그러나 게일어 발라드에 기초한 부분도 있었지만 실제로는 맥퍼슨이 독창적으로 지어낸 것이 대부분이며 호메로스와 밀턴의 작품 및 『성서』에서 따온 부분도 많았다.

5) (옮긴이) bard : 옛 켈트족의 음유 시인.

명성을 떨쳤다. 검증이 꼭 역사적일 필요는 없다. 중세에 순례의 중심지를 번영시켰던 신성한 유물인 '토리노 수의[6]'는 반드시 거쳐야만 했던 탄소-B 연대 측정 검사를 통과하지 못했다.[7]

그러나 허구로서의 역사는 예기치 않은 방향으로부터 학문적으로 강화되었다. '합리성이라는 계몽사상 기획에 대해 커지는 회의'가 그것이다. (최소한 앵글로색슨 학문 담론에서는) '포스트모더니즘'이라는 모호한 단어로 알려진 그 유행은 다행히 미국에서조차 역사가들 사이에서가 아니라 문학 이론가, 문화 이론가, 사회인류학자들 사이에서 지반을 얻게 되었다. 그 단어는 사실과 허구 사이의, 그리고 객관적 실재와 개념상의 담론 사이의 구분에 의심을 품을 때 쟁점 중인 문제에 적절했다. 포스트모더니즘은 매우 상대주의적이다. 사실인 것과 내가 사실이라고 느끼는 것 사이에 명확한 구분이 존재하지 않는다면, 내가 구성한 실재는 당신이 구성한 것이나 다른 누가 구성한 것과 마찬가지로 훌륭한 것이 된다. 왜냐하면 "담론은 이 세계에 대한 거울이 아니라 이 세계를 만드는 제조자이기 때문이다."[8] 아마도 다른 모든 사회적, 역사적 조사의 목적처럼 민족지학의 목적은 협동을 통해 발전하는 텍스트를 생산하는 것이다. 텍스트에서는 주제나 저자, 독자, 또는 그 무엇도 "개관적 초월"[9]이라는 배타적 권리를 지니지 않는다. 만약

---

6) (옮긴이) 수세기 동안 예수 그리스도의 수의로 알려졌던 긴 아마포. 1578년 이래 이탈리아의 토리노에 있는 산조반니바티스타 성당의 왕실 예배당에 보존되어 왔다.
7) Michael Smith, "Postmodernism, Urban Ethnography, and the New Social Space of Ethnic Identity" in *Theory and Society* 21(August 1992), 493쪽.
8) Stephen A. Tyler, *The Unspeakable*(Madison, 1987), 171쪽.
9) Stephen A. Tyler, "Post-Modern Ethnography : From Document of the Occult to Occult Document" in James Clifford and George Marcus eds., *Writing Culture : The Poetics and Politics of Ethnography*(New York, 1986), 126쪽. (한국어 번역본 : 『문화를 쓴다』, 이기우 옮김, 한국문화사.)

"문학 담론에서처럼 역사 담론에서, 묘사하는 언어가 그것이 묘사하는 대상을 구성한다면"[10] 가능한 수많은 서술 중에서 어떠한 서술도 특권적인 서술로 간주될 수 없다. 이러한 관점이, 자신들은 우월성을 주장하는 어떤 집단(예를 들면, 서구식 교육을 받은 중간 계급의 이성애자 백인 남성)의 헤게모니 문화에 의해 무시당한 집단이나 환경을 대표한다고 생각하는 사람들에게 특히 호소했던 것은 우연이 아니었다.

이러한 문제에 대해 이론적 논쟁을 하지 않는다면, 역사가들에게 있어서 역사학의 토대를, 즉 증거의 우위를 방어하는 것은 본질적이다. 역사가들의 텍스트가 어떤 의미에서 허구, 즉 문학적 구성이라고 해도, 이러한 허구의 원자료는 검증될 수 있는 사실이다. 나치의 가스실들이 존재했는지 그렇지 않았는지는 증거에 의해 확증될 수 있다. 나치의 가스실들이 존재한다고 확증되었기 때문에, 그들의 존재를 부인하는 사람들은 그들의 서술 기법이 무엇이든지 간에 역사를 쓰는 것은 아니다. 어떤 소설이 나폴레옹이 살아서 세인트헬레나 섬에서 돌아오는 것을 다루려 한다면, 문학일 수는 있어도 역사일 수는 없다. 역사가 상상력의 예술이라면, 역사는 사람의 손이 가지 않은 미술품을 창조하는 것이 아니라 그것을 정리하는 것이다. 이러한 차이점은 역사가가 아닌 사람들, 특히 사료를 자신의 목표를 위해 이용하는 사람들에게는 현학적이고 사소한 것으로 보일 수 있다. 덩컨 왕을 살해하라고 자신의 남편을 다그쳤던 맥베스 부인에 대한 역사적 기록이나 실제로 1040~1057년 사이에 왕이었던 맥베스가 스코틀랜드 왕이 될 것이라고 예언했던 마녀에 대한 역사적 기록은 전혀 없다. 그러나 그것이 극장의 관객들에게 무슨 상관이 있겠는가? 서아프리카의 식민지에서 독립한 국가들의 (범아프리카주의적인) 창건자들이 지금의 가나나

---

10) Michael Smith, "Postmodernism", 499쪽.

말리 영토와 명확한 관계가 없는 중세 아프리카 제국의 이름을 국가 명으로 정한 것이 그들과 무슨 상관이 있는가? 식민지 세대 이후의 사하라 이남 아프리카인에게 아프리카 대륙 어딘가에, 즉 정확하지는 않지만 아크라의 배후 지역에 독립적이고 강력한 국가 전통이 있었음을 환기시켜 주는 것이 더 중요하지 않은가?

다시 한번 《역사 평론》 창간호에 실린 그 역사가의 주장, 즉 "모든 진술은 증거, 출처 언급, 인용을 수반하는 엄격한 과학적 절차"[11]에 대한 주장은 때때로 현학적이고 대단치 않은 것이 된다. 특히 그 주장이 이제 결정적이고 실증적인 과학적 진리의 가능성에 대한 신념의 일부를 형성하지 않기 때문에 그렇다. 그럼에도 불구하고 역사 연구자만큼이나 증거의 우위를 (상당히 비슷한 방식으로) 주장하는 법정의 절차는, 역사적 사실과 거짓의 차이는 이데올로기적인 것이 아님을 입증해 주었다. 삶과 죽음, 또는 양적으로 보면 더 중요한 것인 돈이 엄격한 과학적 진리에 의존한다는 사실만으로도, 과학적 진리는 일상생활의 많은 실제적 목적에 결정적으로 중요하다. 살인죄로 심문을 받는 사람이 자신의 결백을 입증하고자 할 때 필요한 것은 '포스트모던' 이론가의 기술이 아니라 옛날식 역사가의 기술이다.

더욱이 역사성이 정치적 주장이나 이데올로기적 주장의 본질적인 토대라고 한다면, 정치적 주장이나 이데올로기적 주장을 역사적으로 실증하는 것이 결정적으로 중요할 수 있다. 뿐만 아니라 이것은 국가나 공동체가 주장하는, 보통 역사적 성격을 띠는 영토 주장에 대해서도 마찬가지로 사실이다. 인도에서 대규모의 대량 학살을 주도했던, 통합을 주장하는 힌두교 당에 의한 [1992년의] 반이슬람교 전쟁은 역사적 근거에서 정당화되었다. 아요디아는 신성한 라마 신의 탄생지라

---

11) G. Monod and G. Fagniez, "Avant-propos", 2쪽.

고 주장되었다. 이러한 이유 때문에, (소문에 의하면) 무굴 정복자 바부르가 힌두교 성지에 이슬람교 사원을 세웠던 것은 힌두교에 대한 이슬람교도의 모욕 행위였고 역사적 능욕이었다. 그 이슬람교 사원은 파괴되어서 힌두교 사원으로 교체되어야만 했다. (힌두교 당이 1992년에 이러한 목적을 위해 동원했던 엄청난 수의 힌두교 열성 신도들이 실제로 그 이슬람교 사원을 헐어버렸다.) 그러한 주장에 대한 역사적 근거가 존재하지 않을 때, "그러한 쟁점은 법정 판결에 의해 해결될 수 없다고" 힌두교 당의 지도자가 선언했던 것은 놀랄 일이 아니다. 법적 사항들이 그 장소에 대한 힌두교 쪽의 주장이 해결되지 않았음을 보여주고 있는 동안, 인도 역사가들은 19세기 전까지 아무도 아요디아를 라마 신의 탄생지로 간주하지 않았다는 사실을, 그리고 무굴 황제가 그 이슬람교 사원과 특별한 관계를 가지지 않았다는 사실을 밝힐 수 있었다. 실제로 최근에 종교적 공동체 사이의 구체적인 긴장이 나타났다. 이러한 종교적 긴장은 인도가 분할되어 파키스탄이 세워진 이후에 이슬람교 사원에서 출현한 "이미지의 기적"이 조작된 1949년에 불붙은 시한폭탄이었다.[12]

증거의 우위를 주장하는 것, 그리고 검증될 수 있는 역사적 사건과 허구의 구분이 핵심이라고 주장하는 것은 역사가의 책임을 수행하는 방법 가운데 단지 한 가지에 지나지 않는다. 실제 역사적 조작은 예전에 존재했던 것이 아니기 때문에 아마도 그리 중요하지 않을 것이다. 과거를 현재의 욕망으로 해석하는 것, 또는 전문 용어로 말하자면 시대착오야말로 가장 일반적이고 편리한 역사 조작 기술이다. 그것은 베네딕트 앤더슨이 말한 이른바 "상상된 공동체"나 집단들에 대한 필요

---

12) Romila Thapar, "The Politics of Religious Communities" in *Seminar 365* (January 1990), 27~32쪽.

를 만족시키도록 역사를 조작한다. 여기서 "상상된 공동체"나 집단들
은 결코 민족적인 것만은 아니다.[13]

역사라는 옷을 입은 정치 신화나 사회 신화의 해체는 역사가들이
공감하든지 공감하지 않든지 상관없이 오랫동안 역사가라는 직업에
속한 의무의 일부가 되어왔다. 사람들은 영국의 역사가들이 다른 사람
들이 영국의 자유 연구에 전념하는 만큼 전념하기를 바라지만, 이러한
상황 때문에 영국 역사가들이 영국의 자유라는 신화를 비판하지 않는
것은 아니다. 한때 모든 영국 아이들은 학교에서 대헌장이 영국 자유
의 기초라고 배웠다. 그러나 1914년 맥케니의 연구[14] 이후로, 영국사를
배우는 모든 대학생들은 1215년에 귀족들이 존 왕을 강요하여 억지로
얻어낸 문서가 의회의 우위와 자유롭게 태어난 영국 사람의 평등권에
대한 선언을 의도하지 않았다는 사실을 배워야만 했다. 그러나 영국의
정치적 수사에서는 한참 후에 가서야 그와 같이 인정되었다. 역사적
시대착오에 대해 의심하고 비판하는 일은 아마도 오늘날 역사가들이
자신들의 공적 책임을 입증할 수 있는 주요한 방법일 것이다. 오늘날
특히 제2차 세계 대전 이후에 건설되었거나 재구성된 수많은 나라들
에서 역사가들의 가장 중요한 공적 역할은 '위험에 처한 민족을 위해'
그리고 집단적 정체성이라는 다른 모든 이데올로기를 위해 역사가의
직무를 수행한다는 것이다.

이것은 언제든 터질 수 있는 마케도니아 문제의 현재 국면에서, 역
사적 사실에 대한 주장들을 둘러싼 국제적인 갈등에서 극적으로 드러
난다. 네 개의 국가와 유럽 연합이 연루되고 있고 다시 한번 발칸 전

---

13) Benedict Anderson, *Imagined Communities : Reflections on the Origin and
Spread of Nationalism*(rev. edn., London, 1991)(한국어 번역본 : 『상상의 공동체』,
윤형숙 옮김, 나남).

14) (옮긴이) W. S. McKechnie, *Magna Carta : A Commentary*(Glasgow, 1914).

쟁을 일으킬 수도 있는 이러한 모든 선동적인 쟁점은 역사적이다. 경쟁하는 주요 정당들은 표면적인 고대의 역사를 둘러싸고 야단스럽게 선전을 벌이고 있다. 왜냐하면 (다른 나라들이 그 이름조차 사용하지 못하게 했던) 마케도니아와 그리스는 모두 알렉산드로스 대왕의 유산이라고 주장하기 때문이다. 하지만 실제 역사는 비교적 현대적이다. 왜냐하면 그리스인과 그 이웃과의 실제 분쟁은 1912년 발칸 전쟁 이후에 그리스, 세르비아, 불가리아 간의 마케도니아 분할에서 비롯되었기 때문이다. 마케도니아 전체는 이전에는 오스만 제국의 일부였다. 그리스인은 마케도니아의 상당 부분을 받고 끝냈다. 어떤 후계 국가가 누구의 영토인지 정해지지 않은 1913년 이전의 마케도니아의 커다란 영토 가운데 어느 부분이 누구의 것인지가 늘 이론적 학문, 즉 대부분 민족지학과 언어학의 관점에서 논의되어 왔다. 민족적, 언어적 논의에서는 슬라브 민족의 주장과 아마도 알바니아 민족의 주장이 더 지지를 받기 때문에, 현재 가장 큰 목소리를 내고 있는 그리스 경우는 주로 시대착오적 역사에 근거하고 있다. 그들의 주장은 율리우스 카이사르가 갈리아 지방을 정복했기 때문에 프랑스가 이탈리아에 대한 권리를 갖는다는 논의만큼이나 설득력이 없다. 역사가가 이런 점을 지적한다고 해서 그가 그리스인을 싫어하거나 슬라브 민족을 좋아하는 편견에 의해 반드시 좌우된 것은 아니다. 물론 그가 지금은 아테네보다는 스코플레에서 더 인기는 있겠지만 말이다. 바로 그 역사가가 (분할되지 않은) 마케도니아의 최대 도시, 즉 테살로니키의 주민 대부분이 그리스인이나 슬라브인이 아니라 거의 이슬람교도와 유대인이었다고 지적한다면, 그 역사가는 세 나라의 민족주의적 열광자들 사이에서 똑같이 환영받지 못할 것이다.

그럼에도 이와 같은 사례는 신화 파괴자라는 역사가의 기능의 한계를 보여준다. 첫째, 역사가의 비판의 힘은 소극적이다. 카를 포퍼(Karl

Popper)는 우리에게 반증 가능성의 검사는 한 이론을 지지할 수 없는 것으로 만들 수는 있지만, 본질적으로 더 좋은 것으로 대체하지는 못한다고 가르쳐주었다. 둘째, 신화가 잘못임이 밝혀질 수 있는 명제에 근거하는 한에서만 우리는 신화를 깨뜨릴 수 있다. 역사적 신화, 특히 민족주의적 신화의 특성과 관련해서 보면 신화가 틀렸다고 밝힌 명제들은 극히 일부를 제외하고는 거의 믿을 만하다. 하지만 마사다의 포위 공격과 관련하여 구성된 이스라엘의 민족 의식(儀式)은 이스라엘의 학생들과 외국 방문객들이 배우는 애국적 설화라는, 역사적으로 검증되지 않은 진실에 근거하고 있으며, 따라서 로마 시대 팔레스타인 역사를 전문으로 연구하는 역사가들의 정당한 의심에 심각하게 영향을 받지 않는다. 더욱이 그 검사가 적용될 수 있는 곳이 있다고 하더라도, 증거가 없거나, 결함이 있거나, 일치되지 않거나 추측적인 것일 때엔, 그 검사는 아주 받아들이기 어려운 명제조차 설득력 있게 논박할 수 없다. 나치의 유대인 인종 학살이 발생했음을 부인하는 사람들에게 결정적인 증거를 보여줄 수는 있다. 그러나 진지한 역사가들은 히틀러가 '최종적 해결'[15]을 원했다는 사실을 전혀 의심하지 않음에도 불구하고, 히틀러가 이러한 결과에 대해 특별한 명령을 내렸다는 사실은 입증할 수 없다. 히틀러의 작전 방식을 고려해 보았을 때, 특별하게 그러한 명령을 기록한 문서는 존재할 것 같지 않고, 실제로 아무것도 발견되지 않았다. 그래서 포리송(M. Faurisson)의 명제를 무시하기는 어렵지만, 우리는 (정교한 논의가 없다면) 그 분야의 대부분의 전문가들이 거부했던 것처럼 데이비드 어빙(David Irving)이 주장한 사례를 거부할 수 없다.

신화 파괴자로서의 역사가의 기능에 대한 세 번째 제약은 더욱 명

---

15) (옮긴이) 유대인의 체계적인 말살.

백하다. 단기적으로, 역사가들은 역사 신화를 믿기로 마음을 굳힌 사람들이 권력을 장악했을 경우에 특히 이러한 사람들에 대해 무기력하다. 이러한 사람들은 많은 국가들, 특히 수많은 신생 국가들에서 역사 정보를 나누어주는 여전히 가장 중요한 통로인 학교를 통제하고 있다. 그리고 절대 잊지 말아야 할 것은, 역사, 주로 민족사는 알려진 모든 공교육 체계에서 중요한 역할을 차지하고 있다는 사실이다. 힌두교 광신에 대한 역사적 신화를 비판하는 인도 역사가들은 자신들의 학문적 동료들을 설득시킬 수는 있겠지만, 힌두교 당의 열성 당원들을 설득시키지는 못한다. 자신들의 국가의 역사에 관련된 민족주의적 전설이라는 속임수에 저항하는 크로아티아 역사가들과 세르비아 역사가들은, 역사적 비판을 결여한 민족주의 신화에 따라 움직이는 크로아티아와 세르비아 지역의 유대인 민족주의자들보다 영향력이 없었다.

3

이러한 한계가 존재한다고 해서 역사가의 공적 책임이 줄어드는 것은 아니다. 그 이유는 첫 번째로 그리고 무엇보다도 역사가는 선동과 신화로 전환되는 원자료의 주요 생산자라는 사실 때문이다. 특히 과거를 보존하는 대안적인 방법 —— 구술적 전통, 가족의 기억, 현대 사회에서 해체되어 가고 있는 세대 간 전달의 유효성에 의존하고 있는 모든 것들 —— 이 사라지고 있는 시기에, 우리는 이러한 상황을 인식해야만 한다. 어쨌든 거대한 공동체, 즉 민족 공동체나 다른 공동체의 역사는 대중의 기억에 근거하지 않고, 역사가, 연대기 편찬자, 또는 골동품 애호가들이 과거에 대해 기록한 것에, 직접적으로나 학교 교과서를 통해 간접적으로, 교사들이 그러한 교과서에 근거하여 학생들에게 가르치는 것에, 소설 작가, 영화 제작자 또는 텔레비전과 비디오 프로 그램 제작자들이 역사가들의 자료를 변형시킨 것에 의존한다. 셰익스 피어의 『햄릿』조차 한 역사가, 즉 덴마크 연대기 편찬자인 삭소 그람 마티구스(Saxo Grammaticus)의 작품에서 다양한 정도로 파생된 것이 다. 역사가들이 항상 이것을 기억해야 한다는 것은 아주 본질적인 것 이다. 우리가 우리 분야에서 경작하는 작물은 일종의 인민의 아편으로 끝날 수도 있다.

물론 역사 편찬이 현재의 이데올로기와 정치로부터 분리될 수 없다 는 것은 —— 크로체는 모든 역사는 현대사라고 말했다 —— 역사의 남 용에 길을 열어준다. 역사가들은 자신들의 주제 밖에서 객관적 관찰자 와 분석자로 서 있지도 않고 서 있을 수도 없다. 우리가 옛날 텍스트 를 편집하는 것 같은, 오늘날의 공공연한 열정과 멀리 떨어져 있는 어 떤 것을 다루고 있다 할지라도, 우리 모두는 우리가 처한 시대와 장소 에 대한 가정에 빠져 있다. 우리들 중에서 많은 역사가들이 ≪역사 평 론≫의 발행자처럼 우리 국민이나 우리의 대의에 유용할 수 있는 저 작을 만들어내면서 행복해 한다. 우리들은 확실히 우리가 연구한 결과 물을 우리의 대의에 가장 유리한 방식으로 해석하려는 유혹에 빠질 것이다. 우리는 그 운동을 불리하게 만들 것 같은 주제들에 대한 연구 를 삼가는 유혹에 빠지기 쉽다. 공산주의에 적대적인 역사가들이 공산 주의에 동감하는 역사가들보다 소련의 강제 노동에 대해 훨씬 더 많 이 연구한다는 것은 놀랄 일이 아니다. 건전한 학문적 양심을 지닌 사 람들은 거의 그렇지 않겠지만, 만약 우리가 불리한 증거들을 발견하게 된다면 그 증거들에 대해서 계속 침묵하려는 유혹을 받을 수도 있다. 결국 사실의 은폐와 (고의가 아닌) 허위의 암시를 예리하게 구분할 수 있는 선 같은 것은 어디에도 없다. 우리는 역사가로서 우리 직업의 기 준을 버릴 수 없다. 우리는 우리가 허위라고 밝힐 수 있는 것을 말할 수는 없다. 이 점에서, 우리는 그렇게 강요당하지 않는 담론을 지닌 사람들과 불가피하게 다르다.

그럼에도 주요한 위험은 거짓말하려는 유혹에 있는 것이 아니다. 비록 몇몇 입헌 국가들에서조차 정치적 압력과 정부 당국이 허위를 지지해 줌에도 불구하고, 거짓말하려는 유혹은 결국 자유로운 학문 공동체 안에서 다른 역사가들의 세밀한 조사에서 쉽게 벗어날 수 없다. 주요한 위험은 (출생이나 선택에 의해 역사가 자신의 것이 되는) 인류의 일부의 역사를 더 넓은 맥락에서 고립시키려는 유혹 속에 있다.

그렇게 하려는 내적, 외적 압력은 클 수도 있다. 우리의 정열과 흥미는 우리를 이러한 방향으로 몰아갈 수도 있다. 이를테면 모든 유대인들은 직업이 무엇이든지 간에 본능적으로 다음과 같은 질문이 지니는 힘을 인정한다. 우리 소수 공동체의 구성원들은 위협 속에서 지내온 수많은 세기 동안 더 넓은 세계 속에서 일어나는 사건들에 직면하게 되면, "그것은 유대인에게 좋은가? 아니면 유대인에게 나쁜가?"라고 질문한다. 인종 차별과 박해의 시대에서, 그러한 질문은 개인적인 행동과 공적인 행동에 대한 안내를, 즉 뿔뿔이 흩어진 민족에게 모든 차원에서의 전략을 제공했다. 그것이 꼭 최상의 안내는 아니었지만 말이다. 그럼에도 그러한 질문은 한 유대인 역사가, 즉 자신의 민족의 역사를 쓰는 역사가조차 안내할 수 없고 안내해서도 안 된다. 아무리 자신만의 세계에 파묻혀 있는 역사가라 할지라도 보편주의에 찬성해야 한다. 그것은 우리 중 많은 사람들이 계속 고수하고 있는 이념에 충성해서가 아니라, 보편주의는 인류의 모든 특수한 부분을 포함하는 인류의 역사를 이해하는 필수적인 조건이기 때문이고, 모든 인간 집단들은 어쩔 수 없이 더 크고 더 복잡한 세계의 일부이고 또 그래 왔기 때문이다. 오로지 유대인을 (또는 아프리카계 아메리카인, 그리스인, 여성, 프롤레타리아, 동성애자를) 위해 꾸며진 역사는 그런 역사를 실천하는 사람들에게는 어울리는 역사일 수 있지만, 좋은 역사일 수는 없다.
　불행하게도, 20세기 말 세계 대부분 지역에서의 상황은 나쁜 역사는 해로운 역사임을 입증해 주었다. 나쁜 역사는 위험하다. 겉으로 보기엔 해롭지 않은 키보드로 작성된 문장이 죽음의 문장일 수도 있다.

홉스봄의 역사 사상

1 들어가며

오늘날은 세계사의 전체 구조가 새롭게 재편되는 세기적인 격동의 시기이다. 1991년 소련의 몰락 이후 신자유주의의 물결이 미국을 중심으로 해서 거세게 몰아쳤다. 이런 상황에서 프랜시스 후쿠야마는 『역사의 종말』에서 자본주의 체제의 영속성을 역사적으로 합리화하고자 했다.[1] 그는 소련의 멸망으로 자본주의 체제가 인류에게 가장 적절한 체제라는 점이 입증되었고, 이후 세계는 미국을 중심으로 영원히 자본주의 체제를 유지하게 될 것이라는 점에서 역사의 종말에 도달했다고 선언했다. 이러한 입장은 1997~1998년의 IMF 위기와 2001년 9월 11일의 뉴욕 무역 센터 빌딩 폭파 테러 이후 거센 비판을 받아왔다.

---

1) Francis Fukuyama, *The End of History and the Last Man*(New York : Free Press, 1992).

미국을 중심으로 한 자본주의 세계 체제가 역사 발전의 마지막 단계가 아니라는 점에 대해서는 쉽게 이야기할 수 있다. 그러나 세계사가 어떤 방향으로 나아가야 할지에 대해서는 누구도 자신 있게 말할 수 없을 것이다. 따라서 지금은 과거 그 어느 때보다도 기존의 역사적 연구 성과들을 합리적으로 계승하면서 다가올 미래에 대해 차분하면서도 낙관적으로 전망할 수 있는 역사학이 절실하게 요청되고 있다.

여기 번역된 에릭 홉스봄(Eric Hobsbawm)의 『역사론(*On History*)』(1997)은 이러한 요청에 가장 잘 부응할 수 있는 훌륭한 책이다.[2] 홉스봄은 누구나 인정하는 20세기 최고의 역사가 중 한 명이다. 그는 1917년 이집트의 알렉산드리아에서 태어나 빈, 베를린, 런던, 케임브리지에서 수학했다. 영국학술원과 미국학술원의 회원이며, 여러 나라 대학에서 명예박사 학위를 받았고, 정년퇴임 때까지 런던 대학 버크벡 칼리지의 교수였으며, 그 후로 뉴욕의 신사회조사연구원(New School for Social Research) 교수로 있다.

홉스봄은 그동안 유럽과 19~20세기 세계의 역사에 대해 주로 연구해 왔다. 그의 대표적인 저서로는 『혁명의 시대(*The Age of Revolution 1789~1848*)』, 『자본의 시대(*The Age of Capital 1848~1875*)』, 『제국의 시대(*The Age of Empire 1875~1914*)』, 『극단의 시대 — 20세기 역사(*Age of Extremes 1914~1991*)』로 이어지는 4부작을 들 수 있다. 이 4부작은 지난 수십 년 동안 나왔던 역사서 중 가장 뛰어난 역사서로 평가받아 왔다. 페리 앤더슨(Perry Anderson)은 이 중에서도 『극단의 시대』를 "20세기 최고의 마르크스주의 역사서"라고 평가했다. 이외에도 『원초적 반란(*Primitive Rebels*)』, 『노동하는 사람(*Labouring Men*)』, 『노동의 세계(*Worlds of Labour*)』, 『산업과 제국(*Industry and Empire)*』, 『밴디트

---

2) Eric Hobsbawm, *On History*(London : Weidenfeld & Nicolson, 1997).

(*Bandits*)』 등의 저서가 있다. 이 책들은 모두 여러 나라 말로 번역되었다.[3]

여기 번역한 『역사론』은 그가 자신의 역사 인식과 역사 방법론을 체계적으로 정리한 처음이자 마지막 저서이다. 홉스봄은 그동안 구체적인 시대사를 다루는 저서만 발표했지 자신의 역사 인식과 역사 방법론을 체계적으로 담은 책을 낸 적이 한 번도 없었다. 우리는 이 책을 통해 그가 역사를 어떻게 바라보고, 어떠한 역사 방법론을 취했으며, 현재의 시대와 미래를 어떻게 전망하고 있는가를 한눈에 알 수 있다. 따라서 이 책은 그가 「책머리에」에서 밝히고 있듯이 일생을 역사 연구에 전념해 왔던 자신의 활동 전체를 마무리하는 과정에서 나온 최종 결정판이라 할 수 있다.

홉스봄의 『역사론』에는 그가 평생 동안 역사 인식과 방법론에 대해 쓴 글들이 담겨 있다. 여기에 실린 글들 중에서 4분의 1가량은 이 책에 처음 실린 글이다. 이 글들은 역사의 이론, 역사에서의 실천, 역사의 발전, 그리고 역사가 현대 세계에 대해 어떠한 타당성을 지니고 있는가 등에 대해 성찰하고 있다. 이러한 광범위한 주제를 다루는 글들은 과거, 현재, 미래의 관계에 대한 홉스봄 교수의 평생에 걸친 관심을 보여준다. 역사 서술의 문제, 역사의 악용과 역사가의 책임 문제, 사회의 역사와 '아래로부터의 역사', 마르크스와 현재의 역사 경향과

---

3) 우리말 번역본으로는 다음과 같은 것들이 있다. 『의적의 사회사』(황의방 옮김, 한길사, 1978), 『자본의 시대』(정도영 옮김, 한길사, 1983), 『혁명의 시대』(박현채·차명수 옮김, 한길사, 1984), 『원초적 반란』(진철승 옮김, 온누리, 1984), 『산업과 제국』(전철환·장수한 옮김, 한벗, 1984), 『1780년 이후의 민족과 민족주의』(강명세 옮김, 창작과비평사, 1994), 『극단의 시대 —— 20세기 역사』(이용우 옮김, 까치, 1997), 『제국의 시대』(김동택 옮김, 한길사, 1998), 『새로운 세기와의 대화』(강주헌 옮김, 이끌리오, 2000), 『아방가르드의 쇠퇴와 몰락』(양승희 옮김, 조형교육, 2001).

유행, 유럽, 러시아 혁명, 그리고 전 세계에 걸친 야만주의로의 몰락 등이 이 책에서 중요하게 다루어지고 있다. 이 책에는 이 위대한 역사가의 명성에 걸맞은 예리한 분석, 폭넓은 암시, 탁월한 관점들이 잘 담겨 있어 독자들을 매료시키는 데 부족함이 없을 것이다.

『역사론』은 크게 세 부분으로 나누어 볼 수 있다. 첫 번째 부분은 역사를 어떻게 이해하고 바라볼 것인가의 문제를 다룬다. 제1장에서 제4장까지가 여기에 해당되며, 과거, 현재, 미래의 관계와 역사의 진보 문제를 집중적으로 다루고 있다. 특히 이 부분에서 중요한 것은 홉스봄이 역사에서의 미래의 역할을 강조하고 있다는 점이다.

그동안 한국에서는 카(E. H. Carr)의 『역사란 무엇인가(*What is History?*)』의 영향을 받아 역사를 주로 과거와 현재 사이의 대화로 보아 왔다. 그러나 오늘날 같은 격동의 시기에 이러한 카의 현재적 역사 인식은 미래를 적극적으로 이야기해 줄 수 없다는 점에서 근본적인 한계를 지닌다. 1970년대 이후 한국의 대학가를 중심으로 커다란 영향력을 미쳐온 카의 소극적인 현재적 역사 인식에서 벗어나 더 적극적인 미래 지향적 역사 인식으로 나아갈 필요가 있다. 이러한 상황에서 카의 『역사란 무엇인가』의 역사 인식을 새롭게 대체하기에 가장 적합한 책이 바로 홉스봄의 『역사론』이다. 특히 이 점은 홉스봄의 『역사론』이 2001년 독일에서 번역될 때 "미래는 얼마나 많은 역사를 필요로 하나"라는 제목[4]으로 번역되었다는 사실에서 명확하게 확인된다. 더욱이 이 책이 독일에서 번역되자마자 많은 주목을 받아 곧바로 베스트셀러가 되었다는 사실은 현재의 역사가 미래를 요청하고 있음을 잘 보여준다.

두 번째 부분은 역사 전공자들과 사회과학도들에게 적절한 장이다. 제5장에서 제16장까지가 여기에 해당되는데, 경제학, 마르크스주의 역

---

4) Eric Hobsbawm, *Wieviel Geschichte braucht die Zukunft*, aus dem Englischen von Udo Rennert(München : Deutscher Taschenbuch Verlag, 2001).

사학, 포스트모던 역사학 등에 대해 심도 있게 검토하고 있다. 이 부분을 통해 홉스봄의 구체적인 역사 방법론을 확인할 수 있다. 먼저 그는 기존의 전통적 마르크스주의 역사학의 흐름을 비판적으로 검토하면서 새로운 방향을 창조적으로 모색하는 모습을 보여준다. 이어 그는 여기에 멈추지 않고 아날 학파의 구조적 접근과 포스트모던 역사학의 미시적 접근 같은 최근 역사 연구 경향의 장단점을 분석한다. 여기서 그는 새로운 역사 방법론을 일방적으로 배척하지 않고 그 장점들을 받아들여 자신의 역사 방법론을 계속 발전시켜 나가는 적극적이고 개방적인 연구 태도를 보여주고 있다.

세 번째 부분은 다시 일반 독자들이 쉽게 접근할 수 있는 곳인데 제17장에서부터 제21장까지가 여기에 해당된다. 이 부분은 현대 역사 세계에 대한 홉스봄의 탁월한 역사적 성찰이 잘 나타나 있다. 특히 유럽 패권주의에 대한 유럽인으로서의 진지한 자기반성과 20세기의 야만성에 대한 치열한 자기반성은 압권이라 할 수 있다. 여기에 실린 글들은 현대 문명에 대해 알기 쉽게 서술된 에세이로서 누구나 쉽게 읽을 수 있는 훌륭한 글들이다.

따라서 이 책은 처음부터 끝까지 차분하게 읽는 것보다는 목적에 따라 크게 세 부분으로 나누어서 읽는 것이 더 효율적일 것이다. 따라서 일반인들이나 대학의 신입생들에게는 첫 번째와 세 번째 부분을 먼저 읽을 것을 권하고 싶다. 이에 비해 역사 연구자나 사회과학도들은 두 번째 부분을 집중적으로 볼 필요가 있을 것이다.

홉스봄의 『역사론』의 소개는 한국의 역사 인식과 방법론 수준을 한 단계 더 올려주는 데 기여할 것이라는 점에서 큰 의미가 있다. 위에서 언급한 것처럼 홉스봄은 변화된 상황에 맞추어서 자신의 역사 이론을 끊임없이 발전시키려고 노력한다. 그 결과 그의 역사 인식과 역사 방법론은 현재 세계 최고 수준에 도달했다고 이야기해도 지나치지 않을 것이다. 이 책을 통해 먼저 우리는 그의 이러한 높은 수준의 역사 인식과 역사 방법론을 체계적으로 인식할 수 있게 된다. 또한 이러한 인식을 통해 한국의 역사 이론을 발전시키는 데 필요한 이론적 도움을 적잖이 받을 수 있을 것이다. 동시에 우리는 홉스봄의 역사 이론을 배우는 데 그치지 말고, 그의 기본적 문제 제기를 더 발전시켜 21세기의 새로운 대안적 역사 이론 모델을 찾는 쪽으로 나아가야 할 것이다.

2 홉스봄의 역사 사상을 어떻게 보아야 하나?

1 홉스봄의 기본적인 역사 인식 태도

에릭 홉스봄은 사회주의 체제가 붕괴한 현재에도 자신의 신념을 계속 유지하는 보기 드문 마르크스주의 역사학자이다. 그는 새 천년을 맞이하는 1999년에 폴리토(A. Polito)와의 대담에서 자신이 택했던 사회주의 체제가 실패했음을 현실적으로 인정하면서도 여전히 더 나은 세상에 대한 "원대한 희망과 절대적" 희망을 버릴 수 없기 때문에 자신의 선택을 후회하지 않는다고 말했다.[5] 그는 이 대담에서 자신이 마르크스의 영향을 받은 마르크스주의 역사학자임을 당당하게 밝혔다.[6] 그는 마르크스를 통해 "이 세상에서 일어나는 현상을 이해하기 위해서는 역사를 알아야 한다"는 사실을 깨달았고, "역사가 하나의 완전체로서 파악될 수 있고 분석될 수 있다"는 신념을 갖게 되었다고 했다. 그러나 그는 역사에서 법칙을 찾으려는 마르크스의 시도는 "낡은 실

---

5) Eric Hobsbawm, *Interview on the New Century*(『새로운 세기와의 대화』, 이끌리오, 2000), 203~204쪽.
6) 같은 책, 16쪽.

증주의의 잔재"에 불과하며, 역사에서 "인간 사회의 변천사라 할 만한 구조와 패턴"을 찾으려고 노력해야 한다고 말함으로써 마르크스의 입장을 더 발전적으로 계승하려는 자세를 보였다.

홉스봄은 마르크스주의 역사학을 여러 가지 면에서 새롭게 발전시키려고 했지만, 마르크스주의 역사학의 기본 원칙은 계속 유지하려 했다. 홉스봄은 엄격한 경제 결정론이나 역사 단계론을 거부하지만 "생산의 사회적 관계를 우선적인 것으로 하는 차원의 모델과 체제 안 모순의 존재"는 마르크스주의가 견지해야 할 최소한의 공리로 받아들였다. 홉스봄은 물질적 생산력과 생산의 사회적 관계를 받아들일 때에만 역사의 일정한 방향과 그 방향으로 나아가는 일련의 사회관계 단계를 설명할 수 있다고 보았다.

그러나 홉스봄은 단순화된 경제 결정론은 속류 마르크스주의라고 비판하면서[7] 마르크스주의 역사학을 발전시키기 위해 다양한 시도를 했다. 하비 케이는 『영국 마르크스주의 역사가들』에서 홉스봄을 "오늘날 활동하는 최고의 마르크스주의 역사가"로 평가했다. 그는 홉스봄이 다른 영국의 마르크스주의 역사가들과 함께 '토대와 상부 구조의 경제 결정론'을 극복하려 노력했고, '아래로부터의 역사(history from below)'를 추구했고, '계급 결정 이론(theory of class determination)' 형성에 큰 기여를 했으며,[8] 노동사, 농민 연구, 세계사 분야에 중요한 공헌을 했다고 평가했다.[9] 그리고 새뮤얼과 스테드먼존스도 에릭 홉스봄의 65세 정년퇴임을 기념해 발간한 『문화와 이데올로기와 정치』(1982)의 「서문」에서 홉스봄의 가장 중요한 업적으로 "고전적 마르크스주의 명제들과

---

7) Eric Hobsbawm, "What Do Historians Owe to Karl Marx", *On History*, 145~146쪽.
8) Harvey J. Kaye, *The British Marxist Historians*(Cambridge : Polity Press)(한국어 번역본 : 『영국 마르크스주의 역사가들』, 양효식 옮김, 역사비평사, 1993.), 19~20쪽.
9) 같은 책, 162쪽.

사회사가들 및 경제사가들의 강한 경험주의적 관점"을 최대한 잘 조화시킨 점을 들었다.[10]

2 홉스봄의 역사 연구 방법론

이러한 평가들을 염두에 두면서, 홉스봄의 주요한 기여들 중 특히 현시대에 고려해야 할 점 두 가지를 좀더 구체적으로 살펴보자. 첫째, 홉스봄은 마르크스주의 역사 연구 방법론을 발전시키려고 노력했다. 그는 기본적으로 마르크스주의 역사학을 발전시킬 수 있는 것이면 반(反)마르크스주의 역사학도 받아들여야 한다는 적극적 태도를 지녔다.

마르크스주의자들은 스스로를 마르크스주의자라고 주장하지 않거나, 반마르크스주의자인 역사가의 저작을 더 이상 배격하지 않는다. 하지만 좋은 저작을 참고해야 한다 할지라도, 우리는 이데올로기주의자로 활동하는 훌륭한 역사가들을 비판하고 이들을 향해 이데올로기적 전투를 수행할 것이다.[11]

홉스봄은 이러한 기본 입장에서 주변 사회과학의 방법론을 적극적으로 받아들일 것을 제안했다. 이것은 "역사가가 다른 사회과학으로부터 기술과 아이디어를 빌려오고, 사회과학의 최신 발전 성과들을 자신의 작업에 통합하는 것에 반대하지 않는다"[12]는 홉스봄의 말에 잘 나타나 있다. 그는 구체적으로 경제학, 사회인류학, 심리분석, 구조주의

---

10) Raphael Samuel and Gareth Stedman-Jones, *Culture, Ideology and Politics*(『문화와 이데올로기와 정치』, 송무 옮김, 청계연구소, 1987), 16쪽.
11) Eric Hobsbawm, "Marx and History", *On History*, 170쪽.
12) Eric Hobsbawm, "Has History Made Progress?", *On History*, 66쪽.

언어학 등의 다양한 연구 성과를 받아들여야 한다고 주장했다.

또한 홉스봄은 마르크스주의 역사학이나 구조사 등 사회과학적 거시 분석을 비판하면서 등장한 미시사의 방법론도 적극적으로 수용할 필요가 있다고 생각했다. 그는 역사에 대한 미시적 분석과 거시적 분석을 현미경과 망원경에 비교하면서 이는 서로 대립되는 것이 아니라 서로를 보완해 주는 것이라고 파악했다.

> 망원경보다 현미경을 통해 세상을 보려는 시도가 새로운 것은 아니다. 같은 우주를 연구하고 있다는 사실을 인정하는 한, 소우주와 대우주 사이의 선택은 보다 적합한 기술을 선택하는 문제일 뿐이다. 중요한 것은 많은 역사가들이 현미경이 유용하다고 느낀다는 점이다. 그러나 이것은 그들이 망원경을 시대에 뒤진 것으로 배척한다는 것을 반드시 의미하지는 않는다.[13]

홉스봄은 이러한 태도와 노력은 높이 평가할 만하다. 그리고 마르크스주의 역사학의 방법론에 근거를 두면서도 다양한 인근 학문의 방법론적 성과를 지속적으로 받아들이는 과정에서 나온 홉스봄의 방법론은 역사학 방법론의 새로운 경지를 개척했다는 평가를 받기도 했다. 새뮤얼과 스테드먼존스는 홉스봄 기념 논문집에서 홉스봄의 새로운 역사적 방법론의 특징으로 "상세하면서도 낭비 없는 기초 연구, 풍부한 비교 참조, 폭넓으면서도 즉각적인 검증이 가능한 역사적 일반화"를 독특하게 결합했다고 묘사했다.[14] 그리고 그들은 홉스봄이 이러한 과정을 통해 기존의 '종파적 성격'을 제거하여 새로운 '공동의 지식(common sense)'를 만들어냄으로써 마르크스주의의 '응용'이 아니라

---

13) Eric Hobsbawm, "On the Revival of Narrative", *On History*, 190쪽.
14) R. Samuel and G. Stedman-Jones, 앞의 책, 17쪽.

'새로운 모습'을 만들어냈다고 높이 평가했다.

3 홉스봄의 전체사

두 번째, 홉스봄은 이러한 개방적인 연구 태도를 견지하고, 주변의 사회과학적 연구 방법을 적극적으로 받아들이면서 역사를 '전체적(total)'으로 파악하려고 했다. 그는 '토대 — 상부 구조'의 결정적 모델에 근거하여 주로 경제적 측면에서만 역사를 파악하려던 기존의 마르크스주의 역사학의 한계에서 탈피하여, 경제뿐만 아니라 정치, 사상, 문화, 종교 등 사회의 다양한 측면을 '전체적'으로 파악하려고 했다. 이러한 새로운 시도는 유명한 논문 「사회사에서 전체사회사로」(1970)에 잘 나타나 있다. 홉스봄은 이 글에서 '빈민들과 하층 계급에 대한 역사'와 '풍속, 관습, 일상생활을 의미하는 역사'에서 벗어나 '전체사회사(history of societies)'로 나아갈 것을 제안했다.[15]

또한 이러한 입장은 『혁명의 시대』, 『자본의 시대』, 『제국의 시대』, 『극단의 시대』로[16] 이어지는 근·현대 세계사에서 잘 드러난다. 그는

---

15) 홉스봄이 제안한 '전체사회사'는 세 가지 주요한 특징을 지닌다. 첫째, 전체사회사는 실제 연대기적 시간을 한 측면으로 삼는다는 면에서 역사이다. 둘째, 전체사회사는 사회학적 관점에서 규정될 수 있고 함께 살아가는 특정 단위를 이룬 사람들의 역사이다. 셋째, 전체사회사는 사회 구조에 대한 체계화된 정교한 모델이 아니라 하더라도 최소한 연구의 대략적인 우선순위와 다루고 있는 주제의 중심적 관계나 복잡한 관계를 구성하는 것에 대한 작업가설을 적용하는 것을 요구한다. 그는 당시까지 이러한 전체사회사의 모범이 되는 저작이 존재하지는 않았지만 이러한 전체사회사를 추구해 나가야 한다고 보았다(Eric Hobsbawm, "From Social History to the History of Society", *On History*, 79~81쪽).
16) 페리 앤더슨은 『극단의 시대』는 20세기에 대한 가장 영향력 있는 해석을 제공하는 책이라고 말하면서 세계 최고 수준의 마르크스주의 역사학 저작으로 꼽았다(Perry Anderson, "Renewals", *New Left Review*, no. 1(Jan.-Feb. 2000), 18쪽).

이 책들에서 유럽 중심의 입장에서 벗어나서 진정한 세계사를 바라보려고 했으며,[17] 세계사의 각 시기를 다루면서 경제와 다른 정치, 사상, 문화 사이에 단순한 인과 관계를 세우려 하지 않았다. 이 책들은 각각의 시기를 발전하는 역사적 시기로 연구했다. 그는 각 시기를 산업 자본주의의 정치-경제, 계급 관계 및 투쟁이 과학, 사상, 종교 및 예술 등을 포함하는 전체의 발전을 규정하고 구조화시키는 과정으로 연구했다.[18]

이러한 홉스봄의 입장은 먼저 『혁명의 시대』에 잘 나타나 있다. 그는 1789년에서 1848년에 이르는 유럽사를 산업 혁명과 부르주아 혁명이라는 '이중 혁명'으로 파악함으로써 경제와 정치를 모두 중시하는 입장을 보여주었다.[19] 그는 '전체사'에 대한 자신의 입장을 『제국의 시대』에서 명확하게 밝혔다. 그는 『제국의 시대』가 『혁명의 시대』와 『자본의 시대』에 이어 '응집된 전체로서의 과거'를 보여주려는 노력의 일환임을 확인해 주었다.

앞서 출간된 두 책(『혁명의 시대 1789~1848』과 『자본의 시대 1848~1875』)에서도 그랬지만, 이 책에서도 마찬가지로 필자가 시도하려 했던 것은 19세기의 역사와 그것의 역사적 위치를 이해하고 설명하는 것, 과거의 토양으로 돌아가 우리의 현재를 이루고 있는 뿌리를 추적하는 것, 그리고 무엇보다도 분산된 주제들의 나열, 예컨대 상이한

---

17) 홉스봄은 역사 발전의 과정을 유럽 중심의 단선적 과정으로 보지 않고 세계사적 관점에서 다선적 과정으로 보려고 했다. 그는 기존의 정식을 단선적으로 해석하지 않고 다선적으로 해석했는데, 이러한 해석은 유럽의 경험을 절대화하지 않는 이론적 근거가 되었다(E. Hobsbawm, 「해제」, 『자본주의적 생산에 선행하는 제 형태』, Karl Marx, 성낙선 옮김, 지평, 1988, 92쪽).

18) Harvey J. Kaye, 앞의 책, 186쪽.

19) Eric Hobsbawm, *The Age of Revolution*(London, 1962), 12쪽.

국가들, 상이한 정치, 경제, 문화 등에 관한 역사의 나열(역사적 전문화는 우리로 하여금 늘 사태를 그렇게 보도록 강요하는 까닭에)이 아니라, 응집된 전체로서 과거를 보여주려는 데 있었다. 역사에 흥미를 갖기 시작했을 때부터 필자는 항상 과거(혹은 현재) 삶의 여러 측면들이 서로 어떻게 묶여 있는지, 그리고 왜 그러했는지를 알려고 노력해 왔다.[20]

이렇게 역사를 파악하려는 홉스봄의 노력은, '전체사'를 수립하려는 이제까지의 시도 중 가장 뛰어난 것으로 볼 수 있다. 특히 브로델(Fernand Braudel)이나 월러스틴(Immanuel Wallerstein)의 '전체사' 모델과 비교해 볼 때 그 장점이 더욱 두드러진다.[21] 브로델은 인간 경험을 일차적으로 물질적인 것으로 파악하고, 정치적 차원을 공간적으로는 자연 환경에 의해 그리고 시간적으로는 '장기 지속'에 의해 '구조화된 전체' 속에서 최소화하거나 부정하려고 했다. 또한 월러스틴은 인간 경험을 일차적으로 경제적인 것으로 파악했으며, 정치적인 것을 '특정한 경제적 세계 체제'에 의해 결정된 전체 속에서 축소시키거나 부정하려고 했다. 그러나 홉스봄의 저작들을 통해 드러나는 전체사 모델들은 "사회적 생산 관계라는 근본적, 결정적 원인을 중시하면서도 결코 인간 경험을 경제적인 것 또는 정치경제적인 것으로 환원"시키지 않는다는 점에서 지금까지 시도된 '전체사' 모델 중 가장 뛰어나다고 할 수 있다.

---

20) Eric Hobsbawm, *The Age of Empires 1875~1914*(『제국의 시대』, 김동택 옮김, 한길사, 1998), 65~66쪽.
21) Harvey J. Kaye, 앞의 책, 190쪽.

3 나오며

순천에 내려오면서 덜컥 시작한 작업인데 생각보다 오랜 시간이 걸렸다. 새로운 순천 생활에 적응하면서 홉스봄의 박학함과 난해한 문장을 소화하는 일은 여러 가지로 부족한 옮긴이에게는 버거운 일이었다.

그러나 번역 과정에서 많은 도움을 받을 수 있었던 것은 큰 행운이었다. 그중에서도 나의 영원한 학문적 동반자이자 아내인 김자경과 민음사의 신동해 씨에게 깊은 고마움을 표하고자 한다. 강의하고 연구하랴 어린 준구와 은구를 키우랴 정신없이 바쁜 와중에도 아내는 영국사에 대한 해박한 지식으로, 번역 과정에서 부딪친 문제들 해결하는 데 커다란 도움을 주었다. 또한 신동해 씨는 이례적으로 원고에 대해 깊은 애정을 가지고 교정을 보아주었다. 여러 가지로 바쁜 출판사 일정에 쫓기면서도 많은 시간을 들여 좋은 책을 만들기 위해 최선을 다해 준 점에 대해 이 자리를 빌려 깊은 감사를 드린다. 이러한 큰 도움에도 불구하고 번역 과정에서 나오는 잘못들은 전적으로 옮긴이의 책임임은 말할 나위도 없다.

마지막으로 좋은 책을 출판할 수 있는 기회를 주고 오랜 시간을 참을성 있게 기다려준 민음사에 감사를 드린다.

2002년 겨울 첫눈 내리는 매곡 캠퍼스에서

강성호

강성호

고려대학교 사학과와 같은 과 대학원을 졸업했으며, 훔볼트 대학교와 베를린 자유 대학교에서 역사학을 연구했다. 고려대학교 강사와 베를린 자유 대학교 비교사회사연구소 객원 연구원을 거쳐 순천대학교 사학과 교수로 재직 중이다. 한국서양사학회 이사, 한국사학사학회 이사로 활동했다.

저서로『마르크스의 역사적 유물론과 역사 발전론』,『근대 세계 체제론의 역사적 이해』(공저),『포스트모더니즘과 역사학』(공저)이 있고 옮긴 책으로『역사의 이론』,『비코와 헤르더』(공역) 등이 있다.

현대사상의 모험 10

역사론

1판 1쇄 펴냄 2002년 12월 10일
1판 9쇄 펴냄 2021년 11월 24일

지은이   에릭 홉스봄
옮긴이   강성호
발행인   박근섭·박상준
펴낸곳   (주)민음사

출판등록   1966. 5. 19. 제16-490호
주소   서울특별시 강남구 도산대로1길 62(신사동) 강남출판문화센터 5층 (06027)
대표전화   02-515-2000 | 팩시밀리   02-515-2007
홈페이지   www.minumsa.com

한국어판 © (주)민음사, 2002. Printed in Seoul, Korea

ISBN   978-89-374-1610-1 (94160)
       978-89-374-1600-2 (세트)